构建中国全面开放新格局：理论、实证与政策研究

余淼杰　著

科学出版社
北京

内 容 简 介

本书首先系统梳理和总结改革开放以来我国不同阶段对外开放发展的驱动力，我国各个阶段的对外开放政策与该阶段的对外开放驱动力基本一致。对外开放过程可划分为三个阶段：广度开放阶段、深度开放阶段和全面开放阶段。基于此可以解释我国自改革开放以来对外开放发展的奇迹及总结我国对外贸易发展的逻辑和规律：有序而持续的对内改革和对外开放。其次，采用规范的学术研究方法，从理论、实证和政策层面系统研究对内改革和对外开放相关重要举措对构建全面开放新格局的影响机制和效应，基于此给出当前背景下构建中国全面开放新格局的重点战略和战术措施。

本书含有一定数量的经济学实证内容，比较适合有一定国际经济学和计量经济学基础的读者，同时也欢迎对中国贸易发展和政策感兴趣的读者参阅本书。

图书在版编目（CIP）数据

构建中国全面开放新格局：理论、实证与政策研究 / 余淼杰著. —北京：科学出版社，2022.3

ISBN 978-7-03-067504-0

Ⅰ. ①构… Ⅱ. ①余… Ⅲ. ①改革开放－成就－中国 Ⅳ. ①D61

中国版本图书馆 CIP 数据核字（2020）第 255886 号

责任编辑：陈会迎 / 责任校对：贾娜娜
责任印制：张 伟 / 封面设计：无极书装

科学出版社出版
北京东黄城根北街 16 号
邮政编码：100717
http://www.sciencep.com
北京凌奇印刷有限责任公司 印刷
科学出版社发行 各地新华书店经销
*
2022 年 3 月第 一 版 开本：720 × 1000 1/16
2023 年 6 月第三次印刷 印张：18 3/4
字数：378 000
定价：208.00 元
（如有印装质量问题，我社负责调换）

作 者 简 介

余淼杰，北京大学博雅特聘教授、教育部长江学者、国家杰出青年科学基金获得者、北京高校卓越青年科学家。任北京大学国家发展研究院党委书记、黄廷芳/信和青年杰出学者、美国加利福尼亚大学戴维斯分校经济学博士、全球经济管理类前 1%高引论文经济学家。商务部主办《国际贸易》执行主编，《长安大学学报》执行主编，*Review of International Economics*、*China Economic Journal* 副主编。曾被联合国、亚洲开发银行、财政部、商务部、国务院参事室和多个地方政府聘为专家顾问。曾被专门邀请到联合国总部做中国经济发展报告。主要研究领域为国际贸易和中国经济发展。曾在 *The Economic Journal*、*The Review of Economics and Statistics*、*Journal of International Economics*、*Journal of Development Economics*、《经济研究》、《管理世界》、《经济学（季刊）》等国内外顶级一流期刊上发表论文 150 多篇，出版中英文专著、教材、时评随笔二十余部。

独著论文曾获英国皇家经济学会奖，是首位获得该奖的华人经济学家。曾获全国人文社科研究最高奖——吴玉章人文社会科学奖、全国发展经济学研究最高奖——张培刚发展经济学奖、教育部高等学校科学研究优秀成果奖、北京市哲学社会科学优秀成果奖，并五次获得全国国际贸易研究最高奖——安子介国际贸易研究奖。

著作《加工贸易与企业生产率》获刘诗白经济学奖、胡绳青年学术奖、全国商务发展研究成果奖、中国青年经济学家奖。同时教学深得学生好评，曾获北京大学教学优秀奖、北京大学优秀教材奖。为《人民日报》海外网专栏作家，时评《余淼杰谈中美贸易》《“贸”似如此》曾被评为当当、亚马逊最佳外贸畅销书。英文专著 *China-US Trade War & Trade Talk* 被全球最大出版社 Springer Nature 评为 2021 年度“中国新发展奖”。

在 2018 年北大百廿校庆中，作为北大中青年优秀教师代表受到习近平主席的亲切接见。在 2019 年和 2021 年分别作为国家杰出青年科学基金设立 25 周年优秀代表和专家代表三次参加由李克强总理主持的高规格座谈会。

更多内容请访问余淼杰教授个人主页：https://mjyu.ccer.pku.edu.cn/index.htm。

前　言

党的十九大报告要求推动形成全面开放新格局，这标志着我国对外开放发展进入了新时代。那么如何构建中国全面开放新格局？尤其是在当今世界面临百年未有之大变局、国内经济增速放缓的大背景下，如何克服来自国内外的挑战，坚定信心实现更高水平和更高质量的对外开放？本书旨在回答以上问题。具体地，本书首先系统梳理和总结改革开放以来我国不同阶段对外开放发展的驱动力，我国各个阶段的对外开放政策与该阶段的对外开放驱动力基本一致。对外开放过程可划分为三个阶段：广度开放阶段、深度开放阶段和全面开放阶段。基于此可以解释我国自改革开放以来对外开放发展奇迹及总结我国对外贸易发展的逻辑和规律：有序而持续的对内改革和对外开放。其次，本书采用规范的学术研究方法，从理论、实证和政策层面系统研究对内改革和对外开放相关重要举措对构建全面开放新格局的影响机制和效应，基于此给出当前背景下构建中国全面开放新格局的重点战略和战术措施。

本书旨在为构建中国全面开放新格局提供理论依据和政策参考，尤其是在当前复杂多变的国际、国内环境下，具有更为重要的现实意义。第一，本书通过系统梳理和总结中国对外开放发展的逻辑和规律，为进一步扩大对外开放奠定了基调，也为我国继续坚持经济全球化、多边合作机制、区域贸易投资自由化坚定了信心。第二，本书通过理论和实证的方法研究了贸易自由化（包括关税和非关税壁垒削减）、信贷约束放松、人民币汇率灵活变动、减少国内投入品市场扭曲等对企业生产率、企业经营风险、企业出口产品质量、企业出口国内附加值、企业对外直接投资决策等的影响效应和机制，这对我国继续科学合理地加强对内体制机制改革、释放制度红利和推进对外开放发展具有重要意义。第三，本书系统分析了当前我国对外开放领域的一系列重要政策对构建全面开放新格局的影响效应和机制，并基于此提出当前构建全面开放新格局的政策和措施的重点与难点，这就为高质量、高水平地构建中国全面开放新格局提供了路径启示。

本书首先通过文本分析方法、数据描述统计法梳理和总结改革开放以来中国对外开放实践取得的成就并分析成就背后的逻辑和规律，在此基础上，本书采用规范分析、定性分析与理论研究相结合的方法，在理论层面研究对内制度改革对构建全面开放新格局的影响机理；其次，本书采用实证研究和量化模拟的方法对理论模型进行经验研究，验证理论模型结论；最后，本书采用定性和定量结合的方法提出构建全面开放新格局的具体政策建议。

本书由“构建中国全面开放新格局的理论与实证研究”和“构建中国全面开放新格局的政策研究”两篇内容构成，其中第一篇由8章构成，第二篇由5章构成，下面分别阐述各个章节的主要研究内容和结论。

第1章介绍了改革开放以来中国对外开放发展的动力、成就与展望。对外开放前，中国实施进口替代战略，体现为“进口少、出口少”的特征。同时，中国实施以重工业为导向的发展战略，通过降低利率，人民币贬值，扭曲劳动力、原材料甚至农产品价格等渠道促进重工业的发展。这一战略导致了劳动力过剩、劳动者收入水平低，从而导致经济增长缓慢。1978年后，中国政府放弃了重工业发展战略，开始实施出口导向型战略，这一战略一直持续到2008年全球金融危机爆发。中国加入世界贸易组织（World Trade Organization，WTO）之前，出口增长的主要驱动力是基于要素禀赋的比较优势。中国是一个劳动力丰富的国家，劳动力成本相对低廉。因此，中国主要出口劳动密集型产品，成为世界上最大的“世界工厂”。然而，中国加入WTO后，劳动力成本也不断上升，与越南和其他东南亚国家相比，劳动力成本不再具有节约成本的优势。事实上，这段时期，中国出口繁荣最根本的推动力是加入WTO后急剧扩大的市场规模。2008年全球金融危机对全球经济发展，特别是发达国家经济发展造成了严重负面冲击，主要发达经济体的需求持续减弱。中国主要依靠出口拉动经济增长的模式已不可行，中国出口的主要驱动力也正从成本优势转向质量、品牌、服务等新的优势。中共十九大明确指出，“我国经济已由高速增长阶段转向高质量发展阶段”①，提高供给质量已成为当务之急。与此同时，贸易保护主义和逆全球化势力不断抬头。在此背景下，中国政府提出构建全面开放、促进中国经济和世界经济发展的新格局。2018年初以来，美国挑起的中美贸易摩擦不断升级，这不仅给中美经济带来负面影响，也给全球经济发展造成严重不确定性。中国面临的外部环境变得越来越复杂。因此，中国应该冷静且自信地应对挑战。一方面，中国必须反击美国发起的贸易攻击；另一方面，中国应通过扩大市场准入、改善外商投资环境、加强知识产权保护、主动扩大进口等渠道进一步扩大对外开放。

第2章从贸易自由化的视角阐述研究贸易政策对企业绩效和出口行为的影响。该章研究了进口中间品和最终品关税减免如何影响参与贸易的大型中国企业的生产率，分析考虑了企业从事加工贸易在进口中间品方面的关税优惠。利用2000～2006年高度细化的贸易数据和企业生产数据，该章构建了各企业面临的进口中间品和最终品关税税率。通过控制企业参与加工贸易的自选择和两类企业层面关税税率可能引发的内生性，该章发现，进口中间品和最终品关税减免均对企

① 《习近平：决胜全面建成小康社会 夺取新时代中国特色社会主义伟大胜利——在中国共产党第十九次全国代表大会上的报告》，http://www.xinhuanet.com/2017-10/27/c_1121867529.htm，2021年4月3日。

业生产率提升有正向影响，且影响力度会随着企业加工贸易进口份额的增大而减小。总体上，相对于最终品关税减免，进口中间品关税减免对生产率提升的影响更大；但对于不从事加工贸易的企业而言，相反的结论成立。通过将企业生产率加总至经济体总体生产率，该章发现，两类关税减免贡献了同期中国制造业企业总体生产率提升的13.5%。

第3章从非关税壁垒的视角研究了临时性贸易壁垒对企业融资行为和经营风险的影响。该章利用2000～2006年的中国工业企业数据和中国海关贸易数据，研究临时性贸易壁垒对企业融资行为的影响，实证结果发现，临时性贸易壁垒对企业的融资行为有正向的影响，即其他条件相同时，企业遭受临时性贸易壁垒的可能性越高，企业的财务杠杆率就越高；同时，企业生产率对其融资行为无显著影响。上述结论的政策含义在于，由于企业遭受临时性贸易壁垒时，财务杠杆率的上升进一步增加了企业的总体风险，因此，在企业遭受临时性贸易壁垒可能性增大的时期，应该加大对企业的信贷支持力度以对冲企业的整体风险。

第4章基于“银行-企业”不完全信息条件，研究国内企业和出口企业面临不同信贷约束及其对企业出口的影响。具体地，该章讨论了在“银行-企业”不完全信息条件下，国内企业和出口企业面对的信贷约束为何不同。由于企业的生产率等信息对于银行而言属于内部信息，银行为了保持激励相容，会向企业提供少于企业所需最优数量的贷款，这种贷款的约束构成了企业面对的信贷约束。出口企业的运输时间越长，相比国内企业就会面临越紧的信贷约束。通过使用中国企业的数据验证这一理论，该章发现，对中国企业而言，出口业务占比越大、运输时间越长、生产率差异越大，企业面临的信贷约束也就越紧。

第5、第6章分别研究人民币汇率灵活变动（升值、贬值）对企业出口产品质量和出口国内附加值的影响效应和机制渠道。其中，第5章主要研究了人民币升值对企业出口产品质量的促进效应。具体地，该章利用2000～2006年制造业企业和海关进出口贸易数据，修正了以往的出口质量测算方法，更准确地测算了出口质量。在此基础上，实证研究表明，人民币升值带来的竞争压力促进了出口质量提升：10%的人民币升值使企业出口质量平均上升0.19%。该章进一步发现，在质量差异化程度大的行业中，人民币升值对出口质量的提升效应为0.4%，而在质量差异化程度小的行业中，该效应不明显。此外，人民币升值减少了出口企业数目，且升值对出口质量的提升效应在非核心产品及低生产率企业中更明显。该章还发现了汇率变动影响企业决策的新渠道，同时也表明竞争强度是质量升级的重要决定因素。第6章通过理论建模和实证分析研究了人民币贬值对加工贸易企业出口国内附加值比具有促进作用。理论机制上，一方面，本币贬值通过影响企业对进口和国内中间品的配置，导致其国内附加值比提高。另一方面，它还影响出口企业的定价策略，促使其成本加成提高，使得加工贸易企业的国内附加值比提高。进一步，该章使用

2000～2009 年中国工业企业数据和中国海关贸易数据对理论预期进行了实证检验，发现按初始年进口份额加权的名义有效汇率通过国内进口中间品和成本加成变化两个渠道使得加工贸易企业的国内附加值比显著提高。

第 7 章研究了进口产品质量在汇率出口价格传递中的调节作用。具体地，基于 2000～2011 年的海关出口数据，该章发现汇率变动时企业很少调整以人民币计价的出口产品价格。另外，由于进口成本的影响，进口中间品比例较高的企业汇率传递率较低。这一成本效应在同质化产品中较差异化产品更明显。该章的解释是出口企业会改变产品质量而减弱进口中间品的成本效应。另外，该章还发现，人民币升值时，质量改变程度不同的产品出口金额和数量反应差异较大。这为我们理解人民币汇率变动对出口企业的异质性影响提供了新的参考。

第 8 章从国内投入市场摩擦的视角研究了国有跨国企业和私营跨国企业对外直接投资的决策行为。具体地，该章利用中国制造业企业层面的数据，发现了两种令人费解的现象，并据此研究了国内市场摩擦对企业国外生产战略的影响。其一，民营跨国公司的生产效率低于国有跨国公司，但总体而言，其生产效率却高于国有企业；其二，国有跨国公司数量比私营跨国公司少很多。该章建立了一个理论模型来解释这两种现象。模型表明，国内市场对私营企业的歧视激励了它们选择在国外进行生产。实证结果证明，这种效应在对民营企业歧视较为严重的行业中更为明显。

本书的第二篇始于第 9 章，该章主要梳理和总结了改革开放以来中国对外开放政策的主要实践，为第二篇的研究奠定基础。具体地，该章的研究指出，我国对外开放的四十多年实践，可以划分为三个阶段：广度开放、深度开放及全面开放阶段。1978～2001 年，我国的开放属于广度开放阶段，主要体现在各种经济特区、经济开发区、工业园区、高新区乃至出口加工区的设立。在这个阶段，主要体现为各种园区从沿海向内地的点—线—面的推进，这个阶段更多是属于一种“粗放式”强调量上的开放。我国对外开放实践的第二个阶段是从 2001 年底的中国加入 WTO 到 2017 年党的十九大召开之前的这个时段。这个阶段中国的对外开放实践可以概括为深度开放。在这个阶段中，一方面，入世使得我国出口产品面临着更大的出口市场、更多的出口机会；另一方面，由于我国劳动力成本上升，人口红利下降，2008 年的全球金融危机又使得外需疲软，因此，原来以出口劳动力密集型产品为主要特征的出口导向模式受到很大的挑战。国家通过设立 11 个自由贸易试验区（以下简称自贸区），进行新经济体制试点试验改革，努力提升产品特别是出口品的质量；同时继续降低关税、推进贸易自由化来发展经济。这个阶段的发展模式，主要体现为“集约式”的强调质上的开放；国家在对外贸易政策上，主要是从原来强调出口导向发展模式改为贸易自由化战略。我国对外开放实践的第三个阶段则是 2017 年党的十九大召开之后所强调的推进全面开放新阶段。

当前国际上逆全球化思潮抬头，有些国家甚至推行贸易霸权主义，实施贸易保护政策，从而导致经贸全球化面临重大挑战。为努力推进全球贸易自由化，促进中国经济发展，推动全球经济合作互利共赢，党的十九大特别强调了“推动形成全面开放新格局”。到目前为止，全面开放主要是要做好三个工作：扩大进口、建设自由贸易港及建设粤港澳大湾区。这三项工作都是推进贸易全球化的关键工作。

第10～12章分别研究了具体对外开放政策与构建全面开放新格局的关系。其中，第10章研究了“一带一路”建设与人民币国际化的关系。“一带一路”为人民币国际化提供了历史机遇，人民币国际化则为“一带一路”提供了流动性支持。该章回顾了“一带一路”对人民币国际化的影响渠道和一国货币成为国际货币的条件，估算了“一带一路”对人民币国际化的中期影响，并提出了有关政策建议。同时，该章使用引力模型估算了货币互换协议对双边贸易的影响，发现货币互换协议对双边贸易存在显著的正面影响，并得出结论：中国与相关国家签订货币互换协议显著提高了中国与该国之间的贸易值，并且互换规模越大，相应提升贸易值的作用也越大。

第11章为全面开放新格局中的粤港澳大湾区建设提供了具体政策路径启示。在党的十九大提出“推动形成全面开放新格局”的大背景下，粤港澳大湾区的战略地位越来越突出。该章从国际、国内的横向对比和历史纵向对比两个角度分析了粤港澳大湾区的重要性，并指出未来大湾区发展的四个重点：实体经济、技术创新、制度创新及生态环境保护。在此基础上，该章为大湾区的发展提出了四点政策建议，以期大湾区未来的发展能有一个良好的政策环境。

第12章主要研究了当今全球最大的发展中国家之间的区域自由贸易协定在我国构建全面开放新格局中的作用。具体地，中国-东盟自由贸易区是世界上涉及人口最多的自贸区，也是全球生产总值总量第三大的经济合作区。自贸区成员国大多为发展中国家，面临着发展经济、消除贫困的共同挑战。中国-东盟自由贸易区的建立不仅带来了巨大的经济影响，还具有至关重要的减贫效应。自2002年初步签订协议以来，中国-东盟自由贸易区在贸易、投资、基础建设等领域达成了多项经济合作协议，推进了贸易与投资自由化，促进了中国与东盟的经济增长，推动了世界减贫事业发展。该章回顾了中国-东盟自由贸易区的建立历程，梳理了自贸区在贸易与投资领域的促进措施，以及双方的基础设施建设合作，并在此基础上分析了中国与东盟各国在贸易与投资方面的发展现状与特征，以及其经济影响和减贫效果。最后，该章阐述了自贸区存在的主要问题，并提出了相应的政策建议。在未来，推动世界互联互通，促进贸易与投资自由化将继续成为世界的减贫良方。

第13章以“扩大开放利好中国经济”为题总结全书。该章系统展示了中国在市场准入、投资环境、知识产权保护、进口等方面的现状，重点分析了大幅度放宽市场准入、创造更有吸引力的投资环境、加强知识产权保护、主动扩大进口四项扩大开放的重要举措对中国经济可能产生的影响，由分析可知，扩大开放对中国经济有重大的利好作用。

构建中国全面开放新格局是一个系统性工程，首先需要认清当前的国际、国内环境背景，并准确判断促进当前对外开放发展的驱动力；其次，从对内改革和对外开放两方面进一步推动形成全面开放新格局，其中对内改革包括推动人民币汇率市场化改革、金融制度改革、外资企业市场准入制度改革、知识产权保护制度改革等，对外开放包括进一步扩大进口、积极主动寻求加入高水平的区域自由贸易协定、鼓励企业对外直接投资、推动“一带一路”高质量建设、推进自贸区和粤港澳大湾区的贸易投资自由化进程等。

本书具有以下应用价值：第一，为构建中国全面开放新格局提供了理论依据。本书通过梳理中国对外开放发展的逻辑和规律，构建制度改革措施影响企业整体绩效和出口绩效的理论模型并使用中国的数据进行实证研究，得到了丰富的研究成果，这都为构建中国全面开放新格局提供了理论依据。第二，为构建中国全面开放新格局提出了政策建议。本书从对内改革和对外开放两个层面分别研究相关重要政策举措在构建全面开放新格局中的作用机制和效应，并总结存在的问题，基于此，本书提出了构建中国全面开放新格局的具体政策和路径。第三，为应对复杂多变的国际环境提供了解决方案。当今世界正经历百年未有之大变局，逆全球化和贸易保护主义兴起并加剧，这给我国坚持扩大开放带来了压力。但是本书通过规范的经济学分析认为中国经济发展的成就得益于对外开放，世界经济发展也同样离不开全球化，因此，本书提出的构建中国全面开放新格局的政策建议为我国乃至其他国家应对复杂多变的国际环境提供了解决方案。

本书的出版得到了科学出版社的大力支持。感谢国家社会科学基金重大项目（项目编号：20ZDA050）、国家杰出青年科学基金项目（项目编号：71625007）和北京市卓越青年科学家项目的资助。最后，我还要感谢家人一直以来对我工作的无私帮助和支持！

余淼杰

2021 年 12 月

于北京大学国家发展研究院承泽园

目　录

第一篇　构建中国全面开放新格局的理论与实证研究

第 1 章　中国对外开放发展的动力、成就与展望……3

1.1　中国对外开放发展的动力……3

1.2　中国对外开放发展的成就……4

1.3　中国对外开放发展的展望……15

第 2 章　加工贸易、关税减免与企业生产率……17

2.1　背景介绍……17

2.2　加工贸易特殊关税政策……20

2.3　数据描述及处理……22

2.4　变量度量与实证方法……27

2.5　估计结果……36

2.6　结论……50

第 3 章　临时性贸易壁垒、企业融资行为与经营风险……52

3.1　背景介绍……52

3.2　文献回顾……53

3.3　数据描述及处理……54

3.4　实证分析……57

3.5　结论……63

第 4 章　信贷约束与不完全信息条件下的出口：理论和依据……65

4.1　背景介绍……65

4.2　理论模型：激励相容的贷款……67

4.3　实证模型与数据……72

4.4　估计结果……79

4.5　结论……88

第 5 章　人民币升值对出口质量的提升效应：来自中国的微观证据……89

5.1　背景介绍……89

5.2　准确测算微观层面出口质量……92

5.3　数据描述……95

5.4 实证分析 …… 97
5.5 结论 …… 110
第 6 章 人民币汇率和加工出口的国内附加值：理论及实证研究 …… 111
6.1 背景介绍 …… 111
6.2 理论模型 …… 114
6.3 数据、变量与统计描述 …… 119
6.4 实证分析 …… 123
6.5 稳健性检验 …… 125
6.6 影响的经济维度和机制 …… 130
6.7 结论 …… 134
第 7 章 进口、产品质量与出口价格汇率传递率 …… 136
7.1 背景介绍 …… 136
7.2 文献回顾 …… 138
7.3 数据来源与描述统计 …… 139
7.4 基准回归 …… 143
7.5 稳健性检验 …… 151
7.6 结论 …… 157
第 8 章 本国投入品市场摩擦与企业对外直接投资：理论和证据 …… 159
8.1 背景介绍 …… 159
8.2 数据、变量测度与典型事实 …… 162
8.3 理论模型 …… 171
8.4 经验证据 …… 176
8.5 结论 …… 188

第二篇 构建中国全面开放新格局的政策研究

第 9 章 改革开放四十多年中国对外贸易政策演变与发展 …… 191
9.1 背景介绍 …… 191
9.2 广度开放阶段政策 …… 192
9.3 深度开放阶段政策 …… 195
9.4 全面开放阶段政策 …… 196
9.5 结论 …… 200
第 10 章 “一带一路”建设与人民币国际化 …… 201
10.1 背景介绍 …… 201
10.2 “一带一路”对人民币国际化的影响 …… 206

10.3 人民币国际化对双边贸易投资和全球经济的积极作用 …… 212
10.4 结论 …… 220
第 11 章 全面开放新格局中的粤港澳大湾区建设研究 …… 222
11.1 背景介绍 …… 222
11.2 正确认识粤港澳大湾区的重要性 …… 223
11.3 发展粤港澳大湾区的重点举措 …… 226
11.4 结论 …… 228
第 12 章 中国-东盟自由贸易区的经济影响和减贫效应 …… 231
12.1 背景介绍 …… 231
12.2 东盟与中国-东盟自由贸易区的建立历程 …… 233
12.3 中国-东盟自由贸易区中的贸易与投资促进措施 …… 235
12.4 中国-东盟自由贸易区建设的经济影响与减贫渠道 …… 240
12.5 中国-东盟各成员国的减贫效果 …… 244
12.6 存在的问题与政策建议 …… 247
12.7 结论 …… 250
第 13 章 扩大开放利好中国经济 …… 252
13.1 背景介绍 …… 252
13.2 大幅度放宽市场准入 …… 252
13.3 创造更有吸引力的投资环境 …… 254
13.4 加强知识产权保护，保护和推进创新，提高经济竞争力 …… 256
13.5 主动扩大进口，满足消费需求，加快经济转型升级 …… 259
13.6 结论 …… 263

参考文献 …… 265
附录 …… 277
附录 1 测算微观层面出口质量所需变量的计算方法及数据来源 …… 277
附录 2 成本加成的度量 …… 280
附录 3 第 8 章假说的证明 …… 282
附录 4 第 8 章模型的变化 …… 284

第一篇　构建中国全面开放新格局的理论与实证研究

第 1 章　中国对外开放发展的动力、成就与展望

1.1　中国对外开放发展的动力

中国从 1978 年开始实行改革开放政策，这深刻地改变了中国和深远地影响了世界。得益于对外开放政策，中国已成为世界上货物贸易第一大国和服务贸易第二大国。中国吸收和对外直接投资也均达到较大规模，2018 年分别为 1349 亿美元和 1298 亿美元，占世界总额的 7.9%和 19.3%。过去 40 余年间，中国的对外货物贸易量增长了 204 倍，国内生产总值（gross domestic product，GDP）增长了 34 倍，中国实现了对外贸易发展的“奇迹”。本章旨在回顾我国对外开放的动力、成果和经验教训，并对我国对外开放进一步发展提出政策建议。

对外开放前，中国实施进口替代战略，体现为“进口少、出口少”的特征。同时，中国实施以重工业为导向的发展战略，通过降低利率，人民币贬值，扭曲劳动力、原材料甚至农产品价格等渠道促进重工业的发展。这一战略导致了劳动力过剩、劳动者收入水平低，进而导致经济增长缓慢。

1978 年后，中国政府放弃了重工业发展战略，开始实施出口导向型战略，这一战略一直持续到 2008 年全球金融危机爆发。中国加入 WTO 之前，其出口增长的主要驱动力是基于要素禀赋的比较优势。中国是一个劳动力丰富的国家，劳动力成本相对低廉，因此，中国主要出口劳动密集型产品，成为世界上最大的“世界工厂”。然而，中国加入 WTO 后，劳动力成本也不断上升，与越南和其他东南亚国家相比，劳动力成本不再具有节约成本的优势。事实上，这段时期，中国出口繁荣最根本的推动力是加入 WTO 后急剧扩大的市场规模。

2008 年全球金融危机对全球经济发展，特别是发达国家经济发展造成了严重负面冲击，主要发达经济体的需求持续减弱。中国主要依靠出口拉动经济增长的模式已不可行，中国出口的主要驱动力也正从成本优势转向质量、品牌、服务等新的优势。中共十九大明确指出，“我国经济已由高速增长阶段转向高质量发展阶段”，提高供给质量已成为当务之急。与此同时，贸易保护主义和逆全球化势力不断抬头。在此背景下，中国政府提出了构建全面开放、促进中国经济和世界经济发展的新格局。

2018 年初以来，美国挑起的中美贸易摩擦不断升级。这不仅给中美经济带来负面影响，也给全球经济发展造成严重不确定性，中国面临的外部环境变得越来越复杂。因此，中国应该冷静且自信地应对挑战。一方面，中国必须反击美国发

起的贸易攻击；另一方面，中国将通过扩大市场准入、改善外商投资环境、加强知识产权保护、主动扩大进口等渠道进一步扩大对外开放。

1.2 中国对外开放发展的成就

笔者认为，中国的对外开放过程可分为三个阶段：广度开放阶段（1978～2001 年）、深度开放阶段（2001～2017 年）和全面开放阶段（2017 年之后）。本节梳理各个对外开放阶段的成就、经验和教训。

1.2.1 广度开放阶段

中国加入 WTO 前的对外开放政策包括：设立经济园区、放宽外商投资市场准入、削减进口关税率、鼓励加工贸易等，以上方式主要体现为广度开放特征。在这一节中，我们将具体阐述以上四个方面的发展过程、成就与存在的问题，并对中国的广度开放阶段进行评价。

1. 设立经济园区

设立经济园区是中国诸多重要对外开放政策之一。2000 年前，经济园区的设立可以分为“点”“线”“面”三个阶段，更多地属于“粗放式”，强调量上的开放。第一阶段发生在 1980 年初，国家选取四个城市作为经济特区，即“点”阶段。入选的四个城市分别是深圳、珠海、汕头和厦门。选择深圳是因为它优越的地理位置——它是一个靠近香港的小村庄。同样的道理也适用于珠海，它是一个位于澳门附近的珠江西岸的小镇。汕头之所以被选中，是因为它与东南亚国家的中国移民有着紧密的联系。同样，选择厦门是因为它靠近台湾。

第二阶段发生在 1984～1991 年，从辽宁北部沿海城市大连到广西南部沿海城市北海之间的共 14 个城市被设立为沿海港口开放城市，这 14 个城市为大连、秦皇岛、天津、烟台、青岛、连云港、南通、上海、宁波、温州、福州、广州、湛江和北海，所有这些城市连接在一起成为一条“线”。第三次经济园区设立浪潮从东部沿海城市向中部乃至西部省区市延伸，特别是在沈阳、天津、武汉、南京等地设立了 25 个高新技术产业开发区。截至 1992 年，中国已经建立了 6 个经济特区（第一批的 4 个经济特区，加上海南和上海浦东）、54 个国家级经济开发区、53 个高新技术产业园区和 15 个保税区。

所有这些经济园区——经济特区、经济三角洲、经济开发区和高科技开发区，都有非常相似的政策设计，特别是位于园区内的外国企业在最初 3 年内免征企业所得税，第 4 年和第 5 年只需要支付税率为 17%的企业所得税，这是中国国内企业应征税率的一半。这项政策持续了大约 30 年。2007 年之后，外国企业需要承担与国内企业相同的 25%的企业所得税率。此外，所有类型的经济园区都允许拥有外商独资企业及其子公司。

2. 放宽外商投资市场准入

1978 年后，中国政府逐步放宽外商投资市场准入。1979 年，《中华人民共和国中外合资经营企业法》颁布，标志着外商投资企业是合法经济组织。随后出台了更多相关法律法规，为外商投资监管提供了法律依据，保护了外国投资者的权益。外商投资从无到有逐步发展，1978～1991 年累计总额为 234 亿美元，但这一数额仍然非常有限。

1992 年，中国共产党第十四次全国代表大会宣布建立市场经济体制，这大大提高了外国企业和个人在中国投资的意愿。如 1.1 节“中国对外开放发展的动力”所述，与经济园区由东部向中西部延伸一致，外商投资准入区域也从东部海岸的城市延伸到中部甚至西部省份。此外，为了便利国外投资者和提高外商投资质量，中国政府于 1995 年发布《外商投资产业指导目录》。在《外商投资产业指导目录》中，所有行业分为鼓励、允许、限制和禁止四组。同时，中国开始向外国投资开放部分服务业，包括零售、金融、货运和软件业。1992 年后中国吸收外国投资增长速度加快。1993 年，外国投资流入达到了 389 亿美元的高水平；1994～1999 年，外国投资每年总计超过 400 亿美元。

3. 削减进口关税率

1978 年前，中国采取进口替代战略，对外国产品设置高关税壁垒和非关税壁垒。1992 年，中国共产党第十四次全国代表大会宣布建立市场经济体制。此后，中国开始积极降低进口关税率。1992 年初的简单平均进口关税率仍为 42%，1994 年在 WTO 乌拉圭回合谈判期间降至 35%。在接下来的三年里，中国削减进口关税率的幅度高达 50%，1997 年底，进口关税率仅为 17%左右。中国对外开放迈出这一大步，最重要的原因是希望尽快加入 WTO。1994 年，中国还只是 WTO 的观察员，而不是正式成员。2001 年正式加入 WTO 后，中国的简单平均进口关税率从 17%降低到 2006 年的 10%。2006 年以来，中国进口关税率保持稳定。

贸易自由化对中国经济意义重大。要理解一个国家的经济发展，就必须理解该国企业生产率的变动情况，这正如保罗·克鲁格曼（Paul Krugman）所指出的，生产率不是一切，但是几乎又意味着一切。贸易自由化有利于促进企业提升生产率已经成为学界的共识。例如，Yu（2015）的研究发现，贸易自由化（中国加入 WTO）对中国企业生产率增长的贡献率约为 14.5%。

4. 鼓励加工贸易

加工贸易是了解中国过去 40 多年贸易发展的关键。加工贸易是指国内企业从国外获得原材料或中间投入，经过本地加工后出口最终产品的过程（Feenstra and Hanson，2005）。正如 Dai 等（2016）提到的，iPhone 是中国加工贸易的一个完美例子。富士康是深圳著名的 iPhone 组装商，其从日本、韩国和美国等国家进口 155 个智能手机的中间零部件，在国内生产最终产品后，将产品出口到美国等国外市场，中国企业在这一过程中主要赚取加工组装费用。各国政府通常通过降低甚至免除中间产品的进口关税来鼓励加工贸易。

1978 年后，特别是 1992 年中国共产党第十四次全国代表大会宣布建立市场经济体制后，加工进口和加工出口迅速发展。就在中国加入 WTO 前夕，政府决定建立出口加工区（export processing zones，EPZs），以进一步促进加工贸易。与早期的经济园区不同，出口加工区遍布全国。它们不仅位于东部沿海城市，也位于西部内陆城市，如新疆乌鲁木齐。只有加工企业才能进入出口加工区，并享受特殊关税待遇。出口加工区内的企业被视为“在境内但在海关之外”，这是因为它们免征进口税。

图 1-1（a）绘制了 1981～2017 年中国按贸易方式（包括一般贸易、加工贸易和其他贸易）划分的出口额演变趋势。从图 1-1 可以看出，加工贸易出口额从 1981 年的 11.3 亿美元增加到 2000 年的 1376.5 亿美元，从 2001 年的 1474 亿美元增加到 2008 年的 6751 亿美元，年均增长 24%，远远超过 1992 年至 2001 年的 12.3%，这表明中国加入 WTO 后，加工贸易出口增速加快。1993 年加工贸易出口额超过一般贸易出口额，并持续到 2010 年。

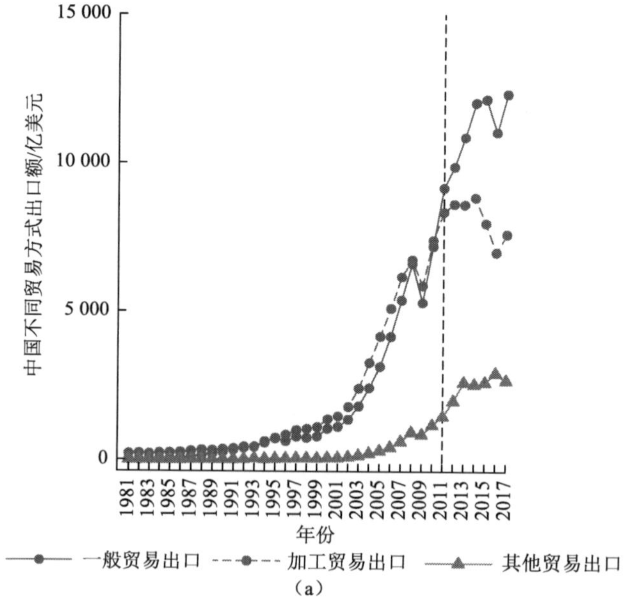

（a）

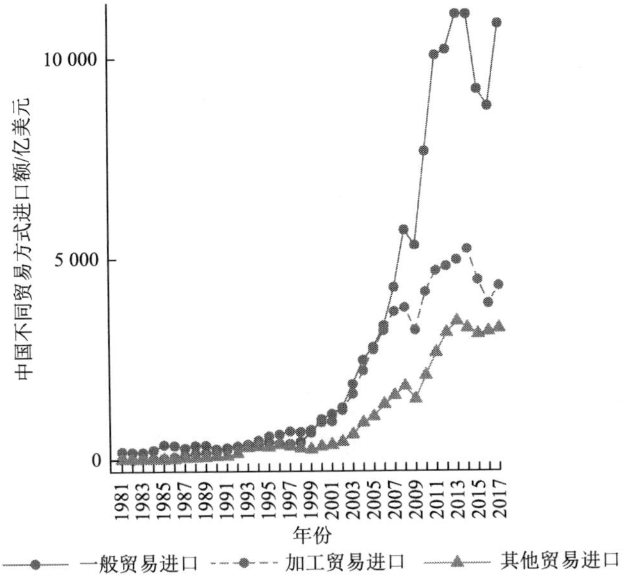

（b）

图 1-1　按贸易方式划分的中国进出口额

资料来源：《中国海关统计年鉴》

图 1-1（b）描绘了 1981～2017 年中国按贸易方式（包括一般贸易、加工贸易和其他贸易）划分的进口额演变趋势。加工贸易进口额从 1981 年的 15 亿美元增加到 2000 年的 925.6 亿美元，从 2001 年的 939 亿美元增加到 2008 年的 3784 亿美元，年均增长 22.0%，远超 1992 年至 2001 年 16.1%的年均增长率，这表明加入 WTO 后加工贸易进口增速加快。在 2007 年一般贸易进口额开始快速增长之前，一般贸易进口和加工贸易进口额这两条曲线保持同一趋势。

加工贸易密集型产业往往是劳动密集型产业。因此，加工贸易吸收了这些行业的许多劳动力，特别是家用电器、玩具、衣服及鞋帽和皮革制品等四大加工行业。这四个行业在 2009 年雇用了 1320 万人，2014 年雇用了 1620 万人，占所有制造业就业的 10%以上。加工贸易也成为中国融入全球价值链的主要推动力。中国在这一时期内发展为全球最大的“世界工厂”。当然，这也意味着中国保持了较高的全球贸易顺差。事实上，中国约 2/3 的贸易顺差来自加工贸易。

5. 对广度开放阶段的评价

改革开放前，我国采取以重工业为主导的战略和进口替代战略，导致农业劳动力过剩、城市化率低、居民收入低。但是，这些因素为改革开放以来实施出口导向型战略奠定了基础。

作为对外开放的重要举措之一，中国在1978～2000年逐步设立了一系列经济园区，并为区内企业提供优惠政策，促进进出口增长。同时，中国政府还放宽了外商直接投资的市场准入。中国拥有大量廉价劳动力，但缺乏技术和设备，加工贸易成为中国参与全球贸易的必然选择。加工贸易增长迅速，中国成为一个新的"世界工厂"。在此期间，中国于1986年申请重返关贸总协定，并于1992年开始积极削减进口关税。1992～1997年，进口关税下降了近60%，这无疑表明了中国扩大开放的决心。

然而，在广度开放阶段期间，我国仍然不是WTO成员，这对我国的国际贸易构成了严重的威胁。典型的威胁是，美国只将中国视为暂时的正常贸易关系（normal trade relationship，NTR）伙伴国，因而美国国会每年对此进行审议。如果取消NTR地位，中国出口商将面临高额的非NTR关税的惩罚。因此，中国的出口仍然面临很大的不确定性，加入WTO将会解决这个问题。

1.2.2 深度开放阶段

进入21世纪以来，中国的对外开放重心由广度开放向深度开放转变。2001～2017年，中国加入WTO、进一步扩大外商直接投资市场准入、放宽对外直接投资、建立自贸区、建设新经济试点试验城市等五件大事体现了中国进行的深度开放。本节中，我们将分别介绍这五项举措，并对中国的深度开放阶段进行评价。

1. 加入WTO

作为加入WTO的条件之一，中国承诺在2006年前将进口关税削减到一定程度，这一关税率被称为约束关税率，中国征收的进口关税率不能高于约束关税率。2001～2006年，平均实际应用关税率总是低于2001年承诺的平均约束关税率。也就是说，中国已经兑现了加入WTO时签署的降低进口关税率的承诺。

1992～2008年，中国名义货物出口额增长了16倍以上。更重要的是，2001年中国正式加入WTO后，出口增长速度明显加快。在加入WTO之前，1992～2001年，年均名义出口增长率约为14.1%；而加入WTO后，2002～2008年，年均名义出口增长率高达27.3%。

中国出口飙升的很大一部分原因可以归结为中国加入WTO后消除了高关税威胁。根据美国的法律，从中国等非市场经济国家进口的产品，必须缴纳1930年《斯穆特-霍利关税法》（Smoot-Hawley Tariff Act）规定的相对较高的关税。这些关税被称为"非正常贸易"关税或"第2栏"关税，通常比美国向WTO成员方提供的"最惠国待遇"或"第1栏"关税高得多。当中国于2001年12月11日加入 WTO 后，美国于 2002 年 1 月 1 日承认中国为永久正常贸易关系国，因而完全消除了中国出口商对关税突然飙升的担忧（Pierce and Schott，2016）。

中国出台的非关税措施（non-tariff measures，NTMs）主要集中在保障食品安全、人类与动物健康、产品质量与安全、环境保护等方面，约占实施非关税措施总量的 90%。

中国正在积极遵循国际标准化组织（International Organization for Standardization，ISO）、国际电工委员会（International Electrotechnical Commission，IEC）等的国际标准，制定相应的国家标准。NTMs 中的 1448 项强制性标准中，有 555 项（约 38%）直接采用 ISO、IEC 和其他国际组织制定的标准。中国正在加大力度，以国际通行做法精简国家标准，在标准化进程中寻求国际合作，特别是随着新的《中华人民共和国标准化法》的颁布，中国打算通过减少相关领域的限制，为促进贸易、经济和社会发展提供更大的可能性。

经原国家质量监督检验检疫总局（General Administration of Quality Supervision，Inspection and Quarantine，GAQSIQ）确认的 NTMs 有 2071 项，在这 2071 项措施中，只有 646 项措施单方面适用于世界各国，其余的 1425 项措施（约 69%）以双边或多边方式适用于某些国家或地区。GAQSIQ 双边或多边实施的措施总数中有 896 项（约 63%）在 2010 年以后实际实施。这表明，多年来中国与各经济体的非关税壁垒措施设定关系正日益从单边关系（即从对所有经济体采取同样的措施）转为双边关系，中国对其他经济体的非关税壁垒处于不断削减的进程中。

2. 进一步扩大外商直接投资市场准入

《外商投资产业指导目录》自 1995 年首次发布以来，先后于 1997 年、2002 年、2004 年、2007 年、2011 年、2015 年和 2017 年更新 7 次。鼓励类别由 1995 年的 115 个增加到 2017 年的 153 个；限制类别从 1995 年的 56 个减少到 2017 年的 7 个；被禁止的类别从 1995 年的 10 个减少到 2017 年的 7 个。这表明外商投资市场准入不断扩大，并积极引导外资投向中国优先发展的产业。例如，政府鼓励外国投资从劳动密集型产业扩展到资本和（或）技术密集型产业。

同时，中国政府还出台了优惠政策，以鼓励更多的外资进入中西部地区。到目前为止，几乎所有的服务业都允许外国投资者进入，但其中一些行业仍然有持股比例的限制。得益于此，中国服务进口也从 2011 年的 2480 亿美元快速增长到 2018 年的 5140 亿美元，年均增长 10.97%。

图 1-2 描述了 1983～2018 年中国年度利用外商直接投资情况。外商直接投资从 2000 年的 407 亿美元增长到 2018 年的 1349 亿美元，年均增长约 7%。值得注意的是，外商直接投资近年来增速有所放缓，2011～2018 年的平均年增长率仅为 3%。

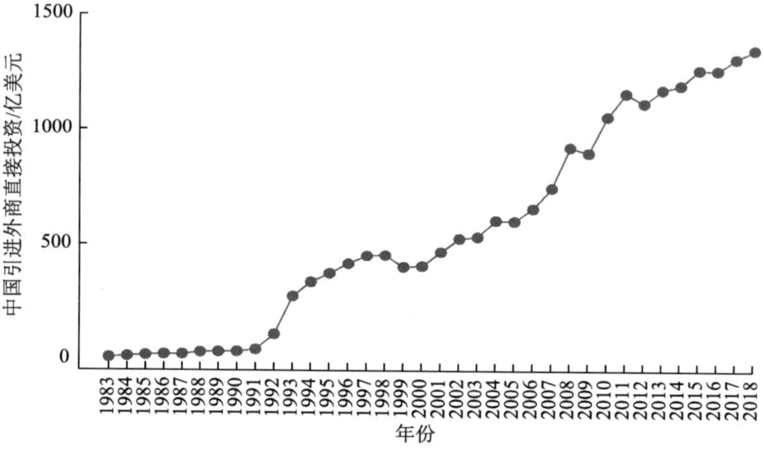

图 1-2　中国年度利用外商直接投资情况

资料来源：《中国统计年鉴》

3. 放宽对外直接投资

1991 年前，只有国有企业才被允许在国外投资，而且无论投资金额多少，都需要逐案审批（Voss et al.，2008）。20 世纪 90 年代，由于贸易顺差和外商直接投资的大量流入，中国的外汇储备迅速增加，这促进了中国对外直接投资增长。但这一时期对外直接投资仍受到严格限制，如 1991 年政府颁布了《国家计划委员会关于加强海外投资项目管理的意见》，加强了对海外直接投资的限制和管理。从图 1-3 可以看出，1982～2000 年，中国对外直接投资一直处于非常低的水平，年平均对外直接投资仅为 15 亿美元。

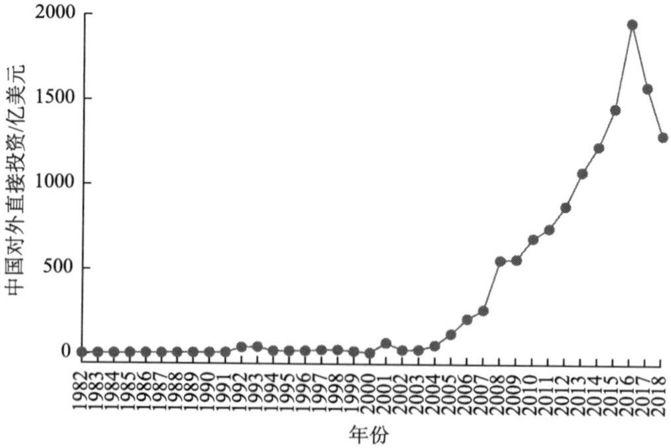

图 1-3　中国每年对外直接投资流量

资料来源：商务部；联合国贸易和发展会议统计数据库

进入 21 世纪后，对外直接投资政策由限制转向放松。2000 年，中国政府首次提出“走出去”战略。对外直接投资从 2000 年的 10 亿美元大幅增加到 2001 年的 69 亿美元，但在随后的 3 年里很快回落。2004 年，政府首次出台了许多放松对外直接投资的政策。例如，《国务院关于投资体制改革的决定》；国家发展和改革委员会（以下简称国家发改委）、商务部等部门出台了一系列具体的政策措施，包括简化审批程序、下放审批权限和提高审批效率等。得益于此，中国对外直接投资在 2005 年增长了 1 倍多，达到 123 亿美元，并在未来几年不断增长。

据 2009 年联合国贸易和发展会议（United Nations Conference on Trade and Development，UNCTAD）公布的数据，受到全球金融危机的影响，2008 年全球直接投资流量下降了 14%，而中国 2008 年对外直接投资流量较 2007 年增长了 1 倍。基于此，中国政府进一步鼓励对外直接投资，具体措施包括：将资源开发类项目的审批门槛值提高到 3 亿美元以上，其他项目的审批门槛值提高到 1 亿美元以上。

2014 年，中国对外直接投资进入了“注册为主、审批为辅”的新阶段。在这个阶段，只有涉及敏感行业的项目或金额超过 10 亿美元的项目，才需要事先获得官方批准；所有其他项目只需要在省市级别的发展和改革委员会注册即可；已设立的中国境外企业被免予办理核准登记手续。因此，中国的对外直接投资在 2016 年进一步增长到 1960 亿美元，比 2014 年高出 730 亿美元。之后，由于贸易保护主义和逆全球化行动升级，中国对外直接投资在 2017 年和 2018 年出现下降。

4. 建立自贸区

2013 年，政府在上海首先设立了自贸区。该地区占地面积不大（初始面积只有 29 平方公里左右），但其潜在的经济影响巨大。自贸区建设的总体思路可以概括为“1＋3＋7”三步走。第一，政府于 2013 年 9 月在上海设立了第一个自贸区。第二，2015 年 4 月，自贸区扩展至广东、天津和福建等沿海大省。第三，2016 年 9 月，政府又在辽宁、陕西、河南、湖北、重庆、四川、浙江设立了 7 个沿海和内陆自贸区。设立自贸区的目标是：如果其他非自贸区已准备好进行改革，则将这些试验区的成功经验推广到其他非自贸区。

在中国早期经济特区试点的基础上，政府为自贸区试点设定了四种角色。第一，自贸区试点旨在进一步促进贸易和投资便利化，这或多或少与出口加工区的发展方向相一致。对于自贸区内的货物生产和贸易，政府要求“一线放开，二线管住”。其具体逻辑是，自贸区内使用的进口中间产品将获得关税豁免（即一线放开），但使用这类中间投入的最终产品不能在区外销售到中国国内市场（即二线管住）。第二，自贸区试点旨在推广中国的“负面清单”投资模式。与以往的“正面清单”不同，新的负面清单投资模式对外国投资者在华投资的监管或限制较少。如果产品或行业处于负面清单上，则不允许外国投资者在这些领域投资。换句话说，外国投资者可以投资清单上没有列出的任何项目。这给外国投资者提供了巨大的投资新行业的空间。事实证明，这种政策设计是最成功的政策改革。由于 11 个自贸区都取得了巨大成功，因此，2018 年，中国政府决定将这一政策推广到全国。第三，自贸区试点旨在进一步推动中国金融改革。值得一提的是，自贸区旨在通过可转换资本项目促进金融创新，并提供更多金融服务。事实证明，到目前为止，这项改革的效果有限。不难理解，这是因为自贸区仅占自贸区所在城市的很小一部分，且金融改革在自贸区内外无法明确划分。第四，自贸区试点要求地方政府消除官僚作风，简化业务流程；自贸区还特别强调事后监管，而非事前审批。

5. 建设新经济试点试验城市

与自贸区不同，我国 12 个城市被设立为新经济试点试验区的开放举措却鲜为人知。2016 年，政府决定在 5 个城市群中选择 12 个城市进行“新经济试点”。山东的省会济南是 12 个城市中最大的；选择福建的沿海城市漳州，主要是因为漳州与台湾关系密切；广西沿海城市防城港入选是因为它毗邻越南，政府希望通过建立这个新的经济区来发展双边边境贸易。其他 8 个城市分布在中国的 5 个大都市圈，特别是辽宁的大连和河北的唐山，它们是最接近京津冀都市圈的两个北方城市；此外，选择西安是因为它是中国西北部最大的城市；重庆入选是因为它是成渝特大城市的核心城市之一；武汉和南昌入选是因为它们是中国中部的两个大城市；选择东莞是因为它是珠三角中心城市之一；最后，上海和江苏苏州入选是因为它们与长江三角洲经济带相连。

这些新经济区的试验目标主要集中在以下六个方面：一是探索新的政府管理模式；二是探索各产业园区之间的协调方式；三是探索鼓励外国直接投资的新途径；四是促进国内产品高质量出口；五是大力改善金融服务；六是着力推进区域全面开放。

经过三年的试验，由北京大学国家发展研究院领导的独立评估小组对这 12 个城市的新经济改革进行了评估。小组特别注意到，这些改革措施成功地促进了地方经济发展，并有助于供给侧结构性改革。

6. 对深度开放阶段的评价

加入 WTO 后，中国兑现了削减进口关税的承诺，中国出口商面临的贸易政策的不确定性大幅降低，这均导致了进出口的快速增长。如图 1-4 所示，我国对外贸易依存度（国际贸易总额占 GDP 的比重）快速上升，由 2001 年的 38.1%增长到 2006 年的 63.95%。这意味着对外贸易对 GDP 增长的贡献率显著提高。与此同时，中国进一步扩大了外商直接投资的市场准入，放宽了中国企业对外直接投资的限制。

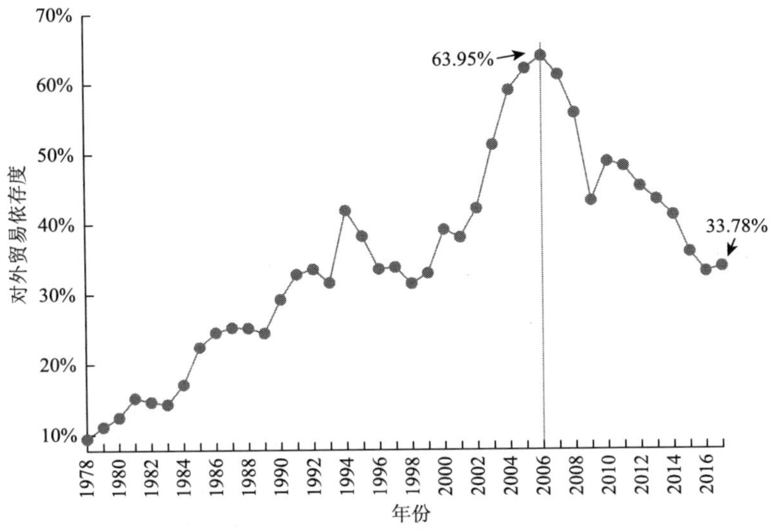

图 1-4 中国对外贸易依存度（1978～2017 年）

资料来源：《中国海关统计年鉴》

金融危机爆发后，国外市场受到严重冲击，需求疲软，贸易保护主义抬头。21 世纪以来，特别是 2004 年后，中国的劳动力成本急剧上升，人口红利迅速消失。与许多东南亚国家相比，中国在劳动密集型产业上不再具有显著的比较优势。中国海外市场的很大一部分已被越南、孟加拉国等国占据。因此，继续依靠简单的加工贸易来促进中国出口的战略已不再可行。事实上，全球金融危机爆发后，加工进出口均大幅下降，如图 1-1 所示。

为此，中国政府于 2013 年开始设立自贸区，并于 2016 年开始进行新经济城市试点试验。这两项政策举措成功地促进了地方经济发展，有利于推进供给侧结构性改革。党的十九大明确指出“我国经济已由高速增长阶段转向高质量发展阶段”。中国政府提出构建全面开放的新格局，促进中国经济和世界经济的共同发展。1.2.3 节将介绍全面开放的具体措施。

1.2.3 全面开放阶段

2017 年，党的十九大提出要推动形成全面开放新格局。其中，最重要的举措包括落实“一带一路”倡议、自由贸易港试验和粤港澳大湾区发展。本节将具体介绍这三方面的举措。

（1）“一带一路”倡议。“一带一路”倡议由中国政府于2013年提出，致力于推动区域合作和跨大陆互联互通。“一带一路”倡议旨在加强中国与其他“一带一路”沿线国家的基础设施、贸易和投资联系。截至2020年，已有65个国家积极参与“一带一路”建设，这些国家包括东亚的蒙古国、10个东盟国家、18个西亚国家、8个南亚国家、5个中亚国家、7个独立国家联合体（以下简称独联体）国家、16个中欧和东欧国家。“一带一路”倡议的参与范围仍在继续扩大，“一带一路”倡议甚至被解读为对所有国家或地区和国际组织开放，而不仅限于“一带一路”沿线国家。

除了推进国际贸易，“一带一路”尤其注重基础设施建设。作为历史上规模最大的基础设施投资项目之一，“一带一路”致力于解决不同国家之间存在的“基础设施鸿沟”问题，从而有利于促进沿线国家经济增长。总而言之，“一带一路”倡议呼吁通过建设基础设施、加强文化交流、扩大贸易和投资，将参与国家纳入到一个具有高度凝聚力的合作框架中。

（2）自由贸易港试验。党的十九大的一份报告中首次提出了自由贸易港的概念。国家主席习近平明确指出，“赋予自由贸易试验区更大改革自主权，探索建设自由贸易港”。①

自由贸易港的主要特征是，从行政监管的角度看，它不属于海关的管辖范围。自由贸易港具有港口和自贸区的特征，具有许多与贸易相关的功能，包括产品加工、物流和仓储，但这是一个比自贸区更开放的平台。实际上，建设自由贸易港将有助于自贸区朝着更透明的制度环境的目标迈进，比如新加坡和中国香港。同时，打造自由贸易港，需要在贸易便利化措施、船舶燃油价格、金融支持、海关监管、检验检疫等方面取得突破。此外，自由贸易港将能够更好地应对深刻变化的全球环境。

（3）粤港澳大湾区发展。建设和发展粤港澳大湾区是中国对外开放最紧迫的任务之一。大湾区包括广东省9个市（深圳、东莞、惠州、广州、佛山、江门、肇庆、中山和珠海）、香港和澳门。九座城市位于珠江的东岸和西岸，大湾区与珠江三角洲相吻合，而珠江三角洲是中国发展水平最高的经济开发区之一。

大湾区的发展应着眼于以下几个方面：发展大湾区，要把实体经济与金融经济结合起来，重点放在实体经济上，服务业应该发挥辅助作用。大湾区建设的第二个重要任务是促进创新，中国正在从制造业大国向创新大国转型，大湾区应在

① 《习近平：探索建设自由贸易港》，http://www.xinhuanet.com/politics/19cpcnc/2017-10/18/c_1121820571.htm，2017年10月18日。

创新型国家建设中发挥关键作用。第三个目标是实现制度创新，同时大湾区也应更多地关注生态环境保护。促进大湾区发展的其他开放措施包括进一步扩大市场准入、改善外国投资者的投资环境、加强知识产权保护和主动扩大进口等。

1.3　中国对外开放发展的展望

本章前几节回顾了 1978 年以来中国在国际贸易、投资自由化和融入国际经济等方面的开放实践、成就及存在的问题。近些年，中国所面临的内外环境日益复杂，国内劳动力成本上升、人口老龄化加剧，单边主义和国际贸易冲突加剧。本节中，我们将制定一套具体的政策建议，以促进中国高水平和高质量的对外开放。

第一，支持多边主义，为 WTO 改革做出贡献。当前，单边主义和保护主义抬头，多边贸易体制的权威性和有效性受到严重挑战。在此背景下，中国应积极参与 WTO 改革。具体来说，中国可以努力加强 WTO 争端解决机构的作用，并确保中国在该机构拥有席位。

第二，巩固现有区域自由贸易协定，积极推动新的自由贸易协定。截至 2020 年，中国已与欧洲、亚洲、大洋洲、南美洲和非洲的 25 个伙伴达成 17 项自由贸易协定，中国要深化与这些国家或地区在贸易、投资、文化交流等各领域的合作。同时，正在推进的 13 个区域自由贸易协定中，“区域全面经济伙伴关系协定”（Regional Comprehensive Economic Partnership，RCEP）规模最大，经过 22 轮谈判，中国已于 2020 年 11 月与东盟 10 国、日本、韩国、澳大利亚、新西兰正式成功签署。此外，中国已正式提出申请加入目前由日本主导的全面与进步跨太平洋伙伴关系协定（Comprehensive and Progressive Agreement for Trans-Pacific Partnership，CPTPP）。这主要有两个重要原因：其一，CPTPP 对开放水平的要求低于其前身——跨太平洋伙伴关系协定（Trans-Pacific Partnership Agreement，TPP），这与中国现有的开放程度相似；其二，加入 CPTPP 可以扩大中国的朋友圈，并抵消中美贸易摩擦给中国经济可能带来的负面影响。

第三，通过进一步开放和高质量发展应对中美贸易冲突。一方面，中国必须正面应对美国发起的贸易摩擦，为美国出口设置必要的高关税和非关税壁垒，对在这场贸易冲突中受损的行业和工人给予必要的补贴；另一方面，中国需要通过放宽市场准入、扩大进口等方式扩大开放和促进高质量发展。随着中国 GDP 接近美国，并有望在 2027 年超越美国，届时中美贸易摩擦将达到顶峰。当中国的 GDP 是美国的 1.5 倍时，美国可能会接受中国的崛起，中美关系将从竞争转向合作。因此，中美之间的竞争关系将长期存在（甚至在未来 30 年）。中国政府和中国人民要做好心理准备，做好本职工作。

第四，进一步扩大市场准入，提高开放质量。中国政府将鼓励更多的外国投资和进口，努力扩大外国市场准入。具体地，在全国范围内实行负面投资清单制度；对在中国注册的各类企业一视同仁；提高企业在华经营的便利性。例如，建立统一、安全、有效的电子清关系统，以实现海关一体化和简化业务程序；为外国商人和国际人才提供更宜居的环境和更优质的服务，这也是中国提高人才流动性和吸引人才的重要手段；中国还应努力加强对知识产权的保护，这将倒逼中国企业自主创新，提高竞争力；为了减少对国外技术的依赖，中国政府应该设立专项资金，鼓励企业开发核心技术；目前我国服务贸易存在逆差，这与我国目前的经济发展阶段相适应，但在未来，我们要大力发展服务业和服务贸易，使服务贸易成为拉动中国经济增长的又一引擎。

第 2 章　加工贸易、关税减免与企业生产率

2.1　背 景 介 绍

贸易自由化对企业利润率的影响是贸易实证研究中最重要的问题之一。先前，贸易学家主要关注最终品关税减免的影响。目前，研究重心转移到探讨进口中间品关税减免的影响上来。通常，进口中间品关税减免对企业生产率的影响要大于最终品关税减免（Amiti and Konings，2007；Goldberg et al.，2010；Topalova and Khandelwal，2011）。Amiti 和 Konings（2007）分析了印度尼西亚企业层面的数据，并发现企业从中间品关税降低所获得的生产率提升是从最终品关税降低所获得的生产率提升的 2 倍。此外，Topalova 和 Khandelwal（2011）发现，对于印度一些行业中的企业，中间品关税下降带来的生产率提升甚至能够达到最终品关税下降带来的生产率提升的 10 倍。他们强有力地指出造成这一结果的主要原因是中间品关税下降使企业能够获得更好的中间投入，这比最终品关税下降造成的促进竞争效应更为重要。

不同于上述研究结论，本章发现对于参与国际贸易的大型中国企业，21 世纪中最终品关税减免比中间品关税减免更能提高企业生产率。最终品（中间品）关税下降 10%会使生产率提高 9.3%（5.2%）。两类关税减免对生产率的正向促进作用会随着企业加工贸易进口份额的增大而减小。这主要是由于中国加工贸易企业相比于非加工贸易企业在进口中间品方面享有关税优惠：占据中国总进口半壁江山的加工贸易进口享受零关税。进口中间品关税的进一步下降对完全从事加工贸易的企业无影响，但仍会影响既从事加工贸易又从事一般贸易的企业。随着企业加工贸易份额的增大，中间投入关税下降对生产率提升的作用降低。类似地，随着企业加工贸易份额上升，其内销产品份额随之下降，最终品关税下降带来的促进竞争效应随之减弱。

本章在以下三个重要方面丰富了现有文献。第一，丰富了对中国这个世界第二大经济体和第一大出口国经济增长的理解。中国占世界贸易 10%的庞大的贸易体量一直被认为是其经济飞速增长的原因之一。然而，这一猜测几乎没有从中国企业层面的微观数据中获得支撑。①本章的研究力图填补这项空白。利用 2000～

① Brandt 等（2012）的研究是一个例外。

2006 年高度细化的交易层面的海关数据和企业层面的生产数据，本章深入探究了对外贸易和企业生产率的关系。

第二，对于很多发展中国家（如印度尼西亚、墨西哥和越南）而言，加工贸易是重要的贸易形式。加工贸易是企业从国外进口原材料或中间产品，在本国加工之后再予出口，赚取其中附加价值的过程（Feenstra and Hanson，2005）。为鼓励发展加工贸易，一国政府往往会对作为原料的中间品减免关税。尽管关于发达国家和发展中国家的贸易改革存在一些研究①，但贸易改革和加工贸易的相互作用却很少被探讨。因此，在加工贸易享受特殊关税优惠的背景下理解贸易改革带来的生产率提升显得十分必要。

第三，除了采用被广泛接受的在行业层面度量关税的方法，本章进一步在企业层面衡量最终品关税和进口中间品关税。可能是受数据的限制，先前的研究通常利用投入产出表（Amiti and Konings，2007）或是通过度量有效关税保护（Topalova and Khandelwal，2011）来在行业层面度量关税。然而，这种便捷的方法可能存在缺陷。由于投入产出表并不区分进口中间投入和与关税减免不直接相关的国内中间投入，因此，利用投入产出表可能无法精确度量企业面对的贸易保护程度。利用中国企业层面生产数据和交易层面贸易数据中的丰富信息，本章能够新颖地构造出各企业面对的中间品和最终品关税，以估计贸易改革对企业生产率的影响。据笔者所知，在企业层面度量关税是相关领域研究中的首次尝试。值得指出的是，在采用传统的行业层面度量关税的方法时，本章的估计结果保持稳健。

本章同时控制了两类内生性因素：企业层面关税可能存在的内生性，以及企业参与加工贸易的自选择可能存在的内生性。企业层面中间品和最终品关税可能存在一些内生性问题。第一个内生性问题来源于关税本身的度量方法。由于企业可能进口多种产品，故用进口量作为权重能够反映某种产品对企业的重要性。然而，进口量与关税存在反向关系。在极端情况下，当企业面对禁止性关税时，其进口和相应的进口权重为零。因此，中间品关税在度量上存在向下的偏误。为解决这一内生性问题，在所有回归估计中，构造企业层面关税时均使用了不随时间变化的权重，该权重根据企业第一次出现在样本年份的进口值构建。第二个内生性问题同关税与生产率之间可能存在的反向因果有关。关税可能会受到来自国内特殊利益集团的压力，这种压力在印度（Topalova and Khandelwal，2011）等国家可能会很大，但在印度尼西亚（Amiti and Konings，2007）等国家并不十

① 其中，针对发达国家的研究包括 Bernard 等（2003）对美国及 Trefler（2004）对加拿大的研究。然而，更多研究结论是针对发展中国家得出的，如 Bustos（2011）对阿根廷、Schor（2004）对巴西、Pavcnik（2002）对智利、Fernandes（2003）对哥伦比亚、Harrison（1994）对科特迪瓦、Krishna 和 Mitra（1998）及 Topalova 和 Khandelwal（2011）对印度、Amiti 和 Konings（2007）对印度尼西亚、Levinsohn（1993）对土耳其的研究。其他的研究，如 Lu 等（2010）、Lu（2010），以及 Ma 等（2014）也研究了中国出口增长和生产率提升的关系。

分显著。鉴于中国在2001年加入了WTO，因此，2000～2006年来自本国的压力可能不会是决定性的因素。然而，为了分析的完整性，本章仍采用工具变量（instrument variable，IV）方法，以控制可能的反向因果。

另外一类内生性问题与企业自选择参与加工贸易有关。我们观察到一些中国企业同时参与加工贸易和一般贸易，而其他企业只参与一种类型的贸易，因此，本章采用两种方法衡量加工贸易变量。本章先用一个加工贸易虚拟变量来识别企业是否从事加工贸易。如果海关数据显示一个企业有加工贸易进口，则该企业被定义为加工贸易企业。然而，企业的加工贸易份额是内生的。企业首先要决定是否参与加工贸易，如果是，再决定加工贸易进口份额。为了处理这种自选择行为，本章使用了第二类Tobit模型。在第一步Probit估计中，本章发现低生产率的企业更可能选择参与加工贸易以享受进口中间投入品零关税政策。在利用第二步Heckman估计得到企业加工贸易进口程度的拟合值后，本章在研究关税对企业生产率影响的主回归估计中将其作为加工贸易指标的度量，以控制企业参与加工贸易决策的内生性。其他条件相同时，参与加工贸易的程度越高，企业生产率越低。

本章遵循标准的做法，分两步探究企业生产率与最终品和中间品关税的关系。首先，本章使用Olley和Pakes（1996）提出的方法来度量企业的全要素生产率（total factor productivity，TFP），同时进行了必要的修正和扩展以适应中国的实际情况。由于即使是在同一行业中的加工贸易企业和非加工贸易企业也可能采用不同的生产技术，本章对各行业中加工贸易企业和非加工贸易企业的TFP分别进行了估计。本章同时考虑了企业从事加工贸易的学习效应（de Loecker，2013）。尽管扩展的Olley-Pakes方法能够克服传统最小二乘（ordinary least squares，OLS）估计造成的联立性偏差和选择性偏差，但其依赖于一个重要假设——资本对不可观察的生产率冲击更为敏感。然而，中国是劳动力充裕的国家，劳动力成本相对较低，在面对生产率冲击时，中国企业通常会调整劳动投入以重新优化生产行为（Blomström and Kokko，1996）。因此，本章同时采用了另外三种方法度量企业TFP：劳动生产率、Levinsohn和Petrin（2003）方法计算的TFP，以及系统广义矩方法（generalized method of moments，GMM）计算的TFP（Blundell and Bond，1998）。由于系统GMM在估计TFP时控制了企业先前的生产率，能够避免可能存在的序列相关问题，本章将其作为度量企业TFP的主要指标。

其次，理解贸易改革促使企业生产率提升的相关机制同样十分重要。受之前研究的启发（Amiti and Konings，2007；Bustos，2011；Goldberg et al.，2010），进口中间品关税对生产率的影响机制十分明确，即关税降低使企业获得更多的中间投入。相对地，最终品关税对生产率的影响可能有以下两种渠道：一是通过进口竞争压力直接提高企业生产率，二是通过淘汰生产率较低的企业，从而间接提高企业生产率。本章发现促进竞争效应更多通过企业在压力下提升生产率的渠道发挥作用，这与 Horn 等（1995）的发现一致。本章也探讨了其他可能的渠道，如进口广度与研发支出。与 Amiti 和 Konings（2007）不同，利用丰富的数据信息，本章能够如 Goldberg 等（2010）一样直接测度企业的产品范围（在出口市场上）。此外，与 Bustos（2011）类似，我们也能够分析企业的研发情况。

由于经济体层面的生产率是衡量一经济体福利的重要指标，本章最后一项工作是将企业生产率加总至经济体总体生产率。加总时利用了 Domar（1961）中的权重，该权重克服了开放经济中忽视纵向整合可能带来的加总偏差。简单来说，本章发现最终品和中间品关税降低至少贡献了同期生产率增长的 13.5%。

本章剩余部分的结构如下：2.2 节介绍中国加工贸易的特殊关税政策；2.3 节为数据描述及处理；2.4 节讨论关键变量和计量方法；2.5 节汇报实证结果；最后，2.6 节进行总结。

2.2 加工贸易特殊关税政策

中国的加工贸易兴起于 20 世纪 80 年代。作为贸易自由化的重要途径，中国政府鼓励企业进口部分或全部原材料和中间投入，在国内进行加工和组装之后，将增值后的最终产品复出口。截至 2012 年，根据海关总署的划分，中国共有 16 类特定类别的加工贸易。[①]

在这些贸易类别当中，有两类是尤为重要的，即来料加工和进料加工。[②]这两类加工贸易均享受零进口关税，但却有一处显著不同。在来料加工中，本国企业免费从其外国贸易伙伴处获得原材料和组装配件，但在本国完成加工后，必须将成品出售给同一外国贸易伙伴并收取加工费。在进料加工中，本国企业在进口原材料时向国外出口商支付费用，同时加工后可以将成品出售到其他国家。

图 2-1 显示了在 20 世纪 80 年代初期，与一般贸易进口相比，中国的加工贸易进口只占总进口的一小部分。然而，中国加工贸易进口在 20 世纪 90 年代初迅速增长，并在中国宣布采用市场经济体制的 1992 年接近一般贸易进口。此后，加工贸易进口占总进口的比例在 50%～65%。有趣的是，20 世纪 80 年代，由于大多数中国企业缺少进口所需的资金，这一时期来料加工更受欢迎。自

① 这些类别的加工贸易包括：境外援助（编码：12）、来料加工（编码：14）、进料加工（编码：15）、补偿贸易（编码：13）、商品寄售代销（编码：16）、货物租赁（编码：17）、边境小额贸易（编码：19）、工程承包（编码：20）、外发加工（编码：22）、易货贸易（编码：30）、保税仓库进出口贸易（编码：33）、保税区转口贸易（编码：34）等。

② 来料加工在海关官方报告中也被称作“提供原料加工”或在 Feenstra 和 Hanson（2005）中被称作“纯加工”。对应地，进料加工通常也被称作“进口原料加工”或“进口中间投入并加工”。

20 世纪 90 年代后，进料加工更为流行。图 2-2 清晰地显示了这种趋势：在加工贸易进口中，来料加工进口与进料加工进口之比从 2000 年的 0.41 下降到 2006 年的 0.32。

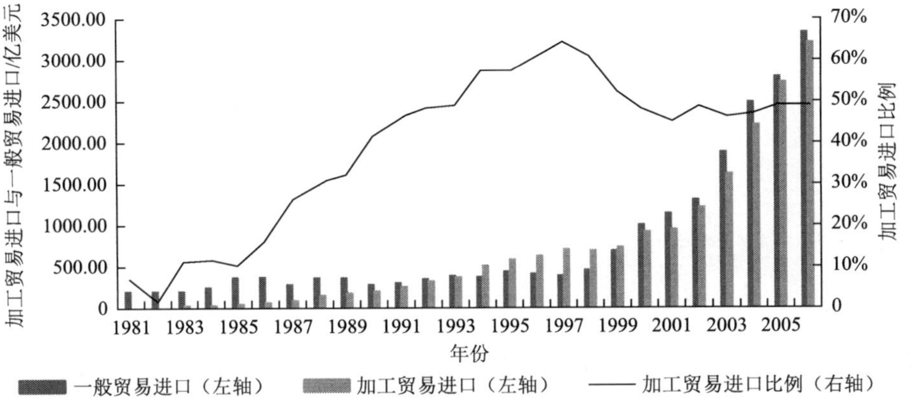

图 2-1　中国加工贸易进口与一般贸易进口

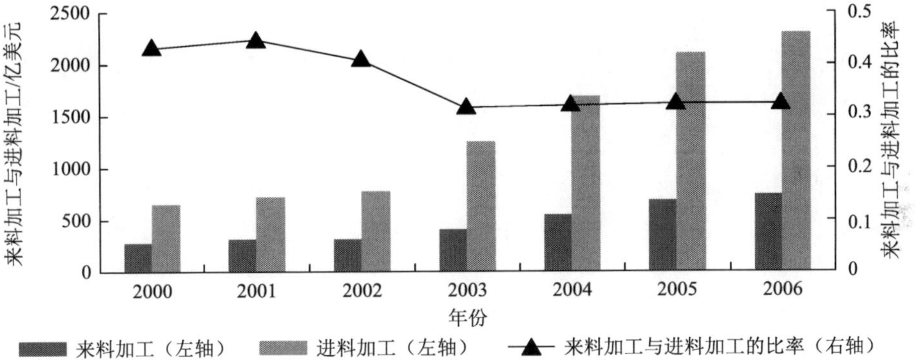

图 2-2　中国加工贸易进口：来料加工与进料加工

资料来源：海关贸易数据（2000～2006 年）

本章的首要目的是确定在加工贸易享受关税特殊优待的背景下，企业 TFP 如何对最终品和中间品关税下降做出反应。因此，理解企业是否参与加工贸易是十分重要的。故所有中国企业被分为四类，即非进口企业和三类进口企业（即一般贸易进口企业、混合型进口企业和纯加工贸易进口企业）。如图 2-3 所示，非进口企业不从事进口活动，所有原材料和中间投入都从本国市场获取。然而，非进口企业可以将其产成品销往国内和国际市场，如图 2-3 箭头（1）所示。

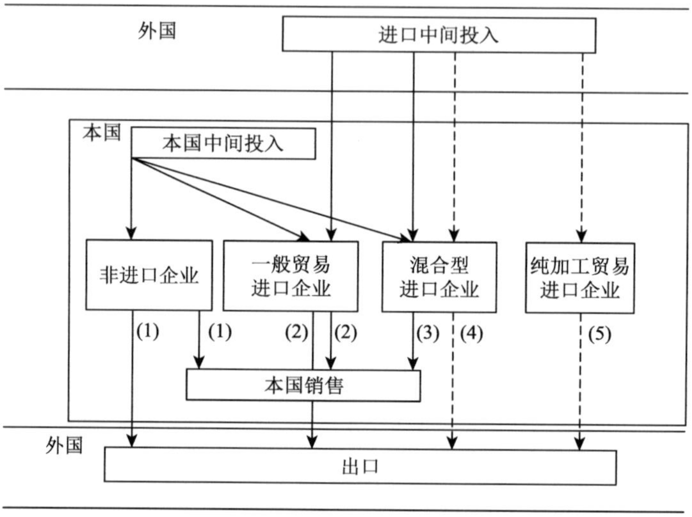

图 2-3　四种类型的中国企业

虚线表示企业加工贸易进出口，实线表示企业非加工贸易进出口

在三类进口企业中，一般贸易进口企业不从事与加工贸易相关的进口活动，其只进口不用于加工贸易的中间投入品，并且可以将产成品同时销往国内和国外市场，如图 2-3 箭头（2）所示。[①]与之形成鲜明对比，如图 2-3 中虚线所示，纯加工贸易进口企业仅从事加工贸易活动，其原材料和中间投入全部来自国外并将所有加工增值后的成品复出口，如图 2-3 箭头（5）所示。这些企业充分享受进口零关税优惠。最后一类企业可能最为有趣，混合型进口企业既从事一般贸易［箭头（3）］，也从事加工贸易［箭头（4）］。这些企业从加工贸易进口中享受零关税优惠，但仍为一般贸易进口支付关税。这里需要指出的是，混合型进口企业和纯加工贸易进口企业可能从事任何一类加工贸易活动，包括来料加工与进料加工。

2.3　数据描述及处理

为了研究贸易自由化对企业生产率的影响，本节采用了以下三组高度细化的大型微观面板数据：关税数据、企业层面的生产数据及产品层面的贸易数据。

关税数据可以直接从 WTO 和贸易分析与信息系统（Trade Analysis and

① 与加工贸易进口商不同，非加工贸易进口商在进口中间投入品时需要支付关税，尽管这些中间品可能是生产出口产品的投入。关键的不同在于非加工贸易企业无法向海关出示享受零关税优惠的合同或许可证。

Information System，TRAINS）中获得。[①]本节调用了中国 2000～2006 年在协调制度（harmonized system，HS）六位码层面上的关税数据。由于产品贸易数据是基于 HS 八位码层面上的，本节将产品层面的贸易数据整合到 HS 六位码层面以与关税数据对应。并且，由于本章着眼于研究贸易自由化对企业生产率的平均影响力度，我们直接使用从价关税的平均税率来度量贸易自由化程度。

2.3.1　企业层面的生产数据

数据样本来源于一个内容丰富的企业面板数据库，该数据库的企业总数从 2000 年的 162 855 家上升到 2006 年的 301 961 家。数据是国家统计局在对规模以上制造业企业年度调查的基础上收集与维护的。数据库提供了企业三大会计报表（即资产负债表、利润表和现金流量表）中的全部信息。简单来说，数据库包含两类企业：全部国有企业（state-owned enterprises，SOEs）和年销售额在 500 万元人民币以上的非国有企业。[②]变量涵盖了企业主要会计报表中的 100 多个财务变量。

尽管数据库包含了丰富的信息，但一些样本信息仍不够准确从而存在误导性，这很大程度上源于一些企业的错报。[③]如同 Cai 和 Liu（2009），本章采用以下标准剔除异常样本：第一，重要财务指标（如总资产、固定资产净值、销售额和工业总产值）有遗漏的样本被剔除。第二，雇员人数在 8 人以下的企业也被剔除，如 Brandt 等（2012）提到的，这类企业在法律上是另一种企业形式。

根据 Feenstra 等（2013），遵循一般公认会计准则（generally accepted accounting principles，GAAP），本章还剔除了发生以下情况之一的企业样本：①流动资产超过总资产；②总固定资产超过总资产；③固定资产净值超过总资产；④企业识别编号缺失；⑤成立时间无效（如成立时间在十二月之后或在一月之前）。通过采用以上严格的筛选标准保证生产数据的质量，筛选后的企业数据在各年减少约 50%。

我们注意到在中国海关数据库中，一些中国企业本身不从事生产活动，仅是从其他本国企业处收集货物并出口或者向其他本国企业出售从国外进口的产品

① 资料来源于 WTO 网站 http://tariffdata.wto.org/ReportersAndProducts.aspx。注意 TRAINS 数据通常存在缺失值问题，特别是其他经济体对中国出口的关税存在缺失。因此，若一个产品-目标经济体-年份组合对应的关税缺失，该组合将被剔除。

② 事实上，每年由国家统计局发布的《中国统计年鉴》，其中工业部门的整体数据就是编制自这一数据库的。

③ 例如，一些家族企业并没有建立正规的会计系统，其会计报表往往以“元”为单位，而规范的要求是以“千元”为单位的。

（Ahn et al.，2011）[①]，为保证估计的精确性，本章在所有估计中将此类贸易公司从样本中剔除。特别地，名称中含有“贸易公司”或“进出口公司”字样的公司将被剔除。[②]

2.3.2 产品层面的贸易数据

高度细化的产品层面的贸易数据来源于海关总署，覆盖了各贸易企业产品目录下的各种信息，包括产品的贸易价格、贸易量和 HS 八位码层面的产品价值。值得一提的是，这一数据集不仅包含进出口数据，还细分出许多具体类别的加工贸易部门的数据，如来料加工和进料加工数据。

表 2-1 报告了 2000～2006 年按年份和贸易方式整理的中国产品层面的贸易数据统计摘要。总体上，在高度细化的 HS 八位码层面，18 599 507 个交易层面观测样本中，有 35%左右是一般贸易，65%左右是加工贸易。当用交易量作为衡量标准时，也可以观察到类似的比例：约 44%的交易量由一般贸易贡献，进料加工占到约 30%，来料加工仅占约 10%，剩下的 17%由除来料加工和进料加工外的其他类型的加工贸易贡献。

表 2-1 按贸易方式和年份分类的中国海关产品层面的贸易数据

按贸易方式分类	占总观测值比例（HS 八位）							
	2000 年	2001 年	2002 年	2003 年	2004 年	2005 年	2006 年	合计
一般贸易进口	2.57%	3.54%	3.77%	5.17%	6.04%	6.80%	7.30%	35.19%
来料加工进口	2.46%	2.72%	2.37%	2.59%	2.77%	2.79%	2.77%	18.47%
进料加工进口	3.90%	4.14%	3.57%	4.67%	5.33%	5.74%	5.60%	32.95%
其他类型的加工贸易进口	1.42%	1.55%	1.70%	1.70%	2.02%	2.24%	2.77%	13.40%
合计	10.34%	11.95%	11.41%	14.13%	16.16%	17.57%	18.44%	100%
按贸易方式分类	占总进口额比例							
	2000 年	2001 年	2002 年	2003 年	2004 年	2005 年	2006 年	合计
一般贸易进口	3.12%	3.87%	3.71%	5.87%	7.74%	8.87%	10.46%	43.64%
来料加工进口	0.87%	0.98%	0.99%	1.22%	1.68%	2.11%	2.31%	10.16%
进料加工进口	2.02%	2.21%	2.39%	3.87%	5.24%	6.52%	7.15%	29.40%
其他类型的加工贸易进口	1.01%	1.24%	1.43%	1.93%	2.85%	3.35%	4.99%	16.80%
合计	7.02%	8.30%	8.52%	12.89%	17.51%	20.85%	24.91%	100%

注：因数据经四舍五入，可能存在各合计值不等于各项相加的情况，以及总合计值不等于 100%的情况

① 注意到在企业层面的生产数据中，根据 GAAP 的规定，企业向贸易中介销售产品被认为是本国销售而非出口。

② 在中国，纯贸易公司被要求使用含有“贸易公司”或“进出口公司”字样的公司名称进行注册。

2.3.3　合并数据

企业层面的生产数据是度量生产率的关键工具，而产品层面的贸易数据则被用来辨识企业是否从事加工贸易。但是，将企业生产数据和产品贸易数据进行合并面临一定的技术困难。虽然两个数据集拥有企业标识编号这一共同变量，但两组数据的编码系统却完全不同。[①]因此，企业标识编号不能被用来当作匹配两组数据的桥梁。

为解决这一问题，依据 Yu 和 Tian（2012），本节采用其他共同变量，利用两种方法来将两组数据匹配。首先，本节使用每个企业的中文名称和年份合并两组数据，即如果两个数据库中的某家公司在某一特定年份中拥有完全相同的中文名称，则其应该是同一家公司。[②]如附录 1 中详细描述的，本节利用原始的生产数据库获得了 83 679 家匹配后企业，通过使用经上述方法精确筛选后的生产数据库，这一数字下降到 69 623 家。为使精确匹配的企业数目尽可能多，本节采用另一种匹配方法作为补充。本节采用另外两个共同变量来标识每个企业：邮政编码和企业电话号码的后 7 位。这是因为每个企业都会属于某个邮政区域，并拥有自己独享并唯一的电话号码。尽管这种方法看上去很直接，但也存在一些技术上和操作上的难题。[③]在将产品层面的贸易数据和企业层面的生产数据合并后，本节最终得到同时出现在两个数据库中的 76 823 家企业，同时包括了进口企业和出口企业。[④]简单来说，合并后的数据占企业层面生产数据集中全部有效出口企业数的 40%左右，出口值占总出口值的 53%左右。通过比较，本节数据匹配的成功率与其他利用同样数据库的研究（Wang and Yu，2012；Ge et al.，2011）十分相当。

那么，利用以上方法进行数据匹配的成功性如何？表 2-2 首先比较了合并数据集和全样本海关贸易数据集。在合并数据的全部 56 459 家进口企业中，一般贸易进口企业占到 38.1%，加工贸易进口企业占到 61.9%。如表 2-2 最后一列所示，这些数字与全样本海关数据中对应的数字较为接近：一般贸易进口企业占 27.3%，

① 特别地，产品层面贸易数据库中的企业编号是 10 位的，而企业层面生产数据库中的编号则为 9 位，且二者间没有共同的元素。

② 年份变量作为辅助识别变量是必要的，原因在于一些企业在不同年份可能会更改名称，新注册成立的企业可能使用这些企业之前的名称。

③ 例如，产品层面贸易数据中的电话号码包含了电话区号和一个连接符，但企业层面的生产数据不含有这些。

④ 有些企业在海关贸易数据库中的出口值大于在国家统计局生产数据库中的销售额。本章剔除了这些企业以保证合并数据的质量。

加工贸易进口企业占 72.7%。[①]表 2-2 最后两行同时报告了合并数据集和全样本数据集中混合型进口企业和纯加工贸易进口企业在各年的占比。

表 2-2 按照企业类型分类的合并后的进口企业

企业类型	合并后样本								
	2000 年	2001 年	2002 年	2003 年	2004 年	2005 年	2006 年	合计	全样本
所有进口企业	8.8%	9.9%	10.6%	12.4%	19.4%	18.0%	21.0%	100.0%	100.0%
一般贸易进口企业	2.4%	3.0%	3.7%	5.0%	7.5%	7.3%	9.1%	38.1%	27.3%
加工贸易进口企业	6.4%	6.9%	6.9%	7.4%	12.0%	10.7%	11.8%	61.9%	72.7%
混合型进口企业	3.0%	3.2%	3.5%	3.9%	5.8%	5.3%	6.0%	30.7%	53.0%
纯加工贸易进口企业	3.4%	3.6%	3.4%	3.5%	6.2%	5.4%	5.9%	31.2%	19.7%

注：合并后的样本数据中包含 56 459 家进口企业，而全样本贸易数据中包含 217 372 家进口企业；因数据经四舍五入，可能存在各合计值不等于各项相加的情况，以及总合计值不等于 100%的情况

鉴于企业层面的生产数据对构建回归因变量（即企业生产率）至关重要，表 2-3 显示了 2000～2006 年各年总销售额和总雇员数目中由合并数据集中的企业贡献的比例。特别地，在样本期间，合并样本出口额占全样本生产数据集出口额的比例在 50%～58%的范围变动，这说明一些企业进入或退出了用于计量估计的合并样本。合并样本同时包括了出口企业和进口企业。[②]此外，表 2-4 比较了合并数据集和全样本企业层面数据集的不同。合并样本比全样本企业层面数据集有明显更高的销售额、出口额和雇员数目均值。这说明合并样本偏向大型企业，因此本章的结论对中国参与国际贸易的大型企业有效。

表 2-3 2000～2006 年合并后样本及全样本数据中企业层面生产变量

生产变量	2000 年	2001 年	2002 年	2003 年	2004 年	2005 年	2006 年	平均值
销售额	23.7%	24.0%	23.8%	24.6%	27.8%	25.8%	28.3%	25.4%
出口额	51.9%	50.1%	52.9%	50.0%	55.2%	51.6%	57.9%	52.8%
雇员数目	20.2%	20.9%	21.6%	23.0%	26.5%	25.5%	28.7%	23.8%

注：本表中 2000～2006 年的数据为合并后样本中的销售额（出口额或雇员数目）与全样本中相应变量的比值。最后一列则为相应变量 2000～2006 年的平均值

① 注意表 2-2 中一般贸易进口企业和加工贸易进口企业占比与表 2-1 中一般贸易进口量和加工贸易进口量范畴不同，因为加工贸易进口企业（纯加工贸易进口企业除外）一般会同时从事加工贸易进口和一般贸易进口。

② 约 60%的企业是出口企业，另外 40%的企业是进口企业。合并样本也包括了企业的进入和退出。

表 2-4　合并后数据与全样本数据比较

生产变量	合并后的数据			全样本数据		
	均值	最小值	最大值	均值	最小值	最大值
销售额/万元	15 005.3	500	1.57×10^7	8 506.5	500	1.57×10^7
出口额/万元	5 330.8	0	1.52×10^7	1 654.4	0	1.52×10^7
雇员数目	478	8	157 213	274	8	165 878

2.4　变量度量与实证方法

首先，2.4.1 节和 2.4.2 节介绍三个关键变量的度量方法：企业全要素生产率、企业层面最终品关税和企业层面中间品关税。其次，作为比较，2.4.3 节同样介绍了行业层面的最终品和中间品关税。最后，2.4.4 节讨论研究了关税减免对企业生产率影响的计量方法。

2.4.1　全要素生产率的度量

本章与 Amiti 和 Konings（2007）一样使用改进的 Olley-Pakes 方法度量中国企业层面的全要素生产率。假设生产函数是柯布–道格拉斯形式，通常的估计方程如下所示：

$$\ln Y_{it}^{j} = \beta_0^j + \beta_m^j \ln M_{it}^{j} + \beta_k^j \ln K_{it}^{j} + \beta_l^j \ln L_{it}^{j} + \varepsilon_{it} \tag{2-1}$$

其中，Y_{it}^{j}、M_{it}^{j}、K_{it}^{j}、L_{it}^{j} 分别表示行业 j 中的企业 i 在第 t 年的产出、中间投入品、资本和劳动力；ε_{it} 表示误差项。传统上，全要素生产率可以通过计算真实产出和对式（2-1）进行 OLS 估计得到的拟合值之间的索洛残差获得。然而，采用 OLS 方法受到联立性偏差和选择性偏差这两个问题的困扰。企业至少能够预测到全要素生产率的部分变化，并据此优化要素投入，以使利润最大化。所以，全要素生产率对企业的要素投入有内生的反向作用。此外，低生产率的企业会被淘汰并退出市场，因此不会出现在数据集中，这意味着统计回归中的样本并不是通过随机选择产生的，并会因此造成估计偏差。Olley 和 Pakes（1996）提出了一种半参方法能够成功处理这两个问题。此后，包括 de Loecker（2011，2013）和 de Loecker 等（2012）在内的许多研究对全要素生产率的计算方法进行了修正和改进。本节采用扩展的 Olley-Pakes 方法估计和计算企业的全要素生产率。附录 1 提供了详细的估计步骤。

第一，本节对各行业加工贸易企业和非加工贸易企业的生产函数分别进行了估计。其基本思想是不同行业可能使用不同的生产技术，因此企业全要素生产率（记作 TFP^{OP1} ）需要分行业进行估计；同样重要的是，即使在同一行业内部，由于来料加工企业仅仅被动接受进口原材料而不依据利润最大化原则进行投入决策，因此，加工贸易企业（特别是从事来料加工的企业）与非加工贸易企业也可能采用完全不同的生产技术（Feenstra and Hanson，2005）。在对非加工贸易企业全要素生产率的估计中，由于非加工贸易进口企业可能出口也可能不出口其最终产品，本节加入了一个出口虚拟变量以反映进行出口的非加工贸易进口企业和不进行出口的非加工贸易进口企业在生产率实现上的不同。同理，本节在控制方程中加入了一个进口虚拟变量以反映非加工贸易进口企业和非加工贸易非进口企业（两类企业均进行出口）在生产率实现方面的不同。注意这两个虚拟变量对于加工贸易企业不是必要的，因为根据定义，加工贸易企业一定会进口中间投入并向国外出口产品。

企业可能通过加工贸易进口进行学习。如果通过加工贸易进口产生的生产率提升与投资同时发生，那么 TFP^{OP1} 可能对资本的估计系数产生偏差。因此，如果不控制企业先前加工贸易行为对生产率的影响，将会导致估计的生产率有额外的偏差。受 de Loecker（2013）的启发，作为估计企业全要素生产率（记作 TFP^{OP2} ）的另外一种方法，本节考虑了另一个控制方程，其中加工贸易和非加工贸易企业混合在一起进行估计，更重要的是，加工贸易进口可能影响企业生产率，从而使得加工贸易企业的全要素生产率轨迹与非加工贸易企业相比存在内生的不同，因此，一个加工贸易虚拟变量（若企业有加工贸易进口则取值为 1，否则取值为 0）被加入到控制方程中。

第二，本节使用了工业水平上的平减价格来度量全要素生产率。我们一般期望测算出的全要素生产率仅反映企业真实的技术效率，然而，此时测算出的全要素生产率很可能同时反映了不同企业在价格、价格成本加成甚至投入要素使用方面的不同（de Loecker，2011；de Loecker and Warzynski，2012）。用于消除不同企业产品价格不同的理想方法固然是使用企业特定价格进行平减（Foster et al.，2008）。然而，与多数其他研究一样，此类价格数据不可得。①根据 de Loecker 等（2012），本节使用工业价格对企业产出进行平减。②至于价格成本加成的问题，如 Bernard 等（2003）强调的，如果价格成本加成与企业真实效率正相关，那么基于收入的生产率就可以很好地描述真实效率。

① 海关贸易数据包括单位价值的信息，其可以作为每种进口产品价格的代理。然而，进口中间投入的价格可能与本国中间投入的价格十分不同（Helpman et al.，2010），使用进口中间投入作为所有中间投入的代理可能产生不必要的估计偏差。当本国投入要素广度与进口投入要素广度差异较大时，这种偏差还会更大。

② 与 Brandt 等（2012）一样，在构造产出平减指数时使用了《中国统计年鉴》中的“参考价格”信息，投入平减指数根据产出平减指数和中国国家投入产出表（2002 年）构造。

第三，本节在计算时将中国 2001 年加入 WTO 纳入考虑，因为这一正向需求冲击可以促使中国企业扩大规模经济，这也会反过来加大计算全要素生产率时的联立性偏差。特别地，如附录 1 中讨论的，在对资本系数的估计中，一个 WTO 虚拟变量（2001 年之后取值为 1，否则取值为 0）被包括在内。

第四，国有企业属性也会影响企业利润率。中国的国有企业通常受到国家的干预，并且不一定进行利润最大化决策（Hsieh and Klenow，2009）。因此，构造国有企业变量，并将其加入 Olley-Pakes 回归第一步的控制方程是重要的。①

第五，在应用 Olley-Pakes 方法时，需要构造一个真实投资变量。本节采用永续盘存法作为真实资本和真实投资的运动规则。真实和名义资本存量根据 Brandt 等（2012）构造。②本节使用了中国企业层面生产数据库中提供的准确的企业折旧率，而不是任意指定的折旧率。

扩展的 Olley-Pakes 方法假设资本对不可观察生产率冲击的反应服从马尔可夫过程，而其他投入要素不受到任何动态影响。然而，劳动可能也与不可观察的生产率冲击相关。如 Ackerberg 等（2015）强调的，Olley-Pakes 方法可能没有足够的自由度来识别劳动力系数。这个考虑可能更贴合中国实际，因为中国是劳动力充裕的国家。当面对不可观察的生产率冲击时，企业可能通过调整劳动力投入而非资本投入来重新优化生产行为。本节使用 Blundell 和 Bond（1998）的系统 GMM 来刻画其他要素投入的动态影响。通过假设不可观察的生产率冲击依赖于企业之前时期实现的投入与产出，系统 GMM 利用当期和上期所有类别投入要素来对全要素生产率进行建模。

特别地，模型有以下动态形式：

$$\begin{aligned}\ln y_{it}^j &= \gamma_0^j + \gamma_1^j \ln L_{it}^j + \gamma_2^j \ln L_{i,t-1}^j + (\gamma_3^j \ln L_{it}^j + \gamma_4^j \ln L_{i,t-1}^j)\mathrm{PE}_{it} \\ &\quad + \gamma_5^j \ln K_{it}^j + \gamma_6^j \ln K_{i,t-1}^j + (\gamma_7^j \ln K_{it}^j + \gamma_8^j \ln K_{i,t-1}^j)\mathrm{PE}_{it} \\ &\quad + \gamma_9^j \ln M_{it}^j + \gamma_{10}^j \ln M_{i,t-1}^j + (\gamma_{11}^j \ln M_{it}^j + \gamma_{12}^j \ln M_{i,t-1}^j)\mathrm{PE}_{it} \\ &\quad + \gamma_{13}^j \ln y_{i,t-1}^j + \gamma_{14}^j \ln y_{i,t-1}^j \mathrm{PE}_{it} + \gamma_{15}\mathrm{PE}_{it} + \varsigma_i + \zeta_t + \omega_{it}\end{aligned} \tag{2-2}$$

其中，ς_i 表示企业 i 的固定效应；ζ_t 表示年份固定效应；PE_{it} 表示加工贸易虚拟

① 根据《中国城市统计年鉴 2006》的官方定义，国有企业包括：国有全资企业（代码：110）、国有联营企业（代码：141）和国有与集体联营企业（代码：143），但不包括国有独资企业（代码：151）。

② 由于企业层面数据库仅提供了企业资本存量的账面价值，本节需要获得企业资本存量的初始价值以估计全要素生产率。为实现这点，本节采用了下面的表达式 $A_t = A_o \prod_{s=o}^{t}(1+r_s)$，其中，$A_t$ 表示企业在年份 t 的资本存量账面价值，A_o 表示企业在年份 o 资本存量购买时的初始价值，r_s 表示估计的年份 s 中省份-行业层面的名义资本存量的增长率，该数据可以从 Brandt 等（2012）中获得。由于 A_t 和 r_s 对于每个企业是已知的，因此可以得到企业初始的名义资本账面价值。

变量，当企业有加工贸易进口时，取值为 1，否则取值为 0。当不存在测量误差时，随机误差项 ω_{it} 无序列相关。[①]通过系统 GMM 可以获得对模型系数的一致估计，其思想是劳动力和中间投入品不是外生给定的，而是随资本的调整进行变化。

2.4.2 企业层面关税

企业可能生产多种产品，故其生产率可能受到多种关税的影响。因此，合理计算企业所面临的中间品关税水平十分重要。如前所述，加工贸易进口在中国零关税。对于一个同时进行加工贸易进口（P）和非加工贸易进口（O）的企业，本节构建企业层面的中间品关税（FIT_{it}）如下：

$$\mathrm{FIT}_{it}=\sum_{k\in O}\frac{m_{i,\mathrm{initial\_year}}^{k}}{\sum_{k\in M}m_{i,\mathrm{initial\_year}}^{k}}\tau_t^k \tag{2-3}$$

其中，$m_{i,\mathrm{initial\_year}}^{k}$ 表示企业 i 第一次出现在样本中的年份对产品 k 的进口量。值得注意的是 $O\cup P=M$，其中 M 表示企业总进口的集合。由于加工贸易进口免关税，因此不包括在式（2-3）中。在构建企业层面的中间品关税时之所以采用不随时间变化的权重是为了避免众所周知的权重的内生性问题：进口与关税存在反向关系。对于面对禁止性关税的产品，其进口量和相应的进口份额为零，那么如果进口权重采用当期的进口量来衡量，企业关税就会面临向下的偏差。因此，根据 Topalova 和 Khandelwal（2011），本节利用企业第一次出现在样本年份的数据来构造每种产品的进口权重。

接下来讨论企业层面最终品关税的构建。企业各种产品所有产出的国内价值是刻画产品对企业重要性的理想变量，然而该项数据目前尚不可得。因此，本节使用如下方法应对这种数据缺陷。根据 Melitz（2003），高生产率的企业除了能在国内销售其产品外，同时也会出口。如此，则出口产品同时也会在国内市场销售。若假定企业的同一种产品在国内外销售的比例相同，对于年份 t 中的企业 i，本节考虑了如下形式的加权最终品关税：

$$\mathrm{FOT}_{it}=\sum_{k}\left(\frac{X_{i,\mathrm{initial\_year}}^{k}}{\sum_{k}X_{i,\mathrm{initial\_year}}^{k}}\right)\tau_t^k \tag{2-4}$$

① 如 Blundell 和 Bond（1998）讨论的，即使一些序列存在临时性测量误差，系统 GMM 仍可以对式（2-2）的系数得到一致估计。

其中，τ_t^k 表示产品 k 在年份 t 的从价关税税率。括号中的分数表示产品 k 在该企业所有产品中所占的价值权重，这是用企业出现在样本初始年份的产品 k 的出口值 $X_{i,\text{initial\_year}}^k$ 与企业总出口值的比例来衡量的。[①]受 Topalova 和 Khandelwal（2011）的启发，每种产品的出口值均固定在初始年份以避免企业生产率对最终品关税可能产生的反向因果问题。

这种度量方法可能存在两个重要的问题。第一，企业可能仅在国内市场销售某种产品而不将该产品出口（即针对某种产品是纯内销企业）。这种现象十分合理，许多研究也证明了多产品企业常常在国内和国外市场上销售不同的产品（Bernard et al.，2011；Arkolakis et al.，2010）。在这种情况下，式（2-4）中对应的该产品出口权重为零，企业面对的最终品关税无法反映任何鼓励竞争效应。这个观点对仅将产品出口的纯出口企业一样成立（在本章的合并数据中约有 12.2%的企业是纯出口企业）。为了保证本章主要的回归结果不受这些企业的影响，本章在所有回归中将纯内销企业和纯出口企业从样本中剔除。

第二，本章假定企业同一种产品在国内外销售的比例相同。这实际上是一个非常强的假设，因为企业出口的产品构成可能与内销的产品构成十分不同，对中国来说尤其如此，中国在全球供应链（global supply chains，GSCs）占有重要的位置，生产的一些中间产品无法被本国生产部门使用。[②]受数据所限，本章无法直接查看这一点。然而，由于这个问题可能根据行业和各部门加工贸易企业密集度对企业最终品关税产生不同的影响，本章在进一步回归中根据行业融入 GSCs 的程度区分了融入程度较强的行业和融入程度较弱的行业，同时根据各部门加工贸易企业密集度对样本进行了划分。如下文所显示的，所有此类稳健性检验都表明：当考虑到企业内部出口和内销产品构成不一致时，本章的主要结论依旧成立。

表 2-5 中的（1）～（4）列分别报告了根据式（2-3）和式（2-4）计算的企业层面中间品和最终品关税。平均的企业层面最终品关税从 2000 年的约 15%下降到 2006 年的约 7.4%，下降了一半，其标准差在同一时期也下降了 50%左右。企业层面的中间品关税显著低于最终品关税，并在样本期间同样显示出明显的下降趋势。

---

① 或者，加权最终品关税可以写成 $\text{FOT}_{it}=\sum_k\left(v_{i,\text{initial\_year}}^k\Big/\sum_k v_{i,\text{initial\_year}}^k\right)\tau_t^k$，企业 i 的产品 k 的国内价值是 $v_{i,\text{initial\_year}}^k=\left(X_{i_{i,\text{initial\_year}}^k}^k\Big/\sum_k X_{i_{i,\text{initial\_year}}^k}^k\right)\left(Y_i-\sum_k X_{i_{i,\text{initial\_year}}^k}^k\right)$，其中 Y_i 表示企业 i 在初始年份的总销售额。这样，第二个括号中的差额衡量了企业 i 的国内销售总额。

② 此外，当企业同时在国内和国外市场销售时，产品质量很可能是不同的，出口产品会有更高的质量。由于可以作为产品质量代理变量的单位价格数据对于国内销售产品来说，数据缺失，本章此处无法区分企业国内销售产品和出口产品的质量。待相关数据可得时，本章将对其进行深入研究。感谢审稿人正确指出这一点。

表 2-5 中国最终品和中间品关税——年份基本统计值

项目	企业层面最终品关税		企业层面中间品关税		行业层面最终品关税		行业层面中间品关税	
	均值（1）	标准差（2）	均值（3）	标准差（4）	均值（5）	标准差（6）	均值（7）	标准差（8）
2000 年	15.01	11.71	2.69	5.22	20.42	8.55	2.34	3.27
2001 年	12.36	9.51	2.57	5.42	17.42	6.11	2.27	3.37
2002 年	9.53	8.12	1.83	3.62	13.70	5.92	1.10	1.49
2003 年	8.73	7.51	1.91	3.64	12.29	5.24	0.41	0.27
2004 年	7.49	7.11	1.84	3.59	11.06	4.58	0.36	0.25
2005 年	6.92	6.75	1.70	3.47	10.33	4.44	0.34	0.21
2006 年	7.36	6.48	2.16	3.68	10.12	4.17	0.35	0.18
所有年份	8.59	7.99	2.03	3.97	12.18	5.95	0.67	1.44

注：（1）～（4）列分别报告了按照式（2-3）和式（2-4）计算的初始年份不随时间变化的权重加权的企业层面最终品和中间品关税的均值和标准差。（5）和（6）列报告了行业层面最终品关税的均值和标准差。（7）和（8）列则报告了利用中国 2002 年的投入产出表数据计算的行业层面中间品关税的均值和标准差

2.4.3 行业层面关税

与 Amiti 和 Konings（2007）类似，中国工业分类（China industrial classification，CIC）二位码行业层面的最终品关税是通过在 CIC 二位码行业层面上对 HS 六位码层面的关税取简单平均得到的。[①]行业层面中间品关税根据下式度量：

$$\mathrm{IIT}_{ft} = \sum_n \left(\frac{\mathrm{input}_{nf}^{2002}}{\sum_n \mathrm{input}_{nf}^{2002}} \right) \tau_{nt} \qquad (2\text{-}5)$$

其中，IIT_{ft} 表示行业 f 中的企业在年份 t 面对的行业层面中间品关税。τ_{nt} 表示投入品 n 在年份 t 的进口关税。括号中的权重表示投入品 n 在行业 f 生产中所占的成本份额，该项数据可从中国 2002 年的投入产出表中获得。[②]

如表 2-5 中（5）～（8）列所示，其中的信息与（1）～（4）列用企业层面关税所得的信息一致：样本期间最终品和中间品关税有显著下降。标准差也表现

① 不使用加权进口关税的原因仍是避免关税的内生性：进口与关税负相关。

② 中国的投入产出表每 5 年发布一次，由于本章的样本数据是从 2000 年到 2006 年，因此本章采用了 2002 年的投入产出表。特别地，本章按照以下步骤计算行业层面关税。由于中国投入产出表（2002 年）有 71 个制造业行业，而 CIC 仅有 40 个制造业行业，因此第一步是找到投入产出表和 CIC 中对应的行业。第二步是将 CIC 行业与国际标准工业分类（International Standard Industrial Classification，ISIC）进行匹配。我们注意到中国政府在 2003 年对 CIC 进行了调整，因此本章在样本中也进行了类似的调整。第三步是将 ISIC 和 HS 六位码联系起来以从 WTO 中获得对应的关税。最后一步是在 CIC 行业层面加总计算平均行业层面关税。

出类似的变化。企业层面最终品关税低于行业层面最终品关税。与之鲜明对应，企业层面中间品关税高于行业层面中间品关税。行业层面中间品关税存在低估的一个可能的原因是在中间投入品行业中包括非进口企业使得式（2-5）中的权重存在偏差，而这一权重并不在相应的企业层面进口关税中出现。①表 2-6 的简单相关系数证实了这一点：行业层面的中间品关税与企业层面的中间品关税仅为弱相关（相关系数为 0.042），而正如预期，行业层面的最终品关税与企业层面的最终品关税强相关（相关系数为 0.581）。最后，表 2-7 报告了回归中关键变量的统计信息概要。

表 2-6　中国最终品和中间品关税——简单相关系数

项目	企业层面最终品关税	企业层面中间品关税	行业层面最终品关税	行业层面中间品关税
企业层面最终品关税	1.000			
企业层面中间品关税	0.053	1.000		
行业层面最终品关税	0.581	0.060	1.000	
行业层面中间品关税	0.416	0.042	0.603	1.000

表 2-7　2000～2006 年主要变量的统计信息

主要变量	均值	标准差
加工贸易虚拟变量	0.656	0.47
加工贸易参与程度	0.578	0.46
企业层面外部关税	0.009	11.3
企业层面最终品关税	0.085	7.99
企业层面中间品关税	0.020	3.97
行业层面最终品关税	0.121	5.95
行业层面中间品关税	0.007	1.44
企业出口范围	8.13	14.1
企业 R&D 费用的对数	5.71	2.24
企业雇员数目的对数	5.52	1.19
国有企业虚拟变量	0.014	0.11
外商投资企业虚拟变量	0.772	0.42

注：企业的出口范围为企业出口的种类；R&D 即 research & development

① 例如，如果行业 f 中的企业 i 使用 50%的木料和 50%的钢材，木料的关税为 1%，钢材的关税为 10%，则企业层面中间品关税为 $0.5\times1\%+0.5\times10\%=5.5\%$。然而，如果行业 f 使用更多本国木料，行业木料使用比重上升到 70%，则行业层面中间品关税为 $0.7\times1\%+0.3\times10\%=3.7\%$，显著低于相应的企业层面中间品关税。

2.4.4 实证设定

为了研究中间品和最终品关税减免对企业生产率的影响，本节考虑如下所示的实证框架：

$$\ln \mathrm{TFP}_{it} = \beta_0 + \beta_1 \mathrm{FOT}_{it} + \beta_2 \mathrm{FOT}_{it} \times \mathrm{PE}_{it} + \beta_3 \mathrm{FIT}_{it} + \beta_4 \mathrm{FIT}_{it} \times \mathrm{PE}_{it} + \beta_5 \mathrm{PE}_{it} + \theta X_{it} + \varpi_i + \eta_t + \mu_{it} \tag{2-6}$$

其中，$\ln \mathrm{TFP}_{it}$ 表示行业 f 中的企业 i 在年份 t 测算的企业全要素生产率的对数值；FIT_{it} 和 FOT_{it} 分别表示根据式（2-3）和式（2-4）测算的企业层面的中间品关税和最终品关税。在基准回归中，我们使用扩展的 Olley-Pakes 方法计算全要素生产率，但由于系统 GMM 全要素生产率有丰富的度量灵活性，我们将其作为生产率的主要度量。PE_{it} 表示加工贸易虚拟变量，如果企业在年份 t 有加工贸易进口，该变量取值为 1，否则取值为 0。回归方程中包括了企业最终品（中间品）关税和加工贸易虚拟变量的交互项用以刻画最终品（中间品）关税减免对加工贸易企业和一般贸易企业生产率可能存在的异质性影响。

此外，式（2-6）中的 β_5 衡量了与贸易自由化无关的企业从加工贸易获得的其他可能的生产率提升。X_{it} 表示企业其他特质，如所有权类型（即国有企业或是跨国公司）。国有企业在传统上被认为是低经济效率和低生产率的（Hsieh and Klenow，2009）。通过比较，跨国企业有较高的生产率，这部分是由于国际技术溢出效应（Keller and Yeaple，2009）或是面对较少的融资约束（Manova et al.，2015）。因此，本章构造了两个指标刻画国有企业和跨国企业的作用。特别地，如果一个企业有来自其他国家和地区的投资，则该企业被归类为外商投资企业。如表 2-7 归纳的，在所有参与贸易的企业中，77%被归类为外商投资企业。①类似地，本章构造了国有企业指标，如果企业收到来自政府的任何投资，该指标取值为 1，否则取值为 0。

最后，模型的误差项分成三个部分：一是每个企业自身的固定效应 ϖ_i，用以控制不随时间变化的不可观测的因素，如企业的管理能力；二是随年份变化的固定效应 η_t，用以控制不随企业变化的因素，如人民币升值；三是特异性效应 μ_{it}，其服从正态分布 $\mu_{it} \sim N(0,\ \sigma_i^2)$，用以控制其他尚留的因素。

然而，以上计量设定面临识别上的挑战。式（2-6）中的加工贸易变量是对加

① 乍一看，这些比例显著高于其他研究［如 Feenstra 等（2013）］中的相应比例。然而，这简单反映了本章的分析对象仅为大型参与国际贸易企业的事实，大型的不参与国际贸易的企业被剔除。

工贸易活动较为粗糙的衡量，可能高估了加工贸易企业的作用。比如，如果一个企业加工贸易进口占总进口的比重很小，其仍然被分类为加工贸易企业，但其主要活动仍是一般贸易。为了克服这种挑战，本章考虑一个衡量企业参与加工贸易程度的连续变量代替加工贸易虚拟变量，企业参与加工贸易程度（Pext_{it}）的衡量方法为企业 i 在年份 t 的加工贸易进口与总进口之比。特别地，本章考虑如下设定作为本章的主回归：

$$\ln \text{TFP}_{it} = \beta_0 + \beta_1 \text{FOT}_{it} + \beta_2 \text{FOT}_{it} \times \text{Pext}_{it} + \beta_3 \text{FIT}_{it} + \beta_4 \text{FIT}_{it} \times \text{Pext}_{it} + \beta_5 \text{Pext}_{it} + \theta X_{it} + \bar{\omega}_i + \eta_t + \mu_{it} \tag{2-7}$$

但是，变量 Pext_{it} 本身及其交互项的系数—— β_2、β_4 和 β_5 面对新的识别挑战。由于不同行业采用不同的技术（Pavcnik，2002），这些系数在行业间不同。更重要的是，即使在一个行业内部，企业决定参与加工贸易的决策也是内生的。之前包括 Dai 等（2016）在内的研究发现较低生产率的企业会自选择参与加工贸易。如果如此，那么企业参与加工贸易的程度就是内生的，因为参与加工贸易程度较高的企业可能是低生产率的，故 β_2、β_4 和 β_5 会随着企业而变化。本章的估计方程因此包括了随机系数，并且与加工贸易参与度的内生程度相关，即这是一个相关随机系数（correlated random coefficient，CRC）模型（Wooldridge，2008）。

Heckman 和 Vytlacil（1998）建议将 CRC 模型中的内生变量，即此处的加工贸易参与程度替换为其预测值。[①]在 2.5.2 节中，本章将通过 Heckman 两步法（或第二类 Tobit 模型），利用将会设定的外生变量 Z_{it} 来估计企业加工贸易参与程度。特别地，有

$$\text{Pext}_{it} = E(\text{Pext}_{it} \mid Z_{it}) + \varepsilon_{it},\ \ E(\varepsilon_{it} \mid Z_{it}) = 0 \tag{2-8}$$

将式（2-8）代入式（2-7），可得

$$\begin{aligned} \ln \text{TFP}_{it} = {} & \beta_0 + \beta_1 \text{FOT}_{it} + \beta_2 \text{FOT}_{it} \times E(\text{Pext}_{it} \mid Z_{it}) + \beta_3 \text{FIT}_{it} \\ & + \beta_4 \text{FIT}_{it} \times E(\text{Pext}_{it} \mid Z_{it}) + \beta_5 E(\text{Pext}_{it} \mid Z_{it}) + \theta X_{it} + \bar{\omega}_i + \eta_t + \mu_{it} \end{aligned} \tag{2-9}$$

其中，误差项 $\varepsilon_{it} = (\beta_2 \text{FOT}_{it} + \beta_4 \text{FIT}_{it} + \beta_5)\epsilon_{it} + \mu_{it}$。[②]误差项 ε_{it} 中的所有部分对 Z_{it} 的条件期望都为零，故 ε_{it} 与这些外生变量不相关，可直接进行估计。最后，根据 Wooldridge（2008）的建议，标准误需要进行修正以反映使用了被估计的解释变量，本章将通过 bootstrapping 实现这一点。

---

① Feenstra 等（2013）同样利用这种方法估计了信贷约束对企业出口的影响。

② 与 Heckman 和 Vytlacil（1998）类似，本章需要 u_{it} 项具有协方差条件同方差的假设以保证估计没有偏误。

2.5 估计结果

2.5.1 基准回归结果

如之前所描述的，合并后的数据集偏向大型参与贸易的企业，这也是本章主要的研究对象。然而，检查合并数据集较高的数据流失率是否会影响估计结果仍是值得的。因此，本章的估计始于对全样本数据集和合并数据集的比较。

本章使用传统的行业层面关税开始表 2-8 的估计。（1）～（2）列使用全样本企业数据进行回归。由于全样本企业数据不包括加工贸易信息，加工贸易变量在估计中被省略；由于不同行业的企业可能采用不同的生产技术，不控制行业差异而将所有行业中的企业混合在一起进行估计的做法是不妥的（Pavcnik，2002）。因此，本章在（1）列的估计中在 CIC 二位码层面控制了行业固定效应。结果显示，行业层面最终品和中间品关税均与企业生产率显著负相关，这与其他许多研究的结论是一致的。（2）列进一步控制了企业固定效应和年份固定效应，行业层面最终品关税的系数仍旧为负且显著。令人十分惊讶的是，行业层面中间品关税系数为正。然而，由于系数并不显著，故这一问题不必担心。这一发现与预期相悖，其可能的一种原因是全样本企业数据集包含了不从事进口的企业，这部分企业不会直接从进口中间投入关税减免中获益。

表 2-8 基准回归结果

项目	全部样本		合并样本	
	（1）	（2）	（3）	（4）
行业层面最终品关税	-0.563^{**}（-2.77）	-0.264^{***}（-8.42）	-0.601^{***}（-5.09）	-0.154^{*}（-1.91）
行业层面中间品关税	-2.54^{**}（-4.97）	0.133（0.93）	-1.46^{***}（-4.08）	-1.45^{***}（-3.53）
行业固定效应	是	否	是	否
企业固定效应	否	是	否	是
年份固定效应	否	是	否	是
样本量	315 416	315 416	82 570	82 570
分布落入 F 统计量右方的概率	0.000	0.000	0.000	0.000
R^2	0.21	0.13	0.34	0.02

注：因变量为 $\ln \mathrm{TFP}_{ijt}^{\mathrm{OP}}$ 。括号内为 t 统计量。（1）和（2）列中的回归使用了 2000～2006 年中国企业的全部样本，而（3）和（4）列则使用 2000～2006 年合并后的中国参与国际贸易企业的样本。此外，（1）和（3）列中的回归均控制了二位码行业层面的固定效应。根据式（2-5），行业层面中间品关税通过使用 2002 年不随时间变化的投入产出表矩阵计算得出。（1）和（3）列的回归聚类在一位码行业层面

*、**、*** 分别对应 10%、5%、1%的显著性水平

表 2-8 报告的其他回归使用了合并数据集，其中只包括了大型参与贸易的企业。与（1）～（2）列形成密切比较，（3）列的估计控制了行业固定效应，（4）列的估计控制了企业固定效应和年份固定效应。行业层面最终品关税和中间品关税的系数均为负且显著。①

鉴于合并数据集含有企业从事加工贸易的信息，表 2-9（1）～（3）列的回归包含了加工贸易虚拟变量（即如果企业有加工贸易进口则取值为 1，否则取值为 0）。为了检验回归结果对全要素生产率不同的测度方法是否敏感，（1）列使用了 TFP^{OP1}，其中加工贸易企业和非加工贸易企业的生产率使用不同的控制方程进行估计；（2）列使用了 TFP^{OP2}，其中作为因变量的加工贸易企业和非加工贸易企业的生产率一同进行估计。（1）和（2）列同样没有包括最终品（中间品）与加工贸易虚拟变量的交互项。在控制企业固定效应和年份固定效应后，行业层面最终品关税和行业层面中间品关税均与企业生产率负相关，其系数具有统计显著性。同时，加工贸易虚拟变量的系数为负且显著，说明加工贸易企业生产率较低。

表 2-9　初步回归结果

项目	行业层面关税					企业层面关税
	加工贸易虚拟变量			加工贸易进口参与程度		加工贸易参与程度
	$\ln TFP_{ijt}^{OP1}$	$\ln TFP_{ijt}^{OP2}$	$\ln TFP_{ijt}^{GMM}$	$\ln TFP_{ijt}^{GMM}$	$\ln TFP_{ijt}^{GMM}$	$\ln TFP_{ijt}^{GMM}$
	（1）	（2）	（3）	（4）	（5）	（6）
最终品关税	-0.161^{**} （−1.98）	-0.715^{***} （−12.53）	-1.010^{***} （−25.17）	-1.074^{***} （−11.20）	-1.069^{***} （−9.92）	-0.315^{***} （−4.61）
最终品关税×加工贸易虚拟变量			-0.099^{*} （−1.79）	-0.614^{***} （−4.92）	-0.604^{***} （−4.21）	-0.234^{***} （−2.69）
中间品关税	-1.468^{***} （−3.57）	-1.332^{***} （−5.19）	-0.656^{***} （−5.13）	-1.667^{***} （−2.90）	-1.379^{**} （−2.26）	-0.572^{***} （−5.37）
中间品关税×加工贸易虚拟变量			0.561^{***} （3.26）	2.233^{***} （3.56）	2.251^{***} （3.33）	2.409^{***} （8.01）
加工贸易虚拟变量	-0.010^{*} （−1.76）	-0.011^{**} （−2.53）	0.001 （0.14）	-0.097^{***} （−6.66）	-0.077^{***} （−4.62）	-0.180^{***} （−17.54）
年份固定效应	是	是	是	是	是	是
企业固定效应	是	是	是	是	是	是
纯内销企业	是	是	是	是	否	否

① 如通常做法，本章中所有含有企业固定效应和年份固定效应的估计的 R^2 均不包括企业特定和年份特定虚拟变量。

续表

项目	行业层面关税					企业层面关税
	加工贸易虚拟变量			加工贸易进口参与程度		加工贸易参与程度
	$\ln TFP_{ijt}^{OP1}$	$\ln TFP_{ijt}^{OP2}$	$\ln TFP_{ijt}^{GMM}$	$\ln TFP_{ijt}^{GMM}$	$\ln TFP_{ijt}^{GMM}$	$\ln TFP_{ijt}^{GMM}$
	（1）	（2）	（3）	（4）	（5）	（6）
纯出口企业	是	是	是	是	否	否
样本量	82 558	82 314	97 299	35 172	24 457	27 679
R^2	0.02	0.01	0.03	0.12	0.12	0.09

注：括号中数值为稳健 t 值。（1）～（5）列中的回归使用式（2-5）和 2002 年不随时间变化的投入产出表矩阵计算的行业层面最终品和中间品关税。（6）列则使用按照企业在样本初始年份不随时间变化的权重计算的企业层面最终品和中间品关税。（1）～（3）列使用加工贸易虚拟变量（当企业的加工贸易进口额大于零时取 1，反之取 0），而（4）～（6）列则使用加工贸易参与程度作为加工贸易变量的代理变量。（1）～（2）列中的因变量为根据 Olley-Pakes 方法计算的全要素生产率。附录 1 详细介绍了 Olley-Pakes 方法第一步不同的控制方程。（3）～（6）列则为根据系统 GMM 计算的全要素生产率

*、**、*** 分别对应 10%、5%、1%的显著性水平

然而，表 2-9 中（1）～（2）列使用 Olley-Pakes 方法计算的全要素生产率仍然有以下三个可能的缺陷。首先，Olley-Pakes 方法不允许产出存在任何序列相关。其次，其假设企业在面对外生冲击时将主要调整资本投入。然而，由于中国企业能够得到较为廉价的劳动力但面对较紧的信贷约束，这可能不适用于中国的情形。最后，中国企业数据库中的投资数据存在较多缺失值，但投资数据对于用 Olley-Pakes 方法计算全要素生产率是必需的。[①]通过比较，系统 GMM 计算的全要素生产率能更好地克服这些缺陷：该方法可以灵活地应对可能的序列相关并允许企业调整资本、劳动力和中间品在内的所有投入品。此外，系统 GMM 在计算全要素生产率时不再依赖投资作为代理变量。因此本章使用系统 GMM 全要素生产率作为企业生产率主要的衡量方法，并应用在表 2-9（3）列及之后的所有回归中。

为了考察关税减免对企业生产率可能的异质性影响，表 2-9 的（3）列包含了加工贸易虚拟变量与行业层面最终品和中间品关税的交互项。最终品关税和中间品关税本身和其与加工贸易虚拟变量交互项的系数仍然具有统计显著性。然而，加工贸易虚拟变量符号有误，尽管其不显著。我们怀疑这与加工贸易虚拟变量仅能粗糙衡量企业加工贸易活动有关，这可能高估了加工贸易企业的作用。比如，一个企业加工贸易进口可能仅占总进口的极小部分，但仍被归类为加工贸易企业，而其主要的活动是一般贸易。本章接下来考虑了一个衡量企业加工贸易参与程度

① 约 40%的观察值缺少投资数据。

的连续变量，并在表 2-9 的（4）～（6）列替换加工贸易虚拟变量，加工贸易参与程度的衡量方法为企业每年加工贸易进口占总进口的比重。

表 2-9（4）列报告了系统 GMM 下企业全要素生产率对行业层面中间品和最终品关税的回归结果。最终品和中间品关税的系数仍然为负且统计显著。加工贸易参与程度变量为负且显著。由于本章的一个新颖特点是使用企业层面最终品和中间品关税，因此本章下面比较利用行业层面关税和企业层面关税进行回归的结果。由于式（2-4）中介绍的企业层面最终品关税不适用于纯内销企业和纯出口企业，为进行比较，本章在以行业层面最终品和中间品关税为度量的（5）列和以企业层面最终品和中间品关税为度量的（6）列中剔除了这两类企业。

（5）～（6）列中最终品（中间品）关税的系数仍然负向显著。从经济量级来看，两列最终品（中间品）关税系数的差异较大。当将最终品关税的度量方式由（5）列中的行业层面变为（6）列中的企业层面时，系数从–1.069 下降到–0.315。类似地，将中间品关税的度量方式由行业层面变为企业层面时，系数的下降幅度多于一半。

如此大的差异说明了使用行业层面关税的缺陷。首先，一个行业中某些最终产品关税减免可能与该行业中不生产这些产品的企业不直接相关。因此，如果最终品关税在行业层面上度量，则竞争激励效应会被高估。同理，如果中间品关税在行业层面上度量，中间品关税减免带来的节省成本效应也会被高估。其次，与最终品关税相比，中间品关税在度量上的偏差可能更严重，因为行业层面中间品关税会因使用投入产出矩阵而不太准确，投入产出矩阵将进口中间投入和与关税减免不直接相关的本国中间投入混合在一起。最后，忽视加工贸易进口“零关税”现象使得在计算中国企业面对的行业层面中间品关税时有额外的测量误差。为了避免上述可能的估计偏差，本章下面所有回归将使用企业层面的关税度量。

2.5.2 自选择参与加工贸易

表 2-9 中（4）～（5）列使用了加工贸易进口程度及其与最终品和中间品关税的交互项，然而加工贸易进口变量是内生的。如表 2-9（1）列所示，加工贸易企业与低生产率相联系。因此，比较加工贸易企业和非加工贸易企业的全要素生产率是重要的。如表 2-10 最后一列所示，加工贸易企业总体上比非加工贸易企业的生产率低。有意思的是，加工贸易企业与非加工贸易企业的生产率呈减小趋势，意味着加工贸易企业正在赶超。[①]这些比较十分直观。然而，加工贸易企业与非加工贸易企业的规模显著不同。为克服这一缺陷，根据 Imbens（2004）的建议，本章对实验组（即加工贸易企业）和控制组（即非加工贸易企业）进行了最近邻匹配，匹配的

① 加工贸易企业转型是未来研究的有趣课题，尽管其超出了本章的研究范围。

协变量为企业规模和销售额。每个加工贸易企业都可以找到与之最类似的非加工贸易企业。表 2-10 报告了对实验组平均处理效应（average treatment effect on treatment group，ATT）和控制组平均处理效应（average treatment effect on control group，ATC）的估计。其中，全部加工贸易企业 ATT 的系数为 0.037 并且具有高度统计显著性，这意味着，总体来讲加工贸易企业生产率比类似的非加工贸易企业要低。

表 2-10　2001～2006 年加工贸易和非加工贸易企业的全要素生产率

项目	2001 年	2002 年	2003 年	2004 年	2005 年	2006 年	平均
非加工贸易企业	2.459	2.464	2.517	2.544	2.585	2.625	2.576
加工贸易企业	2.418	2.433	2.462	2.539	2.575	2.629	2.551
差别	0.040*** (2.74)	0.031*** (2.41)	0.055*** (4.85)	0.005 (0.63)	0.009 (1.62)	−0.003 (−0.59)	0.024*** (7.38)
使用最近邻匹配方法进行比较							
平均处理效应	2001 年	2002 年	2003 年	2004 年	2005 年	2006 年	平均
实验组的平均处理效应	0.037*** (3.39)	0.032*** (3.06)	0.014 (1.33)	0.034*** (5.09)	0.032*** (5.81)	0.032*** (5.81)	0.037*** (3.39)
控制组的平均处理效应	0.030*** (2.57)	0.017** (2.03)	0.003 (0.41)	0.037*** (4.93)	0.027*** (5.62)	0.040*** (7.76)	0.028*** (9.79)

注：括号内为聚集到企业层面的 t 值。本章使用最近邻匹配方法估计了实验组（加工贸易企业）和控制组（非加工贸易企业）的平均处理效应。此外，本章还在最近邻匹配方法中考虑了企业的规模和销售额

、* 分别对应 5%、1%的显著性水平

表 2-10 中的估计提示我们低生产率企业可能通过自选择参与加工贸易。为对其进行控制，本节引入第二类 Tobit 模型，也即两变量样本选择模型（Cameron and Trivedi，2005）。第二类 Tobit 模型设定包括如下两个方程：①一个加工贸易参与方程，即

$$\text{Processing}_{it} = \begin{cases} 0, & V_{it} < 0 \\ 1, & V_{it} \geqslant 0 \end{cases} \tag{2-10}$$

其中，V_{it} 表示企业 i 面对的一个哑变量。②一个结果方程，其中企业加工贸易进口程度表示为其他变量的线性函数。

特别地，本节利用 Probit 模型估计下面的选择方程：

$$\begin{aligned}\Pr(\text{Processing}_{it}=1) = \Pr(V_{it} \geqslant 0) = \Phi(&\alpha_0 + \alpha_1 \ln \text{TFP}_{it-1} + \alpha_2 (\text{Tang / Asset})_{it-1} \\ &+ \alpha_3 \text{SOE}_{it-1} + \alpha_4 \text{FIE}_{it-1} + \alpha_5 \ln L_{it-1} + \alpha_6 \text{Tenure}_{it-1} + \lambda_j + \varsigma_t\end{aligned} \tag{2-11}$$

其中，$\Phi(\cdot)$ 表示正态分布的累计分布函数。除了对数形式的企业生产率，企业参与加工贸易的决定也受其他因素的影响，如企业所有者类型（企业是国有企业还是跨国企业）和企业规模（用企业用工人数的对数衡量）。此外，财务约束似乎是企业选择参与加工贸易的重要决定因素（Manova and Yu，2012）。根据 Feenstra 等（2013）的研究，本节使用企业有形资产与总资产的比例 $(\text{Tang / Asset})_{it-1}$ 刻画

企业信贷约束的作用，这是因为用有形资产衡量的抵押物越多，企业受到的信贷约束越低。注意第二类 Tobit 模型需要一个影响企业加工贸易决策但不出现在加工贸易程度方程中的变量（Cameron and Trivedi，2005）。此处企业年龄（Tenure_{it-1}）用于实现该目的，因为之前的研究证明了年龄越大的企业，出口概率越高（Amiti and Davis，2012）。通过对比本章的样本发现，企业参与加工贸易程度与企业年龄的简单相关系数接近于零（–0.04），这说明企业年龄可以不包含在第二步 Heckman 回归当中。[①]第二类 Tobit 选择模型的自变量均取一期滞后，这是由于这些变量影响企业加工贸易选择需要一定的时间。

表 2-11 报告了第二类 Tobit 选择模型的估计结果。通过对式（2-11）进行第一步 Probit 估计，发现低生产率企业更可能参与加工贸易。同样，大型的和跨国企业更可能参与加工贸易。然而，国有企业成为加工贸易企业的可能性较小。信贷约束较少（即有形资产比例较高）的企业参与加工贸易的可能性较小，这与 Manova 和 Yu（2012）的发现一致。最后，与预测一致，成立时间较早的企业更可能参与加工贸易。本节接下来将第一步 Probit 估计计算的逆米尔斯比率（inverse mills ratio）作为额外的自变量放入第二步 Heckman 估计中。于是，在控制加工贸易自选择的内生性后，本节获得了企业加工贸易参与程度的拟合值，并在剩余的回归中用其代替实际的加工贸易参与程度。

表 2-11　利用 Heckman 两步法估计二元选择模型

项目	第一步	第二步
	加工贸易虚拟变量	加工贸易参与程度
滞后一期的 TFP 对数 ($\ln \text{TFP}_{ijt}^{\text{GMM}}$)	-0.130^{***}（–7.32）	-0.178^{***}（–14.89）
滞后一期的有形资产比例	0.790^{***}（6.47）	0.534^{***}（6.80）
滞后一期的企业用工人数对数	0.151^{***}（25.56）	0.031^{***}（3.37）
滞后一期的国有企业虚拟变量	-0.168^{***}（–2.96）	-0.046^{*}（–1.72）
滞后一期的外商投资企业虚拟变量	0.972^{***}（68.38）	0.313^{***}（5.39）
滞后一期的企业年龄	0.004^{***}（5.10）	
逆米尔斯比率		0.198^{***}（2.45）
年份固定效应	是	是
行业固定效应	是	是
样本量	58 629	21 232

注：括号内为聚集到企业层面的 t 值。样本选择模型在正文的式（2-10）和式（2-11）中刻画。第一步回归中的因变量是加工贸易虚拟变量，第二步回归中的因变量是加工贸易参与程度。企业生产率的衡量方法为企业层面系统 GMM 全要素生产率。企业年龄作为排除变量出现在第一步回归中，但不出现在第二步。企业有形资产比例的衡量方法为有形资产占总资产的百分比。估计中包括了中国三位码层面的行业固定效应和年份固定效应

*、*** 分别对应 10%、1%的显著性水平

① 注意即使企业年龄包括在内，其在第二步 Heckman 估计中的系数也不具有统计显著性。

2.5.3 内生性问题

表 2-9 中的设定面临以下三个可能的内生性问题。第一个问题与企业中间品进口关税的度量有关，因为进口和关税相关性很强。这一问题通过在关税计算中使用不随时间变化的权重得到解决。第二个问题与企业生产率和出口之间可能的反向因果有关。随着企业生产率的增加，其某些产品出口增加的程度可能高于其他产品。这种产品出口不成比例地增加将会给度量企业出口关税时使用随时间变化权重的合理性带来挑战。为避免这种可能性，如式（2-4）所示，关税度量的所有设定均使用了不随时间变化的权重。

然而，仍然存在另外一种可能的反向因果问题。尽管关税减免受到 GATT[①]/WTO 合约的管制，其在某种程度上仍然是内生的，因为低生产率部门的企业可能会通过游说政府获得保护（Grossman and Helpman，1994），即将相关的经国际协商的关税保持在相对较高的水平。本节使用工具变量方法控制这类反向因果。

为关税寻找良好的工具变量很有挑战性，受到 Amiti 和 Konings（2007）的启发，本节在此处构造了滞后一期的企业层面最终品和中间品关税作为工具变量。[②]其经济理由如下：可能由于本国特殊利益集团的压力，政府通常在移除高关税行业的较强贸易保护时存在困难。因此，与其他行业相比，对于之前一年关税较高的行业，预期其当期关税仍相对较高。

表 2-12（1）列报告了以使用固定权重计算的前期关税作为工具变量的两阶段最小二乘法固定效应估计结果。[③]在控制反向因果之后，企业层面中间品和最终品关税减免均使企业生产率增加。如前所述，在度量企业层面最终品关税时假设企业每种生产产品在国内外销售的比例相同，这使得该度量方法存在缺点，因为企业出口的产品构成可能与内销的产品构成不同，这与行业通入 GSCs 的程度及行业加工贸易企业密集度有关。为解决这一问题，除了从样本中剔除纯内销企业和纯出口企业外，本节还进行了两组辅助回归。第一，所有行业根据以增加值与行业总产出的比例衡量的融入 GSCs 的“生产深度”（OECD，2010）被分成两组（融入程度较高行业和融入程度较低行业）。通过将二位码层面所有行业该比例的均值作为阈值，（2）～（3）列根据行业融入 GSCs 的程度，将关税减免对企业生产率

① GATT 指关税及贸易总协定（General Agreement on Tariffs and Trade）。

② 从而，在所有工具变量回归中，以不变权重计算的滞后期企业中间品和最终品关税与企业加工贸易参与程度拟合值的交互项被用来作为其余项的工具变量。

③ 注意到此处采用企业固定效应将会损失大量观察值，因为很多企业在样本中没有连续的面板数据。这种情形在使用滞后一年关税作为工具变量的两阶段最小二乘估计中更为突出。因此，本节在所有两阶段最小二乘估计中使用高度细化的 CIC 三位码层面的行业固定效应和年份固定效应。

的影响进行回归。第二，（4）～（5）列分别对高加工贸易企业密集度行业和低加工贸易企业密集度行业进行回归，其中加工贸易企业密集度以各行业加工贸易企业数占全部企业数的比例度量，所有行业该比例的均值作为阈值。在所有情形下，最终品和中间品关税系数均显著且与之前的发现一致。

表 2-12　工具变量估计

项目	所有样本	GSCs 融入程度		加工贸易企业密集度	
		较低	较高	较低	较高
	（1）	（2）	（3）	（4）	（5）
企业层面最终品关税	-1.325^{***} （−5.07）	-0.825^{***} （−7.44）	-1.962^{***} （−6.62）	-1.657^{**} （−2.28）	-1.941^{***} （−2.59）
企业层面最终品关税×加工贸易参与程度拟合值	0.812^{*} （1.86）	0.802^{***} （4.02）	1.184^{**} （2.23）	1.321^{*} （1.76）	1.765^{*} （1.87）
企业层面中间品关税	-1.737^{***} （−3.91）	-2.821^{***} （−5.86）	-1.519^{*} （−1.84）	-1.883^{**} （−3.46）	-3.447^{**} （−2.14）
企业层面中间品关税×加工贸易参与程度拟合值	2.493^{***} （3.04）	2.497^{**} （2.21）	2.818^{**} （2.52）	3.478^{**} （2.66）	3.546^{*} （1.74）
加工贸易参与程度拟合值	-0.747^{***} （−17.82）	-1.005^{***} （−11.88）	-0.778^{***} （−7.74）	-0.944^{***} （−13.51）	-0.833^{***} （−7.09）
Kleibergen-Paap rk LM 统计量	86.42	2.64	10.10	90.48	4.62
Kleibergen-Paap rk Wald *F* 统计量	95.83	20.80	43.74	58.02	17.09
年份固定效应	是	是	是	是	是
行业固定效应	是	是	是	是	是
样本量	22 812	8 374	14 438	13 633	9 179
R^2	0.17	0.18	0.16	0.16	0.23
第一阶段回归					
IV1：滞后一期企业层面最终品关税	0.004^{***} （12.00）	0.005^{***} （9.91）	0.003^{***} （9.38）	0.003^{***} （8.40）	0.004^{***} （4.19）
IV2：滞后一期企业层面最终品关税×加工贸易参与程度拟合值	0.004^{***} （19.07）	0.004^{***} （12.67）	0.004^{***} （5.92）	0.005^{***} （11.72）	0.004^{***} （7.69）
IV3：滞后一期企业层面中间品关税	0.005^{***} （8.88）	0.004^{***} （19.62）	0.005^{***} （4.22）	0.005^{***} （7.95）	0.005^{***} （3.82）
IV4：滞后一期企业层面中间品关税×加工贸易参与程度拟合值	0.008^{***} （14.33）	0.008^{***} （9.02）	0.008^{***} （7.85）	0.007^{***} （10.33）	0.010^{***} （9.01）

注：括号内为聚集到企业层面的 t 值，标准误通过 bootstrapping 进行了修正。（1）列的回归中包括了全部样本。（2）和（3）列分别对应融入 GSCs 程度较低和较高的行业，其中各行业增加值与行业总产出的比例的均值为阈值。（4）和（5）列分别对应低加工贸易企业密集度行业和高加工贸易企业密集度行业，加工贸易企业密集度以各行业加工贸易企业数占全部企业数的比例度量。在第一阶段回归中，IV1 报告了将以初始不变权重计算的当期企业最终品关税作为因变量时，以初始不变权重计算的滞后一期企业层面最终品关税的系数。IV2 报告了将表 2-11 中第二步 Heckman 回归得到的企业加工贸易参与程度拟合值和当期关税的交互项作为因变量时，企业加工贸易参与程度拟合值和以初始不变权重计算的滞后一期企业层面最终品关税的交互项的系数。类似地，IV3 报告了将以初始不变权重计算的当期企业层面中间品关税作为因变量时，以初始不变权重计算的滞后一期企业层面中间品关税的系数。IV4 报告了将企业加工贸易参与程度拟合值和当期关税的交互项作为因变量时，企业加工贸易参与程度拟合值和以初始不变权重计算的滞后一期企业层面中间品关税的交互项的系数。在所有回归中均剔除了纯内销企业和纯出口企业

*、**、*** 分别对应 10%、5%、1%的显著性水平

为了证实工具变量的质量，本节进行了一些检验。首先，本节使用 Kleibergen-Paap rk LM 统计量检验工具变量是否与内生因变量相关。如表 2-12 所示，模型未能充分识别的原假设在 1%的显著性水平上被拒绝。其次，Kleibergen-Paap rk Wald *F* 统计量为拒绝第一步回归显著弱识别的原假设提供了有力的证据。①再次，表 2-12 下半部分报告的第一阶段回归结果为工具变量的合理性提供了较强的证据。特别地，工具变量的所有 *t* 统计量均显著。最后，由于使用了估计量作为因变量，所有标准误都通过 bootstrapping 进行了修正。②

2.5.4 关于 2SLS③估计的更多稳健性检验

鉴于大型企业通常有较高的生产率，检验企业层面中间品和最终品关税对企业生产率的影响是否仅反映了企业规模的作用就是重要的。同样重要的还有检验这种影响是否对在回归中加入企业所有者类型敏感。因此，本节在表 2-13 中所有两阶段最小二乘回归中包括了国有企业虚拟变量、外商投资企业虚拟变量和企业用工人数的对数值（即企业规模的度量）。

表 2-13 更多的工具变量稳健性估计

项目	$\ln LP_{ijt}$	$\ln TFP_{ijt}^{LevP}$	$\ln TFP_{ijt}^{GMM}$		加权 $\ln TFP_{ijt}^{GMM}$
	（1）	（2）	（3）	（4）	（5）
企业层面最终品关税	−1.980*** （−3.09）	−1.217** （−2.05）	−1.100*** （−4.59）	−1.096*** （−4.57）	−1.159*** （−4.49）
企业层面最终品关税×加工贸易参与程度拟合值	2.260** （1.99）	−0.106 （−0.10）	0.677 （1.61）	0.675 （1.60）	0.812* （1.86）
企业层面中间品关税	−3.866* （−1.95）	−5.069** （−2.39）	−1.380** （−2.42）	−1.378** （−2.41）	−1.589*** （−2.81）
企业层面中间品关税×加工贸易参与程度拟合值	8.610** （2.16）	10.309** （2.43）	2.448** （2.08）	2.435** （2.08）	2.664** （2.34）
加工贸易参与程度拟合值	−2.737*** （−20.62）	−2.901*** （−21.71）	−1.251*** （−27.76）	−1.251*** （−27.75）	−1.311*** （−27.69）
国有企业虚拟变量	−0.619*** （−10.61）	−0.369*** （−6.63）	−0.187*** （−8.74）	−0.187*** （−8.73）	−0.188*** （−8.66）

① 由于此处有四个（大于三个）内生变量，Stata 没有报告 Kleibergen 和 Paap（2006）弱工具变量检验的阈值。在这种情形下，Baum 等（2007）建议可以根据 Staiger 和 Stock（1997）将 10 作为安全的阈值。由于本节所有 Kleibergen-Paap rk Wald *F* 统计量在一阶均显著大于 10，因此，在所有估计中拒绝弱工具变量的原假设是合理的。

② 实际上本节此处的估计有四步：①式（2-11）选择方程；②用于获得加工贸易参与程度预测值的第二步 Heckman 方程；③两阶段最小二乘估计的第一步，其中预测的加工贸易参与程度作为自变量；④两阶段最小二乘估计的第二步。面板 bootstrapping 通过在后两步中随机抽取企业编码实现，从而在企业层面对标准误进行修正。

③ 2SLS 即 two stage least squares，两阶段最小二乘法。

续表

项目	$\ln LP_{ijt}$	$\ln TFP_{ijt}^{LevP}$	$\ln TFP_{ijt}^{GMM}$		加权 $\ln TFP_{ijt}^{GMM}$
	（1）	（2）	（3）	（4）	（5）
外商投资企业虚拟变量	0.493*** （25.16）	0.475*** （22.30）	0.220*** （30.94）	0.220*** （30.93）	0.229*** （30.37）
企业规模	0.325*** （52.00）	0.559*** （87.19）	0.068*** （29.36）	0.068*** （29.37）	0.072*** （28.31）
企业外部关税				0.001 （1.50）	0.001 （1.59）
Kleibergen-Paap rk LM 统计量	106.5	92.96	106.1	106.1	106.1
Kleibergen-Paap rk Wald F 统计量	54.98	47.78	54.92	54.91	54.91
年份固定效应	是	是	是	是	是
行业固定效应	是	是	是	是	是
样本量	19 296	15 759	19 283	19 283	19 283
R^2	0.40	0.53	0.30	0.30	0.65

注：括号内为聚集到企业层面的 t 值，标准误通过 bootstrapping 进行了修正。（1）列的因变量是劳动生产率的对数值（ $\ln LP_{ijt}$ ），（2）列的因变量是利用 Levinsohn 和 Petrin（2003）计算的全要素生产率（ $\ln TFP_{ijt}^{LevP}$ ），（3）～（4）列的因变量是传统方法计算的系统 GMM 全要素生产率（ $\ln TFP_{ijt}^{GMM}$ ），（5）列的因变量是加权系统 GMM 全要素生产率，计算方法为将 $\ln TFP_{ijt}^{GMM}$ 乘以二位码层面行业内部企业间全要素生产率的相对标准差。在所有工具变量估计中，本节控制了年份固定效应和不随时间变化的二位码层面行业固定效应。（2）～（5）列中的企业规模以企业用工人数的对数值作为代理，（1）列则用企业资本-劳动比率作为代理。所有工具变量与表 2-12 中的相同。纯内销企业和纯出口企业从样本中剔除

*、**、*** 分别对应 10%、5%、1%的显著性水平

由于测度的全要素生产率可能也反映了企业价格和价格成本加成的不同，表 2-13 中（1）列将企业劳动生产率的对数值作为因变量进行两阶段最小二乘估计。由于企业用工人数的对数值已经是因变量的分母，将其作为企业规模控制变量加入到回归中是不合适的，因此使用企业的资本劳动比这一代理变量作为替代。

为进一步检验本章的主要结果是否对企业生产率度量方式和实证设定敏感，（2）列使用了 Levinsohn 和 Petrin（2003）计算的全要素生产率作为因变量，同时控制了如（1）列的其他变量。（3）列仍使用系统 GMM 全要素生产率作为因变量但包括了以上提到的控制变量。整体来看，这些回归的主要发现与表 2-12 高度一致：中间品关税减免对生产率提升的影响总体上小于最终品关税减免的影响。企业从关税减免中获得的生产率提升会随着企业加工贸易进口份额的增加而减小。

到此为止，本章充分研究了中国进口关税减免对企业效率的影响。21 世纪中

国已经显著降低了进口关税，中国的出口商同样也享受到了出口目的地的大幅关税减免。进入大型外国市场可能会给企业生产率提升带来激励，尤其是在这种投资需要大量固定成本时。因此，为获得进口关税对企业全要素生产率影响的精确估计，控制中国出口目的地的关税减免是同样重要的。

为度量企业出口目的地市场的关税减免，本节构建了企业层面的外部关税指数（FET_{it}）①：

$$\text{FET}_{it} = \sum_k \left[\left(\frac{X_{it}^k}{\sum_k X_{it}^k} \right) \sum_c \left(\frac{X_{ikt}^c}{\sum_c X_{ikt}^c} \right) \tau_{kt}^c \right] \tag{2-12}$$

其中，τ_{kt}^c 表示年份 t 出口目标经济体 c 对产品 k 征收的从价关税。注意到一个企业可能向多个经济体出口多种类型的产品，所以式（2-12）中第二个小括号的比例 $X_{ikt}^c / \sum_c X_{ikt}^c$ 衡量了企业 i 生产的产品 k 销往经济体 c 的出口比例，从而得到中国企业在不同出口目的地的加权外部关税。同样地，式（2-12）中第一个小括号的比例 $X_{it}^k / \sum_k X_{it}^k$ 衡量了产品 k 的出口占企业 i 总出口的比重。如表 2-7 所示，企业层面外部关税的均值仅为 0.9%，显著低于企业层面最终品关税（8.5%）。这十分符合经济道理：中国最重要的出口目标经济体是发达经济体，如美国和部分欧洲联盟（以下简称欧盟）国家，其对中国这样的发展中国家的出口征收显著较低的进口关税。表 2-13 中（4）列报告了含有企业外部关税变量的回归估计结果。企业外部关税的系数没有显著性，一个可能的原因是中国已经在 2000 年之前进入外国市场，因此中国企业出口目标经济体关税减免对减少出口的固定成本没有统计上的显著影响。

由于所有回归中的因变量都是用各种方法估计的全要素生产率度量，这些样本值是估计的而非实际观察得到的，因而存在一些样本值比另一些估计更为精确的事实，对这种事实进行控制是必要的。因此，本节计算了行业内部各企业及全部企业系统 GMM 全要素生产率的标准差，用标准差除以相应的行业均值或总体均值，再乘以企业系统 GMM 全要素生产率，以之作为表 2-13（5）列回归的因变量。②本节得到与之前类似的结论：关税对企业生产率的影响随着企业加工贸易进口的增加而减小，最终品关税减免的影响总体比中间品关税减免的影响要强。

事实上，系统 GMM 估计方法的灵活性为一步得到关税减免对企业生产率的

① 注意如果企业外部关税使用不随时间变化的出口权重计算，本章的主要结论不变。选择随时间变化的出口权重的理由是允许企业出口对外部关税减免进行动态调整。

② 见 Yu（2015）。感谢审稿人建议这一点。

影响提供了独特的机会，即生产函数投入要素的系数和关税系数能够同时得到。Yu（2015）中对此进行了估计，作为另一种稳健性检验。①

2.5.5　传导机制讨论

本章提供了充分的证据表明最终品和中间品关税减免将提高企业生产率，然而，本章还并未针对关于关税减免对企业生产率的影响渠道展开讨论。中间品关税变化对生产率的影响较为直接——较低的中间品关税使得企业能够获得更多种类的进口中间投入。②最终品关税减免则会促进产品间的竞争。然而，对于这种竞争效应是通过提高在位企业的生产效率，还是通过导致低生产率企业退出市场发挥作用，以往文献并未研究。

为检验这两种可能的影响渠道，本节在表 2-14（1）列中引入了始终在位企业虚拟变量（即当企业从 2000 年到 2006 年都在数据中出现时该虚拟变量取值为 1，反之取值为 0）。回归发现始终在位企业虚拟变量的回归系数始终显著为正，这表明始终在位企业具有较高的生产率。为了研究竞争效应是否导致低生产率企业倒闭并退出市场，（2）列引入了一个退出虚拟变量。当企业在下一年退出市场时，该变量取值为 1，反之取值为 0。退出虚拟变量的回归系数并不显著，表明退出和在位企业的生产率并不存在显著差异。这和 Melitz（2003）的理论预期并不一致。

表 2-14　探索影响机制的工具变量估计

项目	企业选择		多产品企业		研发支出	
	（1）	（2）	（3）	（4）	（5）	（6）
企业层面最终品关税	−1.081*** （−4.00）	−1.087*** （−4.01）	−0.839*** （−3.14）	−0.468* （−1.65）	−1.119*** （−2.21）	−1.628 （−1.29）
企业层面最终品关税×加工贸易参与程度拟合值	0.934** （1.95）	0.935** （1.96）	1.026** （2.17）	1.140** （2.41）	0.422 （0.33）	0.786 （0.52）
企业层面最终品关税×产品范围对数				−0.263*** （−3.28）		

① 使用企业产出的对数值作为因变量，企业投入（资本、劳动力和中间品）当期和上期的实现值包括在自变量中。同时，基于不随时间变化的权重计算的企业最终品和中间品关税、企业加工贸易参与程度及其与关税的交互项是另一组自变量。为了控制可能的内生性，像之前一样采用了根据不随时间变化的权重计算的之前一期企业最终品（中间品）关税作为工具变量。Yu（2015）报告了使用一步法系统 GMM 进行的两阶段最小二乘固定效应估计结果。所有估计结果与之前的发现高度一致：关税减免对生产率的提升作用随着企业加工贸易进口份额的增长而减小。总体上，企业最终品关税减免比企业中间品关税减免更能促进生产率增长。

② 除了投入种类，Amiti 和 Konings（2007）强调了更便宜的进口投入提升生产率的另外两种可能的渠道：学习效应和质量效应。

续表

项目	企业选择		多产品企业		研发支出	
	(1)	(2)	(3)	(4)	(5)	(6)
企业层面最终品关税×研发支出对数						0.061 (0.44)
企业层面中间品关税	−1.671*** (−3.78)	−1.669*** (−3.79)	−1.268*** (−3.20)	−1.193*** (−2.95)	−2.060*** (−2.27)	−0.899 (−0.53)
企业层面中间品关税×加工贸易参与程度拟合值	3.568*** (3.59)	3.566*** (3.60)	4.065*** (4.40)	3.486*** (3.57)	4.711* (1.79)	3.890 (1.36)
企业层面中间品关税×产品范围对数				0.224 (0.95)		
企业层面中间品关税×研发支出对数						−0.150 (−0.75)
加工贸易参与程度拟合值	−1.501*** (−32.63)	−1.502*** (−32.65)	−1.467*** (−32.60)	−1.462*** (−30.45)	−1.472*** (−11.68)	−1.476*** (−10.54)
国有企业虚拟变量	−0.237*** (−11.28)	−0.238*** (−11.33)	−0.216*** (−10.28)	−0.217*** (−10.01)	−0.245*** (−8.45)	−0.244*** (−7.87)
外商投资企业虚拟变量	0.281*** (40.72)	0.282*** (40.28)	0.229*** (32.71)	0.230*** (32.85)	0.310*** (20.66)	0.309*** (19.31)
用工人数对数	0.079*** (39.50)	0.079*** (39.51)	0.061*** (30.50)	0.061*** (30.49)	0.078*** (15.60)	0.078*** (15.58)
资本-劳动比率对数	0.033*** (15.71)	0.033*** (15.60)	0.021*** (9.54)	0.019*** (9.50)	0.044*** (8.80)	0.045*** (9.01)
企业退出虚拟变量		0.007 (0.77)				
始终在位企业虚拟变量	0.013* (1.86)					
产品范围对数			0.042*** (22.11)	0.059*** (8.42)		
研发支出对数					0.029*** (9.67)	0.028*** (2.55)
年份固定效应	是	是	是	是	是	是
行业固定效应	是	是	是	是	是	是
样本量	19 190	19 190	19 190	19 190	3 331	3 331
R^2	0.38	0.38	0.40	0.40	0.47	0.47

注：括号内为聚集到企业层面的 t 值，标准误通过 bootstrapping 进行了修正。所有回归均控制了二位码层面中国行业固定效应

*、**、*** 分别对应 10%、5%、1%的显著性水平

Amiti 和 Konings（2007）认为关税减免可能导致企业将其生产范围从低生产率产品转移到高生产率产品。由于印度尼西亚数据的限制，他们没有企业生产范围的信息，因此，他们使用产品转换虚拟变量作为替代。而本节使用的合并数据

包含出口企业产品范围的数据。事实上，许多中国企业出口多种产品，有的企业出口品种数最多可达 745 种。表 2-14（3）列加入了企业产品范围的对数，其回归系数显著为正，表明出口多种产品类型的企业具有较高生产率。（4）列进一步控制了企业产品范围的对数和企业层面中间品和最终品关税的交互项。最终品关税和企业产品范围对数的交互项的回归系数显著，而中间品关税和企业产品范围对数的交互项的回归系数并不显著，这说明同 Amiti 和 Konings（2007）利用有限数据发现的研究结果一致，即最终品关税减免促进企业生产率提升部分来自产品范围的变动。然而这一传导机制对中间品关税减免并不重要。

最后，贸易改革带来的企业生产率提升也可能是由于对新技术投资的增加（Bustos，2011）。具有较高研发投入的企业很可能也具有较高的生产率。表 2-14（5）列通过引入企业研发支出对数，验证了这一推断。（6）列还考虑了企业研发支出对数和企业层面中间品及最终品关税交互项的影响。有趣的是，研发支出对数和最终品及中间品关税的交互项的回归系数并不显著，这表明最终品和中间品关税减免带来的生产率提升并不是由于对新技术投资的增加。这可能是因为样本数据中的研发数据存在一些缺陷：约有 80%的观测值并没有合理的研发支出费用。[①]因此，对于那些从关税减免中受益的企业来说，研发的影响存在低估。

2.5.6　经济量级和福利贡献

本节将讨论关税减免经济影响的量级。如表 2-12 工具变量估计所示，因变量为对数值而自变量为水平值。因此，关键估计系数可解释为全要素生产率对相应自变量的半弹性。若回归所使用的关税为自然数形式（如表 2-7 报告的企业层面最终品关税均值为 0.085），则企业层面最终品（中间品）关税自身的系数为–1.33（–1.74）。如果关税以百分数形式度量（所以样本企业层面最终品关税均值为 8.5 个百分点），则这些系数变为–0.0133（–0.0174）。这表明对非加工贸易企业而言，最终品（中间品）关税下降 10 个百分点，全要素生产率的对数值上升 0.133（0.174），即生产率提高 13.3%（17.4%）。[②]

同样重要的是，随着企业加工贸易进口份额的增大，企业从中间品和最终品关税减免中获得的生产率提升降低。平均而言，由于企业加工贸易参与程度的拟合值均值是 0.49，最终品关税减免对生产率提升的影响是$-0.0133 + 0.0081\times 0.49 = -0.0093$，这意味着最终品关税下降 10 个百分点使得企业生产率提升 9.3%。类似地，中间品关税减免的平均影响是$-0.0174 + 0.0249\times 0.49 = -0.0052$，意味着

① 特别地，2004 年的研发数据全部缺失。此外，样本中 50%的企业报告的研发支出为负或为零。

② 本节的估计与其他研究十分接近，如 Amiti 和 Konings（2007）使用印度尼西亚的企业数据发现最终品（中间品）关税下降 10 个百分点，生产率至多会提升 6.4%（12.7%）。

中间品关税下降 10 个百分点使得企业生产率提升 5.2%，几乎占到最终品关税减免带来的生产率提升的 60%。[①]平均企业最终品关税下降了 7.6 个百分点（从 2000 年的 15%到 2006 年的 7.4%），可以预测其带来了 0.0093×7.4 = 6.9%的生产率提升，并贡献了样本中企业生产率提升 0.17 个对数值的 40.4%。同理，平均企业中间品关税下降了 0.54 个百分点（从 2000 年的 2.7%到 2006 年的 2.16%），故预测其带来了 0.0052×0.54 = 0.28%的生产率提升，并贡献了企业生产率对数增加 0.17 中的 1.6%。将这些数值加总，可得关税减免总体上对样本中企业生产率增长的贡献度为 42%。

由于经济体总体生产率增长是一国生活标准最好的度量之一，本节的最后一步是为关税减免对中国总体生产率的贡献提供直观的经济解释。从企业生产率加总到经济体总体生产率是重要的，这是因为，由于纵向一体化的存在，企业（行业）之间的中间投入会使加总上下游企业（行业）生产率增加时对总体生产率有额外的提高。[②]Domar（1961）首先提出并在之后由 Hulten（1978）和 Feenstra 等（2014）系统阐述了一种方法：经济体总体全要素生产率可以通过使用“Domar 矩阵”进行加总，该矩阵由每个企业总产出与经济体总体吸收（即总产出与贸易顺差之差）的比例定义。本节接下来使用各年的 Domar 矩阵计算加总全要素生产率，发现加总生产率的对数值提高了约 0.53（从 2000 年的 0.56 到 2006 年的 1.09）。[③]如前所述，最终品和中间品关税减免平均使生产率增加 6.9% + 0.28% = 7.18%，因此贡献了经济体总体生产率对数值增加 0.53 中的 13.5%。最后需要说明的一点是，此处的计算假设关税减免对于样本之外的企业生产率无影响。由于关税减免在现实中仍会对样本外的企业有积极影响，因此此处计算的关税减免对经济体总体生产率的贡献应被解释为下限。

2.6 结　　论

本章研究了进口中间品和最终品关税减免如何影响企业生产率，同时考虑了

① 研究关税减免对加工贸易进口，即总进口的纯加工贸易企业生产率提升的影响是有意思的。由于加工贸易进口零关税，纯加工贸易企业的企业层面中间品关税降为零，因此无法直接从表 2-12（1）列计算生产率提升。然而，由于中间品关税减免的影响为−0.0174 + 0.0249× $E(\text{Pext}_{it} \mid Z_{it})$，通过使用充分高的加工贸易参与程度（如 $E(\text{Pext}_{it} \mid Z_{it}) = 0.69$ 的十分之九分位）作为纯加工贸易企业的代理，发现进口关税减免对生产率的影响为零，证明了从事加工贸易较多的企业几乎不能从中间品关税减免中获得生产率提升。

② 例如，如果鞋和橡胶企业全要素生产率的增长率为 1%，这些企业全要素生产率增长率的简单平均则为 1%。然而，整体的橡胶和鞋产业的生产率增长大于 1%，这是因为橡胶企业给生产鞋的企业提供中间品，故生产鞋的企业的生产率增长会随着橡胶企业生产率的增长而累积。

③ 为计算以 Domar 矩阵为权重的全要素生产率，要将 Domar 矩阵乘以四，因为合并样本中的总产出仅为全样本集总产出的 1/4。Domar 矩阵权重加总生产率的详细推导见 Yu（2015）。

中国加工贸易企业相对于非加工贸易企业进口中间投入所享受的特殊关税优惠。对于包括中国在内的诸多发展中国家有类似的贸易情形：加工贸易在生产率提升的实现上有重要影响。总体上，本章发现，对于中国参与国际贸易的大型企业，最终品关税减免比中间品关税减免对生产率的影响要大。更有意思的是，中间品（最终品）关税减免对企业生产率的正向影响随着企业加工贸易进口份额的增加而减小。

第 3 章　临时性贸易壁垒、企业融资行为与经营风险

3.1　背 景 介 绍

在企业实现利润最大化的过程中，风险管理是重要一环。企业的风险由经营风险和财务风险组成。经营风险是企业经营活动的外在风险，如市场波动、进入壁垒、投资失败等，其对企业的盈利水平、竞争能力有直接的影响；财务风险是企业债务到期无法偿还本息的风险，同企业的负债水平有关。企业的融资行为解决的问题是，如何在给定资金需求下合理负债以适应经营风险水平。通常认为，经营风险越小，盈利可预期性越高，企业更倾向于借入更多的负债以扩大经营；经营风险越大，盈利的可预期性越低，企业融资的需求和能力减弱，此时企业负债较少。企业的融资行为最终反映在财务杠杆率等财务指标中，通过考察相关的财务指标，可以分析各因素对企业融资行为的影响。

出口企业面临着一种特殊的经营风险：其产品可能会受出口经济体的未预期到的贸易保护，即临时性贸易壁垒。然而，这种临时性的贸易壁垒对企业融资行为的影响似乎是不确定的：一方面，遭受临时性贸易壁垒的企业产品销售受阻，存货堆积，企业需要增加资金的融入来维持正常经营；另一方面，遭受临时性贸易壁垒的可能性越大，企业的经营风险越高，它们可能减小生产规模，资金融入减少。

此外，根据企业异质性理论，企业的 TFP 存在差异。生产率较高的企业盈利能力较强，其他条件相同时经营风险较低，进而可能对企业的融资行为产生影响；同时，企业的规模、所有制结构也可能构成异质性的来源，也可能影响企业的融资行为。

研究企业的融资行为有重要的理论意义：一方面，经营、投资和融资共同构成了企业管理的内涵，将贸易与财务结合起来，可以更为全面地分析贸易政策变动对微观的出口企业的影响；另一方面，投资行为和融资行为相互关联，融资行为是投资行为的基础，投资行为是融资行为的目的，企业的融资能力越强，越有可能为对外直接投资进行融资。研究企业融资行为有助于更好地理解企业的对外直接投资行为。

研究企业的融资行为具有重要的现实意义。中国中小型企业的融资难的问题一直制约企业发展，《全球商业环境调查》将中国列为融资环境最差的国家之一

（Claessens and Tzioumis，2006）。近几年来，全球贸易摩擦不断增加，出口企业在这一环境下的经营状况受到更多关注，研究出口企业的融资行为有助于了解特定条件下企业的融资特征，并有针对性地制定相应政策，帮助出口型企业纾困。

本章剩余部分的结构如下：3.2 节为文献回顾，梳理了企业生产率及临时性贸易壁垒有关的文献；3.3 节描述了数据来源及处理方法；3.4 节为实证分析，描述了计量模型，并对回归结果进行了分析；3.5 节为本章的结论及政策意义。

3.2　文献回顾

异质性企业理论假设企业进入出口市场需要支付固定的成本，而生产率较高的企业利润较高，更有能力支付该固定成本进行出口（Melitz，2003）。这一解释实际上认为企业只能使用利润支付该部分固定成本，对外部融资在企业经营过程中的重要性考虑不足。优序融资理论（Myers and Majluf，1984）将企业的融资行为分为内部融资和外部融资，其中企业利润是主要的内部融资渠道，负债、权益等为主要的外部融资渠道。企业会优先使用内部融资，当内部融资无法满足日常经营需要时，才会进行外部融资。企业内、外部融资方式和相对比重同企业面临的经营风险和金融环境有关。相关的研究考察了各种融资条件，如流动性风险（Chaney，2016）、信贷约束（Feenstra et al.，2014）、金融契约和有形资产（Manova，2008）等因素对企业出口行为的影响，认为较低的流动性风险、较少的信贷约束和较少的金融摩擦能够促进企业的出口。这一支文献大多将生产率视作企业异质性的唯一来源，但也有研究者（李志远和余淼杰，2013）逐渐开始关注出口企业的所有制结构、经营规模、生产项目的特定风险等其他异质性的来源，认为这些方面同样会对企业的经营行为产生影响。

上述文献考虑了不同融资条件、融资渠道下的企业出口行为，但对企业出口行为如何影响融资行为的关注较少。企业的出口行为与融资行为是经营过程中的两个方面，融资行为提供了出口行为所需资金，出口状况是企业调整融资方案以控制整体风险的主要依据。考察企业产品遭受临时性贸易壁垒对融资行为的影响，为理解出口行为和融资行为二者的关系提供了新的思路。

临时性贸易壁垒数据库（Temporary Trade Barriers Database，TTB Database）是世界银行建立的国别数据库，其逐渐成为研究贸易政策尤其是暂时性贸易政策的重要工具。临时性贸易壁垒包括反倾销（anti-dumping，AD）、反补贴税（countervailing duty，CVD）、安全保障措施（safeguard，SG），以及专门针对中国的过渡性安全保障措施（China-specific transitional safeguard，CSG）等，中国是世界上遭受临时性贸易壁垒最严重的国家，自 WTO 成立至今，针对中国的反倾销案件已经占到了全部案件的五分之一，不仅美欧等的发达国家对中国高筑贸易壁垒，印度、印度尼西亚等发展中国家也越来越多地通过反倾销等措施限制中国商品的进口。研究临时性贸易壁垒对中国的影响具有重要的现实意义，也越来越受到学者的关注。

有关临时性贸易壁垒的研究大多数将其作为外生的政策变动，考察特定市场、特定产品的冲击对企业的影响（Bown and Crowley，2010，2013；王孝松等，2014），既包括对一经济体进出口数量和价格的直接影响，也包括对市场供求、企业竞争、产业结构等方面的间接影响。然而，对特定产品而言，产品的价格、产品出口目标经济体的产业结构特征、产品出产的时间等因素都可能对临时性贸易壁垒造成影响。直观地，产品单位价值越低，产品同出口目标经济体的产业结构相似度越高，遭受临时性贸易壁垒的可能性就越大。出口经济体不同年份的宏观经济形势、对外关系也会影响临时性贸易壁垒的形成。因此，将临时性贸易壁垒作为被解释变量有助于理解此类贸易政策对微观企业的影响。

现有文献对临时性贸易壁垒与企业融资行为关系的研究尚存在空白，本章利用中国的数据对二者的关系进行实证检验。

3.3 数据描述及处理

本章使用的数据来自三部分，分别为世界银行临时性贸易壁垒数据库、中国海关贸易数据库和中国工业企业数据库。下文分别介绍这三个数据库。

3.3.1 临时性贸易壁垒数据库

世界银行临时性贸易壁垒数据库以二值变量来表示某一年度某一经济体针对一种产品实施了某种临时性的保护措施。由于临时性关税和反倾销税在贸易壁垒数据中的比重很小，而且税率数据缺失十分严重，因此本章只利用加总的数据，即如果某一年度某一经济体对一种产品实施了一种或多种临时性贸易壁垒则记为1，如果没有实施任何临时性贸易壁垒则记为 0。

如表 3-1 所示，9 个主要国家（分别为美国、日本、韩国、加拿大、印度、澳大利亚、印度尼西亚、巴西和土耳其）对中国实施的临时性贸易壁垒占到了中国全部临时性贸易壁垒的 99%以上，在研究企业产品层面的临时性贸易壁垒时具有代表性。

表 3-1　临时性贸易壁垒和海关贸易数据主要样本国家

国家	临时性贸易壁垒		海关贸易数据出口占比						
	数量	占比	2000 年	2001 年	2002 年	2003 年	2004 年	2005 年	2006 年
韩国	33 396	12.55%	4.53%	4.70%	4.74%	4.59%	4.68%	4.61%	4.62%
印度尼西亚	32 489	12.21%	1.23%	1.06%	1.05%	1.02%	1.05%	1.12%	0.98%
加拿大	31 066	11.68%	1.27%	1.26%	1.33%	1.29%	1.38%	1.53%	1.56%
澳大利亚	30 833	11.59%	1.38%	1.35%	1.42%	1.43%	1.49%	1.45%	1.38%
美国	30 457	11.45%	20.92%	20.48%	21.61%	21.10%	21.05%	21.37%	20.68%
日本	30 383	11.42%	16.70%	16.83%	14.74%	13.56%	12.39%	11.10%	9.51%
印度	29 341	11.03%	0.63%	0.72%	0.82%	0.76%	1.00%	1.17%	1.50%
土耳其	24 121	9.07%	0.43%	0.25%	0.34%	0.47%	0.48%	0.55%	0.76%
巴西	23 463	8.82%	0.49%	0.52%	0.45%	0.49%	0.62%	0.63%	0.76%
合计	265 549	99.82%	47.58%	47.17%	46.50%	44.71%	44.14%	43.53%	41.75%

3.3.2　中国海关贸易数据库

中国海关贸易数据由海关总署制作，详细记录了每一笔进出口贸易的相关数据，产品类别细分到 HS 八位码层面，包含了出口企业代码、出口目标经济体、清关海关、产品数量及数量单位和交易总价，还区分了产品进出口的类型，如来料加工、产品组装等。利用海关贸易数据中的合同总价和数量，可以计算出产品层面的单位价值。单位价值大体反映了该种产品的平均合同价值，可以作为产品价格的代理变量。海关贸易数据能够对产品层面的企业进出口行为进行国别和地区分析。

2000～2006 年，对中国实施临时性贸易壁垒的 9 个主要国家同样也是我国主要的贸易伙伴，这 9 个国家与中国的贸易占海关贸易数据的比重接近或超过 45%，能够比较准确地反映企业出口的整体情况。

3.3.3　中国工业企业数据库

鉴于本章使用到的中国海关贸易数据和世界银行临时性贸易壁垒数据的时间跨度为 2000～2006 年，本章使用了相同期间的中国工业企业数据。尽管该数据内容丰富，但是由于统计手段等因素，部分数据的信息质量不高，存在样本重复、变量异常和缺失等问题（聂辉华等，2012）。为保证数据质量，首先删除关键变量（总资产、工业总产值、负债合计、利润总额、固定资产净值年平均余额、工业增加值、从业人员年平均人数、工业中间投入合计等）缺失的样本。其次，按照约定俗成的方法，删除少于 8 名工人的样本，因为总雇员少于 8 人的组织通常不被视为企业。最后，按照 Cai 和 Liu（2009）及 Yu（2015）的方法、GAAP 和以下条件剔除不合格的样本：①资产总计大于流动资产、固定资产合计、固定资产净值年平均余额；②负债总额、长期负债和短期负债不为负，总资产、固定资产、销售收入、销售费用为正；③累计折旧大于本年折旧；④成立时间在 1 月和 12 月之间，即不能早于 1 月，晚于 12 月。通过以上处理，比较全面地解决了工业企业数据库的数据缺陷。

3.3.4　数据的合并与处理

我们参考 Tian 等（2016b）和 Yu（2015）的方法对数据进行合并。第一步，使用企业的中文名称和年份进行数据合并。如果某企业的中文名称同时出现在某年的两个数据中，那么这两个企业应该是同一个企业。第二步，使用企业的邮政编码和电话号码的后 7 位数字进行合并，因为同一地区（邮政编码相同）的电话号码必定是唯一的。合并的数据同原数据保持了相当的比例，保证了数据的质量。

利用上述方法，剔除了 2000～2006 年的中国工业企业数据中不合理的样本后，同中国海关贸易数据与临时性贸易壁垒数据合并，合并后的数据与全样本数据的情况如表 3-2 所示。

表 3-2　合并数据与全样本数据比较

项目	合并数据			全样本数据		
	均值	最小值	最大值	均值	最小值	最大值
销售额/万元	14 248.2	500	5.51×10^6	7 699.2	500	1.87×10^7
出口额/万元	4 538.7	0	776 918.1	1 448.8	0	1.81×10^7
雇佣规模/人	499	8	39 782	285	0	569 670
观测值	3 756 124			30 971 554		

可以看到，合并数据中企业的销售额、出口额和雇佣规模的均值都要大于全样本数据中各项指标的均值，这意味着合并的样本可能是偏向大型企业的，因此本章的结论可能更符合企业规模较大的情形。

3.4　实 证 分 析

3.4.1　关键变量测算

（1）特定产品遭受临时性贸易壁垒的概率估计。其基本思路是利用产品层面的数据估计临时性贸易壁垒的概率，再按照该产品对企业的重要性加总得到企业层面的临时性贸易壁垒指标。

假定一种产品遭受临时性贸易壁垒的概率为 $\Pr(\text{TTB}_{pjt}=1|x)=F(x'\beta)$。$x$ 为该产品遭受临时性贸易壁垒的影响因素，$x=uv_{pjt}$，即 t 年出口到 j 的 p 产品的单位价值；x' 为其转置；β 为待估参数。对特定产品而言，遭受临时性贸易壁垒的影响因素包括哪些？直观地，产品单位价值越低，产品同出口目标经济体的产业结构相似度越高，遭受临时性贸易壁垒的可能性就越大。出口经济体不同年份的宏观经济形势、对外关系也会对临时性贸易壁垒造成影响。

对模型的估计取决于对 F 的函数形式的假设。常用的线性概率模型（linear probability model，LPM）、Probit 模型和 Logit 模型存在一个问题，在本章中，临时性贸易壁垒，即 $\text{TTB}_{pjt}=1$ 占全部数据的比例很小（不足 1%），可以视作稀有事件（rare events）。这一小样本偏差可能导致 $\text{TTB}_{pjt}=1$ 的概率被系统地低估，从而导致估计量有偏（King and Zeng，1999，2001）。通常，解决稀有事件偏差的常用方法有两种。方法一是由 King 和 Zeng 提出的 Rare Events Logit，该方法首先用 Logit 模型估计稀有事件造成的小样本偏差，然后用该偏差对 Logit 模型的估计系数进行修正。方法二假设 F 为非对称的“极值分布”（extreme value distribution），从而使用“补对数-对数模型”（complementary log-log model，简称 Comp. log-log）先求出似然函数，再进行最大似然估计。表 3-3 列示了上述各方法下的估计量。

表 3-3　产品遭受临时性贸易壁垒的概率估计

项目	LPM	Probit	Logit	Rare Events Logit	Comp. log-log
	（1）	（2）	（3）	（4）	（5）
单位价值	$-0.000\,4^{***}$ （−7.95）	$-0.121\,4^{***}$ （−7.80）	$-0.334\,2^{***}$ （−8.11）	$-0.287\,4^{***}$ （−9.38）	$-0.305\,4^{***}$ （−8.57）
经济体固定效应	是	是	是	是	是
年份固定效应	是	是	是	是	是

续表

项目	LPM	Probit	Logit	Rare Events Logit	Comp. log-log
	(1)	(2)	(3)	(4)	(5)
产品数量	5 019	5 019	5 019	5 019	5 019
观测值数量	118 829	118 829	118 829	118 829	118 829

注：单位价值为对数值。系数下方的括号中为对应的 t 统计量

*** 对应 1%的显著性水平

从回归结果来看，LPM 的估计量显著地小于其他方法的估计量，其次是 Probit 估计量，Logit、Rare Events Logit 和 Comp. log-log 模型的估计值相近。从标准差来看，Rare Events Logit 和 Comp. log-log 模型估计量的标准差（0.03 左右）要小于 Logit（0.036）。针对临时性贸易壁垒数据中值为 1 的变量比重很小的事实，数据可能出现类似稀有事件的特征，故而 Rare Events Logit 和 Comp. log-log 估计量更为准确。表 3-4 描述了几种估计方法下产品层面临时性贸易壁垒的拟合值。

表 3-4 各估计方法下产品层面临时性贸易壁垒的拟合值

项目	LPM	Probit	Logit	Comp. log-log
均值	0.002 1	0.001 2	0.001 2	0.002 1
方差	0.003 0	0.002 4	0.002 3	0.003 8
产品数量	5 019	5 019	5 019	5 019
观测值数量	118 829	118 829	118 829	118 829

注：Rare Events Logit 下的拟合值暂时无法计算

（2）企业遭受临时性贸易壁垒的概率估计。对于出口企业而言，其出口的产品可能不止一种，同时，一种产品在不同年份对企业本身的重要程度也会不一样。对企业而言，出口的风险来自出口产品对应的价值的风险。参考 Yu（2015）中对企业层面关税的加总方法，产品层面遭受临时性贸易壁垒的概率加总到企业层面的一种可行方法是

$$\Pi_{it}=\sum_{p}\left(\frac{X_{pt}}{\sum_{p}X_{pt}}\sum_{j}\left(\frac{X_{pjt}}{X_{jt}}\right)\cdot\pi_{pjt}\right)$$

其中，Π_{it} 为企业层面关税；π_{pjt} 为 t 时期产品 p 出口至 j 经济体面临的产品层面关税；X_{pt} 为产品 p 的出口值；X_{pjt} 为本国产品 p 出口至 j 经济体的值；X_{jt} 为本国对 j 经济体的出口总值。

利用企业代码和年度作为指示变量，将产品层面的临时性贸易壁垒的概率数

据与海关贸易数据进行合并，再通过产品价值在企业层面上进行加总。加总后的数据如表 3-5 所示。

表 3-5　各估计方法下企业遭受临时性贸易壁垒的概率拟合值

项目	LPM	Probit	Logit	Comp. log-log
均值	0.002 3	0.001 2	0.001 3	0.002 4
方差	0.003 0	0.002 0	0.002 1	0.003 5
企业数量	118 937	118 937	118 937	118 937

可以看到，各方法下企业层面的临时性贸易壁垒的概率同产品层面的均值和方差相差不大。正如前文所述，临时性贸易壁垒的数据存在稀有事件效应，因而下文使用加总的 Comp. log-log 模型估计值作为企业遭受临时性贸易壁垒的指标。

（3）企业融资行为的指标。企业的融资行为直接影响各项财务指标。中国企业最重要的外部融资渠道是负债。当企业负债经营时，不论经营利润是多少，都需要按照固定的合同利率支付债务利息。

本章使用财务杠杆率作为企业融资行为的度量，财务杠杆率越高，意味着企业融资越多。财务杠杆率的定义式为 $\mathrm{DOF}_{it}=\dfrac{\pi_{it}^{\mathrm{op}}}{\pi_{it}^{\mathrm{op}}-\operatorname{int}\mathrm{Exp}_{it}}$。其中，$\pi_{it}^{\mathrm{op}}$ 为企业 i 在 t 时期的经营利润；intExp_{it} 为企业 i 在 t 时期的利息支出。

（4）企业生产率的估计。企业生产率通常被解释成总产值中不能被要素投入所解释的残值，即 TFP。本章使用 Yu（2010）改进的 Olley-Pakes 方法估计企业的 TFP，相较于常用的 Olley-Pakes 和 Levin-Petrin 方法，这一改进方法更为有效地解决了数据中的同步偏差和选择偏差。①

3.4.2　基准回归

本章的主要目的是讨论临时性贸易壁垒对企业融资行为的影响。临时性贸易壁垒作为出口企业经营过程中可能遭受的风险的具体形式，可能造成出口合同无法实现、产品销售受阻、库存堆积等不利影响，这种影响最终会体现在企业的经营成果中，直接影响各种财务指标。

对中国企业而言，以银行借款为主的负债是最重要的外部融资渠道。尽管衡量企业财务状况的指标有很多，但财务杠杆率能够单独地通过利息支出反映债务融资的情况，相较资产负债率、杠杆倍数等指标有更强的针对性。当企业运用债

① 如需企业生产率的详细估计方法和估计结果，可同本书作者联系索取。

务融资进行负债经营时，不论经营利润是多少，都需要按照固定的合同利率支付利息支出。财务杠杆率定义为经营利润与扣除利息支出后的税前利润之比，给定经营利润下，利息支出越多，财务杠杆率越大。

企业的财务杠杆率同时受到企业的经营状况，如生产率、劳动雇佣量、经营利润率，以及企业的所有权结构，如民营企业、国有企业、外商投资企业的影响。行业本身的特点也可能影响企业的财务杠杆率。综合上述因素，使用面板数据回归模型进行回归，结果如表 3-6 所示。

表 3-6 财务杠杆率的影响因素分析

项目	（1）	（2）	（3）	（4）
遭受临时性贸易壁垒的概率	7.396 8* （1.73）	6.408 0*** （3.33）	10.353 4** （2.04）	–4.281 8 （–0.46）
生产率	0.006 1	0.016 4**	0.011 5	0.011 8
劳动雇佣量	0.051 5***	0.213 7***	0.046 8**	0.179 1
经营利润率	0.072 8	0.067 4***	0.039 6	0.064 7
民营企业	–0.008 5	–0.042 9***	–0.007 0	–0.057 4
国有企业	0.326 3***	–0.314 6***	0.327 8***	0
外商投资企业	–0.484 0	–0.062 9***	–0.040 9	–0.034 9
行业固定效应	否	是	否	否
企业固定效应	是	否	是	是
年份固定效应	是	是	是	是
纯出口企业	有	有	无	仅有
观测值数量	29 095	29 095	23 368	5 727

注：被解释变量财务杠杆率为对数值，解释变量为遭受临时性贸易壁垒的概率。生产率、劳动雇佣量为对数值。遭受临时性贸易壁垒的概率基于 Comp. log-log 模型计算。纯出口企业是指中国工业企业数据库中出口同销售收入相等的企业。系数下方的括号中为对应的 t 统计量

* 代表 10%的显著性水平，** 代表 5%的显著性水平，*** 代表 1%的显著性水平

通过表 3-6 可以看到，企业遭受临时性贸易壁垒的概率对财务杠杆率有正向的影响。也就是说，当企业遭受临时性贸易壁垒的可能性增加时，企业会通过债务融资来弥补临时性贸易壁垒带来的经营中的资金短缺。控制行业层面的固定效应时，这一结果更为显著。可以认为，企业的融资行为呈现出典型的行业特征，临时性贸易壁垒对行业层面融资行为的影响要更为显著。

生产率对企业财务杠杆率的影响不显著。生产率对企业的财务杠杆率的影响是两方面的，一方面，生产率较高的企业通常利润较大，能够满足资金需求，对外部融资的需求较小，财务杠杆率也相应较低；另一方面，生产率较高的企业成

长较快，生产规模扩张过程中必然产生更大的资金需求，有更大的动机借入负债。这两种因素的强度因企业本身经营状况和所处的行业、周期有关，所以没有显著的相关关系。

劳动雇佣量对企业的财务杠杆率有显著的正向影响。也就是说，企业的雇佣规模越大，企业的融资规模越大。雇佣规模越大，企业支付的现金薪酬越多，相应地对流动资金的需求越大，越可能借入资金。

所有权结构对企业的财务杠杆率有一定影响，但这种影响在企业层面并不显著。一些文献指出，中国的国有企业由于存在大量的政府补贴，其行为同私有企业存在差异。从上述回归来看，当控制企业层面的固定效应时，国有企业这一特殊的所有制结构对企业的融资行为存在正向的影响，即国有企业的财务杠杆率要更高一些。现实中，国有企业常常得到“隐性担保”而具有更强的借款能力，回归结果同这一观点相符合。

值得注意的是，对纯出口企业而言，临时性贸易壁垒对融资行为的影响并不显著。一个可能的解释是，纯出口企业大多通过来料加工、进料加工等模式进行生产，按照合同进口半成品和原材料，销售合同预先确定，实际上风险已经部分或全部地转移到了进口产品的一方，因而其对企业的融资行为没有显著的影响。

3.4.3　内生性讨论

回归结果表明，临时性贸易壁垒对企业的融资行为有正向的影响，但相关关系并不意味着因果关系。事实上，临时性贸易壁垒同企业融资行为间存在反向因果关系。当企业的融资规模比较大时，企业的财务风险很大，为了保证日常经营的稳定性，企业可能希望增加产品的销售量以扩大利润来偿还负债。为此，企业会降低产品价格，这使得该种产品遭受反倾销、反补贴等临时性贸易壁垒的风险增加。

从如下两个方面来看，这种反向因果关系是不成立的。首先，出口企业所处市场竞争比较充分，同时异质性企业理论通常假设企业具有不变的规模报酬，在这一假设下，产品的成本加成是固定的，降价并不能扩大销量并增加企业的利润。其次，临时性贸易壁垒是针对某种产品或某一行业的政策，企业的降价行为对整个产业的影响很小，难以成为临时性贸易壁垒的触发理由。

回归结果的另一个问题是遗漏变量问题。企业的融资行为虽然由企业的经营需要决定，但企业的资金利用效率、财务人员的专业水平、企业的征信记录等因素也会对企业的融资行为产生一定的影响。虽然将这些变量纳入到分析中会使结论更有说服力，但是这些变量通常都很难观测。实际上，如果企业的这种异质性在各个时期内保持相对的稳定，那么通过控制企业层面的固定效应就能够可靠地消除这一因素的影响。

3.4.4 稳健性检验

本章分析的是临时性贸易壁垒对企业融资行为的影响，回归结果支持遭受临时性贸易壁垒的可能性同企业的财务杠杆率之间有正相关关系。可能的解释是：遭受临时性贸易壁垒的企业资产，特别是流动资产的波动增大，企业为维持正常的生产经营而增加负债。

然而，影响企业融资行为的因素还有很多。区分企业的“融资需求”与“融资能力”很重要：企业虽然有融资需求，但是由于自身的经营特点和风险，企业可能无法从外部进行融资。借款方决定是否向企业融资的依据是企业的各项财务指标，如果这些指标达不到借款方的最低要求，借款方就不会向企业借款。

接着，考虑企业向银行贷款的情形。商业银行有严格的信贷风险管理体系，其主要任务是识别和发现企业的信用风险，严格把控贷前、贷中和贷后等环节的风险，以保证资金的安全性。商业银行对企业的评价主要来自企业的财务报表，通过财务报表分析对企业的风险进行识别，进而决定是否进行授信。盈利波动性是商业银行考虑的一个重要指标。一个盈利稳定的企业，有稳定的现金流偿还贷款，向其授信就比较安全；盈利波动性越大，越难以预测企业的现金流，可能出现现金流暂时性枯竭而导致贷款违约。下面考虑企业盈利波动性对本章研究结论的影响。利用中国工业企业数据库，构造企业盈利波动性的指标：

$$\sigma_{it}=\left|\frac{\pi_{it}-\overline{\pi_i}}{\sigma(\pi_{it})}\right|$$

其中，π_{it} 为企业 i 在 t 年的利润；$\overline{\pi_i}$ 为企业各年利润的均值；$\sigma(\pi_{it})$ 为各年利润的标准差。这一指标能够衡量企业历年盈利的相对波动性。根据指标的设定，剔除数据中只出现一年的企业，将盈利波动指标加入到回归方程中进行稳健性检验，结果如表 3-7 所示。

表 3-7 稳健性检验回归结果

项目	(1)	(2)	(3)	(4)	(5)	(6)
遭受临时性贸易壁垒概率	7.801 8* (1.79)	9.455 7*** (3.36)	7.384 1* (1.70)	9.291 7*** (3.30)	9.956 5** (1.93)	−4.249 0 (−0.45)
遭受临时性贸易壁垒概率×盈利波动率			−10.581 8***	−10.491 7***	−14.471 9***	4.997 3
盈利波动率	−0.025 5	−0.035 8	−0.025 4	−0.035 8	−0.009 9	−0.065 5
生产率	−0.009 0	−0.010 2	0.011 7	−0.009 2	0.180 8	0.011 5
劳动雇佣量	0.052 0***	0.006 7	0.057 7***	0.007 1	0.565 0**	0.063 4

续表

项目	(1)	(2)	(3)	(4)	(5)	(6)
经营利润率	0.073 0	0.470 7	0.177 2**	0.500 5***	0.174 3*	0.119 7
民营企业	−0.008 6	−0.046 7***	−0.088 2	−0.464 9***	−0.007 3	−0.059 5
国有企业	0.326 6***	−0.231 3***	0.320 1***	−0.230 1***	0.318 8***	0
外商投资企业	−0.078 4	−0.082 3***	−0.077 6	−0.082 7***	−0.076 1	−0.051 2
企业固定效应	是	否	是	否	是	是
行业固定效应	否	是	否	是	否	否
年份固定效应	是	是	是	是	是	是
纯出口企业	有	有	有	有	无	仅有
观测值数量	14 608	14 608	14 608	14 608	11 901	2 707

注：被解释变量财务杠杆率为对数值。生产率、劳动雇佣量为对数值。遭受临时性贸易壁垒的概率基于 Comp. log-log 模型计算。纯出口企业是指中国工业企业数据库中出口同销售收入相等的企业。系数下方的括号中为对应的 t 统计量

* 代表 10%的显著性水平，** 代表 5%的显著性水平，*** 代表 1%的显著性水平

（1）列是加入盈利波动性指标并控制企业层面固定效应的回归结果，（2）列是加入盈利波动性指标后控制行业层面固定效应的回归结果；（3）～（4）列是同时考虑了盈利波动性、临时性贸易壁垒和盈利波动性的交叉效应，并分别控制企业和行业层面固定效应后的回归结果；（5）列是针对非纯出口企业的回归结果；（6）列则专门对纯出口企业进行了回归。

稳健性检验的回归结果表明，加入盈利波动性指标后，前述回归的结果并没有发生显著改变。具体而言：根据表 3-7（1）～（2）列的回归结果，考虑盈利波动性指标后，企业遭受临时性贸易壁垒的可能性同财务杠杆率存在正相关关系，这就是说平均而言，遭受临时性贸易壁垒对企业融资行为的正效应仍然存在，当企业面临临时性贸易壁垒时会增加负债，相应地，财务杠杆率上升。

综上，稳健性检验的结果同原回归结果一致，临时性贸易壁垒的存在对企业融资行为存在正向的影响。

3.5　结　　论

（1）临时性贸易壁垒对企业融资行为的影响。实证结果表明，企业遭受临时性贸易壁垒的可能性对企业财务杠杆率有正向的影响，临时性贸易壁垒的存在会强化企业的融资行为。控制行业层面的固定效应时，这一结果更为显著。对纯出口企业而言，临时性贸易壁垒对融资行为的影响并不显著。一个可能的解释是，

纯出口企业大多通过来料加工、进料加工等模式进行生产，按照合同进口半成品和原材料，销售合同预先确定，实际上风险已经部分或全部地转移到了进口产品的一方，因而对企业的融资行为没有显著的影响。

可以认为，在面对临时性贸易壁垒时，企业因产品出口受阻而增加的融资需求超过了因缩减生产规模而减少的融资需求。直观上，出口受阻带来的流动资金压力是现时的硬约束，而逐步缩减生产规模耗时更长，不能及时调整到位。整体而言，企业的债务融资增加，财务杠杆率上升。

（2）生产率对企业的融资行为的影响。实证结果并不能支持生产率对企业的融资行为有显著影响。生产率对企业的财务杠杆率的影响是两方面的，一方面，生产率较高的企业通常利润较大，能够满足资金需求，对外部融资的需求较小，财务杠杆率也相应较低；另一方面，生产率较高的企业成长较快，生产规模扩张过程中必然产生更大的资金需求，有更大的动机借入负债。这两种因素的强度因企业本身经营状况和所处的行业、周期有关，所以没有显著的相关关系。

（3）政策含义。实证结果表明，对遭受临时性贸易壁垒的企业而言，其经营风险增加的同时，财务风险也增加了，这放大了临时性贸易壁垒对企业经营的负面影响。但是从商业信贷的角度来看，企业在遭受临时性贸易壁垒之后偿债能力变差，获得资金的难度更大，资金成本也会更高。此时的企业面临经营风险和财务风险的双升，持续经营的能力受到影响。如果企业在临时性贸易壁垒的实施期不能及时获得融资，其经营状况就会迅速恶化，进而影响经济增长和居民就业，因此在企业遭受临时性贸易壁垒风险较大的时期，应该增加对出口企业的信贷支持，满足其资金需求，并且通过相关措施降低融资成本，对冲企业的整体风险。

第4章　信贷约束与不完全信息条件下的出口：理论和依据

4.1　背 景 介 绍

2008 年全球金融危机引起了学术界关于信贷约束是否显著降低企业出口的讨论。一方面，Amiti 和 Weinstein（2011）认为贸易融资在日本的 20 世纪 90 年代和美国近期国际贸易中扮演着重要角色；Chor 和 Manova（2012）发现出口国金融脆弱的部门对美国的出口下降很明显。另一方面，Levchenko 等（2010）发现信贷约束不影响美国的进出口；Behrens 等（2013）则认为，金融融资影响出口，也会影响国内企业销售。当然，早在金融危机之前，学术界已经承认在经济体层面，金融发展水平和对外贸易之间存在潜在的因果关系。Kletzer 和 Bardhan（1987）、Beck（2002）及 Matsuyama（2005）认为信贷市场的不完美会降低出口并影响贸易结构；Chaney（2016）在 Melitz（2003）框架下构建了相关理论模型，Manova（2008）对其进行了实证检验。结果显示，不同金融脆弱性的出口部门、不同金融发展水平的国家，其受到的信贷约束具有系统性差异。

鉴于现有研究对信贷约束的不同观点，我们有理由相信应当重新从理论上探究信贷约束对内销企业和出口企业的不同影响。Amiti 和 Weinstein（2011）提出两个有力的理由：出口企业的生产与销售存在较长周期；出口企业面临更高的跨境支付风险。他们将贸易融资（而非贸易信贷）定义为企业间签订的用来保障出口商的契约。我们选取他们提出的第一个理由，即出口商面临更长的回款周期，这与 Berman 等（2012）[①]的观点相一致。本章的目的是在模型中考虑异质性的运输时间，并检验由此引起的出口企业和内销企业所面临的银行信贷差异。我们利用中国的企业数据进行上述检验。

我们模型的特点是银行面临不完全信息，从两个方面不能完整观测到企业特征。第一，银行无法观测到企业生产率。对于中国这样的快速增长的经济体，企

① 在工作论文阶段（Feenstra et al.，2014），我们还考虑了出口企业面临的国际风险。但是由于风险是外生变量［与 Ahn 等（2011）不同］，这种风险在理论上影响有限，在实证中无法得到足够的证据，因此并未在此讨论。Berman 等（2012）提出了违约风险，并在模型中将其构造为依赖于运输时间的外生变量，加以实证研究。

业进入速度之快使得银行无法及时有效地了解企业实际经营状况，因此这一假设是合理的。银行与企业签订贷款数量和利率合同，使得银行自身利益最大化。从显示原则出发并不失一般性，我们假设合同会诱导企业提供真实的生产率信息。第二，银行无法观测贷款最终是用于出口还是内销。这意味着我们无法对银行的贸易融资进行建模，因为贸易融资认为银行有能力区别企业是否将贷款用于出口生产。①特别地，银行贷款被用于设备购买并覆盖当期生产成本，无论产出是否在日后被销售。对银行无法监控贷款流向的假设在不同的文献中都有提及，如 Bolton 和 Scharfstein（1990）。

基于上述假设，4.2 节我们推导与银行激励相容的、使银行利润最大化的贷款模型，此时企业获得的贷款小于最优的贷款量，即银行激励相容原则造成了企业的信贷约束。信贷约束的原因在于，企业由于不能按照完全信息下的最优生产量生产，获得的银行贷款量小于完全信息下的最优贷款，从而损失二阶的（second-order）销售利润。但是企业可以通过降低还款利率来获得一阶的（first-order）利润。因此，不受信贷约束的企业绝不会报告出真实生产率，获得的贷款也小于完全信息下的最优贷款量；激励相容原则意味着企业一定会受到信贷约束。进一步，由于银行不能跟踪企业获得贷款后的资金流向，因此出口和内销活动都会受到上述信贷约束的影响；又因为出口需要更长的运输时间，出口企业面临的信贷约束比内销企业更加严重。

出口和内销业务面临的信贷约束是否相同？我们认为答案是不能一概而论。当同一企业同时从事出口和内销时，银行并不会区别对待出口和内销业务；然而，对于出口企业和内销企业而言，银行信贷确实有所不同，出口企业由于生产销售周期较长，因此面临的信贷约束也就越紧，从而降低深度边际和广度边际。实证上，我们在 4.3 节和 4.4 节利用 2000～2008 年中国工业企业数据来检验上述理论。鉴于中国出口的高速增长和面临的较大信贷约束［比如投资环境报告显示，中国是全球信贷约束最紧的国家之一，见 Claessens 和 Tzioumis（2006）］，本章的实证结果具有重要意义。

我们对结构模型进行估计，设定销售额受利率、出口份额和其他变量的影响。实证结果稳健证明出口企业面临的信贷约束比内销企业更紧：企业出口份额上升、运输时间增加、企业生产率异质性更强，信贷约束也就越紧。相比于 Manova（2008）关注产业层面的金融脆弱性特征，我们的结果更加深入到企业生产层面（即出口份额和运输模式）和行业层面（即不完全信息）的特征。我们同样发现，更高的抵押品可以对冲信贷约束的影响，并且扩大出口量。我们在 4.5 节中展开进一步的讨论。

---

① Ahn 等（2011）提供了以信息经济学为基准的贸易融资模型。

4.2　理论模型：激励相容的贷款

我们假设一个两国模型，本国和外国（外国变量加*表示）。劳动力是唯一的生产要素，本国人口为L。同时存在两个部门，第一个部门生产单一同质化的可贸易品，并可作为一般等价商品。两国在第一个部门的生产具有规模报酬不变的特征，因此工资为固定值（w）。第二个部门与 Melitz（2003）的假设相同，在垄断竞争条件下生产连续的差异化产品。

（1）消费者。消费者拥有一单位劳动力禀赋，对于差异化产品具有常替代弹性偏好。因此代表性消费者的效用函数为

$$U = q_0^{1-\mu}\left(\int_{\omega\in\Omega} q(\omega)^{\frac{\sigma-1}{\sigma}}\,\mathrm{d}\omega\right)^{\frac{\sigma-1}{\sigma}\mu}$$

其中，ω表示不同产品；Ω表示消费者可以购买的所有产品集合；$\sigma>1$表示不同商品间的常替代弹性；μ表示不同部门的支出份额。因此对于每一种商品的需求为

$$q(\omega) = \frac{Y}{P}\left(\frac{p(\omega)}{P}\right)^{-\sigma} \tag{4-1}$$

其中，$Y \equiv \mu wL$表示本国所有差异化产品需求的总和；$p(\omega)$表示每个产品的价格；$P \equiv \left(\int_{\omega\in\Omega} p(\omega)^{1-\sigma}\,\mathrm{d}\omega\right)^{\frac{1}{1-\sigma}}$表示不同部门价格的加总价格指数。

（2）企业和银行。不同部门的企业需要通过借贷融资来覆盖δ比例的固定和可变成本。企业从单一、垄断的银行借款，银行通过控制利率从而实现利润最大化。企业贷款过程简化如下：银行根据公开可见的生产率分布向企业提供贷款利率和授信额度，之后随机赋予企业一个生产率，企业根据其已知的生产率向银行申请贷款。在向银行申请授信时，给定银行授信额度与贷款利率，企业选择使其利润最大化的生产率向银行报告。获得贷款后，企业选择在国内或国外市场进行生产销售，企业盈利后银行回收贷款和利息。

此处，授信额度和贷款利率都是由银行在最开始制定的，随后企业根据自身利润最大化原则选择在国内、国外市场进行生产销售。因此，银行无法事先知晓企业是否从事出口业务。但是在激励相容的贷款合同下，银行可以完全准确地预测企业是否是一个出口企业。

银行贷款面临机会成本i，即贷款利率。假设对内销企业（出口企业）的还款

时间为τ_d (τ_e)，进一步假设$\tau_e > \tau_d$，即出口企业由于运输时间长而需要更长的回款期限。

（3）内销企业决策。在不完全信息条件下，银行无法观测到申请授信的企业的实际生产率x。为了最大化利润，银行制定的授信额度$M_d(x')$和贷款利率$I_d(x')$依赖于企业报告的生产率x'。

根据显示原则，银行的最优合同应该是引导企业报告其实际的生产率，即$x' = x$。将这一激励相容条件加入预算约束，则内销企业的利润最大化问题为

$$
\begin{aligned}
\max_{x',q_d} \pi_d(x,x') &= p_d q_d - (1-\delta)\left(\frac{q_d w}{x} + C_d\right) - (M_d(x') + I_d(x')) \\
\text{s.t.} \quad & \pi_d(x,x) \geqslant \pi_d(x,x') \\
& \pi_d(x,x) \geqslant 0 \\
& M_d(x') \geqslant \delta\left(\frac{q_d w}{x} + C_d\right)
\end{aligned}
\tag{4-2}
$$

同时，企业受到国内需求约束，C_d表示固定成本。[①]第一个约束是激励相容约束，第二个约束表示利润大于零，第三个约束表示给定生产率q_d，授信额度可以覆盖δ比例的固定成本和可变成本。

第三个约束在模型中一定为紧的约束，因此我们对企业报告的生产率x'求一阶导数，得到

$$
[\Phi_d(x, M_d(x)) - 1]\frac{M_d'(x)}{\delta} = I_d'(x) \tag{4-3}
$$

其中，

$$
\begin{aligned}
\Phi_d(x, M_d(x)) &\equiv \left[p_d\left(\frac{\sigma-1}{\sigma}\right)\right] \Big/ \frac{w}{x} \\
&= \left(\frac{\sigma-1}{\sigma}\right)\left(\frac{M_d(x)}{\delta} - C_d\right)^{-\frac{1}{\sigma}}\left(\frac{xP}{w}\right)^{\frac{\sigma-1}{\sigma}} Y^{\frac{1}{\sigma}}
\end{aligned}
\tag{4-4}
$$

其中，p_d表示国内价格；Φ_d表示边际利润-边际成本的比率。不需要借贷的企业将在$\Phi_d = 1$处生产，受到借贷约束的企业则会在$\Phi_d > 1$处生产。这意味着Φ_d实际上衡量了企业面临的信贷约束：Φ_d越大，企业生产的产品就越少。式（4-4）的第二行等式通过第三个约束为紧约束的条件，以及需求曲线决定的价格（国内需求）得出，贷款$M_d(x)$越少，信贷约束Φ_d越紧。

① 注意此处我们假设没有风险存在。引入风险和担保并不会影响我们的主要结论，模型推广参见 Feenstra 等（2014）。

我们接下来直观地解释为何银行向企业提供低于合意水平的授信额度。假设银行向高生产率企业提供更多贷款，同时收取更高利息。[①]在激励相容条件下，$M_d'(x)$ 和 $I_d'(x)$ 都是正数，那么式（4-3）左边中括号内一定为正，即企业一定会受到信贷约束，即 $\Phi_d > 1$。这是因为，如果银行提供的贷款对企业不构成信贷约束，所有的利润都会还给银行，此时企业只能在垄断最优处——即边际收益等于边际成本处——进行生产。那么企业就有动力报告一个较低的生产率 x' 并略微降低产量，此时企业只会损失二阶的利润。但是，此时企业由于利率降低可以获得一阶的收益，即 $I_d'(x) > 0$。因此，企业在垄断最优处一定会报告较低的生产率，激励相容原则使得银行一定提供一个具有信贷约束的贷款条款，从而使得企业报告真实的生产率。

（4）出口企业决策。我们假设垄断的银行不能对国内市场和出口市场提供不同的贷款合约，但企业可以自由决定将贷款用于国内市场还是出口市场。因此，企业向银行报告使得利润最大化的生产率 x'，将贷款分配于国内市场和出口市场。

$$
\begin{aligned}
\max_{x',q_d,q_e} \ & \pi_e(x,x') = p_d q_d + p_e q_e - (1-\delta)\left(\frac{q_d w}{x} + C_d + \frac{q_e w}{x} + C_e\right) \\
& \qquad - (M_e(x') + I_e(x')) \\
\text{s.t.} \ \ & \pi_e(x,x) \geqslant \pi_e(x,x') \\
& \pi_e(x,x) \geqslant \pi_d(x,x) \\
& M_e(x') \geqslant \delta\left(\frac{q_d w}{x} + C_d + \frac{q_e w}{x} + C_e\right)
\end{aligned}
\tag{4-5}
$$

同时满足出口需求方程，其中 $q_e = \dfrac{Y^*}{P^*}\left(\dfrac{p_e}{p^*}\right)^{-\sigma}$ 是外国在差异性商品上的总支出。[②]出口企业获得的授信额度为 M_e，应付利息为 I_e，出口的固定成本为 C_e。

前两个约束条件等同于内销企业的约束条件，重要的是第三个约束条件的差异。第三个约束条件指的是，银行授信额度必须足够覆盖国内生产和出口生产的固定资产投资。对于出口企业而言，这笔贷款用于国内生产还是出口生产是完全替代的，因此银行业只能制定一笔授信额度和相同的利率。

求解上述方程中的 q_d 和 q_e，得到企业通过选择两个市场的生产量来最大化利润：

$$
p_d\left(\frac{\sigma-1}{\sigma}\right) = p_e\left(\frac{\sigma-1}{\sigma}\right) \tag{4-6}
$$

---

① Feenstra 等（2014）中证明单调性条件在银行最优决策下成立。

② 我们没有专门定义出口企业的运输成本，但是冰山成本可以很容易地纳入到有效对外业务支出 Y^* 上，即包含运输成本 $\tau > 1$ 的出口需求为 $q_e = (\tilde{Y}^* / P^*)(\tau p_e / P^*)^{-\sigma}$，其中 $Y^* = \tilde{Y}^* \tau^{-\sigma}$。

这一条件是指银行贷款在企业内部最优分配后，使得企业国内销售和出口销售的边际收益均等。也就是说对于任何一笔贷款，银行都完全知道企业如何在国内和出口两个市场分配产能。为了标记方便，我们将银行贷款 $M_e(x')$ 分解为国内部分贷款 $M_e^d(x')$ 和出口部分贷款 $M_e^e(x')$。也就是说，我们将银行贷款定义如下：

$$
\begin{aligned}
M_e^d(x') &\equiv \delta\left(\frac{q_d w}{x} + C_d\right) \\
M_e^e(x') &\equiv \delta\left(\frac{q_e w}{x} + C_e\right)
\end{aligned} \tag{4-7}
$$

利用国内需求和出口需求，加上式（4-6）中 p_d 和 p_e 相等的条件，可得国内部分贷款和出口部分贷款的关系如下：

$$
\frac{M_e^e(x)/\delta - C_e}{M_e^d(x)/\delta - C_d} = \frac{\eta_e}{\eta_d} \tag{4-8}
$$

其中，我们将国内和出口需求定义为

$$
\eta_d = \frac{YP^{\sigma-1}}{YP^{\sigma-1} + Y^* P^{*\sigma-1}}，\quad \eta_e = \frac{Y^* P^{*\sigma-1}}{YP^{\sigma-1} + Y^* P^{*\sigma-1}} \tag{4-9}
$$

利用式（4-7）中两个市场销售量和销售价格的最优条件，我们将企业的利润重新表述为生产率 x 和国内部分贷款 $M_e^d(x')$ 的方程。与内销企业问题相同，我们对 x' 求导得到激励相容的一阶条件：

$$
[\Phi_e^d(x, M_e^d(x)) - 1]\frac{M_e^{d'}(x)}{\delta} + [\Phi_e^e(x, M_e^e(x)) - 1]\frac{M_e^{e'}(x)}{\delta} = I_e'(x) \tag{4-10}
$$

其中，

$$
\begin{aligned}
\Phi_e^d(x, M_e^d(x)) &\equiv \left[p_d\left(\frac{\sigma-1}{\sigma}\right)\right]\Big/\frac{w}{x} \\
&= \left(\frac{\sigma-1}{\sigma}\right)\left(\frac{M_e^d(x)}{\delta} - C_d\right)^{-\frac{1}{\sigma}}\left(\frac{xP}{w}\right)^{\frac{\sigma-1}{\sigma}} Y^{\frac{1}{\sigma}} \\
\Phi_e^e(x, M_e^e(x)) &\equiv \left[p_e\left(\frac{\sigma-1}{\sigma}\right)\right]\Big/\frac{w}{x} \\
&= \left(\frac{\sigma-1}{\sigma}\right)\left(\frac{M_e^e(x)}{\delta} - C_e\right)^{-\frac{1}{\sigma}}\left(\frac{xP^*}{w}\right)^{\frac{\sigma-1}{\sigma}} Y^{*\frac{1}{\sigma}}
\end{aligned} \tag{4-11}
$$

再加上式（4-6）边际收益相等条件，可得

$$
\Phi_e^d(x, M_e^d(x)) = \Phi_e^e(x, M_e^e(x)) \tag{4-12}
$$

上述条件的解释与内销企业问题的解释相同，Φ_e^d 和 Φ_e^e 分别表示出口企业在国内市场和出口市场的边际利润-边际成本比率，信贷约束意味着 $\Phi_e^e = \Phi_e^d > 1$，

即企业选择的产量小于没有信贷约束时的最优产量。我们接下来求解银行制定的最优信贷约束。

（5）银行决策。垄断性的银行根据激励相容条件式（4-3）选择对内销企业的授信额度，根据出口激励相容条件式（4-10）和边际收益相等条件式（4-12），选择对出口企业国内部分贷款的授信额度（$M_e^d(x)$）和出口部分的授信额度（$M_e^e(x)$）。银行的最优化问题随之简化为通过选择 $M_d(x)$、$M_e^d(x)$、$M_e^e(x)$、$I_d(x)$、$I_e(x)$ 从而最大化利润：

$$\max_{M,I}\int_{x_d}^{x_e}(I_d(x)-i\tau_d M_d(x))f(x)\mathrm{d}x+\int_{x_e}^{\infty}(I_e(x)-i\tau_d M_e^d(x)-i\tau_e M_e^e(x))f(x)\mathrm{d}x \tag{4-13}$$

$$\text{s.t.}\quad\begin{cases}\text{式（4-3），如果 } x\in[\underline{x}_d,\underline{x}_e)\\ \text{式（4-10）和式（4-12），如果 } x\in[\underline{x}_e,\infty)\end{cases}$$

其中，$f(x)$ 表示企业生产率的概率密度；$\underline{x}_d$、$\underline{x}_e$ 分别表示内销企业和出口企业的临界点。

与 Melitz（2003）的模型一致，企业根据利润最大化原则选择进入国内市场和国际市场，这意味着生产率为 x_d 的内销企业的临界点是零利润临界条件 $\pi_d(\underline{x}_d,\ \underline{x}_d)=0$。生产率为 x_e 的出口企业的临界条件为 $\pi_d(\underline{x}_e,\underline{x}_e)=\pi_e(\underline{x}_e,\underline{x}_e)$。这两个临界条件生产率当然与 Melitz（2003）的模型有所区别，因为此时临界值受到银行的信贷约束影响。

最优化问题式（4-13）由两个步骤解决。第一步，我们求解银行的最优授信额度，详见 Feenstra 等（2014）的最优控制问题分析。然而，最初的临界利率仍然没有解出：这些初始利率由企业生产率 $\underline{x}_d$、$\underline{x}_e$ 决定。因此，求解银行最优问题的第二步就是求解临界企业的初始利率，或者等价地求解企业的最优生产率和由此制定的贷款利率。

简化起见，我们假设企业生产率服从帕累托分布，$F(x)=1-(1/x)^{\theta}$（$x\geqslant 1$），其中 θ 是形状参数。[①]Feenstra 等（2014）证明了银行的最优贷款合约是

$$\Phi_d(x,M_d(x))=\overline{\Phi}_d\equiv(1+i\delta\tau_d)\left(1-\frac{\sigma-1}{\sigma\theta}\right)^{-1}$$

$$\Phi_e^d(x,M_e^d(x))=\Phi_e^e(x,M_e^e(x))=\overline{\Phi}_e\equiv[1+i\delta(\tau_d\eta_d+\tau_e\eta_e)]\left(1-\frac{\sigma-1}{\sigma\theta}\right)^{-1} \tag{4-14}$$

这些最优解的特征是，即便式（4-14）中 $i=0$，内销企业和出口企业也都会受到信贷约束，即 $\overline{\Phi}_d>1$、$\overline{\Phi}_e>1$。因此，即便银行贷款不存在机会成本，银

① 我们假设 $\theta>1$ 使得帕累托分布的均值为有限数。

行也会对企业施加信贷约束从而满足激励相容条件。当$i>0$时，信贷约束更紧，直观上看，银行由于机会成本增加而施加更紧的信贷约束。银行的机会成本由还款期限τ_d和τ_e决定，假设$\tau_e>\tau_d$，即在$i>0$时，出口企业面临的信贷约束$\overline{\Phi}_e$——无论用来从事国内生产的式（4-14），还是出口生产——都要高于内销企业面临的信贷约束$\overline{\Phi}_d$。出口企业面临的额外约束是实证上的重要变量。我们需要决定利率的初始值。首先考虑内销企业，对式（4-13）的$\underline{x}_d$求导得到

$$I_d(\underline{x}_d)=(\overline{\Phi}_d-1)\frac{M_d(\underline{x}_d)}{\delta}$$

之后，根据激励相容条件式（4-3）和国内约束条件式（4-14），得到内销企业的利率为

$$I_d(x)=(\overline{\Phi}_d-1)\frac{M_d(x)}{\delta} \tag{4-15}$$

Feenstra 等（2014）证明了内销企业的最低生产率$\underline{x}_d$高于 Melitz（2003）模型的临界生产率。

同样地，对式（4-13）$\underline{x}_e$求导得到出口企业的初始利率：

$$I_e(\underline{x}_e)=(\overline{\Phi}_e-1)\frac{M_e(\underline{x}_e)}{\delta}+i\Theta \tag{4-16}$$

其中，最后一个参数为

$$\Theta\equiv\frac{\delta(\tau_e-\tau_d)}{\left(1-\dfrac{\sigma-1}{\sigma\theta}\right)}(\eta_d C_e-\eta_e C_d)$$

因此，出口企业的利率为

$$I_e(x)=(\overline{\Phi}_e-1)\frac{M_e(x)}{\delta}+i\Theta$$

Feenstra 等（2014）证明了出口企业的最低生产率$\underline{x}_e$高于 Melitz（2003）模型的临界生产率。

4.3　实证模型与数据

4.3.1　实证策略

利用上面的推导，我们可以建立起企业营业收入和贷款利率的关系，并利用中国企业数据进行验证。接下来我们证明，营业收入与贷款利率存在线性关系，但是相关系数却是内销企业和出口企业面临的信贷约束的一个非线性方程。理论上，式（4-14）已证明信贷约束由企业出口比例η_e决定，且$\eta_d=1-\eta_e$。因此，我

们最终估计的方程是企业出口比例的非线性方程，并视其为内生变量。这些设定都使得估计更为复杂。

为了得到企业营业收入和贷款利率的关系，我们从内销企业入手。企业需要银行贷款 $M_d(x)/\delta$ 来支付总成本，其中可变成本部分为 $M_d(x)/\delta - C_d$。边际收益与边际成本的比率为 $\overline{\varPhi}_d$，常替代弹性（constant elasticity of substitution，CES）需求下的价格与边际收益的比率为 $\sigma/(\sigma-1)$。因此，固定资产 $M_d(x)$ 生产的总销售收入 $p_d q_d$ 满足 $p_d q_d = [M_d(x)/\delta - C_d]\overline{\varPhi}_d\sigma/(\sigma-1)$。将其代入式（4-15）得到

$$p_d q_d = \frac{\sigma}{\sigma-1}\overline{\varPhi}_d\left(\frac{I_d(x)}{\overline{\varPhi}_d - 1} - C_d\right)$$

对于出口企业，营业收入和贷款利率也可以得到相似的关系：

$$p_d q_d + p_e q_e = \frac{\sigma}{\sigma-1}\overline{\varPhi}_e\left(\frac{I_e(x) - i\Theta}{\overline{\varPhi}_e - 1} - C_d - C_e\right)$$

总结以上结果，我们将贷款利率和企业营业收入的关系表达为

$$I(x) \equiv \begin{cases} I_d(x), & x \in [\underline{x}_d, \underline{x}_e] \\ I_e(x), & x \in [\underline{x}_e, \infty) \end{cases}, \quad r(x) \equiv \begin{cases} p_d q_d, & x \in [\underline{x}_d, \underline{x}_e] \\ p_d q_d + p_e q_e, & x \in [\underline{x}_e, \infty) \end{cases}$$

我们得到企业 j 在 t 年的营业收入与贷款利率的关系为

$$r(x_{jt}) = \beta_0 C_d + \beta_1 I(x_{jt}) + g_{1jt} I(x_{jt}) + g_{2jt} C_d + g_{3jt} \tag{4-17}$$

其中，系数为

$$\begin{aligned} \beta_0 &= -\frac{\sigma}{\sigma-1}\overline{\varPhi}_d < 0 \\ \beta_1 &= \frac{\sigma}{\sigma-1}\left(\frac{\overline{\varPhi}_d}{\overline{\varPhi}_d - 1}\right) > 0 \end{aligned} \tag{4-18}$$

以及

$$\begin{aligned} g_{1jt} &= g_1(\eta_{ejt}) = \frac{\sigma}{\sigma-1}\left(\frac{\overline{\varPhi}_e}{\overline{\varPhi}_e - 1} - \frac{\overline{\varPhi}_d}{\overline{\varPhi}_d - 1}\right) \leqslant 0 \\ g_{2jt} &= g_2(\eta_{ejt}) = -\frac{\sigma}{\sigma-1}(\overline{\varPhi}_e - \overline{\varPhi}_d) \leqslant 0 \\ g_{3jt} &= g_3(\eta_{ejt}) = -\frac{\sigma}{\sigma-1}\left[\left(\frac{\overline{\varPhi}_e}{\overline{\varPhi}_e - 1}\right)\Theta i_t + \overline{\varPhi}_e C_e\right] \times \mathbf{1}_{\{x_{jt} \geqslant x_e\}} \end{aligned} \tag{4-19}$$

$\mathbf{1}_{\{x \geqslant x_e\}}$ 为哑变量，当 $x \geqslant \underline{x}_e$ 时等于 1，否则为 0。$\overline{\varPhi}_e$ 决定于企业 j 在 t 年的出

口比例 η_{ejt}。系数 β_0 为负，因为更高的固定成本降低了可变成本所需的授信额度，进而降低了营业收入。系数 β_1 乘以银行利息支出为正，表示银行收益与企业营业收入正相关。式（4-17）中其余的变量系数为 g_{ijt}（$i=1,2,3$），它们都是 η_{ejt} 的函数。注意，根据信贷约束的定义，$g_{ijt}(0)=0$，但是当 $i=1,2$，$\tau_e > \tau_d$，且 $i>0$ 时，这些方程对于拥有海外业务的企业就是严格为负，也就是 $\overline{\Phi}_e > \overline{\Phi}_d$。因此式（4-17）中的 g_{ijt} 只与出口企业有关，并且说明企业面临的信贷约束更紧。

对于其他项，首先考虑第一个方程，$g_1(\eta_{ejt})$ 对于出口企业为负但是绝对值小于 β_1。因此，对于出口企业而言，银行利息支出 $I(x_{jt})$ 与营业收入 $\beta_1+g_1(\eta_{ejt})$ 有关，且大于 0 小于 β_1。因此银行费用降低出口企业营业收入，反映出口企业面临的更紧的信贷约束。同样的逻辑可以运用在国内销售的固定成本 C_d，其可以降低出口企业 $\beta_0+g_2(\eta_{ejt})$ 的营业收入，但是只减少国内企业 β_0 的营业收入。因此，出口商由于银行费用和固定成本 C_d 等额外的信贷约束，只能获得较少的收入。

此外，$g_3(\eta_{ejt})$ 说明贷款利率同样会降低出口企业的营业收入，原因在于 Θ 决定了临界出口企业的贷款利率。随着贷款利率上升和出口企业销售周期增加，银行的贸易融资业务面临更高的机会成本并反映到更高的贷款利率上，因此降低了出口企业的广度边际。

式（4-17）总结了企业贷款利率和营业收入的关系，在实证中我们仍然需要克服三个问题。第一个问题是该式没有误差项，因为利润取决于生产率，而生产率可以被企业直接观测到。我们可以认为这是事前生产率，而事后生产率与事前生产率的差异可以视作误差项，包括生产冲击、贸易时间冲击、政府干预等。因此，我们定义企业的实际收入为 $R_{jt}=r(x_{jt})+\varepsilon_{jt}$，其中 $E(\varepsilon_{jt}\mid x_{jt})=0$，从而在式（4-17）中引入误差项。

误差项的存在直接引出了内生性的问题。我们设定可观察的利息支出 I_{jt} 与理论模型中的利息支出 $I(x_{jt})$ 不同，因此满足 $I_{jt}=I(x_{jt})+u_{jt}$，其中 $E(u_{jt}\mid x_{jt})=0$。误差项 u_{jt} 与收益的误差项 ε_{jt} 很可能存在相关性，因为生产冲击同样可以影响银行利息支出。因此，我们将利息支出视作内生变量，并需要找到与误差项 ε_{jt}、u_{jt} 无关的工具变量。我们利用 Olley 和 Pakes（1996）的方法区分企业包含所有冲击的生产率 TFP1 和不包含外生冲击的生产率 TFP2。TFP1 是标准的企业层面生产率，TFP2 是利用企业投资决策推断的预期生产率，TFP2 与 x_{jt} 相关但是与外生冲击 ε_{jt}、u_{jt} 无关。

另一个问题来自系数 $g_{ijt}=g_i(\eta_{ejt})$（$i=1,2,3$）是出口比例的方程，因此不同企业具有不同系数。这些系数应当被当作随机变量处理，估计值则是随机变量系数的均值。但是企业决策在模型中是生产率 $\underline{x}_e$ 的内生变量，只有生产率 $x_{jt} > \underline{x}_e$，企业才是出口企业，因此出口比例 η_{ejt} 在模型中是一个内生变量。

我们计量模型中的系数与内生变量出口比例是相关的，因此是一个 CRC 模型。这给模型估计带来了挑战，利用 $R_{jt}=r(x_{jt})+\varepsilon_{jt}$ 和 $I_{jt}=I(x_{jt})+u_{jt}$ 替换式（4-17）可得

$$R_{jt}=\beta_0 C_d+\beta_1 I_{jt}+g_{1jt}I_{jt}+g_{2jt}C_d+g_{3jt}-(\beta_1+g_{1jt})u_{jt}+\varepsilon_{jt} \tag{4-20}$$

即便 $E(u_{jt}\mid x_{jt})=0$，我们也不能认为 $E(g_{1jt}u_{jt}\mid x_{jt})=0$，因为 g_{1jt} 和 u_{jt} 存在相关性。这样，x_{jt} 就不再是一个可行的工具变量。

Heckman 和 Vytlacil（1998）提出利用内生变量的估计值替换 CRC 模型中的内生变量本身，即出口比例。4.4.2 节我们利用包含 x_{jt} 的外生变量 Z_{jt} 对第二类 Tobit 模型——或 Heckman 方法——估计出口比例，因此此处我们重新将 g_{ijt} 表示为 $g_{ijt}=E(g_{ijt}\mid Z_{jt})+v_{ijt}$，其中 $E(v_{ijt}\mid Z_{jt})=0, i=1,2,3$。我们将这些变量代入到式（4-20）得到：

$$R_{jt}=\beta_0 C_d+\beta_1 I_{jt}+E(g_{1jt}\mid Z_{jt})I_{jt}+E(g_{2jt}\mid Z_{jt})C_d+E(g_{3jt}\mid Z_{jt})+w_{jt} \tag{4-21}$$

其中，$w_{jt}=v_{1jt}I(x_{jt})+v_{2jt}C_d+v_{3jt}-[\beta_1+E(g_{1jt}\mid Z_{jt})]u_{jt}+\varepsilon_{jt}$ 为误差项。所有包含这一误差项的变量都符合给定 Z_{jt} 均值为零的特征。因此 w_{jt} 与工具变量条件无关。①

最后一个问题是处理方程中的非线性部分 $g_i(\eta_{ejt})$。对式（4-17）的估计需要借助非线性结构方程，同时包括内生解释变量和一阶 Heckman 过程，在计算上十分麻烦。因此，我们简化估计方法，对 $g_i(\eta_{ejt})$ 进行了简化。

我们对方程 g_i（$i=1,2,3$）采用不同的化简方式，由式（4-14）可得

$$g_1(\eta_{ejt})=-\frac{\sigma}{\sigma-1}\frac{i\delta\eta_{ejt}(\tau_e-\tau_d)}{\left(i\delta(\tau_d(1-\eta_{ejt})+\tau_e\eta_{ejt})+\dfrac{\sigma-1}{\sigma\theta}\right)\left(i\delta\tau_d+\dfrac{\sigma-1}{\sigma\theta}\right)} \tag{4-22}$$

考虑到 $g_1(\eta_{ejt})$ 非线性，我们采用二阶泰勒展开逼近 $\eta_{ejt}=0$ 附近，

$$g_1(\eta_{ejt})\approx-\frac{\sigma}{\sigma-1}\frac{1}{\left(i\delta\tau_d+\dfrac{\sigma-1}{\sigma\theta}\right)}\left(\left(\frac{i\delta(\tau_e-\tau_d)}{i\delta\tau_d+\dfrac{\sigma-1}{\sigma\theta}}\right)\eta_{ejt}-\left(\frac{i\delta(\tau_e-\tau_d)}{i\delta\tau_d+\dfrac{\sigma-1}{\sigma\theta}}\right)^2\eta_{ejt}^2\right)$$

$$\equiv\beta_2\eta_{ejt}+\beta_3\eta_{ejt}^2$$

从系数 β_2 和 β_3 的定义出发，我们得到了式（4-22）中方程 g_1 的具体值：

$$g_1(\eta_{ejt})=-\frac{\beta_2^2}{\beta_3}\left(\frac{1}{1-[\beta_2/(\beta_3\eta_{ejt})]}\right) \tag{4-23}$$

---

① 注意，此处 $v_{1jt}u_{jt}$ 经过迭代在 w_{jt} 中出现两次、符号相反，因此被消除。这是因为，不同于 Heckman 和 Vytlacil（1998），我们从理论模型出发加入了误差项，与 $v_{1jt}u_{jt}$ 相同的项并未在 Heckman 和 Vytlacil 的模型中被消除，因此他们需要条件同方差的假设从而确保估计的无偏性。我们不需要这一假设。

为了与我们的模型一致，需要满足$\beta_2<0$和$\beta_3>0$，这个条件足以满足式（4-23）中的$g_1(\eta_{ejt})<0$、$\eta_{ejt}>0$，即出口企业面临更紧的信贷约束。进一步我们利用式（4-23）来检验$|g_1(\eta_{ejt})|<\beta_1$，这一条件在我们的模型中永远成立，并且保证即便出口企业信贷约束更紧，银行利息支出与主营业务收入仍然存在正相关关系。为了验证这个条件在我们的实证模型中仍然成立，给定$\beta_2<0$和$\beta_3>0$，式（4-23）对出口比例递减。因此我们利用不等式在$\eta_{ejt}=1$条件下成立的特点，证明$|g_1(\eta_{ejt})|<\beta_1$。根据式（4-23）$\eta_{ejt}=1$，$\beta_2<0$，$\beta_3>0$，当且仅当$\beta_2^2+\beta_1\beta_2-\beta_1\beta_3<0$时，$|g_1(1)|<\beta_1$成立。在等号情况下求解这个不等式，我们得到$\beta_2$满足下述条件时不等号成立：

$$\beta_2\in\left(-\frac{1}{2}(\beta_1+\sqrt{\beta_1^2+4\beta_1\beta_3}),0\right) \tag{4-24}$$

总结来看，$\beta_2<0$和$\beta_3>0$确保了$g_1(\eta_{ejt})<0$、$\eta_{ejt}>0$和$|g_1(\eta_{ejt})|$是出口比例η_{ejt}的增函数，这意味着对外业务越多的企业面临的信贷约束越强。另外，式（4-24）和$\beta_3>0$提供了$|g_1(\eta_e)|<\beta_1$在任何$\eta_e\in[0,1]$条件下都成立的充要条件。这两个理论推断都会在实证中被检验。

回到方程g_2，其可以被化简为

$$\begin{aligned}g_2(\eta_{ejt})&=-\frac{\sigma}{\sigma-1}i\delta\eta_{ejt}(\tau_e-\tau_d)\left(1-\frac{\sigma-1}{\sigma\theta}\right)^{-1}\\&\equiv\beta_4\eta_{ejt}\end{aligned}$$

其中$\beta_4<0$，因此对参数β_4的估计并不依赖于泰勒展开。①最后，我们并未把g_3表示为出口比例的方程，但是利用参数$\beta_5\times\mathbf{1}_{\{x_{jt}\geqslant x_e\}}$考虑这一因素对出口企业的影响。②

将g_i代入式（4-21），并将固定成本C_d放进系数β_0和β_4，我们得到

$$R_{jt}=\beta_0+[\beta_1+\beta_2E(\eta_{ejt}\mid Z_{jt})+\beta_3E(\eta_{ejt}^2\mid Z_{jt})]I_{jt}+\beta_4E(\eta_{ejt}\mid Z_{jt})+\beta_5\times\mathbf{1}_{\{x_{jt}\geqslant \underline{x}_e\}}+w_{jt} \tag{4-25}$$

用$\hat{\eta}_{jt}$表示第二类Tobit模型的回归预测值。我们用这个估计结果代替模型中的$E(\eta_{ejt}\mid Z_{jt})$。Feenstra等（2014）中展示了如何估计运用Jensen不等式来估计二阶矩$E(\eta_{ejt}^2\mid Z_{jt})$，并用估计的二阶矩来替代$E(\eta_{ejt}^2\mid Z_{jt})$。在式（4-25）中进行上述

① 如同参数β_2和β_3，我们假设参数β_4对所有企业都是常数。所有参数都依赖于$(\tau_e-\tau_d)$，即出口企业和内销企业还款的时间长短差异。我们允许海运和非海运企业拥有不同的参数。

② 在我们的工作论文（Feenstra et al.，2014）中，我们允许参数β_5随时间变化，然而结果并不稳健，因此此处略去。另外，原则上我们在估计式（4-25）时应该基于Z_{jt}来估算期望值$\mathbf{1}_{\{x_{jt}\geqslant x_e\}}$，但实际上我们发现用该哑变量本身来估算会使得系数估计更加稳健。

替换的前提是 Tobit 模型可信。[①]完成上述代换后，用来估计式（4-25）的工具变量为 x_{jt} 及 x_{jt} 分别和 $\hat{\eta}_{jt}$、$\hat{\eta}_{jt}^2$ 的交叉项。当然，我们利用重复抽样的方法更正了标准误。

综上所述，式(4-25)是模型中的均衡状态，我们利用式(4-25)验证式(4-18)～式（4-19）中的参数符号。如果参数符合预期，那么出口企业面临更紧的信贷约束的假说就得到了实证支持。保证假说成立的最关键的参数约束是 $\beta_2<0$ 和 $\beta_3>0$，此时出口比例越高的企业面临的信贷约束越强，但是边际上递减。上述条件足以保证 $g_1(\eta_{ejt})<0$ 和 $\eta_{ejt}>0$，也就是出口企业面临更多的信贷约束。此外，我们利用式（4-23）检验 $|g_1(\eta_{ejt})|<\beta_1$，即利率越高导致企业营业收入越高。这个不等式成立的充分条件是参数 β_2 满足式（4-24）的区间。

4.3.2　企业层面数据

本章利用的是中国企业数据库的企业层面面板数据，包括 2000～2008 年每年 160 000 多家制造业企业。企业数量从 2000 年的 162 885 家翻一番到 2008 年的 412 212 家。[②]工业企业库数据描述与筛选过程，详见 2.3.1 节。

经过严格筛选后，我们得到 963 180 个观测值，大约占全样本的一半。这些观测值中，36 637 个观测值是纯出口企业，926 543 个观测值是国内企业，包括港澳台投资的合营企业，以及 99 742 个外资企业。

如表 4-1 所示，海外营业收入等于营业收入的纯出口企业，其营业收入和财务费用明显小于其他企业。由于纯出口企业并不是我们理论讨论的范围，我们将这些企业从样本中剔除。对于国有企业，观测值相对较少（约 39 419 或总样本的 4.1%），且并不符合企业独立性原则，因此也从样本中删除。

表 4-1　基本数据描述（2000～2008 年）

变量	均值	标准差
纯出口企业		
企业营业收入（$1 000）	6 297	53 514
企业财务费用（$1 000）	26.80	154.6
其他中国企业		

① 正如下文解释，Tobit 模型的第一步利用变量 Z_{jt}，包括 x_{jt}；在第二步中忽略 x_{jt}。我们需要假设这一步骤是正确的。

② 官方尚未公布 2008 年数据，样本中的数据是试用版数据，因此并不包括企业 ID 数据。我们利用可用的字段与之前的数据合并，得到 33 648 个观测值，与 2007 年的 336 768 基本一致。

续表

变量	均值	标准差
企业营业收入（$1 000）	10 687	129 178
企业财务费用（$1 000）	115.1	1 525
出口哑变量（1＝是，0＝否）	0.198	0.398
出口比例	0.096	0.249
出口企业出口比例	0.487	0.352
企业出口比例估计值	0.114	0.086
企业资本-劳动比对数	3.60	1.20
企业有形资产比率	0.985	0.050
无形资产哑变量	0.183	0.386
外资企业		
企业营业收入（$1 000）	22 686	168 831
企业财务费用（$1 000）	205.1	1 688
出口哑变量（1＝是，0＝否）	0.574	0.494
出口比例	0.325	0.383
出口企业出口比例	0.567	0.345
企业出口比例估计值	0.326	0.161
企业资本-劳动比对数	4.01	1.47
企业有形资产比率	0.984	0.043
无形资产哑变量	0.301	0.458

注：剔除了 36 637 个纯出口企业观测值后，样本中共有 926 543 个国内企业观测值和 99 742 个外资企业观测值。企业营业收入和利息支出全部转化为美元（样本期间汇率均价为 1 美元＝8.05 人民币）。所有外资企业（即跨国公司）当然不包括港澳台公司

跨国公司也不直接适用于我们的理论，因为跨国公司通常有其他融资渠道（Harrison and McMillan，2003；Manova et al.，2015）。因此我们将跨国公司单独作为一个样本，并且单独进行回归后，从样本中删除。[①]表 4-1 显示，外资企业营业收入更高、财务费用更高，且更有可能从事出口业务，出口比例也高于中国企业。

其他变量并未在表 4-1 中单独报告，但是在回归中用到。如前所述，我们估

① 回归中共有 300 372 家中国企业和 42 612 家外资企业（即跨国公司）。

计出的是企业的预期生产率 TFP2，而不是传统的生产率，从 Olley 和 Pakes（1996）的框架下讨论，考虑一个 Cobb-Douglas 生产函数：

$$\ln Y_{jt} = \gamma_k \ln K_{jt} + \gamma_l \ln L_{jt} + x_{jt} + \varepsilon_{jt} \tag{4-26}$$

其中，Y_{jt} 表示企业 j 在 t 年的增加值。[①]传统的生产率用下式估计：

$$\text{TFP1}_{jt} = \ln Y_{jt} - \hat{\gamma}_k \ln K_{jt} - \hat{\gamma}_l \ln L_{jt} \tag{4-27}$$

这种方法下，企业生产率（TFP1）显然与增加值相关，也与事前冲击 ε_{jt} 相关。但是 Olley-Pakes 引出了第二种衡量生产率的方法。这种方法假设投资 V_{jt} 决定于预期到的生产率 TFP2_{jt}：$V_{jt} = h_1(\text{TFP2}_{jt}, \ln K_{jt})$，其中 K_{jt} 表示企业资本。通过这个估计，我们可以逆向计算出预期到的生产率：

$$\text{TFP2}_{jt} = h_1^{-1}(V_{jt}, \ln K_{jt}) \tag{4-28}$$

我们在 Feenstra 等（2014）中更加细致地讨论了这个方法。第二种估计方法计算的生产率就是理论中所说的企业事前观测到的生产率，与 Melitz（2003）的模型相近并且与 ε_{jt} 独立。TFP2 是我们估计式（4-25）时的工具变量，并在 Heckman 估算步骤中被用来获得估算的出口比例。

除了企业层面的生产数据，我们也运用更加分散的、产品层面的海关数据，后者包括运输方式及出口价值，并将其与企业层面数据合并。我们利用这个数据来估计运输时间对信贷约束的影响。

4.4　估 计 结 果

4.4.1　基准回归

首先检验式（4-25）中企业营业收入和财务费用的关系。注意简单的二维图（二位码行业层面的平均值）中，二者存在明显的正相关关系，与理论预测相同。[②]进一步，我们对式（4-25）进行 OLS 回归，见表 4-2（1）列。我们需要用 Heckman 方法控制出口比例这一内生变量，结果在下面报告。同时需要用 TFP2 作为工具变量来控制财务费用这一内生变量。在 OLS 回归后，我们继续用 2SLS 估计，表 4-2 剩余部分报告这一结果。（1）～（2）列我们只关注中国公司，外资企业结果在（3）列报告。

① 此处我们用平减后的企业增加值来估计生产率并且除去中间品投入，后者被视作一种要素投入。尽管如此，我们并不能用增加值来衡量 2008 年的企业生产率，因为在试用版数据中，这一变量缺失。因此我们用产出来替代企业 2008 年的增加值。

② 参见 Feenstra 等（2014）。

表 4-2　国内企业和外资企业的基准回归（2000～2008 年）

项目	国内企业		外资企业
	OLS	2SLS	2SLS
	（1）	（2）	（3）
财务费用 (β_1)	64.83*** （31.36）	79.97*** （55.92）	173.4*** （10.49）
财务费用 ×出口比例估计值 (β_2)	–69.72*** （–2.51）	–143.5*** （–2.10）	–1 714*** （–6.31）
财务费用 ×出口比例估计值平方 (β_3)	167.5*** （4.49）	238.7*** （2.53）	2 193*** （6.22）
出口比例估计值 (β_4)	–12 469*** （–8.91）	–6 756*** （–6.12）	–25 103*** （–5.10）
出口哑变量 (β_5)	7 206*** （7.02）	12.00 （0.04）	2 238* （1.95）
$-\frac{1}{2}(\beta_1+\sqrt{\beta_1^2+4\beta_1\beta_3})$ 下界	–141.5	–183.7	–708.5
出口比例均值 (η_e^m)	0.49	0.49	0.57
$g_1(\eta_e^m)$ 估计值	–15.69	–38.59	–564.9
出口比例 90%分位 (η_e^u)	0.97	0.99	0.99
$g_1(\eta_e^u)$ 估计值	–20.31	–53.47	–748.6
Kleibergen-Paap LM χ^2 统计量		27.95#	89.09#
Anderson-Rubin Wald F 统计量		31.82#	35.61#
行业固定效应	是	是	是
年份固定效应	是	是	是
观测值	926 543	909 173	99 814

注：括号内是企业聚类后的 t 统计量，由 2SLS 回归反复抽样得到。#代表 1%水平 p 值。（1）列是利用实际出口比例而不是其估计值进行的 OLS 回归。2SLS 回归中的工具变量是 TFP2、TFP2 和出口比例估计值的交叉项、TFP2 和出口比例估计值平方的交叉项，TFP2 和出口比例估计值的交叉项由表 4-3Heckman 回归分析中得到。行业固定效应是 CIC 一位码层面的固定效应。$g_1(\eta_e^m)$、$g_1(\eta_e^u)$ 的估计量由将 η_e^m 和 90%分位值（η_e^u）代入式（4-23）得到

* 代表 10%的显著性水平，*** 代表 1%的显著性水平

国内企业的基准 OLS 回归在（1）列报告。我们对企业海外业务收入和其平方进行回归，而不是这些变量的估计值。所有系数都显著且符号与理论预测一致。财务费用的系数显著为正（$\hat{\beta}_1>0$），财务费用与出口比例的交叉项系数显著为负（$\hat{\beta}_2<0$），财务费用与海外业务收入占比平方的交叉项系数为正（$\hat{\beta}_3>0$）。估计值也落在理论的预测区间。[①]第 2 列报告 $\hat{\beta}_2=-64.8$ 高于理论预测的最低值

① 式（4-24）参数应当满足：$\hat{\beta}_2\in\left(-\frac{1}{2}(\beta_1+\sqrt{\beta_1^2+4\beta_1\beta_3}),0\right)$。

-141.5。实证估计的信贷约束系数 $g_1(\eta_e^m)$ 为 -15.69，中国企业出口比例的系数为 0.49。因此，正如理论预测的 $\hat{\beta}_1 + g_1(\eta_e^m)$ 为正但是小于 $\hat{\beta}_1$，说明出口企业面临的信贷约束高于国内企业。进一步，出口比例更高的企业，比如 90%分位的出口企业，其面对的信贷约束 η_e^u 更紧：$g_1(\eta_e^u)$ 的估计值为 -20.31，比出口企业的系数均值高出 30%。

4.4.2　二元选择模型

表 4-2（1）列的 OLS 估计结果是使用出口比例得到的，但是这一变量本身存在内生性。为了控制内生性，我们采用 Heckman 方法或第二类 Tobit 模型进行识别。二元选择模型包括：①出口参与方程

$$\text{Export}_{jt} = \begin{cases} 0, & x_{jt} - x_{et} \leqslant 0 \\ 1, & x_{jt} - x_{et} > 0 \end{cases} \tag{4-29}$$

其中，x_{et} 表示临界企业的生产率，$(x_{jt} - x_{et})$ 表示企业 j 的潜在变量（latent variable）；②企业出口比例作为其他变量的线性方程的结果方程。

我们采用 Heckman 两步法估计二元选择模型。潜在变量的分布就是企业生产率向左移动出口生产率的临界值个单位。我们已经证明单纯的企业生产率 TFP 会导致内生性，因此我们首先用企业生产率 TFP 对 TFP2 和其他 Heckman 方程中的变量进行回归。企业层面的数据可以另 $\widehat{\text{TFP1}}_{jt}$ 在不同行业之间有所差异。我们用 $\widehat{\text{TFP1}}_{jt}$ 代替式（4-29）中的 x_{jt}。当然，利用估计值进行回归时，标准误需要由抽样重复的方法得到。

理论模型认为企业的出口决策决定于抵押品，见 Feenstra 等（2014）。我们根据 Manova（2013），运用企业有形资产占总资产的比重来衡量抵押品。特别地，我们将临界生产率作为抵押品的被解释变量。①此外，之前文献认为美国出口企业的资本密集度更高，并且资本密集度越高的行业也越多地从事出口业务（Bernard et al.，2007a）。这意味着 Heckscher-Ohlin 在跨行业的贸易中也存在影响力。近年来的研究表明，中国的贸易或许与 Heckscher-Ohlin 预测相反，劳动力密集型产业更多从事出口（Lu，2010）。因此，有必要检验出口行为与劳动力密集度的关系，所以我们在出口决策方程中纳入劳动力密集度这个变量。

最后，我们控制年份固定效应 D_t 和四位行业固定效应 ζ_n，接着，我们利用下面的 Probit 模型作为 Heckman 第一步回归：

① 金融学中，企业抵押品通常由有形资产占总资产的比例来衡量，而不是有形资产的水平值，主要因为后者是企业规模和收益的内生变量。

$$\Pr(\text{Export}_{jt}=1\mid Z_{jt})=\Phi\left(\alpha_0+\alpha_1\widehat{\text{TFP1}}_{jt}+\alpha_2(\text{Tang}/\text{Asset})_{jt}+\alpha_3\ln\left(\frac{K}{L}\right)_{jt}+D_t+\zeta_n\right) \tag{4-30}$$

其中，$\Phi(\cdot)$表示正态分布的累积密度函数；Z_{jt}表示一系列外生变量的向量。在估计选择方程时，我们有数据上的限制：近 80%的样本并不报告无形资产。为了解决这一问题，我们在回归中加入无形资产的哑变量（如果报告为 1，否则为 0）。

我们将第一步得到的逆米尔斯比率代入第二步中。Heckman 估计需要在第二步估计中剔除第一步估计中的显著变量。出于以下两个考虑，我们将$\widehat{\text{TFP1}}_{jt}$剔除：首先，企业生产率被广泛证明影响企业出口决策（Melitz，2003）。其次，我们的理论方程（4-9）显然证明企业的出口比例并不受企业生产率影响，而是只与国内外市场规模有关。①

表 4-3 报告了国内企业和外资企业的 Heckman 回归结果。（1）列报告了第一步 Probit 模型的回归结果，企业生产率越高，从事出口的概率也就越高。此外，企业的有形资产-总资产比例越高，从事出口业务的概率也越高。②资本密集型企业更有可能从事出口业务，说明中国企业出口行为符合 Heckscher-Ohlin 预测的贸易结构。③Heckman 第二步的结果与第一步基本一致，见（2）列。

表 4-3　Heckman 两步法估计的二元选择模型（2000～2008 年）

变量	国内企业		外资企业	
	第一步	第二步	第一步	第二步
	Probit	OLS	Probit	OLS
	（1）	（2）	（3）	（4）
TFP1 估计值的对数	0.035*** （17.50）		0.003 （0.60）	
有形资产比例	0.939*** （24.08）	0.553*** （61.44）	1.151*** （9.59）	0.644*** （13.14）
无形资产哑变量	0.497*** （99.40）	0.282*** （72.30）	0.389*** （28.89）	0.209*** （16.08）
资本劳动比的对数 log（K/L）	0.010 （1.11）	−0.003*** （−3.00）	−0.056*** （−2.55）	−0.056*** （−9.33）

① 如果存在外国市场，那么生产率高的企业就会出口，因此拥有更高的出口比例。我们的解释是，当存在许多国外市场时，企业的出口选择就变得相当复杂。因此，企业出口决策显然会与企业特征相关。但是，对企业出口比例和 TFP2 的简单回归结果显示，2000～2008 年，这一影响（0.03）可以忽略不计。

② 这一结果与我们工作论文的理论预测一致，即企业抵押品越高，现金流约束越小，特别是出口企业。

③ 这一结果与 Lu（2010）不同，因为纯出口企业已经从样本中删除。Dai 等（2016）发现纯出口企业主要是加工贸易企业，当这些加工贸易企业被剔除后，中国的出口贸易模式符合 Heckscher-Ohlin 模型预测。

续表

变量	国内企业		外资企业	
	第一步	第二步	第一步	第二步
	Probit	OLS	Probit	OLS
	（1）	（2）	（3）	（4）
逆米尔斯比率		0.573^{***} （57.30）		0.581^{***} （10.02）
年份固定效应与 log（K/L）的交叉项	是	是	是	是
行业固定效应与 log（K/L）的交叉项	是	是	是	是
观测值	909 173		99 814	

注：括号内是企业聚类后的 t 统计量，由 2SLS 回归反复抽样得到。采用第二类 Tobit 模型回归，其中第一步为式（4-30）的 Probit 回归。第一步因变量是企业出口哑变量，第二步因变量是企业出口比例。（1）列和（3）列是 Probit 回归结果，第二步中的逆米尔斯比率由第一步 Probit 回归得到。TFP1 的估计值由 TFP1 对企业财务变量和第一步的其他外生变量回归得到，在第一步中作为外生变量，但是不出现在第二步回归中。企业有形资产比例以百分数表示，由有形资产比总资产得到。因为 80%的样本不报告无形资产，所以我们加入无形资产哑变量：如果报告无形资产，则该变量等于 1，否则为 0。行业固定效应是 CIC 四位码层面的固定效应。同时加入了年份固定效应、CIC 二位码–资本劳动比交叉项固定效应和年份–资本劳动比交叉项固定效应

*** 表示 1%显著水平

与国内企业相比，外资企业的 Heckman 估计结果明显不同，见（3）～（4）列。企业生产率对企业出口决策没有显著影响，可能的原因是很多外资企业是生产率较低的加工贸易企业（Yu，2015），或者这些跨国公司是垂直分工，主要依赖其内部的销售资源（Feenstra and Hanson，2005）。结合 2SLS 的回归结果，我们认为外资企业并不适用于国内企业的计量模型，因此我们接下来的回归主要关注于国内企业。

4.4.3　2SLS 估计结果

2SLS 回归结果中，我们必须控制出口比例和财务费用的内生性问题。我们用 Heckman 第二步的估计结果代替式（4-25）中的预期出口比例。此外，我们用事前生产率 $TFP2_{jt}$ 作为企业财务成本的工具变量。相应地，在估计式（4-25）时，我们使用 3 个工具变量：$TFP2_{jt}$ 水平值、$TFP2_{jt}$ 与出口比例估计值的交叉项、$TFP2_{jt}$ 与出口比例估计值平方的交叉项。标准误由反复抽样得到。①

2SLS 估计结果在表 4-2（2）列报告。核心参数（$\hat{\beta}_1 \sim \hat{\beta}_4$）比 OLS 估计结果

① 我们的估计共分为 5 步：①将 $TFP1_{jt}$ 对企业层面特征、CIC 四位码- $TFP2_{jt}$ 交叉项及其他式（4-30）等式右边中出现的变量进行回归；②利用 $\widehat{TFP1}_{jt}$ 估计选择方程（4-30）；③Heckman 回归的第二步排除了 $\widehat{TFP1}_{jt}$，以得到出口比例的估计量 $\widehat{\eta_{ejt}}$ 和 $\widehat{\eta_{ejt}^2}$；④2SLS 回归的第一步，用 I_{jt}、$I_{jt}\widehat{\eta_{ejt}}$ 和 $I_{jt}\widehat{\eta_{ejt}^2}$ 对 $TFP2_{jt}$、$TFP2_{jt}\widehat{\eta_{ejt}}$ 和 $TFP2_{jt}\widehat{\eta_{ejt}^2}$ 进行回归；⑤最后估计式（4-25），通过重复抽样的方法更正企业聚类的标准误。

略大，但是方向一致。特别地，企业财务费用越高，营业收入也就越高。更为重要的是，企业出口比例越高，面临的信贷约束也就越紧，因为$\hat{\beta}_2$（$\hat{\beta}_3$）的符号为负（正）。所有核心变量的参数估计都落在式（4-24）理论预测的合理区间。同时，信贷约束参数的估计值$g_1(\eta_e^m)=-38.59$小于财务费用的参数估计值，$\hat{\beta}_1=79.97$。与之前的结论一致，如果我们截取 90%分位的出口比例（η_e^u），我们仍然得到$|g_1(\eta_e^u)|=53.47<\hat{\beta}_1$。进一步，我们发现出口比例在 90%分位的企业，其信贷约束的参数估计值$|g_1(\eta_e^u)|$比出口份额为平均出口份额的企业的参数$|g_1(\eta_e^m)|$高40%，说明企业出口比例越高，面临的信贷约束也就越紧。

（3）列报告了 2SLS 对外资企业的回归结果。回归结果与（1）～（2）列的结果很不一样。尽管财务费用与营业收入正相关（$\hat{\beta}_1>0$），但财务费用与出口比例估计值的交叉项系数$\hat{\beta}_2$绝对值太大，$\hat{\beta}_1+g_1(\eta_e^m)$为负。换言之，银行利息和营业收入不再是正相关关系。这一结果与 Manova 等（2015）一致，即跨国公司在中国的子公司有其他的融资渠道，因此银行信贷和企业营业收入的关系就变得复杂。由于外资企业的这一特性，我们在接下来的分析中不再考虑外资企业。①

4.4.4 考虑企业抵押品

我们考虑式（4-25）的两个拓展形式。首先，我们用有形资产作为企业抵押品的衡量。Manova（2013）论证了这一变量在解释部门贸易对金融变量的敏感性时十分重要。通过假设企业成功生产的概率ρ（即偿付银行贷款），我们在模型中引入抵押品的概念。如果企业生产失败的概率为$(1-\rho)$，那么企业的银行贷款就出现违约，银行获得抵押品A_{jt}的所有权，即企业的有形资产。此时，银行的预期收益是$[\rho I(x_{jt})+(1-\rho)A_{jt}]$，企业的预期收益为$\rho r(x_{jt})$。将其代入式（4-17）并将等式两边同时除以$\rho$，将$g_i$代入可得

$$
\begin{aligned}
R_{jt}=\beta_0&+[\beta_1+\beta_2E(\eta_{ejt}\mid Z_{jt})+\beta_3E(\eta_{ejt}^2\mid Z_{jt})]I_{jt}+\beta_4E(\eta_{ejt}\mid Z_{jt})+\beta_5\times\mathbf{1}_{\{x_{jt}\geqslant\underline{x}_e\}} \\
&+[\beta_6+\beta_7E(\eta_{ejt}\mid Z_{jt})+\beta_8E(\eta_{ejt}^2\mid Z_{jt})]A_{jt}+w_{jt}
\end{aligned}
\tag{4-31}
$$

其中，$\beta_{i+5}\equiv\beta_i(1-\rho)/\rho$（$i=1,2,3$）。②我们在回归中加入了企业抵押品、企业抵押品和出口比例估计值的交叉项、企业抵押品和出口比例估计值平方的交叉项，和前面财务费用的情况基本相似。

从式（4-31）可得，用抵押品替代利息费用后，回归方程中出现抵押品变量。

① 表 4-2 还报告了工具变量的有效性分析：报告了 Kleibergen-Paap LM χ^2 统计量，检验了模型识别不足的原假设；同时报告了 Anderson-Rubin Wald F 统计量，检验了弱识别的原假设。两个原假设都在 1%的水平上被拒绝。但是由于我们并未考虑利用估计值回归需要进行的标准误调整，因此我们对这个分析的结果持谨慎态度。

② 引入项目成功概率ρ和违约风险$(1-\rho)$导致信贷约束的定义$\overline{\Phi}_d$和$\overline{\Phi}_e$略有不同。但是式（4-18）、式（4-19）的系数仍然一样，详见 Feenstra（2014）。

由于 $\beta_1 > 0$，且项目成功的概率为正（$\rho \in (0,1]$），因此抵押品和营业收入为正相关关系（$\beta_6 > 0$）。相似地，我们认为出口企业的抵押品的系数小于国内企业，且随着出口比例增加而减少，即 $\beta_7 < 0$。

式（4-31）的估计结果中（未报告），关键变量的系数 $\hat{\beta}_2$ 不再显著，同样，交叉项的系数 $\hat{\beta}_7$ 和 $\hat{\beta}_8$ 也不显著。一个原因是 2008 年的数据为试用版数据，因此在余下的部分我们使用 2000～2006 年数据，这一期间我们可以将工业企业数据库和海关数据库完整合并起来，见表 4-4。

表 4-4　国内企业海运及非海运的 2SLS 估计（2000～2006 年）

项目	合并后的国内企业		
	全部合并企业	交叉项：海运哑变量	交叉项：非海运哑变量
	企业		
	（1）	（2）	（3）
财务费用 (β_1)	77.78^{***} （52.20）	78.12^{***} （49.44）	
财务费用×出口比例估计值 (β_2)	-252.1^{***} （−6.78）	-335.0^{***} （−2.52）	-166.0^{**} （−4.51）
财务费用×出口比例估计值平方 (β_3)	281.8^{***} （6.74）	432.9^{***} （2.11）	93.76^{*} （2.08）
出口比例估计值 (β_4)	$38\ 538^{***}$ （5.95）	$55\ 279^{***}$ （7.34）	$58\ 972^{***}$ （7.96）
出口哑变量 (β_5)	859.9^{***} （2.77）	899.1^{***} （2.63）	
有形资产比例 (β_6)	$16\ 551^{***}$ （9.69）	$17\ 380^{***}$ （9.61）	
有形资产比例×出口比例估计值 (β_7)	$-44\ 435^{***}$ （−6.39）	$-61\ 889^{***}$ （−7.81）	
有形资产比例×出口比例估计值平方 (β_8)	2 723 （1.56）	1 909 （0.99）	
无形资产哑变量	−207.9 （−0.73）	-286.2^{***} （−0.97）	
出口比例均值 (η_e^m)	0.446	0.481	0.441
$g_1(\eta_e^m)$ 估计值	−75.06	−99.45	−58.70
年份固定效应	是	是	是
行业固定效应	是	是	是
观测值	536 064	536 064	

注：括号内是企业聚类后的 t 统计量，由 2SLS 回归反复抽样得到。我们将 2000～2006 年工业企业数据和海关数据合并。（2）～（3）列包括财务费用×出口比例估计值×海运哑变量（或非海运哑变量）= 财务费用×出口比例估计值的平方×海运哑变量（或非海运哑变量）。当企业海运价值超过总出口价值 50%时，海运哑变量为 1，否则为 0。非海运哑变量= 1−海运哑变量。工具变量包括与海运（非海运）的交叉项。所有港澳台企业被从样本中剔除。行业固定效应是 CIC 一位码层面的固定效应。将 η_e^m 的均值代入式（4-23）得到 $g_1(\eta_e^m)$ 的估计量。（2）～（3）列中加入了年份固定效应、CIC 一位码-出口比例估计值交叉项固定效应和出口比例估计值-年份交叉项固定效应

*、**、*** 分别表示 10%、5%、1%的显著水平

表 4-4（1）列报告了 2000～2006 年抵押品系数的 2SLS 估计结果。由于与海关数据合并且删除了 2007～2008 年数据，样本量减少为 536 064。[①]我们发现（1）列的估计结果与理论预测一致。企业抵押品（有形资产/总资产）越多，营业收入也就越高（$\hat{\beta}_6 > 0$）。将抵押品和出口比例做交叉项后，企业的海外业务越多，抵押品对营业收入的影响也就越小（$\hat{\beta}_7 < 0$）。系数 $\beta_1 \sim \beta_3$ 的大小与理论预测也一致，尽管 $|g_1(\eta_e^m)| = 75.06$ 略小于 $\hat{\beta}_1 = 77.78$。

4.4.5 考虑出口运输模式

在对模型的第二个拓展中，我们根据 Amiti 和 Weinstein（2011）的方法将贸易运输分为几种模式。理论说明了出口企业由于运输时间较长而面临更紧的信贷约束。事实上，企业运输方式多种多样：航运、海运、公路运输，以及上述的组合。通常海运是最耗时的运输模式，回款周期也是最长的。因此我们认为，如果企业的运输主要依靠海运，那么它们面临的信贷约束也就更紧。

为了检验运输时间是否影响信贷约束，我们构造海运哑变量，当企业一半以上出口通过海运运输时，变量等于 1，否则等于 0。相似地，我们引入非海运哑变量（1–海运哑变量）。[②]随后我们单独回归，将海运和出口比例估计值、出口比例估计值的平方分别做交叉项，结果在表 4-4（2）～（3）列报告。结果显示，系数符号与理论预测相同。

4.4.6 考虑不完全信息

目前为止实证结果支持出口企业面临的信贷约束更紧这一假说。然而，信息不对称问题在某些行业可能更加严重。理论上，帕累托系数 θ 越小，企业生产率的差异也就越大，意味着式（4-14）的信贷约束越紧。为了检验这个假说，我们利用 TFP2 变量，即银行无法观测的、企业的事前生产率。我们计算了 TFP2 在不同行业的方差，并按大小对行业进行排序，从而得到行业的百分位序数用来验证上述假说。[③]

表 4-5 报告了 2SLS 的估计结果。行业生产率方差区间为 0.376～4.77，我们构造 4 个百分位（25%分位、50%分位、75%分位、100%分位），从而检验生产率

① 此外，表 4-4 剔除了港澳台出资设立的企业，因为这些地区的运输时间很短。表 4-5 中重新加入这些地区的观测值。

② 如果将海运标准提高为 75%、90%或 95%，估计结果也不变。然而，如果利用航运哑变量，估计结果就不再稳健。

③ 参见 Feenstra 等（2014）。

差异较大的行业是否面临更紧的信贷约束。我们再一次发现，所有结构系数的方向和大小与理论预测相一致。取出口比例估计值的均值，我们发现信贷约束的均值$|g_1(\eta_e^m)|$随着行业生产率差异的增加而单调递增，说明信息不对称更大的行业面临的信贷约束越紧。进一步，所有信贷约束的系数绝对值都小于利息费用的系数绝对值，说明实证结果与理论预测完全一致。

表 4-5　行业生产率差异的 2SLS 回归结果（2000～2006 年）

项目	(1)	(2)	(3)
	全部	＞10%分位	＞25%分位
财务费用 (β_1)	82.60*** (31.41)	85.55*** (32.90)	87.89*** (33.29)
财务费用×出口比例估计值 (β_2)	−144.8* (−1.85)	−200.1*** (−2.79)	−293.8*** (−4.06)
财务费用×出口比例估计值平方 (β_3)	151.4 (1.37)	219.7*** (2.09)	399.9*** (3.66)
出口比例估计值 (β_4)	22 309*** (2.76)	17 517* (1.83)	7 126 (0.68)
出口哑变量 (β_5)	574.9** (2.00)	732.7** (2.03)	878.4** (2.22)
有形资产比例 (β_6)	13 540*** (8.09)	14 166*** (7.71)	13 452*** (6.97)
有形资产比例×出口比例估计值 (β_7)	−22 877*** (−2.94)	−18 396** (−2.00)	−11 968 (−1.20)
有形资产比例×出口比例估计值平方 (β_8)	−362.0 (−0.17)	132.8 (0.06)	302.8 (0.13)
无形资产哑变量	1 083*** (3.08)	−879.8*** (−2.26)	−961.8*** (−2.33)
行业 TFP2 方差临界值	＞0.367	＞0.567	＞0.670
出口比例均值 (η_e^m)	0.487	0.399	0.466
$g_1(\eta_e^m)$ 估计值	−18.73	−61.71	−80.62
年份固定效应	是	是	是
行业固定效应	是	是	是
观测值	604 154	542 893	450 599

注：括号内是企业聚类后的 t 统计量，由 2SLS 回归反复抽样得到。样本与表 4-4 一样，但是包括港澳台企业。我们用 TFP2 的行业内方差来衡量行业内的不完全信息程度，之后对 TFP2 方差按 CIC 二位行业排序，选择适当的百分位作为回归的临界值变量。将 η_e^m 的均值代入式（4-23）得到 $g_1(\eta_e^m)$ 的估计量。行业固定效应是 CIC 二位码层面的固定效应

*、**、*** 分别表示 10%、5%、1%显著水平

4.5 结　论

本章回答了为什么企业会在国内业务和出口业务中遭遇信贷约束。我们从基本的假设出发，假设企业在生产前获得资本要素，而企业生产率则存在信息不对称。显示原则要求银行的最优选择是向企业提供贷款合同，在这份贷款合同下，企业有激励向银行报告真实的生产率信息。我们论证了上述激励相容原则会导致企业的信贷约束，原因在于不受信贷约束的企业一定有动机向银行报告较低的生产率。此时，企业由于降低产量会损失二阶利润，但是可以通过降低利息费用从而增加一阶利润。因此，企业没有动机报告真实的生产率。

我们解释了为何出口企业和内销企业面临不同的信贷约束：出口企业的生产销售周期更长（Berman et al.，2012）。这使得银行对出口企业的国内业务和海外业务都施加更紧的信贷约束，降低了出口企业的广度边际和深度边际。实证上，我们发现随着企业出口比例上升、运输时间增加、行业生产率差异扩大（使得信息不对称更加严重），企业面临的信贷约束也就越紧。

出口企业的国内业务和海外业务面临相同的信贷约束，这一理论结果与Behrens等（2013）研究比利时的实证结果相吻合，他们发现金融变量对企业内部的国内业务和海外业务影响相同。但这一结果与Amiti和Weinstein（2011）利用日本数据的研究结果相悖，他们认为银行对出口业务的影响是国内业务的5倍。一个可能的解释是Amiti和Weinstein（2011）的信贷是关注于银行的贸易融资业务，专注于出口业务，而我们的模型和实证是处理广义上的营运资产信贷（working capital loan）。

我们建立的模型的一个局限是这是一个静态模型，而其他理论文献关注信贷约束的动态特征。Clementi和Hopenhayn（2006）构造了动态的激励相容信贷约束，并且证明了在动态条件下，信贷约束如何影响企业增长和存续。在这个设定下，企业信贷被放松为现金流的增加。Gross和Verani（2012）证明了如何利用Melitz模型推导Clementi和Hopenhayn（2006）的企业利润方程，加上Verani（2010）的条件后，求解了内销企业和出口企业的动态问题。尽管如此，上述文献都没有区分内销企业和出口企业在运输时间上的差异，而在我们的模型中，考虑了这一重要因素。我们期待我们所建立的模型也可以在上述动态模型中得到推广，当然这并非本章的讨论内容。

第 5 章　人民币升值对出口质量的提升效应：来自中国的微观证据

5.1　背 景 介 绍

自 2001 年底我国正式加入 WTO 之后，贸易自由化进程促进了我国出口行业的快速扩张，为我国的经济增长提供了重要动力。通常认为，我国出口产品在全球市场的竞争力主要来源于低成本带来的价格优势，但随着我国人口红利消减、劳动力成本持续上升，出口的低价优势正逐渐被其他低成本的发展中国家所“侵蚀”，而其中，人民币的持续升值也是关键的因素。在这一大背景下，转变以往依赖于低廉价格的策略，通过出口产品的质量升级提升产品竞争力，是我国出口企业保持可持续竞争优势的必然选择。人民币升值对于我国出口企业的影响是多方面的：一方面，升值提高了出口企业的生产成本，削弱了价格优势，降低了利润，因此对出口有不利影响；另一方面，也有观点认为，升值威胁了出口企业的生存，加剧了其面临的竞争压力，会迫使企业改变策略，转型升级，从而提高企业自身产品质量水平，从根本上增强企业的产品竞争力。因此，人民币升值对于我国出口企业的影响方向是一个实证问题。对这一问题的回答具有很强的政策含义：从微观的角度来看，这有助于评估我国出口企业的经营状况，加深我们对汇率通过何种机制影响出口企业的理解；而从宏观的角度来看，在当今产业变革和我国经济加快转变发展方式的共同机遇下，我们的研究也有助于识别我国制造业实现“创新驱动、质量为先”这一长期目标的动力和来源，以最终实现产业优化升级和经济的可持续健康发展。

本章关注人民币汇率变动对中国制造业企业出口质量的作用。一方面，在政策意义上，人民币汇率是我国对外贸易乃至对外关系中的焦点，人民币汇率是否被低估，从而使得中国出口企业从中得益，是经常引起争论的话题，近期汇率市场的大幅波动也使得人民币汇率问题更受瞩目；另一方面，在理论意义上，现有研究多关注汇率变动如何影响出口企业的出口量、出口价格、出口种类等（Berman et al.，2012；Li et al.，2015；余淼杰和王雅琦，2015），而少有研究探究汇率变动如何影响出口质量，本章将从这一视角进行深入研究。此外，以往被广泛使用的测算出口产品质量的方法，如 Khandelwal 等（2013）提出的需求信息回归推断法在理论和实证上均存在问题，从而引起测量偏差：理论上该方法仅考虑了需求面因素而忽略了供给面因素；实证中关键变量价格存在测量误差，且质量测算值在跨时和跨国意义上不可比。为了克服这些问题，与以往的研究相比，本章依据Feenstra 和 Romalis（2014）所提出的质量测算框架，使用余淼杰和张睿（2017a）开发的微观层面出口质量测算办法，准确衡量出口质量，在此基础上从产品质量这一新视角探究汇率对出口企业的影响，发现人民币升值会导致企业出口质量的提升。这一发现将汇率对企业出口决策的影响拓展到出口质量层面，发掘了汇率对出口企业产生作用的新的机制。

人民币对一经济体货币的相对升值如何影响中国企业出口到该经济体产品的质量呢？具体来说，人民币升值在国内市场和国外市场上均加剧了出口企业所面对的竞争压力：在国内市场上，国外企业更容易通过出口渗透到中国市场；在相应的国外市场上，中国企业则面临更大的成本劣势。在竞争压力加剧的情况下，企业的利润空间受到挤压，因此出口企业会通过提升自身的出口质量水平增强竞争力，以图生存。人民币升值通过加剧竞争，促使出口企业提升出口质量，驱动了中国出口总体质量水平的提升，这一发现也增进了我们对中国出口质量变化原因的理解。

我们的研究对两方面的文献有所贡献。第一个方面的文献是关于（进）出口产品质量的影响因素。现有研究主要关注进口关税减免对企业产品质量的影响，如 Amiti 和 Khandelwal（2013）发现美国进口最终品关税的减免促进了高质量产品的质量升级，抑制了低质量产品的质量升级。Fan 等（2015）发现中国进口中间品关税的减免提高了差异化产品的出口质量和单价，降低了同质化产品的出口质量和单价。Bas 和 Strauss-Kahn（2015）发现进口关税减免使中国出口企业可以使用更多高质量的进口中间品，从而提高了出口产品的价格和质量。余淼杰和李乐融（2016）也发现进口关税减免促进了中国企业进口高质量的中间品。另外，Hallak（2006）、Hallak 和 Schott（2011）、Feenstra 和 Romalis（2014）均发现人均收入与进口产品的质量正相关。施炳展等（2013）、施炳展和邵文波（2014）认为加工贸易、外资竞争、研发投入和生产效率等一系列因素均影响中国出口产品质量的变化。樊海潮和郭光远（2015）则发现出口产品质量与出口企业生产率正相关。我们的研究发现汇率变动也影响出口企业的质量决策，拓展了文献中对于出口质量影响因素的认识。

第二个方面的文献是关于汇率如何影响企业决策。目前这一部分的研究主要关注汇率变动对出口价格的影响，即出口企业的汇率传递（exchange rate pass-through）或因市定价（pricing-to-market），并同时考虑企业生产率异质性的特征。Berman 等（2012）利用法国的出口企业数据，发现高生产率企业汇率传递程度更低。Rodríguez-López（2011）的理论模型则预测高生产率企业汇率传递程度更高。Garetto（2016）的实证结果支持了 Rodríguez-López 模型的预测。Amiti 等（2014）发现规模较大的出口企业往往也进口许多中间品，由于汇率变动对进口中间品价格的对冲作用，这部分企业往往有着较低的汇率传递程度。关于中国情况的研究则普遍发现，与其他经济体相比，中国出口企业的汇率传递程度极高，接近于所谓的“生产者定价”（陈学彬等，2007；陈斌开等，2010；胡冬梅等，2010；文争为，2010），与此同时，出口企业的出口量受汇率变动影响很大（Li et al.，2015）。余淼杰和王雅琦（2015）的研究表明人民币升值使得企业出口的种类减少。Zhang R 和 Zhang X（2016）则发现汇率变动作为跨国经营的潜在风险来源之一，会显著影响中国跨国企业的资本结构选择。也有一部分研究将汇率传递行为与产品质量相结合。Auer 和 Chaney（2009）、Auer 等（2018）、Chen 和 Juvenal（2016）、王雅琦等（2015）在实证上均发现汇率传递程度随着产品质量递减。但 Goldberg 和 Knetter（1997）在汇率传递相关研究的文献评述中指出，这方面的研究忽略了价格差别已包含质量差别这一事实，因此这些研究发现的汇率变动导致的出口价格变动，有可能部分来自汇率变动引起的出口质量变动。Verhoogen（2008）发现在墨西哥比索贬值危机期间，墨西哥的高生产率企业增加了出口份额，提高了白领工人的相对工资，增加了 ISO 9000 的认证数目，他将这一现象解读为企业的质量升级。许家云等（2015）发现人民币升值促进了出口产品质量的提升，但一方面，他们采用 Khandelwal 等（2013）提出的方法测算出口质量，如前所述，这种方法会造成对质量的测量偏差，从而影响估计结果的准确性；另一方面，他们所研究的是企业层面加总有效汇率的变动对该企业出口到各国产品质量的作用，其结果可能受加总谬误的影响。我们在消除对出口质量的测量偏差，准确测算出口质量的前提下，估计人民币与一经济体货币之间的汇率变动对企业出口到该经济体产品质量水平的影响，所识别的效应更为清晰直接。我们发现，汇率变动显著影响企业的出口产品质量，从而提出汇率影响出口企业决策的一个新的渠道。

我们在本章中综合利用需求和供给两方面的信息，在准确测算中国微观层面制造业出口产品质量的基础上，发现人民币升值加剧了出口企业所面临的竞争压力，促使企业提升出口质量水平。具体来说，10%的人民币升值引起企业出口产品质量平均上升 0.19%。我们进一步发现人民币升值对出口质量的提升效应主要存在于质量差异化程度较高的行业中，10%的人民币升值引起这类行业出口质量水平上升约 0.4%，而对质量差异化程度较低的行业，该质量提升效应则不明显。人民币升值减少了出口企业数目，且升值对出口质量的提升效应在非核心产品及低生产率企业中更加明显，这都表明了升值通过加剧出口企业面临的竞争压力这一机制，影响出口企业的质量决策。我们的实证结果在考虑了 2005 年人民币汇率制度改革、纺织品与服装协定（Agreement on Textiles and Clothing，ATC）到期、加工贸易企业及进口中间品等一系列潜在问题之后依然稳健。

本章行文安排如下：5.2 节简述目前广泛使用的出口质量测算方法及其存在的问题，并介绍我们所使用的微观层面出口质量的新测算方法，解决现有方法存在的问题，准确衡量出口质量。5.3 节简要刻画出口质量测算值的变化，并展现其与汇率变动之间的描述性关系。5.4 节进行实证计量分析，识别汇率变动对中国制造业企业出口质量水平的影响，分析其作用机制，并进行稳健性检验。5.5 节总结全章。

5.2 准确测算微观层面出口质量

准确测算微观层面的出口质量是本章分析的关键。本书首先简要介绍目前广泛使用的微观层面出口质量测算方法（Khandelwal et al.，2013）并指出其不足，其次介绍我们使用的新的出口质量测算方法，解决现有方法存在的问题，更为准确地衡量微观层面出口质量水平。

5.2.1 目前出口质量测算方法的问题

以往的研究多采用以 Khandelwal 等（2013）为典型代表的需求层面信息回归推断法（Khandelwal-Schott-Wei，简称 KSW 方法），这一方法的基本思路是在消费者的 CES 结构效用函数中加入质量因素，导出相应的需求函数，并将其线性化，得到与式（5-1）类似的表达式：

$$\ln q_{\omega j}+\sigma_g \ln p_{\omega j}=(\sigma_g-1)\ln P_{jg}+\ln I_{jg}+(\sigma_g-1)\ln z_{\omega j} \tag{5-1}$$

其中，$z_{\omega j}$ 为出口到经济体 j 的品种 ω 的质量；$q_{\omega j}$、$p_{\omega j}$ 为相应品种的销售量和到岸价格（cost，insurance and freight，CIF）；P_{jg} 为经济体 j 产品类别 g 的“质量调整后”综合价格指数；I_{jg} 为经济体 j 消费者花费在产品类别 g 上的总收入（支出）；σ_g 为产品类别 g 内各个品种间的替代弹性。

在实际应用中，研究者一般将微观数据中企业 i 在 t 年出口到经济体 j 的产品类别 g 的出口数量 q_{ijgt} 代入 $q_{\omega j}$，将相应的离岸价格（free on board，FOB）p^*_{ijgt} 代入 $p_{\omega j}$，将 Broda 和 Weinstein（2006）估计得到的不同产品类别 g 所对应的替代弹性代入 σ_g，并利用目的地-年份和产品类别的固定效应 μ_{jt} 和 μ_g 去除 $(\sigma_g-1)\ln P_{jg}+\ln I_{jg}$，得到式（5-2）：

$$\ln q_{ijgt}+\sigma_g \ln p^*_{ijgt}=\mu_{jt}+\mu_g+\varepsilon_{ijgt} \tag{5-2}$$

估计式（5-2），得到的回归残差 ε_{ijgt} 即为产品质量 $(\sigma_g-1)\ln z_{ijgt}$ 的测算值。进一步利用 Broda 和 Weinstein（2006）所估计的 σ_g，可计算 $\ln z_{ijgt}$ 作为出口质量的估计值。

KSW 方法富有直观的经济学含义：给定两个价格相等的品种，销售量更大的品种，其质量应该更高。但该方法存在以下几个缺陷：①其所依赖的理论模型将质量当作外生给定，仅考虑需求面消费者的因素而忽略供给面企业的因素；②实证测算中，如式（5-2）所示，通常利用离岸价格代替到岸价格，但在实际中，从量贸易成本（per-unit trade cost）广泛存在，造成了离岸价格和到岸价格之间的差异，因此利用离岸价格代替到岸价格会产生较大的测量误差[①]；③由于 KSW 方法利用目的地-年份固定效应去除未知参数和变量 $(\sigma_g-1)\ln P_{jg}+\ln I_{jg}$，因此所得的质量测算值仅在同一目的地-年份组别内可以进行比较，而在跨时和跨国的意义上不可比。

5.2.2　准确测算出口质量：微观层面的新方法

为了解决现有方法的问题，准确衡量微观层面出口质量水平，我们借助 Feenstra 和 Romalis（2014）所构建的质量测算框架，采用余淼杰和张睿（2017a）所提出的方法，构造企业-产品层面的出口产品质量。在需求方，消费者的偏好由式（5-3）的支出函数所刻画：

$$E_{jp}=U_{jg}\left[\int_{\omega}\left(\frac{p_{\omega j}}{z_{\omega j}}^{\alpha_{jg}}\right)^{(1-\sigma_g)}\mathrm{d}\omega\right]^{\frac{1}{1-\sigma_g}} \tag{5-3}$$

对于经济体 j 的消费者，在每个产品类别 g 中均存在连续的品种（以 ω 表示）。其中效用 $U_{jg}>0$，$\alpha_{jg}=1+\gamma_g\ln U_{jg}$。$p_{\omega j}$ 和 $z_{\omega j}$ 分别为在经济体 j 销售的产品品种 ω 的价格和质量。参数 α_{jg} 反映了经济体 j 的消费者对于产品类别 g 的“质量偏好程度”，α_{jg} 越大，则高质量产品为消费者带来的效用就越大。σ_g 为在同一产品类别 g 中，不同品种之间的替代弹性。需求函数可由式（5-4）得到

$$q_{\omega j}=\frac{\partial E_{jp}}{\partial p_{\omega j}}=\frac{\partial E_{jp}}{\partial P_{\omega j}}\cdot\frac{1}{(z_{\omega j})^{\alpha_{jg}}} \tag{5-4}$$

其中，$P_{\omega j}\equiv p_{\omega j}/(z_{\omega j})^{\alpha_{jg}}$ 为产品的“质量调整后价格”，可以看到，这一指标为价格与质量之比，因此“质量调整后价格”的下降可理解为企业产品的“性价比”上升。

在供给方，企业面临垄断竞争的市场结构。企业同时决定其生产产品的质量

① 这是因为将到岸价格取对数时，可将从价贸易成本（ad valorem trade cost）与离岸价格分离，但无法将从量贸易成本与离岸价格分离，具体可见式（5-6）。而 Irrarrazabal 等（2015）的测算表明，从量贸易成本平均占离岸价格的 14%，因此忽略从量贸易成本的影响可能导致较大的测量偏误。

和价格。对于在经济体 j 销售产品类别 g 的企业 i 来说，p_{ijg}^{*} 为产品的离岸价格，z_{ijg} 为产品的质量。企业 i 的利润最大化问题以式（5-5）表示：

$$\max_{p_{ijg}^{*};z_{ijg}} \ [(p_{ijg}^{*}-c_i(z_{ijg},w))]\cdot\frac{\tau_{ijg}q_{ijg}}{\mathrm{tar}_{jg}} \tag{5-5}$$

其中，$c_i(z_{ijg},w)$ 为依赖于产品质量 z_{ijg} 和投入品成本水平 w 的单位生产成本；q_{ijg} 为企业 i 销往经济体 j 的产品类别 g 的数量；tar_{jg} 为经济体 j 对产品类别 g 所征收的进口关税。企业出口面临两种贸易成本：从价贸易成本 τ_{ijg} 和从量贸易成本 T_{ijg}，离岸价格 p_{ijg}^{*} 和到岸价格 p_{ijg} 之间的关系满足式（5-6）：

$$p_{ijg}=(p_{ijg}^{*}+T_{ijg})\tau_{ijg} \tag{5-6}$$

这一价格 p_{ijg} 为经济体 j 消费者所面临的价格。假设单位生产成本的函数形式为 $c_i(z_{ijg},w)=w(z_{ijg})^{\frac{1}{\theta_g}}/\varphi_i$，企业在提高产品质量时面临边际成本递增，而 $0<\theta_g<1$ 则为在产品类别 g 中衡量这一成本递增效应大小的参数。φ_i 为企业 i 的生产率。最大化企业利润可得到

$$w(z_{ijg})^{\frac{1}{\theta_g}}[1+\alpha_{jg}\theta_g(\sigma_g-1)]=\alpha_{jg}\theta_g(\sigma_g-1)p_{ijg}^{*}\varphi_i$$

将等式两边同时取对数得到

$$\ln z_{ijg}=\theta_g\left[\ln(\kappa_{1jg}p_{ijg}^{*})-\ln\frac{w}{\varphi_i}\right]$$

其中，$\kappa_{1jg}=\alpha_{jg}\theta_g(\sigma_g-1)/[1+\alpha_{jg}\theta_g(\sigma_g-1)]$。对于不同的年份 t，我们可以将产品质量表达为式（5-7）：

$$\ln z_{ijgt}=\theta_g(\ln\kappa_{1jg}+\ln p_{ijgt}^{*}+\ln\varphi_{it}-\ln w_t) \tag{5-7}$$

给定其他因素不变，企业的生产率越高，则产品质量越好；所生产产品的离岸价格越高，则产品质量越好，这一点也说明了以往研究采用出口单价作为产品质量的代理变量有一定的合理性；另外，投入品成本水平越高，则产品质量越差。

我们利用式（5-7）计算企业层面的出口产品质量 $\ln z_{ijgt}$，所需变量为企业 i 在 t 年出口到经济体 j 产品类别为 g 的出口离岸价格 p_{ijgt}^{*}、企业 i 在 t 年的生产率 φ_{it}、t 年的投入品成本水平 w_t，以及不同经济体 j 和产品类别 g 的参数值 α_{jg}、θ_g 和 σ_g。我们利用海关总署所统计和维护的 2000～2006 年中国企业层面的海关进出口贸易数据库，以及国家统计局所统计和维护的制造业企业数据库计算 p_{ijgt}^{*}、φ_{it} 和 w_t。我们也使用了 Feenstra 和 Romalis（2014）所估算的 α_{jg}、θ_g 和 σ_g 的估计值。这些变量的计算和处理方法均参照余淼杰和张睿（2017a）的研究，详见附录 1。据

此，我们可以得到 2000～2006 年中国各个企业 i 在 t 年出口到经济体 j 的产品类别为 g 的出口产品质量测算值①。

与以往被广泛采用的 KSW 方法相比，我们使用的出口质量测算办法有以下优点：①将产品质量内生化，充分考虑需求和供给两个层面的信息；②所得估算式（5-7）直接利用出口离岸单价测算质量，避免了从量贸易成本的存在而引起的到岸价格的测量误差；③避免了采用目的地-年份固定效应去除未知参数，而是直接利用可得的参数值代入式（5-7）计算产品质量，保证所得的出口质量估计值在跨国和跨时的意义上可比。我们围绕测算得到的微观层面出口产品质量进行后续分析。

5.3　数 据 描 述

我们首先呈现对中国制造业出口企业总体出口产品质量的总体描述。由于加工贸易出口生产使用的全部中间品和部分资本品均来自进口，其投入品成本水平 w_t 与国内投入品的成本水平差别很大，难以获得，因此，为了避免投入品成本水平不准确造成的产品质量的测算误差，引起分析上的困难，我们仅保留海关数据中一般贸易出口的样本进行测算和分析。我们将每个 HS 六位产品代码类别中低于 1%分位数和高于 99%分位数的观测值进行缩尾处理，以避免极端值的影响。我们得到的出口产品质量指标 $\ln z_{ijgt}$ 在同一产品类别内跨年、跨国可比。为了使不同产品类别的出口质量可比、可加总，我们进一步将出口产品质量在每个产品类别内标准化，如式（5-8）所示：

$$\mathrm{qual}_{ijgt}=\ln z_{ijgt}-\ln z_{10\%_g} \tag{5-8}$$

其中，$\ln z_{10\%_g}$ 为特定产品类别 g 在样本内质量分布的 10%分位数。标准化之后的质量指标 qual_{ijgt} 衡量了某个品种与同一产品类别 g 内 10%分位数质量水平的差距，因而在一定意义上允许我们将产品质量进行跨产品类别的比较。我们可以据此描绘 2000～2006 年中国制造业出口产品质量的总体分布变化情况。

表 5-1 呈现了 2000～2006 年中国制造业微观出口质量指数 qual_{ijgt} 的总体分布变化情况。可以看到，在均值意义上，中国制造业出口质量在此期间上升了约 0.15，中位数则上升了约 0.13；25%分位数和 75%分位数同样也上升了约 0.13 和 0.16，

① 在本章的测算中，产品类别 g 以 HS 六位产品代码为依据进行定义。我们选取的数据期间为 2000～2006 年，其中 2000～2001 年数据的产品代码为 HS1996 版本，2002～2006 年数据的产品代码为 HS2002 版本。我们利用 WTO 关税数据库中提供的 HS1996 版本六位产品代码和 HS2002 版本六位产品代码的对应表，将不同版本的 HS 六位产品代码进行了对应统一，以保证产品分类的一致性和结果的可比性。

因此，在此期间，中国制造业的出口质量呈现总体上升的趋势，同时质量分布的离散程度也有一定的上升，标准差从2000年的0.853上升到2006年的0.886。

表 5-1 2000～2006 年中国出口产品质量总体分布

项目	观测值	均值	中位数	25%分位数	75%分位数	标准差
2000 年	35 855	0.722	0.553	0.184	1.060	0.853
2001 年	50 871	0.729	0.552	0.187	1.064	0.852
2002 年	62 337	0.719	0.534	0.174	1.038	0.859
2003 年	171 686	0.717	0.546	0.201	1.042	0.829
2004 年	293 182	0.780	0.603	0.253	1.103	0.844
2005 年	338 575	0.831	0.651	0.293	1.152	0.856
2006 年	434 599	0.873	0.687	0.310	1.219	0.886
总体	1 387 105	0.808	0.628	0.265	1.140	0.862

我们对于中国制造业出口质量的测算和描述显示，2000～2006年，中国制造业出口质量总体上呈现上升的趋势。促进出口产品质量提升的可能因素很多，如企业的生产率进步、在此期间发生的贸易自由化等。本章则关注人民币汇率变动对出口质量的影响。图5-1描绘了中国制造业出口到美国、日本、欧盟和印度的平均质量水平（实线）和人民币与这些经济体货币之间的双边实际汇率（虚线）在2000～2006年的关系。我们采用间接标价法表示双边实际汇率，因此实际汇率

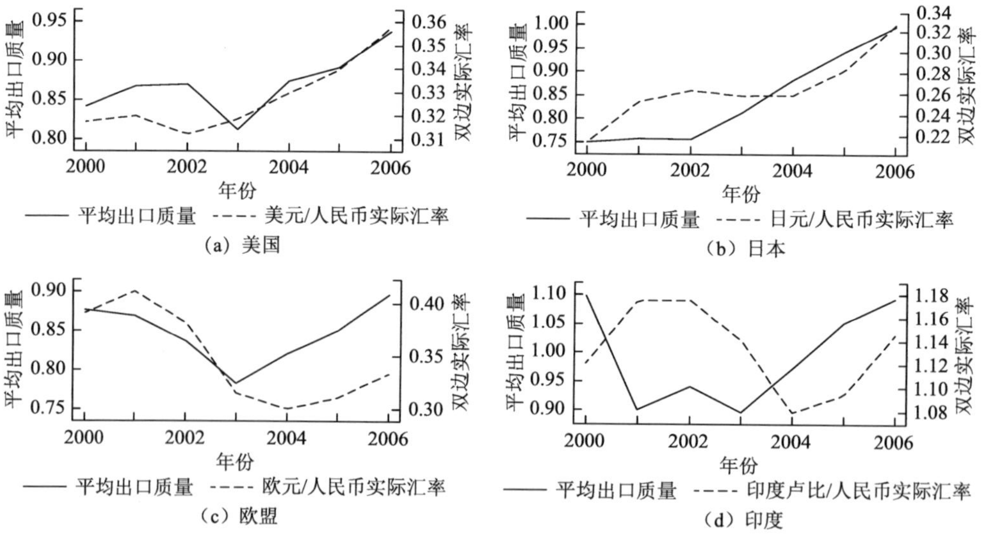

图 5-1 平均出口质量与实际汇率

上升表示人民币真实升值。总体而言，人民币与一经济体货币之间的汇率与中国企业出口到该经济体的平均质量水平呈正相关关系，这一现象对于美国、日本和欧盟这三个发达经济体来说尤为明显。而人民币对卢比的汇率与中国出口到印度的质量水平在 2001～2003 年和 2004～2006 年也呈现较为明显的联动走势。这在某种程度上暗示人民币升值可能会提升中国制造业企业出口到该经济体的产品质量。

人民币对一经济体货币的相对升值如何影响中国企业销售到该经济体的产品质量水平呢？以对美国的出口为例，当人民币相对美元升值时，一方面，与美国企业及出口到美国的第三国企业（如日本企业）相比，中国企业在美国市场面临更大的成本劣势，竞争压力加大；另一方面，美国企业也更容易出口到中国市场，从而在国内市场进一步与中国企业竞争。这两方面的效应都加剧了中国企业所面临的竞争，竞争的加剧迫使中国出口企业提升其产品质量，以维持原有的市场份额。因此，人民币升值可能加剧了出口企业所面临的竞争，从而促使出口企业提升产品质量。

图 5-1 展示的双边实际汇率和出口质量之间的联动关系可能仅反映了二者之间的相关性，甚至反向的因果关系。举例来说，根据巴拉萨-萨缪尔森效应（the Balassa-Samuelson effect），一经济体可贸易部门的生产率相对进步快，则其货币会相对升值；同时生产率的进步又带来出口质量的提升，因此我们需要进一步控制其他变量，更加精确地识别汇率变动对出口质量的影响。

5.4 实证分析

本节中，我们设定计量模型，通过数据验证人民币升值对于制造业出口企业产品质量的提升效应。我们通过区分质量差异化程度不同的行业，验证了人民币升值确实引起了出口产品质量的提升，发现升值对出口质量的提升效应在不同的产品和企业样本中存在异质性，并进一步验证了人民币升值主要通过竞争效应发挥作用，影响出口质量。我们的结论也通过了一系列稳健性的分析。

5.4.1 回归设定和基准结果

为了研究汇率变动如何影响中国制造业出口企业产品质量决策，我们设定如式（5-9）的基准回归式：

$$\text{qual}_{ijgt} = \beta_1 \cdot \ln \text{RER}_{jt} + \beta_2 \cdot \ln \varphi_{it} + \theta \cdot X_{ijgt} + \mu_{ijg} + \gamma_t + \varepsilon_{ijgt} \tag{5-9}$$

我们所关心的是参数 β_1 的估计值，其代表的是人民币与经济体 j 货币之间的双边实际汇率变动对企业 i 出口到经济体 j 的 g 类别的产品质量的影响。我们同时将企业全要素生产率 $\ln\varphi_{it}$ 作为控制变量：一方面，我们希望研究在给定企业生产率不变的前提下，产品质量如何随着汇率变动而变化，因此我们对企业层面的生产率加以控制；另一方面，根据以往研究，巴拉萨-萨缪尔森效应广泛存在，这意味着若一经济体生产可贸易品企业的生产率总体上升，则会带动该经济体货币真实升值，同时生产率的上升也带来产品质量的提升，因此从这一意义上来说，控制企业生产率也避免了巴拉萨-萨缪尔森效应所带来的潜在遗漏变量偏误。

我们还控制了一系列的控制变量 X_{ijgt}。Hallak 和 Schott（2011）、Feenstra 和 Romalis（2014）等均发现高收入经济体倾向于消费高质量的产品，因此我们在回归中控制出口目标经济体的不变价人均国民总收入（gross national income，GNI），即 $\ln \text{GNI\_pc}_{jt}$。出口目标经济体的关税壁垒可能影响出口到该经济体的产品质量，同时本国的进口关税自由化进程也可能对相应产品的出口质量造成影响，因此我们控制了出口目标经济体和中国在 HS 六位产品代码层面上的平均实际进口关税 f_tar_{jgt} 和 h_tar_{gt}。我们还控制了企业层面的控制变量：企业的资本劳动比 $\ln KL_{it}$ 和雇员人数的对数值 $\ln L_{it}$，以及代表企业所有制性质的国有企业 SOE_{it} 和外资企业 FIE_{it} 虚拟变量（根据企业登记注册类型进行划分）。①最后我们加入企业-目的地-产品层面固定效应 μ_{ijg} 和年份固定效应 γ_t。

双边实际汇率 RER_{jt} 根据以下公式计算得到

$$\text{RER}_{jt} = \frac{\text{LCU}}{\text{CNY}_{jt}} \cdot \frac{P_{\text{China},t}}{P_{jt}} \tag{5-10}$$

其中，$\frac{\text{LCU}}{\text{CNY}_{jt}}$ 为人民币与目标经济体 j 货币之间在 t 年的名义汇率，该汇率采用间接标价法，名义汇率上升，表示一单位人民币可兑换的外币数量增加，即人民币升值；P_{jt} 和 $P_{\text{China},t}$ 分别为目标经济体 j 和中国在 t 年的价格水平，以支出法 GDP 平减指数衡量。名义汇率和 GDP 平减指数数据均来自 Penn World Table 8.0 数据。因此，RER_{jt} 上升表示人民币对经济体 j 的货币真实升值。

其他控制变量，如人均 GNI 数据来自世界银行世界发展指标（World Develpoment Indicators，WDI）数据库，关税数据 f_tar_{jgt} 和 h_tar_{gt} 来自 WTO 关税数据库，企业层面的变量 $\ln KL_{it}$、$\ln L_{it}$、SOE_{it} 和 FIE_{it} 来自工业企业数据库。

我们将包含上述变量的数据进行合并。表 5-2 展示了用于回归分析的合并数据中各个变量的描述性统计，与表 5-1 相比，qual_{ijgt} 的观测值相对较少。我们利

① 由于少数企业样本期间内的所有制性质发生了变化，因此，即便我们加入了固定效应 μ_{ijg}，SOE_{it} 和 FIE_{it} 的系数仍然可以被估计出来。

用不同的回归设定估计式（5-9）。标准误的估计采用聚类标准误，聚类类别为 HS 六位产品代码，以允许同种 HS 六位产品代码类别内影响出口质量的残差存在相关性。回归结果列于表 5-3。

表 5-2　描述性统计

变量	观测值	均值	中位数	25%分位数	75%分位数	标准差
$qual_{ijgt}$	1 252 228	0.811	0.630	0.267	1.143	0.864
$\ln RER_{jt}$	503	−0.567	−0.527	−0.876	−0.238	0.465
$\ln \varphi_{it}$	93 864	1.045	1.019	0.784	1.317	0.667
SOE_{it}	93 864	0.017	0	0	1	0.129
FIE_{it}	93 864	0.550	1	0	1	0.497
$\ln KL_{it}$	93 864	0.092	0.039	0.016	0.092	0.232
$\ln L_{it}$	93 864	5.333	5.273	4.564	6.016	1.129
f_tar_{jgt}	319 778	0.077	0.050	0.010	0.118	0.108
h_tar_{gt}	21 715	0.115	0.100	0.063	0.151	0.073
$\ln GNI\_pc_{jt}$	503	8.360	8.372	7.026	9.876	1.614

表 5-3　基准回归结果

项目	（1）	（2）	（3）	（4）
$\ln RER_{jt}$	0.045*** （0.012）	0.053*** （0.009）	0.020** （0.009）	0.019** （0.009）
$\ln \varphi_{it}$	0.427*** （0.012）	0.505*** （0.007）	0.573*** （0.006）	0.573*** （0.006）
控制变量	是	是	否	是
企业-目的地-产品固定效应	否	是	是	是
年份固定效应	否	否	是	是
观测值	1 252 228	1 252 228	1 252 228	1 252 228
R^2	0.114	0.302	0.310	0.310

注：控制变量包括目标经济体人均 GNI，目标经济体及中国 HS 六位产品代码层面上的平均实际进口关税，企业资本劳动比、雇员人数对数值及所有制虚拟变量。括号中为聚类标准误，聚类类别为 HS 六位产品代码

***、** 分别表示系数在 1%、5%的水平上显著

基准回归结果显示，人民币升值对出口质量的提升效应假说得到了数据的支持，且这一效应对于不同的回归设定均稳健。表 5-3 的（4）列呈现了对于式（5-9）的完整估计结果，结果显示，当控制了其他可能影响出口质量的因素之后，人民币对于经济体 j 的货币真实升值 10%，会导致制造业出口企业对经济体 j 的出口产品质量平均提高 0.19%，这一效应在 5%的水平上显著。我们的基准回归结果支持了人民币升值对出口质量的提升效应的存在，人民币升值加剧了出口企业面对的竞争压力，从而促使企业提高自身出口质量。

5.4.2　行业质量差异

我们进一步验证人民币升值确实引起了出口质量提升。在不同行业中，质量差异化的程度不同，有些行业的产品质量差异化较为明显，而有些行业则反之。在质量差异化程度高的行业中，企业有更大的空间实现质量提升。[①]因此，若人民币升值确实引起了质量的提升，则对于质量差异化程度高的行业，人民币升值的质量提升效应会更明显；而对于质量差异化程度低的行业，该效应应该较弱或不存在。因此，我们参考 Kugler 和 Verhoogen（2012）的方法衡量不同行业的质量差异化程度[②]。具体来说，我们计算每个 CIC 中四位码行业 k 的质量差异化程度 v_dif_k，如式（5-11）所示：

$$v\_\mathrm{dif}_k = \frac{1}{T}\sum_t^T \frac{(\mathrm{R\&D}_{kt} + \mathrm{Adv.}_{kt})}{\mathrm{Sales}_{kt}} \tag{5-11}$$

根据 Kugler 和 Verhoogen（2012）的定义，行业 k 中 R&D 支出（$\mathrm{R\&D}_{kt}$）和广告支出（$\mathrm{Adv.}_{kt}$）之和在销售额（Sales_{kt}）中所占的比重越大，则该行业质量差异化程度越高。我们根据式（5-11）计算出不同 CIC 四位码行业每年的 v_dif_k，并取不同年份的平均值。表 5-4 呈现了根据 v_dif_k 定义得到的质量差异化程度处于前十位和后十位的行业。可以看到，质量差异化程度较高的行业多来自化学原料及化学制品制造业，通信设备、计算机及其他电子设备制造业，饮料制造业，而质量差异化程度较低的行业则多来自有色金属冶炼及压延加工业，皮革、毛皮、羽毛（绒）及其制品业，木材加工及木、竹、藤、棕、草制品业。这一划分结果和我们对于不同行业质量差异程度的直观认知相一致，也和 Kugler 和 Verhoogen（2012）利用哥伦比亚制造业数据得到的划分结果相似。

① 质量差异化这一概念与 Khandelwal（2010）所提出的“质量阶梯”（quality ladder）类似。

② 在 Kugler 和 Verhoogen（2012）中，这一概念被称为“垂直差异化”（vertical differentiation）。

表 5-4　垂直差异化行业分类情况

序号	前十位行业	后十位行业
1	口腔清洁用品制造（10.11%）	煤核品制造（0.00%）
2	肥皂及合成洗涤剂制造（8.09%）	烟叶复烤（0.01%）
3	通信交换设备制造（6.82%）	金属废料和碎屑的加工处理（0.02%）
4	碳酸饮料制造（5.82%）	其他贵金属冶炼（0.02%）
5	化妆品制造（5.57%）	其他乐器及零件制造（0.03%）
6	电车制造（5.33%）	毛皮鞣制加工（0.03%）
7	中成药制造（4.83%）	银冶炼（0.03%）
8	茶饮料及其他软饮料制造（4.58%）	其他毛皮制品加工（0.04%）
9	瓶（罐）装饮用水制造（4.54%）	锑冶炼（0.04%）
10	雷达及配套设备制造（4.24%）	锯材加工（0.04%）

注：括号中数字为各个 CIC 四位码行业相应 v_dif_k 值的大小

我们所构造的指标 v_dif_k 是否真正反映了质量的差异程度呢？为了直观地验证这一点，我们计算每年不同 HS 六位产品码内相应 $qual_{ijgt}$ 的标准差，并根据其所属行业，依据 v_dif_k 的中位数，将其划分为质量差异程度低/高的样本，逐年计算两个样本中标准差各自的平均值。图 5-2 展示了 2000～2006 年不同质量差异程度行业相应的 $qual_{ijgt}$ 平均标准差对比。可以看到，在样本期间，质量差异程度较高的行业，其出口质量的标准差（离散程度）一致地高于质量差异程度较低的

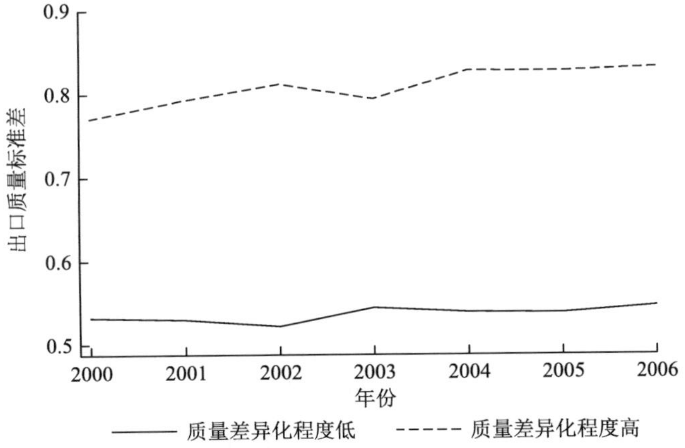

图 5-2　不同质量差异化程度行业的质量离散程度

行业，不同年份间的差距均在 0.2 左右。这说明 v_dif_k 这一指标较好地描绘了一个行业的质量差异程度。

我们进一步探究人民币升值对出口质量的提升效应是否在质量差异化程度更高的行业中更明显，我们依据 v_dif_k 的高低划分子样本，并对子样本分别估计式（5-9）。为了保证结果的稳健性，我们分别采取 v_dif_k 的 33%分位数、50%分位数和 67%分位数作为门限值进行划分。估计结果列于表 5-5。

表 5-5　质量差异化程度分样本分析

项目	（1）	（2）	（3）	（4）	（5）	（6）
	v_dif_k >33%	v_dif_k <33%	v_dif_k >50%	v_dif_k <50%	v_dif_k >67%	v_dif_k <67%
$\ln RER_{jt}$	0.024** （0.011）	0.017 （0.015）	0.040*** （0.013）	0.008 （0.012）	0.052** （0.024）	0.010 （0.010）
$\ln \varphi_{it}$	0.579*** （0.006）	0.558*** （0.015）	0.583*** （0.007）	0.563*** （0.009）	0.613*** （0.009）	0.555*** （0.007）
控制变量	是	是	是	是	是	是
固定效应	企业-目的地-产品、年份					
观测值	915 908	336 320	687 133	565 095	295 839	956 389
R^2	0.306	0.263	0.288	0.318	0.292	0.313

注：控制变量包括目标经济体人均 GNI，目标经济体及中国 HS 六位产品码层面上的平均实际进口关税，企业资本劳动比、雇员人数对数值及所有制虚拟变量。括号中为聚类标准误，聚类类别为 HS 六位产品码

***、** 分别表示系数在 1%、5%的水平上显著

我们发现，人民币升值对出口质量的提升效应在质量差异化程度较高的行业中［（1）、（3）、（5）列中］非常明显，均至少在 5%的水平上显著；而质量差异化程度较低的行业中［（2）、（4）、（6）列］，这一效果则均在 10%的水平上不显著。另一个发现是，随着门限值的升高，在质量差异化程度较高的行业中，升值对出口质量的提升效应越来越明显：当门限值分别为 33%分位数、50%分位数和 67%分位数时，10%的人民币升值分别引起这类行业出口质量平均上升 0.24%、0.40%和 0.52%，即质量差异化程度越高的行业，人民币升值引起的质量提升效应越大，这也与我们之前的论述一致。

我们还采用了另一种差异化的划分方法以确保我们结果的稳健性：我们利用 Rauch（1999）的定义，将样本划分为异质品和非异质品，分别进行式（5-9）的估计。事实上，Kugler 和 Verhoogen（2012）指出，Rauch（1999）对于异质品和非异质品的分类主要反映了产品的水平差异化程度，即“萝卜青菜，各有所爱”的偏好差异，而非可严格比较的质量优劣差异，因此，利用这一指标代表质量差

异化程度可能并不十分恰当。但为稳健性考虑，我们依然在表 5-6 中呈现基于 Rauch 分类的分样本回归结果。由于 Rauch（1999）提供了“conservative”和“liberal”两种产品分类体系，因此我们也按照这两种分类体系对样本进行划分，并进行分样本回归①，所得结果与之前的实证结果一致：人民币升值对出口质量的提升效应在异质品中较为明显，在非异质品中不明显。

表 5-6　基于 Rauch 分类的分样本结果

项目	（1）	（2）	（3）	（4）
	异质品 1	非异质品 1	异质品 2	非异质品 2
$\ln \mathrm{RER}_{jt}$	0.018^{**} （0.010）	−0.056 （0.049）	0.019^{**} （0.009）	−0.067 （0.063）
$\ln \varphi_{it}$	0.573^{***} （0.006）	0.583^{***} （0.035）	0.573^{***} （0.006）	0.569^{***} （0.023）
控制变量	是	是	是	是
固定效应	企业-目的地-产品、年份			
观测值	1 242 235	9 750	1 235 577	16 408
R^2	0.309	0.481	0.308	0.547

注：控制变量包括目标经济体人均 GNI，目标经济体及中国 HS 六位产品码层面上的平均实际进口关税，企业资本劳动比、雇员人数对数值及所有制虚拟变量。括号中为聚类标准误，聚类类别为 HS 六位产品码。（1）～（2）列的划分方法根据 Rauch（1999）的“conservative”分类体系；（3）～（4）列的划分方法根据 Rauch（1999）的“liberal”分类体系

***、** 分别表示系数在 1%、5%的水平上显著

5.4.3　对竞争机制的探讨

以上的分析表明人民币升值确实引起了出口企业的质量升级。我们认为，升值主要通过加剧出口企业所面对的竞争压力这一机制促进了出口质量的升级，本节的分析通过实证证据为这一机制提供支持。我们首先从加总层面上分析升值对于出口企业数目的影响，考虑以下回归式（5-12）：

$$\ln \mathrm{num}_{jgt} = \beta_1 \cdot \ln \mathrm{RER}_{jt} + \theta \cdot X_{jgt} + \mu_{jg} + \gamma_t + \varepsilon_{jgt} \qquad (5\text{-}12)$$

其中，num_{jgt} 为 t 年向目标经济体 j 出口产品类别 g 的企业的数目，控制变量 X_{jgt}

① 具体来说，在“conservative”和“liberal”两种分类体系中，所有的产品均被划分为“differentiated”（异质品）、“reference-priced”（具有参考价格）、“open-market traded”（有公开交易市场）三种类型，我们将“differentiated”定义为异质品，其他两种定义为非异质品。

包括了 $\ln \mathrm{GNI\_pc}_{jt}$、f_tar_{jgt} 和 h_tar_{gt}。另外，我们还控制了目的地-产品固定效应 μ_{jg} 和年份固定效应 γ_t。我们利用不同的回归设定估计式（5-12），所得结果列于表 5-7。

表 5-7　人民币汇率与出口企业数目

项目	（1）	（2）	（3）	（4）
$\ln \mathrm{RER}_{jt}$	-0.641^{***} （0.032）	-0.439^{***} （0.025）	-0.112^{***} （0.018）	-0.087^{***} （0.018）
控制变量	否	是	否	是
目的地-产品固定效应	是	是	是	是
年份固定效应	否	否	是	是
观测值	375 149	323 230	375 149	323 230
R^2	0.014	0.270	0.394	0.381

注：控制变量包括目标经济体人均 GNI，目标经济体及中国 HS 六位产品码层面上的平均实际进口关税。括号中为聚类标准误，聚类类别为 HS 六位产品码

*** 表示系数在 1%的水平上显著

估计结果显示，在不同的设定下，人民币对于一经济体货币的升值，均在 1%的水平上对出口到该经济体的企业数目造成负向影响。举例来说，完整的式(5-12)的估计结果［表 5-7（4）列］显示，其他条件不变，10%的人民币升值使得出口到该经济体的企业数目减少 0.87%，因此人民币升值确实对出口企业造成了显著的负向冲击，加大了出口企业所面临的成本劣势和竞争压力。这显示了人民币升值会加剧出口企业所面临的竞争压力。

进一步地，人民币升值对不同类型产品和企业的竞争压力作用会有差异，所导致的质量变化情况也会不同。我们首先关注在一个企业中，不同产品在面对升值时的质量表现差异。样本中既包含单产品出口企业，也包含多产品出口企业。对于多产品出口企业来说，存在所谓的核心产品，多产品企业在生产其核心产品时能够发挥最大的优势，其生产成本低于企业生产非核心产品的成本，从而产生最大的销售额和利润（Mayer et al.，2014）。相比之下，非核心产品的竞争力相对较弱，利润空间较小，更易受升值的负面冲击，因此当人民币升值时，直觉上，非核心产品会首先受到竞争压力加剧的影响，更易呈现出质量提升效应。

我们因此定义虚拟变量 C_{ijgt}：若企业 i 在 t 年出口到经济体 j 的产品 g 在该年该经济体为该企业贡献了最大的出口额，且非该企业该年出口到该经济体的唯一产品，则定义该产品为核心产品，令 $C_{ijgt}=1$；否则定义该产品为非核心产品，令 $C_{ijgt}=0$。我们将样本分为非核心产品和核心产品，分别估计式（5-9），所得估计结果列于表 5-8。

表 5-8　核心产品与非核心产品

项目	全样本		v_dif_k 高		v_dif_k 低	
	（1）	（2）	（3）	（4）	（5）	（6）
	$C_{ijgt}=0$	$C_{ijgt}=1$	$C_{ijgt}=0$	$C_{ijgt}=1$	$C_{ijgt}=0$	$C_{ijgt}=1$
$\ln \text{RER}_{jt}$	0.024** （0.010）	–0.057 （0.047）	0.042*** （0.015）	0.008 （0.067）	0.019 （0.012）	–0.136* （0.071）
$\ln \varphi_{it}$	0.573*** （0.006）	0.592*** （0.011）	0.582*** （0.007）	0.604*** （0.014）	0.564*** （0.010）	0.573*** （0.017）
控制变量	是	是	是	是	是	是
固定效应	企业-目的地-产品、年份					
观测值	1 023 735	228 493	562 615	124 518	461 120	103 975
R^2	0.343	0.226	0.320	0.212	0.354	0.225

注：控制变量包括目标经济体人均 GNI，目标经济体及中国 HS 六位产品码层面上的平均实际进口关税，企业资本劳动比、雇员人数对数值及所有制虚拟变量。括号中为聚类标准误，聚类类别为 HS 六位产品码。表中“v_dif_k 高”指 v_dif_k 高于 50%分位数，“v_dif_k 低”指 v_dif_k 低于 50%分位数

***、**和* 分别表示系数在 1%、5%和 10%的水平上显著

估计得到的结果与我们的预期一致，对于非核心产品，升值带来的出口质量提升效应更明显：10%的升值引起非核心产品的出口质量平均上升 0.24%，这一效应在核心产品中则不显著；进一步地，在质量差异化程度高的行业中，上述效应增强为 0.42%，仍然显著存在，而在质量差异化程度低的行业中，人民币升值并不引起非核心产品的质量变化，甚至还会造成核心产品质量下降。分样本的分析结果支持了升值通过加剧竞争压力从而影响企业质量决策的作用机制：升值引起的竞争加剧效应主要威胁边际上的非核心产品，促使这部分产品提高质量以应对竞争压力。

我们接着考虑不同生产率企业的差异。新新贸易理论强调了企业生产率异质性在解释不同企业行为差异方面的重要作用①，因此，对于生产率不同的企业，人民币升值所带来的质量变化效应也可能不同。直觉上，升值的压力最先影响边际上的出口企业，即低生产率的出口企业，这部分企业因而有更强的动机提高出口产品质量以维持自身竞争力。因此，升值对出口质量的提升效应应该在低生产率的企业中更为明显，从而使得出口质量在生产率水平不同的企业间呈现收敛效应。我们计算企业生产率在相应行业（CIC 二位码）–年份的中位数，根据中位数将企业分为高生产率企业和低生产率企业两个样本，分别估计式（5-9），所得结果呈现于表 5-9 中。

① Melitz（2003）、Bernard 等（2003）均证明当一个经济体由封闭经济变为开放经济时，经济体中生产率最高的企业能够同时进行内销和出口，其规模和利润都上升；而生产率最低的企业由于面临外国企业的竞争，最终退出市场不再生产。

表 5-9　人民币升值的收敛效应

项目	全样本		v_dif_k 高		v_dif_k 低	
	（1）	（2）	（3）	（4）	（5）	（6）
	低生产率	高生产率	低生产率	高生产率	低生产率	高生产率
$\ln RER_{jt}$	0.036** （0.015）	0.020 （0.014）	0.060*** （0.023）	0.039* （0.021）	0.028 （0.023）	−0.005 （0.018）
$\ln \varphi_{it}$	0.581*** （0.009）	0.589*** （0.007）	0.601*** （0.016）	0.598*** （0.009）	0.604*** （0.012）	0.572*** （0.010）
控制变量	是	是	是	是	是	是
固定效应	企业-目的地-产品、年份					
年份固定效应	是	是	是	是	是	是
观测值	563 088	685 172	311 368	373 510	251 720	311 662
R^2	0.133	0.229	0.098	0.230	0.158	0.215

注：控制变量包括目标经济体人均 GNI，目标经济体及中国 HS 六位产品码层面上的平均实际进口关税，企业资本劳动比、雇员人数对数值及所有制虚拟变量。括号中为聚类标准误，聚类类别为 HS 六位产品码。表中"v_dif_k 高"指 v_dif_k 高于 50%分位数，"v_dif_k 低"指 v_dif_k 低于 50%分位数

***、**和* 分别表示系数在 1%、5%和 10%的水平上显著

表 5-9 的（1）～（2）列呈现了基于全样本的回归结果，从总体上看，人民币升值在不同企业间呈现收敛效应：人民币升值 10%使得低生产率企业出口质量平均提升 0.36%，在 5%的水平上显著；人民币升值 10%使得高生产率企业出口质量平均提升 0.20%，在 10%的水平上不显著。进一步的分析显示这一差异主要体现在质量差异化程度高的行业，在此类行业中，人民币升值 10%使得低生产率企业出口质量平均提升 0.60%，在 1%的水平上显著；人民币升值 10%使得高生产率企业出口质量平均提升 0.39%，在 10%的水平上显著。汇率对出口质量的作用在质量差异化程度低的行业中均不显著。这一收敛现象支持了升值通过加剧竞争压力从而影响企业质量决策的作用机制：升值的压力首先威胁边际上的出口产品，即低生产率企业的出口产品，这部分企业因而更有动机提升出口质量以维持竞争力，导致升值对出口质量的提升效应在企业间呈现关于生产率水平的收敛。

5.4.4　稳健性分析

我们从几个方面对我们的实证发现做稳健性分析，以确保我们的结果准确可信。首先，我们考虑实证结果是否受样本期间特定事件的影响。2005 年 7 月 21 日，中国人民银行宣布人民币名义汇率决定机制由盯住美元的固定汇率制变为"参考一篮子货币的，有管理的"浮动汇率制。美国是中国重要的贸易伙伴，因此这一汇率制度的改革对于中国外贸有巨大影响。虽然我们关注实际汇率而非名义汇率变动的影响，而人民币盯住美元并不等同于在 2000～2005 年人民币对美

元的实际汇率不变，但为确保我们的结果不受汇率制度改革的影响，我们依然将 2000～2005 年出口到美国和中国香港的观测值剔除①，重新估计式（5-9），结果列于表 5-10 的（1）～（3）列。

表 5-10　考虑汇率制度改革和 ATC 到期

项目	人民币汇率制度改革			排除受 ATC 影响的产品		
	（1）	（2）	（3）	（4）	（5）	（6）
	全样本	v_dif_k 高	v_dif_k 低	全样本	v_dif_k 高	v_dif_k 低
$\ln RER_{jt}$	0.020 （0.012）	0.046** （0.018）	0.007 （0.018）	0.018* （0.009）	0.043*** （0.014）	0.004 （0.012）
$\ln \varphi_{it}$	0.574*** （0.006）	0.585*** （0.008）	0.559*** （0.010）	0.576*** （0.006）	0.587*** （0.007）	0.565*** （0.009）
控制变量	是	是	是	是	是	是
固定效应	企业-目的地-产品、年份					
观测值	703 523	387 931	315 592	1 137 288	621 350	515 938
R^2	0.340	0.314	0.346	0.310	0.286	0.322

注：控制变量包括目标经济体人均 GNI，目标经济体及中国 HS 六位产品码层面上的平均实际进口关税，企业资本劳动比、雇员人数对数值及所有制虚拟变量。括号中为聚类标准误，聚类类别为 HS 六位产品码。表中"v_dif_k 高"指 v_dif_k 高于 50%分位数，"v_dif_k 低"指 v_dif_k 低于 50%分位数。ATC 的前身为《多种纤维协定》，即 Multi-Fiber Arrangement，MFA

***、**和*分别表示系数在 1%、5%和 10%的水平上显著

其次，我们考虑 WTO 的 ATC 对我们估计结果的影响。ATC 规定了发展中国家向美国、加拿大、欧盟和土耳其的纺织产品出口配额，该协定的有效期为 1974～2004 年，2004 年 12 月 31 日之后协定废止，发展中国家出口到这四个经济体的纺织品配额也相应被移除。Khandelwal 等（2013）利用这一自然实验（即 ATC 的移除）研究了出口配额在中国的生产率错配问题，他们的结果表明，配额的存在和移除对于中国纺织出口企业有着很大的影响。特别地，若出口配额原先存在生产率错配，高生产率出口企业没有得到配额，那么当配额移除之后，高生产率出口企业进入出口市场可能引起总体出口质量的提升，从而影响我们的估计。为了确保我们的估计结果不受影响，我们在样本中剔除了出口到美国、加拿大、欧盟和土耳其这四个经济体中受 ATC 规制的 HS 六位码产品，利用剩余样本估计式（5-9），结果列于表 5-10 的（4）～（6）列。

结果显示，在考虑了汇率制度改革和 ATC 的可能影响之后，估计得到的结果和基准结果相当一致。在表 5-10 中，（1）列和（4）列所呈现的全样本估计结果均表明 10%的人民币升值会带来平均 0.18%～0.20%的质量提升效应，虽然在考虑

① 香港金融管理局对港币实行盯住美元的固定汇率制度，因此人民币对港币汇率与人民币对美元汇率高度相关。

汇率制度改革时该效应在 10%的水平上不显著。更重要的是，当考虑行业的质量差异化程度时，我们发现在质量差异化程度高的行业中，出口质量享有显著的提升效应［(2）列和 5（列)］：10%的人民币升值带来 0.43%～0.46%的质量提升效应，且至少在5%的水平上显著，而在质量差异化程度低的行业中[（3)列和6(列)]，该效应不显著。我们的分析表明在考虑了汇率制度改革和 ATC 的潜在影响之后，人民币升值对出口质量的提升效应依然稳健。

接着，我们考虑加工贸易企业的可能影响。Yu（2015)、Dai 等（2016）均发现中国加工贸易企业和一般贸易企业在生产方式和关税待遇上存在很大区别，这些区别导致了这两类企业在贸易自由化进程中表现不同。虽然我们的样本仅包含了一般贸易出口的交易，但是由于许多企业是同时进行一般贸易和加工贸易出口的混合出口企业，因此人民币升值对于纯一般贸易出口企业和混合出口企业也可能会有不同影响。具体来说，由于加工贸易使用的中间品均来自进口，人民币升值可能有利于混合出口企业进口更多的加工贸易中间品，这些中间品虽然不能直接用于一般贸易出口产品的生产，但是可能带来技术正外溢效应，使升值对出口质量的提升效应在混合出口企业中更加明显。我们将样本分为纯一般贸易出口企业（$PE_{it}=0$）和混合出口企业（$PE_{it}=1$），对分样本分别估计式（5-9)，结果列于表 5-11。

表 5-11　考虑加工贸易企业

项目	全样本		v_dif_k 高		v_dif_k 低	
	（1）	（2）	（3）	（4）	（5）	（6）
	$PE_{it}=0$	$PE_{it}=1$	$PE_{it}=0$	$PE_{it}=1$	$PE_{it}=0$	$PE_{it}=1$
$\ln RER_{jt}$	0.019* （0.010）	0.037 （0.026）	0.032** （0.016）	0.067* （0.037）	0.020 （0.014）	0.032 （0.040）
$\ln \varphi_{it}$	0.584*** （0.007）	0.601*** （0.015）	0.613*** （0.010）	0.580*** （0.022）	0.584*** （0.009）	0.594*** （0.020）
控制变量	是	是	是	是	是	是
固定效应	企业-目的地-产品、年份					
观测值	1 011 934	236 326	543 396	141 482	468 538	94 844
R^2	0.198	0.279	0.151	0.262	0.239	0.186

注：控制变量包括目标经济体人均 GNI，目标经济体及中国 HS 六位产品码层面上的平均实际进口关税，企业资本劳动比、雇员人数对数值及所有制虚拟变量。括号中为聚类标准误，聚类类别为 HS 六位产品码。表中“v_dif_k 高”指 v_dif_k 高于 50%分位数，“v_dif_k 低”指 v_dif_k 低于 50%分位数

***、**和* 分别表示系数在 1%、5%和 10%的水平上显著

表 5-11 中的（1）～（2）列展示了基于全样本的回归结果。对于纯一般贸易出口企业，真实汇率的系数为 1.9%，在 10%的水平上显著；对于混合出口企业，真实汇率的系数为 3.7%，但并不显著。我们进一步将样本按照质量差异化程度高

低进行划分，分别估计式（5-9），（3）～（4）列显示在质量差异化程度高的行业中，10%的人民币升值使得纯一般贸易出口企业的出口质量平均上升 0.32%，在 5%的水平上显著；而混合出口企业这一效应为 0.67%，在 10%的水平上显著。与此形成对比的是（5）～（6）列，在质量差异化程度低的行业中，上述效应均在统计意义上不显著。这一部分的实证结果表明，混合出口企业可能在人民币升值的进程中享受额外的加工贸易进口中间品外溢效应，从而得到更大的质量提升效应，这一效应主要体现在质量差异化程度高的行业中。

如前所述，除了加剧竞争压力，人民币升值也可能通过降低进口中间品成本这一机制促进出口质量提升。Amiti 等（2014）利用比利时的数据发现规模较大的出口商通常也大量进口中间品，由于国外中间品的质量一般较高，进口中间品的增加也可能导致出口质量的提升。企业可以通过一般贸易进口中间品，进行一般贸易出口的生产，因此，若升值通过进口中间品这一机制发挥作用，则对于使用进口中间品比例越大的出口企业来说，升值对其出口质量的提升效应越明显。我们计算每个企业一般贸易进口中间品占总中间投入的比例 im_input_{it}[①]，在表 5-12 的（1）～（3）列中，我们将样本限制为 $\text{im\_input}_{it}=0$ 的观测值；在表 5-12 的（4）～（6）列中，我们在式（5-9）的基础上加入初期一般进口中间品占中间投入比例 im_input_{i0} 与双边实际汇率的交互项。

表 5-12　考虑进口投入占比

项目	$\text{im\_input}_{it}=0$			加入交互项		
	（1）	（2）	（3）	（4）	（5）	（6）
	全样本	v_dif_k 高	v_dif_k 低	全样本	v_dif_k 高	v_dif_k 低
$\ln \text{RER}_{jt}$	0.029^{**} （0.012）	0.040^{**} （0.019）	0.024 （0.016）	0.016^{*} （0.009）	0.035^{***} （0.013）	0.013 （0.012）
$\ln \varphi_{it}$	0.571^{***} （0.009）	0.577^{***} （0.013）	0.569^{***} （0.011）	0.573^{***} （0.006）	0.583^{***} （0.007）	0.563^{***} （0.009）
$\text{im\_input}_{i0}\times\ln \text{RER}_{jt}$				0.087 （0.106）	0.162 （0.136）	–0.239 （0.151）
控制变量	是	是	是	是	是	是
固定效应	企业-目的地-产品、年份					
观测值	681 856	346 399	335 457	1 252 228	687 133	565 095
R^2	0.310	0.278	0.314	0.310	0.288	0.318

注：控制变量包括目标经济体人均 GNI，目标经济体及中国 HS 六位产品码层面上的平均实际进口关税，企业资本劳动比、雇员人数对数值及所有制虚拟变量。括号中为聚类标准误，聚类类别为 HS 六位产品码。表中“v_dif_k 高”指 v_dif_k 高于 50%分位数，“v_dif_k 低”指 v_dif_k 低于 50%分位数

***、**和* 分别表示系数在 1%、5%和 10%的水平上显著

① 中间品的分类按照 Broad Economic Category 的标准划分。

表 5-12（1）～（3）列显示，在不进口任何中间品的样本中，人民币升值对出口质量的提升作用依然存在，且仅在质量差异化程度高的行业中显著；而在（4）～（6）列中，随着我们加入 im_input_{i0} 与双边实际汇率的交互项，对于不进口任何中间品的企业来说，10%的人民币升值使得出口质量提升 0.16%，在 10%的水平上显著，这一效应在质量差异化程度高的行业中为 0.35%，在 1%的水平上显著，在质量差异化程度低的行业中，这一效应不显著。而交互项的系数均在 10%的水平上不显著，意味着企业总中间投入中进口品的比例与升值的质量提升效应之间并无显著关系。我们的实证证据表明，人民币升值降低进口中间品的成本并不是升值导致出口产品质量提升的主要机制。

5.5 结　　论

本章关注人民币汇率的变化如何影响出口企业的出口产品质量水平决策。以往被广泛使用的测算出口产品质量的方法在理论和实证上均存在一定的问题：理论上该方法仅考虑了需求面因素而忽略了供给面因素；实证中关键变量价格存在测量误差，且质量测算值在跨时和跨国意义上不可比。为了克服这些问题，本章依据 Feenstra 和 Romalis（2014）提出的质量测算框架，利用余淼杰和张睿（2017a）提出的微观层面出口质量测算办法，准确衡量出口质量。在此基础上，我们研究了人民币升值是否促进了制造业出口企业的质量水平提升。人民币升值加剧了出口企业所面临的竞争压力，从而促使企业提高自身出口质量水平。在控制了其他可能影响出口企业质量决策的因素之后，基准估计结果显示，人民币对于一经济体货币升值 10%，则出口企业对该经济体的出口质量水平平均提高约 0.19%。进一步的分析表明，该质量提升效应主要存在于质量差异程度较高的行业中，10%的升值引起这类行业的出口质量水平上升 0.40%，而在质量差异程度较低的行业中这一效应不明显。人民币升值减少了出口企业数目，且升值对出口质量的提升效应在非核心产品及低生产率企业中更加明显，这都表明了升值通过加剧出口企业面临的竞争压力，影响出口企业的质量决策。我们的实证结果在考虑了 2005 年人民币汇率制度改革、ATC 到期、加工贸易、进口中间品等一系列潜在问题之后依然稳健。

我们的分析结果拓展了对汇率影响出口企业决策行为的认识，汇率变动影响出口企业所面临的竞争压力，导致企业调整自身的产品质量水平。随着人民币汇率的弹性和波动幅度逐渐增大，汇率对企业出口质量的影响势必更加明显。在国内生产成本上升、外需不确定性增大、制造业企业面临发达经济体和发展中经济体双重压力的形势下，我们的分析表明，竞争既是压力，也是驱使企业质量和竞争力升级的重要动力。如何应对日益激烈的竞争态势，将外在压力转化为质量升级、产业转型的机遇和内在动力，是中国制造业在今后的全球市场竞争中无法回避的命题和挑战。

第6章 人民币汇率和加工出口的国内附加值：理论及实证研究

6.1 背景介绍

改革开放以来，我国对外贸易突飞猛进，我国逐步成为世界性产品生产基地和区域性加工枢纽，并在全球产品供应链上占据重要位置。利用全球价值链，增加对国内中间品和服务的需求，提高技术水平，我国创造了就业，实现了高速增长（Gereffi and Memedovic，2003；Feenstra and Wei，2009）。根据联合国《2013年工业发展报告》，1970～2011年我国中间品出口年增长率约为24%，远高于其他亚洲国家；而中间品进口年增长率约为13%，与其他亚洲国家基本持平。中间品进出口增长率的差异间接反映了我国出口国内附加值比的提升。与此同时，加工贸易迅速壮大，并在我国对外贸易中占据重要地位。如图6-1所示，2000～2005年我国加工出口占总出口的比重一直稳定在55%左右（Kee and Tang，2016；戴觅等，2014），而2006年以后则稳步下降。2000～2004年，加工出口和进口份

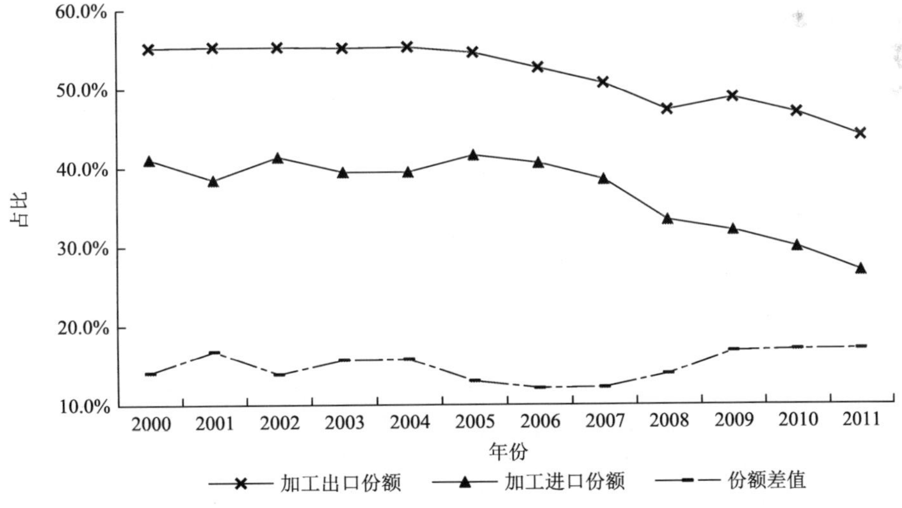

图6-1 2000～2011年我国加工进出口份额

资料来源：海关总署

加工出（进）口份额=加工总出（进）口/总出（进）口。份额差值为出口和进口份额之差

额差值基本保持不变。2006～2011 年，加工出口和进口的差额逐步拉大。加工进出口份额差值的拉大也间接反映了我国加工贸易国内附加值的提升。

由于总出口中仅国内附加值部分与一经济体的生产密切相关，因而出口附加值估算逐渐成为国际贸易实证研究中较为重要的话题。越来越多的研究开始关注要素价格变动、贸易自由化等对企业出口附加值的影响。Koopman 等（2008）指出自加入 WTO 以来，中国加工贸易的国内附加值比持续增加。Kee 和 Tang（2016）指出 2000～2006 年中国加工贸易企业国内附加值比平均增长 6 个百分点，且不同行业差异较大。木质纸浆及贵金属行业国内附加值比增长甚至超过 20 个百分点。随着加工贸易国内附加值比的提升，人民币双边汇率也显著变动。自 2005 年中国人民银行宣布建立有管理的浮动汇率制度到 2009 年①，人民币对美元、英镑等升值，对捷克克朗和巴拉圭瓜拉尼等小幅贬值。汇率波动影响贸易品的相对价格，进而会对双边贸易造成重要影响。如图 6-1 所示，加工进出口份额差距逐步拉大的时期也是人民币汇率剧烈波动的阶段。人民币汇率波动和加工贸易企业国内附加值比存在怎样的联系？是否是人民币汇率变动带动了加工贸易企业国内附加值比的变化？

本章拓展了 Rodríguez-López（2011）、Kee 和 Tang（2016）的理论模型，利用中国工业企业和海关产品层面贸易数据，计算了按贸易份额加权的企业层面名义有效汇率，并分析了人民币汇率变动对加工贸易企业国内附加值比的影响。给定其他要素不变，汇率变动一方面通过进口中间品相对价格影响本国企业对生产要素的配置；另一方面则通过出口品相对竞争力影响企业的进入退出和定价决策，最终引起国内附加值的变化。企业的国内附加值一方面和国内中间品行业的规模、技术进步、质量提升等密切相关，反映了本国企业对国内中间品的相对需求；另一方面，它还与企业自身的技术进步、生产率等相关。企业附加值提升是我国实现经济转型升级的重要内容。考虑到加工贸易在我国占据重要地位，因而研究汇率变动对加工贸易企业国内附加值的影响具有重要意义。

本章主要与垂直分工与全球产品供应链、汇率变动与对外贸易这两支文献相关。已有大量的理论和实证研究关注垂直分工和全球产品供应链，并逐渐细化出加工贸易及国内附加值核算两个支流。作为垂直分工的一种特殊形式，加工贸易的研究一方面关注其与一般贸易的差别，如人均工业增加值、资本劳动比及生产率较低，外资依赖程度更高（余淼杰，2011；戴觅等，2014），生产波动性更大（Bergin et al.，2009）等。因此在研究加工贸易盛行的经济体的企业行为时，应分别考虑加工贸易和一般贸易两种生产结构。另一方面，加工贸易的研究则关注加工贸易

① 2009 年后，人民币对美元小幅升值，并逐步出现双向浮动，甚至贬值的情况。然而受数据限制，后文的分析集中在 2000～2009 年的数据区间。

在解释双边贸易平衡（Xing，2012）、中国对外出口产品复杂度（Wang and Wei，2008）等方面的作用。然而这些文献均未涉及加工贸易国内附加值计算问题，不能解释加工贸易国内附加值比上升这一现象。

在附加值计算这一分支文献中，可以将文献按照计算方法分为两类：①根据一国的投入产出表计算不同行业的国内附加值比［HIY 及 KWW 方法[①]、Johnson 和 Noguera（2012）］；②根据工业企业和产品层面贸易数据合并后的样本，计算加工贸易企业的国内附加值比（Kee and Tang，2016）。Koopman 等（2008，2014）认为传统的 HIY 方法没有将投入产出表中的加工贸易企业和一般贸易企业分开，高估了加工贸易盛行国家的国内附加值比。尽管 KWW 方法对投入产出表做出了这一调整，然而他们忽略了企业间的异质性。Kee 和 Tang（2016）根据加工贸易企业加工进口全部用于加工出口这一特征，提供了加工贸易企业国内附加值比的计算方法，并考虑了行业层面汇率变动及贸易自由化等对行业内国内附加值比平均变动的影响，但他们发现汇率变动并不显著影响国内附加值比。

而汇率变动与对外贸易这一支文献主要关注汇率变动和进口品价格间的不完全关联性，并指出汇率变动可通过进口价格影响企业的出口行为（Campa and Goldberg，2005；Gopinath and Rigobon，2008；Rodríguez-López，2011）。Berman 等（2012）利用法国企业层面数据，分析了汇率变动对企业出口行为的影响，发现本币贬值将导致高生产率企业的出口略微增加、出口成本加成显著提高。具体到人民币汇率层面，卢向前和戴国强（2005）、刘尧成等（2010）、戴觅等（2013）发现人民币升值将加大中国贸易逆差压力。

本章的贡献主要体现在以下两个方面。在理论建模方面，本章拓展了 Rodríguez-López（2011）、Kee 和 Tang（2016）的模型，在替代弹性可变的消费者偏好下，考虑中间品在企业生产中的作用，并将汇率变动引入企业的生产决策，进而刻画了汇率变动影响加工贸易企业国内附加值比的理论机制。本章的理论模型指出汇率变动不仅通过进口和国内中间品配置（Kee and Tang，2016）影响加工贸易企业国内附加值比，还通过影响企业的进入退出和定价决策，进而影响加工贸易企业的成本加成和国内附加值比。在实证研究方面，本章从以下三个方面拓展了 Kee 和 Tang（2016）的实证分析。首先，本章计算了混合贸易企业中加工贸易部分的国内附加值比，并研究了汇率变动对其的影响。2000～2006 年，混合贸易企业出口平均占我国总出口的 36.2%、总加工出口的 66.1%，因而研究汇率变动对其加工贸易部分国内附加值比的影响具有重要意义。其次，考虑到企业层面外汇风险暴露度的异质性，本章计算了企业层面按贸易份额加权的名义有效汇率。来料加工企业和外国公司签订合同并赚取加工费，汇率变动对其影响不大，而进料加工

① HIY、KWW 方法分别指 Hummels 等（2001）及 Koopman 等（2008）提供的计算方法。

企业自主选择中间品来源地，外汇风险暴露度较大。最后，本章提供了汇率变动影响加工贸易国内附加值比及其影响渠道的企业层面证据。

本章结构如下：6.2 节建立汇率和国内附加值比的理论模型；6.3 节对实证分析使用的数据和变量进行说明；6.4 节由结构方程导出回归式，并进行计量分析；6.5 节对可能存在的进口资本品和内生性等影响因素进行稳健性检验；6.6 节讨论汇率变动对国内附加值比影响的经济显著性和影响机制；6.7 节为结论和政策建议。

6.2 理 论 模 型

有关汇率和进口价格传递机制的文献已经指出汇率变动可通过进口价格及要素成本影响企业的国内附加值。本章在替代弹性可变的消费者偏好下，将汇率变动引入企业的生产决策，并在汇率传递机制模型（Rodríguez-López，2011）中考虑中间品的作用（Kee and Tang，2016），进而刻画汇率变动影响加工贸易企业国内附加值比的理论机制。理论模型指出，汇率变动除通过进口中间品相对价格影响企业的进入退出决策外，还通过出口品相对竞争力影响企业的进入退出决策，改变出口企业的相对平均水平的生产效率，进而影响其国内附加值比[①]。

6.2.1 需求方面

同 Rodríguez-López（2011）一样，代表性消费者对最终产品的偏好由一个连续形式的超对数支出函数表示：

$$\ln E_t = \ln U_t + \alpha_t + \frac{1}{N_t}\int_{i\in\Delta_t} \ln p_{it} \mathrm{d}i + \frac{\gamma}{2N_t}\int_{i\in\Delta_t}\int_{j\in\Delta_t} \ln p_{it}(\ln p_{jt} - \ln p_{it})\mathrm{d}j\mathrm{d}i \quad (6\text{-}1)$$

其中，N_t为 t 期本国代表性消费者偏好且真实存在的异质性产品集合 Δ_t 内的产品数目；E_t为代表性消费者为实现效用 U_t所需支付的最低支出；p_{it}为差异化产品 i（$i\in\Delta_t$）在 t 期的价格。外国代表性消费者的偏好与本国类似，相应变量均带上标*加以区分，如 E_t^*、U_t^*等。γ（>0）衡量了不同产品间的替代程度，γ 越大，替代程度越高。α_t为代表性消费者对数支出中随时间变化的固定效应。

① 由于本章的基本设定与以上两篇文献类似，为避免重复并突出本章的贡献，除必要的设定外，本章将直接引用这两篇文献的结论，并对进行拓展的地方做详细说明。如果读者需要模型部分结论的详细推导可联系作者索取。

代表性消费者的最优化目标为给定收入水平，消费者通过选择不同的消费组合来最大化效用水平。由消费者理论的对偶性可知，这一最优化目标等同于给定效用水平，消费者通过选择不同的消费组合来最小化支出。由于式（6-1）直接给出了支出函数的表达形式，则根据谢泼德引理，代表性消费者对异质性产品 i 的需求为

$$q_{it}=\gamma\left(\ln\frac{\hat{p}_t}{p_{it}}\right)\frac{I_t}{p_{it}} \tag{6-2}$$

其中，$\hat{p}_t=\mathrm{e}^{\frac{1}{N_t\gamma}+\overline{\ln p_t}}$，$\overline{\ln p_t}=\dfrac{1}{N_t}\int\limits_{j\in\Delta_t}\ln p_{jt}\mathrm{d}j$。$\hat{p}_t$ 为企业在本国市场所能定的以本币表示的最高价格。I_t 为以本币表示的本国代表性消费者的总消费支出。

6.2.2　供给方面

为计算企业的国内附加值比，本章拓展了 Rodríguez-López（2011）的理论模型，在企业的生产函数中同时考虑资本和中间品的作用。随着贸易自由化进程的加快，中间品在国际贸易中扮演着越来越重要的角色，并直接影响企业的国内附加值。本章在企业的生产函数中考虑劳动、资本、中间品三种要素。假设要素市场完全竞争，即要素价格不受单个企业生产决策的影响，且资本和劳动不能跨国流动。中间品和最终品可以相互贸易，且最终品市场垄断竞争。每个企业可以使用本国资本、劳动、国内中间品 m_{it}^D 或进口中间品 m_{it}^I 进行生产，但仅能生产一种产品。企业需先支付进入成本，才能知道其生产率（Melitz，2003）。则异质性企业 i 在 t 期的生产函数为

$$y_{it}=\varphi_{it}k_{it}^{\alpha_k}l_{it}^{\alpha_l}m_{it}^{\alpha_m}\,,\quad \alpha_k+\alpha_l+\alpha_m=1 \tag{6-3}$$

其中，y_{it} 为企业 i 在 t 期生产的最终产品 i 的数量；φ_{it} 为全要素生产率，并服从帕累托分布；k_{it}、l_{it} 和 m_{it} 分别为最终品生产投入的资本、劳动及中间品数量；α_k、α_l、α_m 依次为总成本中资本、劳动及中间品投入份额；中间品 m_{it} 由国内和进口中间品构成：

$$m_{it}=\left[(m_{it}^D)^{\frac{\sigma-1}{\sigma}}+(m_{it}^I)^{\frac{\sigma-1}{\sigma}}\right]^{\frac{\sigma}{\sigma-1}},\quad \sigma>1 \tag{6-4}$$

其中，σ 为国内中间品 m_{it}^D 和进口中间品 m_{it}^I 间的替代弹性。本章在 Rodríguez-López（2011）的基础上引入三种生产要素，拓展了汇率影响企业出口行为的渠道。汇率既可能通过最终品市场影响企业出口行为，又能通过投入品市场影响企业出口行为。

企业通过配置劳动、资本和中间品三种投入要素，来最小化其生产成本，即

$$\begin{aligned}&\min_{l_{it},k_{it},m_{it}} w_t l_{it} + r_t k_{it} + p_t^M m_{it}\\&\text{s.t. } \varphi_{it} k_{it}^{\alpha_k} l_{it}^{\alpha_l} m_{it}^{\alpha_m} \geqslant y_{it}\end{aligned} \tag{6-5}$$

由此可得企业 i 在 t 期的成本和边际成本函数为

$$c_{it} = \frac{y_{it}}{\varphi_{it}}\left(\frac{r_t}{\alpha_k}\right)^{\alpha_k}\left(\frac{w_t}{\alpha_l}\right)^{\alpha_l}\left(\frac{p_t^M}{\alpha_m}\right)^{\alpha_m} \tag{6-6}$$

$$\text{mc}_{it} = \frac{\theta}{\varphi_{it}}, \theta = \left(\frac{r_t}{\alpha_k}\right)^{\alpha_k}\left(\frac{w_t}{\alpha_l}\right)^{\alpha_l}\left(\frac{p_t^M}{\alpha_m}\right)^{\alpha_m} \tag{6-7}$$

其中，p_t^M 为中间品价格指数①。企业的边际成本为其全要素生产率 φ_{it} 及要素价格（r_t, w_t, p_t^M）的函数。企业生产率越高，边际成本越低。

6.2.3 均衡条件

给定产品 i 的需求式（6-2）和边际成本式（6-7），则企业 i 在 t 期最大化生产利润②式为

$$\max_{l_{it},k_{it},m_{it}} p_{it} y_{it} - \text{mc}_{it} y_{it} \tag{6-8}$$

可得其最优的定价策略为

$$p_{it} = \frac{\text{mc}_{it}}{1+\dfrac{1}{\eta_{it}}} = (1+\mu_{it})\text{mc}_{it} \tag{6-9}$$

其中，η_{it} 和 μ_{it} 分别为企业 i 在 t 期面临的需求的价格弹性和供给的成本加成。由式（6-2），可得产品 i 需求的价格弹性为

$$\eta_{it} = \frac{\partial q_{it}}{\partial p_{it}}\frac{p_{it}}{q_{it}} = \frac{-1}{\ln\left(\dfrac{\hat{p}_t}{p_{it}}\right)} - 1 \tag{6-10}$$

将式（6-10）代入式（6-9）可得

---

① 企业 i 在 t 期最小化生产成本，即式（6-5）。这一命题等同于 $\begin{cases}\min\limits_{l_{it},k_{it},m_{it}^D,m_{it}^I} w_t l_{it} + r_t k_{it} + p_t^{DM} m_{it}^D + p_t^{IM} m_{it}^I\\ \text{s.t. } \varphi_{it} k_{it}^{\alpha_k} l_{it}^{\alpha_l} m_{it}^{\alpha_m} \geqslant y_{it}\end{cases}$。联立这两个命题，可得 $\begin{cases}\min\limits_{m_{it}^D,m_{it}^I} p_t^{DM} m_{it}^D + p_t^{IM} m_{it}^I\\ \text{s.t. } \left[(m_{it}^D)^{\frac{\sigma-1}{\sigma}} + (m_{it}^I)^{\frac{\sigma-1}{\sigma}}\right]^{\frac{\sigma}{\sigma-1}} \geqslant m_{it}\end{cases}$，即给定最优中间品投入，企业自主选择国内和进口中间品从而使得中间品支出成本最小。则中间品价格指数为 $p_t^M = [(p_t^{DM})^{1-\sigma} + (p_t^{IM})^{1-\sigma}]^{\frac{1}{1-\sigma}}$。

② 略去固定成本。由于企业面临的固定成本为常数，故它并不影响企业的最优定价策略。此外，本章考虑替代弹性可变的超对数支出函数，也不依赖于假设国内和出口企业固定成本差异来计算出口企业生产率的临界值。

$$\mu_{it}=\Omega\left(\frac{\hat{p}_t}{\mathrm{mc}_{it}}\mathrm{e}\right)-1 \tag{6-11}$$

其中，e 为自然对数的底数。Ω 为朗伯 W 函数，是方程 $x=f(\Omega)=\Omega\mathrm{e}^{\Omega}$ 的反函数，且 $\partial\Omega(x)/\partial x>0$，$\partial^2\Omega(x)/\partial x^2<0$，$\Omega(0)=0, \Omega(\mathrm{e})=1$。

零利润条件：国内和出口市场中生产率最低的企业成本加成为零且获得零利润。令 $\varphi_r=\inf\{\varphi_{it}\text{：}\mu_{it}^{r}(\varphi_{it})\geqslant 0\}$、$\varphi_r^*=\inf\{\varphi_{it}\text{：}\mu_{it}^{r*}(\varphi_{it})\geqslant 0\}$（$r\in\{D,X\}$）分别为国内（记作 D）和出口（记作 X）市场生产率临界值。由于企业在目标市场能定的最高价格为该市场的价格上限，故

$$\varphi_D=\frac{\theta_t}{\hat{p}_t},\ \ \varphi_X=\frac{\tau\theta_t}{\varepsilon\hat{p}_t^*};\ \ \varphi_D^*=\frac{\theta_t^*}{\hat{p}_t^*},\ \ \varphi_X^*=\frac{\tau^*\varepsilon\theta_t^*}{\hat{p}_t} \tag{6-12}$$

联立式（6-7）、式（6-11）和式（6-12）可得

$$\mu_{it}^{r}(\varphi_{it})=\Omega\left(\frac{\varphi_{it}}{\varphi_r}\mathrm{e}\right)-1(r\in\{D,X\})；\ \ \mu_{it}^{r*}(\varphi_{it})=\Omega\left(\frac{\varphi_{it}}{\varphi_r^*}\mathrm{e}\right)-1(r\in\{D,X\}) \tag{6-13}$$

6.2.4　国内附加值

企业的国内附加值等于其总产出中扣除进口中间品的部分，而国内附加值比为其国内附加值占总产出的份额。[①]故企业 i 在 t 期的国内附加值为 $\mathrm{DVA}_{it}=p_{it}y_{it}-p_t^{IM}m_{it}^{I}$，国内附加值比为 $\mathrm{DVAR}_{it}=\mathrm{DVA}_{it}/p_{it}y_{it}$。给定最优中间品投入，企业自主选择国内和进口中间品从而使得中间品支出成本最小。

$$\begin{aligned}&\min_{m_{it}^D,m_{it}^I}\ p_t^{DM}m_{it}^{D}+p_t^{IM}m_{it}^{I}\\&\text{s.t.}\left[(m_{it}^{D})^{\frac{\sigma-1}{\sigma}}+(m_{it}^{I})^{\frac{\sigma-1}{\sigma}}\right]^{\frac{\sigma}{\sigma-1}}\geqslant m_{it}\end{aligned} \tag{6-14}$$

其中，p_t^{DM} 和 p_t^{IM} 分别为以本币标价的国内和进口中间品价格[②]。由一阶条件可得

$$\frac{p_t^{IM}m_{it}^{I}}{p_t^{M}m_{it}}=\frac{1}{1+\left(\dfrac{p_t^{IM}}{p_t^{DM}}\right)^{\sigma-1}} \tag{6-15}$$

---

① 文献中通常衡量出口的国内附加值（Kee and Tang，2016），而由于受数据限制，鲜有文献讨论内销的国内附加值。本章关注的也是出口中的国内附加值。但对加工贸易而言，其只能出口而不能内销，因而出口额应与总产值相等。

② 本章忽略国内（进口）中间品内部的异质性。

将式（6-6）、式（6-9）、式（6-15）代入国内附加值比的定义式可得

$$\mathrm{DVAR}_{it} \equiv 1-\frac{p_t^{IM} m_{it}^I}{p_{it} y_{it}}=1-\frac{\alpha_m}{(1+\mu_{it})}\frac{1}{1+\left(\dfrac{p_t^{IM}}{p_t^{DM}}\right)^{\sigma-1}} \tag{6-16}$$

企业国内附加值的规模可能差异较大，因而本章在随后的研究中主要关注汇率变动对国内附加值比的影响。

由于缺乏一般贸易企业如何在出口和内销上配置国内和进口中间品的数据，因此难以计算一般贸易企业的国内附加值比。已有计算行业国内附加值比的文献均需假设在出口和内销上按生产额均匀分摊国内及进口中间投入（Hummels et al.，2001；Koopman et al.，2008，2014）。然而，进口和国内中间品并非等比例替代。和国内中间品相比，进口中间品通常质量更高并包含先进的技术，而加工贸易企业的进口中间品全部用于出口，无内销部分。因此，本章将根据加工进出口额计算加工贸易企业的国内附加值比（Kee and Tang，2016），进而分析汇率变动对其的影响。令 p_t^{FM*} 表示以外币标价的进口中间品的离岸价格，则 $p_t^{IM} \equiv \tau^* \varepsilon p_t^{FM*}$。故加工贸易企业的国内附加值比为

$$\mathrm{DVAR}_{it}^{\mathrm{pe}}=1-\frac{\alpha_m}{1+\mu_{it}^X}\frac{1}{1+\left(\dfrac{\tau^* \varepsilon p_t^{FM*}}{p_t^{DM}}\right)^{\sigma-1}} \tag{6-17}$$

其中，pe 为加工贸易。μ_{it}^X 为企业 i 在 t 期出口的成本加成。τ^*为将商品从外国运到本国的冰山成本，即外国运输 τ^*单位产品才能保证 1 单位产品到达本国。ε 为 1 单位外币的本币价格，ε 增加表示本币贬值。

本章将基于式（6-17）探讨汇率变动对加工贸易企业国内附加值比的影响。首先，给定其他值不变，若本币贬值（ε 增加），则企业 i 在 t 期的国内附加值比增加。此时，进口中间品的相对价格上升，本国企业对其的配置下降，而对国内中间品的需求增加，因而国内附加值比提高。其次，汇率变动还将通过出口产品的相对竞争力影响企业的进入退出和定价决策，进而影响其出口的成本加成和国内附加值比。本币贬值时（ε 增加），本国出口产品的价格优势增加。此时较低生产率的企业也可出口，故出口企业全要素生产率的临界值 φ_X 下降，即 $\partial\varphi_X / \partial\varepsilon < 0$[①]。在位企业相对出口市场平均水平的生产率提升，并有动机提高其成本加成。

① $\partial\varphi_X / \partial\varepsilon < 0$ 的一般均衡推导详见 Rodríguez-López（2011）。尽管本章考虑了三种生产要素，但由于假设要素市场完全竞争，故这一基本结论仍然成立。

$$\frac{\partial\mu_{it}^{X}(\varphi_{it})}{\partial\varepsilon}=\left(-\frac{\varphi_{it}}{{\varphi_X}^{2}}\mathrm{e}\right)\frac{\partial\Omega(x)}{\partial x}\frac{\partial\varphi_X}{\partial\varepsilon}>0$$

由式（6-17），$\dfrac{\partial\mathrm{DVAR}_{it}^{\mathrm{pe}}}{\partial\mu_{it}^{X}}\dfrac{\partial\mu_{it}^{X}(\varphi_{it})}{\partial\varepsilon}>0$。因而汇率变动对加工贸易企业国内附加值比的影响为

$$\frac{\partial\mathrm{DVAR}_{it}^{\mathrm{pe}}}{\partial\varepsilon}=\frac{\alpha_m}{1+\mu_{it}^{X}}\frac{(\sigma-1)\left(\dfrac{\tau^{*}p_t^{FM*}}{p_t^{DM}}\right)^{\sigma-1}\varepsilon^{\sigma-2}}{\left(1+\left(\dfrac{\tau^{*}\varepsilon p_t^{FM*}}{p_t^{DM}}\right)^{\sigma-1}\right)^{2}}+\frac{\partial\mathrm{DVAR}_{it}^{\mathrm{pe}}}{\partial\mu_{it}^{X}}\frac{\partial\mu_{it}^{X}(\varphi_{it})}{\partial\varepsilon}\tag{6-18}$$

中间品配置渠道（+）　　　成本加成渠道（+）

假设本国和外国要素市场完全竞争，故单个企业的生产决策不影响 p_t^{FM*} 和 p_t^{DM} 的取值，则汇率变动对加工贸易企业的国内附加值比有两方面影响：①中间品配置渠道。给定其他要素不变，汇率变动改变本国进口中间品的相对价格，进而直接影响加工贸易企业对进口中间品的配置和其国内附加值比。本币贬值，以本币衡量的进口品的相对价格提高，进口中间品投入份额下降，因而加工贸易企业的国内附加值比提高。②成本加成渠道。汇率变动还将影响本国出口企业的进入退出和定价策略，进而影响加工贸易企业的成本加成和国内附加值比。本币贬值，企业出口的成本优势增加，生产率低一些的企业也可出口，故出口企业的平均生产率降低。在位企业相对市场平均水平的竞争力提高，这激励其提高出口的成本加成（Berman et al.，2012；Rodríguez-López，2011）。成本加成提高拉大了加工贸易企业总产值和总投入的比值，提高其利润率，进而提高其国内附加值比。值得强调的是，本章理论模型中的中间品配置渠道虽与 Kee 和 Tang（2016）一致，但 Kee 和 Tang（2016）控制中间品投入占总收益的比重不变，即产品的成本加成不变，因而未能刻画汇率变动通过成本加成影响国内附加值比的这一渠道。

6.3　数据、变量与统计描述

自 2005 年以来，我国加工贸易企业国内附加值比逐年提高。人民币对美元、澳元、英镑等升值，而对捷克克朗和巴拉圭瓜拉尼等小幅贬值。中国企业层面微观数据提供了分析汇率变动对加工贸易企业国内附加值比影响的良好样本。因此，本章在实证分析中采用中国企业数据来检验理论部分的基本结论[①]。

① 本章假设企业只生产一种产品。关于汇率变动对企业出口产品种类的影响参见余淼杰和王雅琦（2015）。

6.3.1 数据[①]

本章主要使用三套数据。第一套是海关总署提供的 2000～2009 年产品层面贸易数据，第二套是国家统计局提供的 2000～2009 年规模以上工业企业数据，第三套是国际货币基金组织（International Monetary Fund，IMF）数据和世界银行 WDI 数据。本章在实证分析时需要使用企业层面特征变量，如劳动生产率、企业销售额等，而在计算国内附加值比、区分加工贸易和非加工贸易企业时则需要使用产品层面贸易数据，因此本章采用将这两套数据合并后的样本进行实证分析。本章主要根据企业中文名、邮政编码和电话号码将工业企业和产品层面贸易数据匹配起来，并剔除了邮政编码和电话号码无效的企业。合并后的样本为非平衡面板，包含 35 420 家国内附加值比大于 0 小于 1 的加工贸易企业，共计 89 030 个观测值。国际金融统计（International Financial Statistics，IFS）数据库提供了双边名义汇率和消费者价格指数数据，而 WDI 数据库则提供各国的 M1 及 M2 数据。根据产品层面贸易数据，企业与不同经济体的贸易往来差异很大，这使得根据贸易份额来计算企业层面的名义有效汇率显得十分必要。

6.3.2 主要变量定义

本章将加工出口额大于 0 的企业定义为加工贸易企业。进一步，按企业的加工出口占总出口的份额将加工贸易企业分为纯加工贸易企业（加工出口率为 1）和混合贸易企业（加工出口率大于 0 但小于 1)。下文计算了加工贸易企业的国内附加值比、企业层面名义有效汇率、M1、M2 及其增长率等变量。所有本国变量均用下标 h 表示，但为使得变量标识更加简洁，本章通常略去这一下标。

由于政府难以监管企业内部的要素配置，因而混合贸易企业可能将加工进口的原材料用于一般贸易产品的生产。参照 Kee 和 Tang（2016)，本章假设混合贸易企业将加工进口的原材料按照出口额均匀分配到一般和加工出口上，并得到国内附加值比，即 $\mathrm{DVAR}_{it}^{\mathrm{pe}}$。

$$\begin{cases} \mathrm{DVAR}_{it}^{\mathrm{pe}} = 1 - \dfrac{\mathrm{PIM}_{it}}{\mathrm{PEX}_{it}}, & \dfrac{\mathrm{PEX}_{it}}{\mathrm{TEX}_{it}} = 1 \\ \mathrm{DVAR}_{it}^{\mathrm{pe}} = 1 - \dfrac{\mathrm{PIM}_{it}}{\mathrm{TEX}_{it}}, & 0 < \dfrac{\mathrm{PEX}_{it}}{\mathrm{TEX}_{it}} < 1 \end{cases}$$

① 文献中关于我国工业企业和产品层面贸易数据的介绍已经有很多，本章仅做简要概述。详细介绍参见余淼杰（2011）和戴觅等（2014）。

其中，PEX_{it} 和 PIM_{it} 分别为加工贸易企业 i 在 t 期的加工出口和进口总额。TEX_{it} 为加工贸易企业的总出口额。令 $FVAR_{it}^{pe} \equiv 1 - DVAR_{it}^{pe}$，为加工贸易企业 i 在 t 期的国外附加值比。本章随后还将采用未对混合贸易企业加工进口进行均匀分配的国内附加值比进行稳健性检验。

文献中关于企业层面名义有效汇率的计算一般采用随时间变化的贸易权重，因而企业层面名义有效汇率的变动既可能来自经济体层面双边汇率的变动，也可能来自贸易权重的变动。面临汇率冲击时，企业倾向于从本币对其升值的经济体进口，而向本币对其贬值的经济体出口，这使得采用传统企业层面名义有效汇率进行的实证研究存在内生性问题。因而本章采用企业在样本数据初始年的贸易权重进行加权，以解决因企业自主调整进出口贸易经济体所导致的内生性问题。按初始年贸易份额加权的企业层面名义有效汇率的计算公式如下：

$$NEER_{it}^{\delta} = e^{\sum_{j=1, j\neq h}^{C} \omega_{ijt_{i0}}^{\delta} \ln NER_{jt}}, \quad \omega_{ijt_{i0}}^{\delta} = \frac{(EX_{ijt_{i0}})^{1-\delta}(IM_{ijt_{i0}})^{\delta}}{\sum_{j=1, j\neq h}^{C}(EX_{ijt_{i0}})^{1-\delta}(IM_{ijt_{i0}})^{\delta}} \text{ 且} \sum_{j=1, j\neq h}^{C} \omega_{ijt_{i0}}^{\delta} = 1$$

其中，j 为经济体，是大于 1 小于 C 的整数。C 为经济体的总数。t_{i0} 为企业 i 在样本中的初始年。NER_{jt} 为 t 期 1 单位经济体 j 货币所能兑换的人民币。$EX_{ijt_{i0}}$ 为企业 i 在 t_{i0} 期对经济体 j 的出口额。$IM_{ijt_{i0}}$ 为企业 i 在 t_{i0} 期从经济体 j 的进口额。δ 为进出口哑变量，当计算进口权重时 $\delta = 1$，计算出口权重时 $\delta = 0$。$\omega_{ijt_{i0}}^{\delta}$ 为贸易权重。当 $\delta = 0$ 时，$NEER^{\delta}_{it}$ 为企业 i 在 t 期按初始年出口份额加权的名义有效汇率；当 $\delta = 1$ 时，则表示按初始年进口份额加权的名义有效汇率。

然而，即使采用初始年贸易权重仍可能存在内生性问题。规模较大的加工贸易企业可能会游说政府以寻求汇率政策优惠。因此本章还采用按初始年贸易份额加权的 M1 及 M2 增长率作为企业层面名义有效汇率的工具变量。一方面，根据相对购买力平价公式，本币贬值率等于本国和其他经济体通货膨胀率的差值。而一经济体的通货膨胀率和其货币供给增长率密切相关。因此 M1、M2 增长率和双边汇率相关。另一方面，其他经济体的货币供给量通常不受中国企业生产行为的影响，因而企业层面的 M1、M2 增长率应满足工具变量外生的要求。此外，和 M1、M2 水平值相比，M1、M2 增长率有效避免了由货币单位不同导致的偏差。

$$M1G_{jt} = \frac{M1_{jt} - M1_{jt-1}}{M1_{jt-1}}, \quad M2G_{jt} = \frac{M2_{jt} - M2_{jt-1}}{M2_{jt-1}}$$

$$M1G_{it}^{\delta} = \sum_{j=1, j\neq h}^{C} \omega_{ijt_{i0}}^{\delta} M1G_{jt}, \quad M2G_{it}^{\delta} = \sum_{j=1, j\neq h}^{C} \omega_{ijt_{i0}}^{\delta} M2G_{jt}$$

其中，$M1_{jt}$ 和 $M2_{jt}$ 为按当地货币单位表示的经济体 j 在 t 期的狭义和广义货币供应量。$M1G_{jt}$和$M2G_{jt}$则分别为狭义和广义货币供应量的增长率。当$\delta=0$时，$M1G^{\delta}_{it}$表示企业i在t期面临的按初始年出口份额加权的狭义货币供应增长率；当$\delta=1$时，则表示企业i在t期面临的按初始年进口份额加权的狭义货币供应增长率。$M2G^{\delta}_{it}$的含义与$M1G^{\delta}_{it}$类似。

6.3.3　统计描述

表 6-1 列出了主要变量的均值和标准差，并比较了 2000～2009 年和 2005～2009 年两个时期主要解释变量统计值的差异。由表 6-1 可知，主要变量的均值和标准差在 2005 年前后大多发生了变化。对混合贸易企业进行调整的国内附加值比的均值在 2005 年之后上升，而标准差则维持不变。2005 年之后，按初始年进口份额加权的名义有效汇率均值相较于全样本均值小幅提升，而按初始年出口份额加权的名义有效汇率均值相较于全样本均值则小幅下降。尽管 2005 年后人民币对美元升值，但同时对部分货币贬值。因而企业层面的名义有效汇率和经济体层面的双边名义汇率变化可能并不完全一致。此外，样本数据中按初始年进口和出口份额加权的名义有效汇率的均值相差较大，但全部贸易企业中这两个名义有效汇率的均值接近。按初始年进口份额加权的 M1 增长率在 2005 年之后有所下降，而按初始年进口份额加权的 M2 增长率则在 2005 年之后上升。这可能是因为基础货币存在乘数效应，政府往往对狭义货币供给的控制更为严格，而随着互联网金融的发展，广义货币供给则难以控制。

表 6-1　主要变量的统计描述

变量	2000～2009 年		2005～2009 年	
	均值	标准差	均值	标准差
国内附加值比	0.58	0.27	0.62	0.27
按初始年进口份额加权的名义有效汇率	1.05	1.70	1.10	1.77
按初始年出口份额加权的名义有效汇率	2.38	2.79	2.33	2.76
按初始年进口份额加权的 M1 增长率	5.58%	6.91%	4.50%	6.33%
按初始年进口份额加权的 M2 增长率	4.29%	5.59%	5.35%	5.71%
劳动生产率对数	4.84	0.96	5.09	0.96
国有企业哑变量	0.03	0.17	0.00	0.05
外资企业哑变量	0.57	0.50	0.62	0.48
企业销售额对数	10.32	1.32	10.66	1.31

注：表中统计值来自工业企业和产品层面贸易数据合并后且国内附加值比在（0, 1）之间的加工贸易企业样本。根据企业登记注册类型，广义的国有企业包括国有企业（全资）、国有联营企业、国有与集体联营企业及国有独资公司。当外资持有股份大于 0 时，外资企业哑变量等于 1

资料来源：国家统计局规模以上工业企业数据和海关总署产品层面贸易数据

6.4 实 证 分 析

6.4.1 回归方程

由于企业国内附加值的规模可能差异较大，因而在实证研究中本章主要分析企业层面名义有效汇率对其国内附加值比的影响。将式（6-17）左右两边同时取对数得到

$$\ln(1-\mathrm{DVAR}_{it}^{\mathrm{pe}})=\ln\alpha_m-\ln(1+\mu_{it}^{X})-\ln\left[1+\left(\frac{\tau^{*}\varepsilon p_t^{FM*}}{p_t^{DM}}\right)^{\sigma-1}\right] \tag{6-19}$$

由于国内和国外附加值比总和始终为 1，且为和理论模型保持一致，并避免可能存在的方程误设问题，本章在实证分析中采用国外附加值比的对数作为因变量。事实上，采用国内或者国外附加值比的对数进行回归的结果十分类似。

$$\ln\mathrm{FVAR}_{it}^{\mathrm{pe}}\equiv\ln(1-\mathrm{DVAR}_{it}^{\mathrm{pe}})=\beta_0+\beta_1\ln(\mathrm{NEER}_{it}^{\delta=1})+\beta_2X_{it}+a_i+\rho_t+\zeta_{it} \tag{6-20}$$

其中，ln(·)表示相应变量的对数；X_{it} 为其他企业层面控制变量，包括按初始年进口份额加权的其他经济体的消费者价格指数①、国有企业哑变量和外资企业哑变量（私有企业为对照组）等；a_i 为企业层面固定效应；ρ_t 为时间层面固定效应；ζ_{it} 为随时间变化的企业层面异质性冲击。由理论模型知 $\beta_1<0$，即本币贬值导致加工贸易企业的国外附加值比下降、国内附加值比提高。考虑到汇率变动对加工贸易企业的国内附加值比存在两方面影响，本章在实证分析中还将对这两方面影响渠道进行实证检验。

由于 $\mathrm{FVAR}_{it}^{\mathrm{pe}}\equiv 1-\mathrm{DVAR}_{it}^{\mathrm{pe}}$，故

$$\Delta\mathrm{FVAR}_{it}^{\mathrm{pe}}=-\Delta\mathrm{DVAR}_{it}^{\mathrm{pe}} \tag{6-21}$$

$$\frac{\Delta\mathrm{FVAR}_{it}^{\mathrm{pe}}}{\mathrm{FVAR}_{it}^{\mathrm{pe}}}=-\frac{\Delta\mathrm{DVAR}_{it}^{\mathrm{pe}}}{\mathrm{FVAR}_{it}^{\mathrm{pe}}} \tag{6-22}$$

由式（6-21）～式（6-22）可知，加工贸易企业国内附加值比和国外附加值比水平值变动方向相反、大小相同。而国外附加值比的百分比变化等于国内附加值比水平值变动和国外附加值比的比值的相反数。故可由式（6-21）和式（6-22）导出名义有效汇率变动对国内附加值比百分比变动的影响。

① 计算方法与按初始年进出口份额加权的名义有效汇率类似。

6.4.2 基本结果

基准回归采用对混合贸易企业进行调整的国外附加值比，并关注按初始年进口份额加权的名义有效汇率对其的影响。回归（1）仅控制了按初始年进口份额加权的名义有效汇率的对数，并发现其回归系数显著为负，即本币贬值导致加工贸易企业的国外附加值比下降、国内附加值比上升。在控制了其他企业层面特征变量及 CIC 三位码行业层面固定效应后，回归（2）中按初始年进口份额加权的名义有效汇率对数的回归系数依旧显著为负，数值略微减小。作为本章的基准回归，回归（3）在回归（2）的基础上进一步控制了企业层面固定效应。按初始年进口份额加权的名义有效汇率的对数的回归系数依然显著为负，且数值变大。按初始年进口份额加权的名义有效汇率提高 10%，即本币贬值 10%，加工贸易企业国外附加值比约降低 0.8%（表 6-2）。本章将在所有稳健性回归之后深入讨论汇率对国内附加值比的影响机制，以及其在经济意义上的显著性。

表 6-2 基准回归结果

项目	（1）	（2）	（3）
ln（按初始年进口份额加权的名义有效汇率）	–0.062*** （0.002）	–0.047*** （0.002）	–0.079*** （0.014）
ln(劳动生产率)		–0.041*** （0.007）	–0.015** （0.006）
国有企业哑变量		–0.303*** （0.080）	–0.050 （0.069）
外资企业哑变量		0.289*** （0.020）	–0.005 （0.010）
ln(企业的规模)		0.039*** （0.005）	0.012** （0.006）
常数项	–1.303*** （0.005）	–1.723*** （0.078）	–0.948*** （0.047）
时间固定效应	无	有	有
企业层面固定效应	无	无	有
CIC 三位码行业层面固定效应	无	有	无
R^2	0.010	0.086	0.137
观测值	86 867	66 685	66 685

注：括号内数值为回归系数的标准误

、* 分别表示在 5%、1%的水平上显著另外，回归结果还表明：劳动生产率上升也使得加工贸易企业国外附加值比显著下降，而销售额增加则使得其国外附加值比上升。这可能由于从事加工贸易的企业销售额通常较低，而规模大的外资比例通常较高。国有企业哑变量和外资企业哑变量的回归系数则均不显著。此外，基准回归中时间虚拟变量的回归系数均显著为负，且数值逐渐增大。这验证了我国加工贸易企业国内附加值比逐年显著增加的事实（Kee and Tang，2016）。

6.5　稳健性检验

基准回归给出了按初始年进口份额加权的名义有效汇率正向影响加工贸易企业国内附加值比的有利证据。为检验基准回归结果的稳健性，本节还将考虑纯加工贸易企业、其他国内附加值比和名义有效汇率衡量方法、进口资本品及内生性等方面因素的影响。所有稳健性检验均控制了其他企业层面特征变量、时间固定效应和企业层面固定效应。

6.5.1　纯加工贸易企业、剔除间接进口及考虑其他国内附加值比衡量方法

为了与 Kee 和 Tang（2016）的回归结果进行比较，本节利用纯加工贸易企业的子样本进行检验，并考虑间接进口问题。由表 6-3 回归（1），按初始年进口份额加权的名义有效汇率对加工贸易企业国外附加值比的负向影响依然显著存在，但和基准回归相比数值略微减小。此外，尽管海关能够识别产品的贸易方式，但加工贸易企业仍可能将加工进口的中间品转售给其他企业，或从其他加工贸易企业购进加工进口的中间品。这使得按贸易额估算的国内附加值比将低估转售企业的国内附加值比，而高估购置企业的国内附加值比。因此，参照 Kee 和 Tang（2016），本节限定加工贸易企业的国内附加值比应大于其附加值比，小于同行业一般贸易企业净出口占总出口比值的中位数。由回归（2），按初始年进口份额加权的名义有效汇率对数的回归系数依然显著为负，但数值变小。

表 6-3　纯加工贸易企业、剔除间接进口企业及考虑其他国内附加值比衡量方法

项目	ln(FVAR)		ln(FVAR1)
	纯加工贸易企业	剔除间接进口企业	全样本
	（1）	（2）	（3）
ln(按初始年进口份额加权的名义有效汇率)	-0.059^{***} （0.015）	-0.031^{***} （0.010）	-0.068^{***} （0.013）
时间固定效应	有	有	有

续表

项目	ln(FVAR)		ln(FVAR1)
	纯加工贸易企业	剔除间接进口企业	全样本
	（1）	（2）	（3）
企业层面固定效应	有	有	有
R^2	0.121	0.175	0.124
观测值	33 965	38 422	65 381

注：FVAR1 为未对混合贸易企业的加工进口进行调整的国外附加值比。同基准回归，回归（1）～（3）还控制了其他企业层面特征变量。括号内数值为回归系数的标准误

*** 表示在 1%的水平上显著

基准回归采用了对混合贸易企业加工进口进行调整的国外附加值比，即假设混合贸易企业加工进口的原材料按出口额均匀分配在一般和加工出口上。而事实上并不一定如此，因而本节还考虑了混合贸易企业将全部加工进口原材料用于加工出口的情况，并计算了国内附加值比 1（即 DVAR1）。其中，$DVAR1_{it}^{pe}=1-PIM_{it}/PEX_{it}$，$FVAR1_{it}^{pe}=PIM_{it}/PEX_{it}$。由于国内附加值比 1 未对混合贸易企业的加工进口进行调整[①]，故其样本均值略低于原国内附加值比的均值。和基准回归相比，表 6-3 回归（3）中按初始年进口份额加权的名义有效汇率对数的回归系数依然显著为负，但数值略微变小。

6.5.2　其他企业层面有效汇率衡量方法

为检验基准回归结果的稳健性，本节还将考虑其他企业层面名义和实际有效汇率衡量方法。首先，表 6-4 回归（1）控制了按初始年出口份额加权的名义有效汇率的对数，其回归系数为正，但并不显著。本节还在其他稳健性检验中考虑了按初始年出口份额加权的名义有效汇率对加工贸易企业国内附加值比的影响。结果表明，按初始年出口份额加权的名义有效汇率对数的回归系数并不稳定，且均不显著。这可能是因为加工贸易的主体为进料加工贸易，约占加工贸易总额的 77.5%（2000～2009 年均值）。而相较于来料加工企业，进料加工企业在进口原材料的选择上更具有弹性，因而对按进口份额加权的汇率的变化反应更加敏感。

① 本章未考虑对混合贸易企业一般进口的原材料进行拆分。主要是由于加工进口的关税优惠通常高于一般进口，因而企业如果能够通过加工进口渠道获取原材料，则不会采纳一般进口的贸易方式。

表 6-4　其他企业层面有效汇率衡量方法

项目	(1)	(2)	(3)	(4)
ln(按初始年出口份额加权的名义有效汇率)	0.012 (0.014)			
ln(按每年进口份额加权的名义有效汇率)		0.088 (0.085)	−0.023 (0.089)	
企业从本币相对升值经济体的进口份额			−0.081*** (0.015)	
ln(按初始年进口份额加权的实际有效汇率)				−0.078*** (0.014)
时间固定效应	有	有	有	有
企业层面固定效应	有	有	有	有
R^2	0.134	0.134	0.135	0.136
观测值	69 198	66 658	66 658	66 685

注："企业从本币相对升值经济体的进口份额"定义为企业从本币相对升值经济体的进口量占其当年总进口量的比重。同基准回归，回归（1）～（4）还控制了其他企业层面特征变量。括号内数值为回归系数的标准误

*** 表示在 1%的水平上显著

其次，文献中关于企业层面名义有效汇率的计算一般采用随时间变化的贸易权重。本节在表 6-4 回归（2）中控制了按每年进口份额加权的名义有效汇率的对数，其回归系数为正但并不显著。当面临汇率冲击时，企业倾向于从本币相对升值的经济体进口，而向本币相对贬值的经济体出口，故贸易权重内生。表 6-4 回归（3）进一步控制了企业从本币相对升值经济体的进口份额。由回归（3）可知，企业从本币相对升值经济体的进口份额的回归系数显著为负①，而按每年进口份额加权的名义有效汇率对数的回归系数也变为负数，但仍不显著。这表明传统企业层面名义有效汇率确实存在贸易权重内生的问题。因此在考虑汇率变动对加工贸易企业国内附加值比的影响时，应采用初始年贸易权重进行加权。

最后，相对于名义有效汇率，实际有效汇率剔除了物价水平变动的影响，能更好地反映本国出口产品的相对竞争力。因而，本节进一步讨论按初始年进口份额加权的实际有效汇率对加工贸易企业国内附加值比的影响。企业层面实际有效汇率的计算方法和名义有效汇率类似，但首先要根据定义对双边名义汇率做价格调整，得到双边实际汇率②。由表 6-4 回归（4）可知，按初始年进口份额加权的实际有效汇率对数的回归系数显著为负，数值和基准回归一致。

① 企业从本币相对升值经济体的进口份额对国内附加值比的影响方向并不确定，还取决于其从相对贬值经济体进口额的相对变化。此外，值得说明的是，表 6-4 的回归（3）仅关注企业从本币相对升值经济体的进口份额和国外附加值比的相关性而非因果性。

② 双边实际汇率的计算公式为 $RER_{jt}=NER_{jt}CPI_{jt}/CPI_t$，其中 CPI_{jt} 和 CPI_t 分别表示经济体 j 和本国的消费者价格指数。

6.5.3 剔除进口资本品行业、控制其他经济体消费者价格指数及差分回归方程

根据田巍和余淼杰（2014），企业进口的中间品中有一部分为资本品——用于设备投入而并非加工生产。这使得基于贸易额估算加工贸易企业的国内附加值比可能被低估。根据他们的研究，中国工业分类（CIC 二位码）编号为 36 和 37 的这两个行业进口资本品的份额较大，因而在表 6-5 回归（1）中剔除了这两个行业的数据[①]。由表 6-5 回归（1）可知，按初始年进口份额加权的名义有效汇率对数的回归系数依然显著为负，数值和基准回归一致。

表 6-5 剔除进口资本品行业、控制其他经济体消费者价格指数及差分回归方程

项目	剔除进口资本品行业	控制其他经济体消费者价格指数	差分回归方程
	ln(FVAR)	ln(FVAR)	Δln(FVAR)
	（1）	（2）	（3）
ln(按初始年进口份额加权的名义有效汇率)	−0.080*** （0.014）	−0.037*** （0.014）	
Δln(按初始年进口份额加权的名义有效汇率)			−0.028** （0.014）
按初始年进口份额加权的其他经济体消费者价格指数		0.004*** （0.001）	
时间层面固定效应	有	有	有
企业层面固定效应	有	有	有
R^2	0.142	0.146	0.006
观测值	59 551	66 685	34 032

注：同基准回归，回归（1）～（3）还控制了其他企业层面特征变量。括号内数值为回归系数的标准误
、* 分别表示在 5%、1%的水平上显著

为控制进口中间品离岸价格对加工贸易企业国内附加值比的影响，表 6-5 回归（2）控制了按初始年进口份额加权的其他经济体消费者价格指数。按初始年进口份额加权的名义有效汇率对加工贸易企业国外附加值比的影响依然显著为负，但数值约减小一半，而按初始年进口份额加权的其他经济体消费者价格指数的回

① 尽管其他 CIC 二位码行业也存在进口资本品问题，但编号为 36 和 37 的这两个行业的进口资本品现象最为突出。

归系数则显著为正，和理论预期并不一致。这可能是由于消费者价格指数并非进口中间品离岸价格的合适代理变量。

此外，本节还进一步考虑了差分回归模型。由式（6-20），本节考虑以下差分回归方程：

$$\Delta\ln(\mathrm{FVAR}_{it}^{\mathrm{pe}}) = \beta_1\Delta\ln(\mathrm{NEER}_{it}) + \beta_2 X_{it} + a_i + \rho_t + \zeta_{it}, \beta_1 < 0$$

由表 6-5 回归（3）可知，按初始年进口份额加权的名义有效汇率对数差分值的回归系数也显著为负，但数值变小。若按初始年进口份额加权的名义有效汇率的增长率提高 1 个百分点，则加工贸易企业国外附加值比的增长率约降低 0.028 个百分点。

6.5.4 内生性

尽管本章采用按企业样本初始年的进口份额加权的名义有效汇率，但依然可能存在内生性问题。国内附加值比较高的企业往往规模更大、生产率更高、出口更多、外汇风险暴露度也相对更大，因而更有动机游说政府以寻求汇率政策优惠。表 6-6 回归（1）～（4）采用面板工具变量回归方法，将按初始年进口份额加权的 M1、M2 及其增长率作为企业层面名义有效汇率的工具变量，并控制了时间固定效应和企业层面固定效应。由回归（1）～（4）可知，按初始年进口份额加权的名义有效汇率对数的回归系数均在 1%水平上显著为负，且数值均远大于基准回归中的相应值。

表 6-6 工具变量回归结果

项目	全部加工贸易企业			
	（1）	（2）	（3）	（4）
ln(按初始年进口份额加权的名义有效汇率)	−0.409*** （0.034）	−1.105*** （0.174）	−1.748*** （0.319）	−1.174*** （0.182）
时间固定效应	有	有	有	有
企业层面固定效应	有	有	有	有
观测值	67 011	45 502	49 841	49 922
第一阶段回归				
IV1：ln(按初始年进口份额加权的 M1)	−0.152*** （0.007）			
IV2：ln(按初始年进口份额加权的 M2)	0.119*** （0.006）			
IV3：ln(按初始年进口份额加权的 M1 增长率)		−0.007*** （0.003）	−0.020*** （0.003）	

续表

项目	全部加工贸易企业			
	（1）	（2）	（3）	（4）
IV4：ln(按初始年进口份额加权的 M2 增长率)		-0.048^{***} （0.006）		-0.050^{***} （0.006）
内生性检验	128^{***}	68.6^{***}	60.2^{***}	77.5^{***}
Kleibergen-Paap rank LM Chi2	581^{***}	73.4^{***}	49.6^{***}	72.7^{***}
Kleibergen-Paap rank Wald F	424	38.3	50.5	74.5
Hansen J	63.5^{***}	1.74		

注：回归（1）～（4）均采用面板数据工具变量回归方法，并控制其他企业层面特征变量及时间固定效应和企业层面固定效应。括号内数值为回归系数的标准误

*** 表示在 1%的水平上显著

表 6-6 还汇报了内生性检验、识别不足检验（Kleibergen-Paap rank LM Chi2 统计值）、弱工具变量检验（Kleibergen-Paap rank Wald F 统计值）和过度识别检验（Hansen J 统计值）的结果。值得说明的是，回归（1）～（4）均通过了内生性检验，且其一阶段回归系数均显著。同时 Kleibergen-Paap rank LM Chi2 统计值均显著大于 1%显著度水平上的临界值，故工具变量和内生变量显著相关，不存在识别不足的问题。回归（1）～（4）的 Kleibergen-Paap rank Wald F 统计值均远超过 Baum 等（2007）给出的经验临界值 10，因而也不存在弱工具变量的问题。然而，回归（1）并未通过过度识别检验。但采用 M1 和 M2 的增长率作为名义有效汇率的工具变量则不存在这方面的问题。综上，工具变量回归结果表明按初始年进口份额加权的名义有效汇率对加工贸易企业的国外（内）附加值比存在显著的负（正）向影响。

6.6　影响的经济维度和机制

6.6.1　经济显著性

尽管前文中所有回归的因变量均为国外附加值比，但本章更关心的是人民币汇率变动所引起的本国加工贸易企业国内附加值比的变动。由式（6-22）可知：

$$\frac{\Delta \mathrm{DVAR}}{\mathrm{DVAR}} \equiv \frac{\Delta \mathrm{DVAR}}{\mathrm{FVAR}}\frac{\mathrm{FVAR}}{\mathrm{DVAR}} = -\frac{\Delta \mathrm{FVAR}}{\mathrm{FVAR}}\frac{\mathrm{FVAR}}{\mathrm{DVAR}}$$

由表 6-1 可知 FVAR/DVAR = 0.42/0.58≈0.724，而从表 6-2(3)列可知 ΔFVAR/FVAR = –0.08ΔNEER/NEER。所以，基于 2000～2009 年样本均值，按初始年进口

份额加权的名义有效汇率每提高 10%（即本币贬值 10%），加工贸易企业国内附加值比平均将提高 0.58%（因为 0.8%×0.724≈0.58%）。由于本币贬值 10%使加工贸易企业的国内附加值比平均提高 0.58%，而在 2002～2006 年样本期间按初始年进口份额加权的名义有效汇率平均贬值了 15.2%，故国内附加值比平均提高了 0.88%。同时，2002～2006 年我国加工贸易企业国内附加值比平均提高 6.4%（Kee and Tang，2016），这表明按初始年进口份额加权的名义有效汇率贬值贡献了该期加工贸易企业国内附加值比的 13.8%[①]。此外，若采用工具变量的回归系数，则名义有效汇率贬值 10%，加工贸易的国内附加值比将平均提高 8.0%。综上所述，本章的发现不仅在统计意义上显著，在经济意义上也较为显著。

6.6.2　影响机制探讨

式（6-18）表明，汇率变动通过两条渠道影响加工贸易企业的国内附加值。第一，给定其他要素不变，汇率变动通过改变进口中间品以目标经济体货币衡量的相对价格，直接影响企业对进口和国内中间品的配置，进而带来国内附加值比的变化。第二，汇率变动还将影响本国出口企业的进入退出决策和定价策略，改变其出口的成本加成，进而影响其国内附加值比。本章根据 de Loecker 和 Warzynski（2012）[②]、Ackerberg 等（2015）测算了 2000～2006 年我国加工贸易企业的成本加成[③]。由式（6-18），我们通过两步回归法来识别汇率变动通过成本加成渠道影响加工贸易企业的国内附加值比。首先，估计汇率变动对加工贸易企业成本加成的影响，考虑如下对数线性回归方程式：

$$\ln(1+\mu_{it}^{X}) = \gamma_0 + \gamma_1 \ln(\text{NEER}_{it}^{\delta=1}) + \gamma_2 X_{it} + \iota_i + \upsilon_t + \psi_{it} \tag{6-23}$$

其中，ι_i、υ_t 和 ψ_{it} 分别为企业层面固定效应、时间固定效应和异质性冲击。其次，将第一步估计的拟合值代入式（6-19）中，并考虑和式（6-20）类似的回归方程式：

$$\ln(\text{FVAR}_{it}^{\text{pe}}) = \beta_0 + \beta_1 \widehat{\ln(1+\mu_{it}^{X})} + \beta_2 X_{it} + a_i + \rho_t + \zeta_{it} \tag{6-24}$$

其中，$\widehat{\ln(1+\mu_{it}^{X})}$ 为出口成本加成对数的拟合值。a_i、ρ_t、ζ_{it} 分别为企业层面固定效应、时间固定效应和异质性冲击。

① 2000～2001 年，我国完成入世谈判，成功加入 WTO。入世会对企业出口的国内附加值比产生较大影响，因而在分析汇率变动的经济意义时我们从 2002 年开始。事实上，如果考虑入世期间样本，汇率变动依然可以解释加工贸易企业国内附加值比变动的 6.8%。实证回归中通过时间虚拟变量控制了这一冲击的影响，因而回归系数的估计并不受影响。

② 在估计企业的成本加成时，企业的资本投入根据 Brandt 等（2012）的方法估算。

③ 加工贸易企业生产的产品只能出口而不能内销。因此其企业层面成本加成也即其出口的成本加成。此外，由于 2007 年之后的数据并未提供企业中间投入和附加值，故无法估计企业的全要素生产率和成本加成。因而在验证影响机制时，本章仅采用了 2000～2006 年的数据。

表 6-7 回归（1）和回归（2）汇报了两步回归法的回归结果。表 6-7 回归（1）考察了名义有效汇率对企业成本加成的影响。在控制了劳动生产率、企业退出虚拟变量、企业所有制类型虚拟变量、企业规模等变量后，名义有效汇率提高 10%，加工贸易企业的成本加成提高 0.97%。但随着企业劳动生产率的提高，名义有效汇率对成本加成的影响有所下降①。样本期间加工贸易企业的劳动生产率对数的平均值为 4.822，由此可以估算，名义有效汇率提高 10%，加工贸易企业的成本加成平均提高 0.247%（0.97%–0.15%×4.822）。表 6-7 回归（2）将回归（1）得到的成本加成对数的拟合值代入式（6-24）进行回归，同时控制回归（1）中除汇率外所有会影响成本加成的因素。因而回归（2）中成本加成拟合值的回归系数反映了汇率变动通过成本加成对国外附加值比产生的影响。由回归（2）可知，成本加成的拟合值提高 10%，则国外附加值比降低 13.9%。由此可估计，名义有效汇率贬值 10%，则其通过成本加成渠道使得国外附加值降低 0.343%（0.247%×1.390）。

表 6-7　影响机制

项目	（1）	（2）	（3）	（4）
	ln(成本加成)		ln(国外附加值比)	
ln(按初始年进口份额加权的名义有效汇率)	0.097** （0.041）		–0.093*** （0.020）	–0.124*** （0.029）
ln(成本加成)的拟合值		–1.390*** （0.440）		
ln(按初始年进口份额加权的名义有效汇率)× ln(劳动生产率)	–0.015* （0.008）			0.007 （0.004）
时间固定效应	有	有	有	有
企业层面固定效应	有	有	有	有
观测值	21 914	21 914	30 150	30 150
R^2	0.052	0.081	0.088	0.088

注：括号内数值为回归系数的标准误

*、**、*** 分别表示在 10%、5%、1%的水平上显著

表 6-7 回归（3）和回归（4）则是采用 2000～2006 年的加工贸易企业样本，检验了按初始年进口份额加权的名义有效汇率对企业国外附加值比的整体影响。由表 6-7 可知，按初始年进口份额加权的名义有效汇率提高依然会导致加工贸易

① 尽管也有文献指出，当面临汇率贬值时，生产率较高的企业提高其出口成本加成的幅度也较大，但对中国加工贸易企业的研究并没有得出这样的结论，且已有不少研究发现加工贸易企业存在生产率悖论。

企业的国外附加值比显著下降。回归（3）表明名义有效汇率提高 10%，则国外附加值比下降 0.93%。故此时成本加成渠道约解释了汇率变动影响国外附加值比的 36.9%（0.343%/0.93%）。回归（4）则是在回归（3）的基础上控制了名义有效汇率对数和劳动生产率对数的交互项，此时名义有效汇率对数的回归系数略微变大，且仍在 1%的水平上显著。由回归（4）可知，成本加成渠道依然解释了汇率贬值带来国外附加值比变动的 27.7%（0.343%/1.24%）[①]。综上所述，成本加成渠道约解释了汇率变动带来加工贸易企业国外附加值比变动的 1/3（27.7%和 36.9%的均值）。

根据 Feenstra（2010），1/3 的影响水平已经是一个较大程度且十分重要的影响。Feenstra（2010）发现企业的外包行为约解释了 1979～1990 年美国制造业技术工人相对工资上涨的 25%。他认为，如果忽略了外包行为的影响则不能全面并充分地认识 20 世纪 80 年代美国技术工人相对工资上涨的事实。同样，尽管成本加成渠道仅约解释了汇率变动带来加工贸易企业国外附加值比变动的 1/3，但如果忽略了成本加成渠道的影响，则难以全面并充分地理解本币贬值引起国内附加值比提升的具体渠道和内涵。

6.6.3　影响机制的稳健性检验

考虑到间接进口、进口资本品等方面因素的影响，本节对汇率变动影响加工贸易企业国内附加值比的影响机制也进行了稳健性检验。回归方法和前文类似，但受篇幅限制，这里仅汇报第一和第二阶段主要变量的回归系数。表 6-8 中所有回归均控制了其他影响因素、时间固定效应和企业层面固定效应。回归（1）、回归（2）、回归（4）第一阶段回归均控制的是名义有效汇率，而回归（3）控制的则是实际有效汇率。首先，回归（1）考察了纯加工贸易企业样本的回归情况。名义有效汇率对加工贸易企业的成本加成依然有显著的正向影响，成本加成对数拟合值在第二阶段的回归系数尽管为负，但并不显著。其次，回归（2）考察了限定加工贸易企业的国内附加值比低于同行业一般贸易企业净出口占总出口比值的中位数的情况。此时，成本加成对数拟合值的回归系数显著为负。最后，回归（3）考察了采用企业层面实际有效汇率进行回归的情况，而回归（4）则剔除了进口资本品较为显著的行业。二者得到的回归结果均和表 6-7 回归（1）和回归（2）基本一致——名义有效汇率增加和加工贸易企业的成本加成提升正向相关，而成本加成的上升又会带来其国外（内）附加值比的显著下降（上升）。综上，在考察了

① 由于名义有效汇率和劳动生产率交互项的回归系数并不显著，所以在估算回归（4）中名义有效汇率对国外附加值的整体影响时，并未考虑这一因素。如若考虑，则成本加成渠道的解释力度将进一步增大。

纯加工贸易企业、剔除间接进口等四方面稳健性检验后，汇率变动对加工贸易企业国内附加值比的两个影响渠道依然显著存在①。

表 6-8 影响机制的稳健性检验

回归	自变量	（1）纯加工贸易企业	（2）剔除间接进口企业	（3）实际有效汇率	（4）剔除进口资本品行业
第一阶段回归	ln(按初始年进口份额加权的名义或实际有效汇率)	0.117* （0.068）	0.041 （0.055）	0.093** （0.042）	0.053 （0.048）
	ln(按初始年进口份额加权的名义或实际有效汇率)×ln(劳动生产率)	–0.024* （0.013）	–0.006 （0.011）	–0.015* （0.008）	–0.009 （0.009）
第二阶段回归	ln(成本加成)的拟合值	–0.338 （0.296）	–1.210*** （0.427）	–1.244*** （0.312）	–2.188*** （0.586）

注：括号内数值为回归系数的标准误

*、**、*** 分别表示在 10%、5%、1%的水平上显著

6.7 结　论

本章拓展了 Rodríguez-López（2011）、Kee 和 Tang（2016）的研究，建立了汇率变动影响加工贸易企业国内附加值比的理论模型，并运用中国企业层面数据进行验证。汇率变动通过两个渠道影响本国加工贸易企业的国内附加值比：第一，给定其他要素不变，汇率变动通过改变进口中间品相对价格，影响企业对进口和国内中间品的配置，进而改变其国内附加值比。第二，汇率变动影响出口企业的进入退出和定价策略，并通过出口企业的平均生产效率影响加工贸易企业的出口成本加成和国内附加值比。中国企业层面数据验证了本币贬值对加工贸易企业国内附加值和国内附加值比的正向影响。2002～2006 年，按初始年进口份额加权的名义有效汇率平均贬值 15.2%，解释了加工贸易企业国内附加值比增加的 13.8%。本章还用企业数据验证了汇率变动对加工贸易企业国内附加值比影响的两条渠道，并得到了有利的实证支持。第三，在考虑了纯加工贸易企业、其他企业层面名义有效汇率衡量方法及内生性等方面因素的影响后，汇率变动对国内附加值比及其两个影响渠道依然显著存在。

国内附加值比的提升表明我国企业能够负责更多的生产阶段，且国内中间投入品的相对竞争力增强。而本章的研究表明了汇率贬值能够从两个渠道促进我国

① 值得说明的是，表 6-8 中部分变量的回归系数并不是十分显著（部分 t 值已经十分接近 10%显著性水平下的临界值），这可能是因为 2000～2006 年仅有 20 000 个成本加成数据的观测值，在额外控制其他约束后，回归样本数量减少了一半以上。

加工贸易企业国内附加值比的提升。尤其重要的是，企业会自主地根据汇率变动来调整自己的定价策略，从而尽可能地降低汇率变动对企业利润的冲击。这意味着企业自身会消化一部分贸易政策对其盈利水平的影响，并在面对政策冲击时表现得更加灵活。因而，政府在制定贸易政策时需要考虑企业的这种主观能动性，在调整汇率政策时采取较为审慎的态度，充分考虑政策对企业行为的影响，最终利用适当的政策引导企业对国内和进口中间品的配置，并促进企业竞争力和盈利能力的提升。我国当前正处在经济结构转型的重要时期，如果能够合理利用全球价值链，充分发挥后发优势，同时配以适当的宏观和产业政策，增加对国内中间品的需求，扩大出口产品的竞争优势，就可能能够提高企业的利润率和出口的国内附加值，实现经济的稳定快速增长。

第 7 章　进口、产品质量与出口价格汇率传递率

7.1　背 景 介 绍

自 2005 年汇率制度改革以来，人民币汇率呈现出持续升值的态势，截至 2011 年底，人民币对美元名义汇率累计升值幅度达到 22%[①]。学术界对人民币持续升值的一种担忧是人民币升值会使得我国出口部门的传统的廉价资源和劳动密集型产品价格优势被削弱，国外消费者对这些产品的需求减少。国际收支弹性论认为，只要汇率对进口价格的传递是完全而且迅速的，那么本币升值会使得出口减少，进口增加，贸易盈余缩小（Goldberg and Knetter，1997）。基于此，一些文献着重于估计各国进出口价格的汇率传递水平。许多国外的微观层面的实证研究表明，汇率对进口价格的传递是不完全的。[②]然而，来自同样微观层面的中国研究却表明，汇率的出口传递效应接近完全。[③]例如，陈斌开等（2010）利用行业层面的数据发现，从总体上看，汇率变动时，我国出口厂商的产品价格变化不大。而基于更微观的海关交易层面的数据，盛丹和刘竹青（2017）、王雅琦等（2015）、Li 等（2015）都发现出口商定价对汇率变动不敏感。

已有的文献有三种关于出口企业面对汇率变动不调价的可能解释。然而，我们通过分析认为这三种解释的应用前提条件都不太符合中国出口部门的典型事实。第一种，中国出口企业的生产率较低。根据 Berman 等（2012）的研究，低生产率出口企业在面临汇率变动时会相对高生产率企业更少地调整价格。然而，根据已有的文献，我们发现近些年来中国出口企业的生产率提升明显。例如，Brandt 等（2012）指出，2000～2007 年，中国制造业企业的生产率（以 Olley-Pakes 方法估计）年均增长速度超过 15%，但是这并没有改变中国出口价格接近完全的

---

① 人民币汇率在 2011 年到 2014 年 2 月之间进入了震荡通道，但总体仍然保持升值趋势。而在 2014 年 2 月之后，由于央行打击汇率套利逆市场操作改变了投资者预期，人民币进入了贬值通道。

② 早期解释汇率对出口价格的不完全传递现象的有 Krugman（1986）提出的依市定价理论。之后随着微观交易层面数据的可得，越来越多的文献从企业异质性、产品异质性等层面来解释汇率对出口价格的不完全传递。例如，从出口企业生产率（Berman et al.，2012）、出口产品质量（Auer et al.，2018；Chen and Juvenal，2016）及进口强度（Amiti et al.，2014）等层面进行的研究。

③ 本章中我们在微观层面衡量汇率的出口传递效应，即企业-产品-经济体层面的价格调整。加总价格的汇率传递完全程度既取决于本章中研究的出口企业的价格调整（集约边际），也取决于汇率对出口产品或者企业组成的改变（扩展边际）。

汇率传递现象。同时，从企业生产率出发也无法解释我们看到的企业产品层面的汇率价格传递程度差异。第二种，中国出口企业的产品质量较低。根据已有文献（Auer et al.，2018；Chen and Juvenal，2016），出口产品质量越低，企业在面临汇率变动时会更少地调整价格。然而，这一点也与我们看到的近年来出口产品质量迅速提升并不一致。我们对比了已有的关于出口产品质量变化趋势的文献，如施炳展（2014）、施炳展和邵文波（2014）、李坤望等（2014）、余淼杰和张睿（2017b），这些文献考察了 2000～2006 年中国企业出口产品质量变动趋势，得到的结论是 2000～2006 年中国出口产品质量呈现明显上升的趋势。而且我们在研究中控制了产品质量效应后，仍然发现企业产品层面显著的汇率传递效应差别。第三种，中国的进口强度较低。Amiti 等（2014）发现进口强度越高的出口商，其调价行为越明显。然而，我们发现中国的进口强度相对较高。自中国加入 WTO 之后，中国的中间品进口量迅速增加。具体地，在我们的样本中，我们发现按照价值维度计算，中国 54%的出口同时伴随有来自同一货币区域的中间进口品交易[①]。从进口强度这一角度来说，中国出口产品的汇率价格传递应该接近不完全，与我们所看到的实际情况不符合。

那么，如何解释微观层面中国出口产品价格接近完全的汇率传递现象呢？我们认为中国出口商的高中间品进口倾向与样本期间显著的质量提升共同促成了这一现象。进口中间品行为会从两个不同角度影响中国出口品价格。一方面，汇率变化会影响那些从同一货币区域进口中间品的出口商的生产成本。我们称之为“边际成本渠道”。具体来说，当人民币汇率升值时，出口商的中间品进口成本下降，从而降低了出口的边际成本，对出口价格形成向下的压力。此时，出口产品的汇率传递程度将会减弱；这一渠道在 Amiti 等（2014）的研究中被提出，也在我们的研究中得到了验证。另一方面，由于进口中间品的成本降低，出口商可选择的中间品种类将会增多，也可选择采购更高质量的中间品，因此可以生产出更高质量的出口品，从而可以拉高出口产品价格。我们将这一渠道称为“质量改变渠道”。基于此，我们期望对于那些产品质量提升明显的产品，中间品进口渠道对于汇率传递程度的减弱会明显下降。由于中国过去多年出口产品质量提升明显，这也为中国企业在我们的样本期间（2000～2011 年）面临汇率冲击时的出口价格变动并不明显提供了一个可能的解释。

本章利用企业-产品层面的数据，从进口、产品质量和出口价格之间的关系解释了我们看到的中国出口价格接近完全的汇率传递现象。我们的研究与其他估计微观层面汇率传递率的文献一致，发现中国出口价格短期的汇率传递率接近完全，

① 如果按照从同一货币区域的进出口而言，中国将近 70%的出口同时伴随有来自同一货币区域的中间进口品交易。

在 93%左右。进一步的研究发现，汇率变动对出口价格的影响在产品质量提升程度维度上表现出较大差异。本章主要有三方面的贡献。第一，我们在微观层面估计了出口价格的汇率传递程度，并进一步指出中间品进口的边际成本渠道与出口产品质量变化的交互作用为我国出口商价格对汇率变动的不敏感性提供了可能的解释。Li 等（2015）同样利用海关数据指出中国出口价格汇率的传递率非常高，但是他们并没有对此现象存在的原因进行分析，而我们的研究通过细致分析海关数据发现，中国出口存在高进口强度及质量变化明显两大特征，并进一步利用这两大特征对接近完全的汇率传递现象做出了解释。第二，我们发现人民币汇率变动对企业的出口作用会受到其质量提升情况的影响。在人民币升值时，那些经历了明显质量提升的出口产品，其出口金额及数量下降程度较其他产品明显更轻。这为我们理解新时期人民币汇率水平变动对出口部门的具体政策影响提供了更丰富的参考依据。第三，我们在本章中首次应用随机系数模型（Wooldridge，2008）来估计进口对汇率传递效应的差异性影响。基于此模型，我们较好地解决了进口份额在估计中的内生性问题，使得我们的回归估计结果较为准确。

本章余下部分的结构安排如下：7.2 节为文献回顾；7.3 节为基本事实与数据描述；7.4 节为对出口价格汇率弹性的估计；7.5 节为稳健性检验；7.6 节为结论分析及政策建议。

7.2 文 献 回 顾

本章的研究与三支文献有关。首先，本章的研究与企业的进口和出口决策相关性的研究有关。Bernard 等（2007a）发现美国贸易部门中进口与出口联系较为紧密：出口企业中有将近 26%的比例同时也从事进口活动。基于比利时的企业数据，Amiti 等（2014）发现 78%的出口企业同时也进口。我们的研究基于 2000～2011 年的数据考察了这一点，发现出口与进口活动高关联的现象与之前的研究一致，并且更加明显。在我们的样本中，有超过 70%的出口贸易额涉及从同一出口目的地进口中间投入品。

其次，本章的研究与企业的进口对企业生产率的影响的研究有关。目前有不少文献指出进口中间投入品能够显著提升企业绩效。Gopinath 和 Neiman（2014）基于阿根廷海关数据发现，本币贬值导致的进口中间成本上升是解释 2000～2002 年阿根廷制造业部门企业生产率下降的最主要原因。Halpern 等（2015）利用匈牙利企业数据发现 1993～2002 年匈牙利企业生产率增长的四分之一由进口中间投入品贡献。Chen 等（2017b）利用中国数据发现，进口中间投入品能够显著增加进口企业的研发强度。许家云等（2015）指出中间品进口能够有效提升中国出口产品质量。还有一些文章则考虑了中间投入品关税下降对企业绩效的影响（Yu，2015；Fan et al.，2015）。同样利用中国数据，Fan 等（2015）发现中间投入品关税下降使得企业提升出口产品质量，从而提升了出口产品的价格。我们的研究发现了类似的结论：进口成本的下降会使得出口企业升级产品质量，提升产品价格。这也是我们提到的“质量改变渠道”。而不同的地方是，我们关注的是汇率的价格传递效应，而非关税。

最后，本章的研究与汇率对出口产品的价格传递效应的研究有关。从 20 世纪 80 年代开始，学者就对汇率对产品价格的传递效应做了大量研究。文献发现，进口价格的汇率传递性远远小于 1[①]。近年来，随着企业数据的可得性增加，越来越多的研究开始从微观层面研究汇率传递效应的差异性。具体来说，这些研究认为企业生产率（Berman et al.，2012；Li et al.，2015）、出口产品质量（Chen and Juvenal，2016；Auer et al.，2018；王雅琦等，2015）、配送成本（Berman et al.，2012；Chatterjee et al.，2013）、进口中间品强度（Amiti et al.，2014；Bernini and Tomasi，2015；韩剑等，2017）是可能影响企业出口价格汇率传递性的主要因素。已有的文献从质量异质性角度考虑了汇率对出口产品价格的传递效应的差异。例如，Chen 和 Juvenal（2016）基于阿根廷红酒行业的数据发现高质量出口产品价格相比低质量出口产品价格汇率传递系数更低。Auer 等（2018）基于欧洲汽车行业的数据也发现了类似的结论。王雅琦等（2015）则基于中国海关全样本数据发现在中国同样存在出口产品质量越高，其汇率的价格传递系数越低的现象。

本章与之前的文献有一定的联系，我们在研究中同样发现了中间品进口的边际成本效应。而我们的研究与其不同之处在于，我们发现汇率变动会同时改变出口商从同一目的地的中间品进口行为，并进一步改变出口产品质量及出口产品价格。由于汇率的边际成本效应与质量提升效应对出口价格变动有反方向的影响，我们看到边际成本效应在质量提升空间越大的产品样本中表现越弱。

7.3　数据来源与描述统计

本章主要使用海关总署的企业-产品层面交易数据。这一数据记载了 2000～2011 年中国所有进出口企业的每一条出口交易信息，包括企业代码、出口产品的 HS 编码、出口数量、出口价值、出口方式和目的地。原始的交易数据在 2007 年前以月度频率记录，而在 2007 年及之后以年度频率记录。我们在处理的过程中将所有的样本都统一叠加到了年度频率。另外，中国海关采用的商品分类标准五年一变，为了使前后分类保持一致，我们利用联合国统计部门提供的商品分类标准

① 相关文献回顾可参见 Burstein 和 Gopinath（2014）。

对应表进行统一①。整套数据统一采用 HS2002 分类标准。我们将产品定义在 HS 六位码标准上。

在我们的研究中，基准回归中使用的汇率、消费者价格指数来自 IMF 的国际金融统计数据库，使用的真实 GDP 及人均 GDP 来自 Penn World Table 8.0。我们使用的双边实际汇率的构造方式如下：

$$\text{rer}_{ct} = \frac{\text{NR}_{ct} P_{ct}}{P_{\text{CH},t}} \tag{7-1}$$

其中，NR_{ct} 表示经济体 c 对人民币的名义汇率，以直接标价法表示；P_{ct} 表示出口经济体 c 的消费者物价水平；$P_{\text{CH},t}$ 表示中国的消费者物价水平。我们将所有的实际汇率都转化成了一个指数，使其基期为 2000 年（$\text{rer}_{c2000}=1$）。rer_{ct} 的数值变大意味着人民币对外币的实际贬值。

在表 7-1 中，我们给出了各年份的样本个数分布。我们将出口商样本分为有从同一目的地中间品进口活动的出口商和无此类活动的出口商，并分别计算了每年的样本个数及频率占比。如表 7-1 所示，我们可以看到在 2000～2011 年，出口企业的交易数目迅速上升。2008～2011 年四年样本个数将近占总样本的 50%。另一个有趣的现象是，从同一出口目的地进口中间品的交易数目占比逐渐下降，从 2000 年的 40%下降到了 2011 年的 13%。平均而言，2000～2011 年，有 20%的出口交易会同时从同一目的地进口中间品。

表 7-1　分年份海关数据样本统计描述

年份	频率	占比	有中间品进口的出口交易		无中间品进口的出口交易	
			频率	占比	频率	占比
2000	1 752 138	2.71%	694 206	40%	1 057 932	60%
2001	1 974 590	3.05%	738 904	37%	1 235 686	63%
2002	2 488 521	3.84%	886 437	36%	1 602 084	64%
2003	3 102 250	4.79%	989 125	32%	2 113 125	68%
2004	3 854 724	5.95%	1 075 380	28%	2 779 344	72%
2005	4 872 929	7.53%	1 179 781	24%	3 693 148	76%
2006	5 919 581	9.14%	1 237 241	21%	4 682 340	79%
2007	6 970 694	10.77%	1 191 700	17%	5 778 994	83%
2008	7 422 004	11.46%	1 170 648	16%	6 251 356	84%

① 2002 年以前，中国海关采用的分类标准为 HS1996。而 2002～2007 年，中国海关采用的分类标准为 HS2002。2007～2011 年，中国海关采用的分类标准为 HS2007。商品分类统一标准对应表来源于联合国统计署：https://unstats.un.org/unsd/trade/classifications/correspondence-tables.asp。

续表

年份	频率	占比	有中间品进口的出口交易		无中间品进口的出口交易	
			频率	占比	频率	占比
2009	7 659 821	11.83%	1 147 096	15%	6 512 725	85%
2010	9 247 242	14.28%	1 288 968	14%	7 958 274	86%
2011	9 487 778	14.65%	1 224 464	13%	8 263 314	87%
2000～2011	64 752 272		12 823 950	20%	51 968 322	80%

注：观测值单位按照企业-产品-出口目的地-年份进行分类。其中产品的定义标准为 HS 六位码水平

在表 7-2 的上半部分，我们分别列出了两种出口商的出口表现。从总出口金额、出口目的地个数及出口产品种类数这三个指标来看，有进口中间品的出口商比无进口中间品的出口商出口总金额更大、出口目的地个数与出口产品种类数都更多。在表 7-2 的下半部分，我们列出了出口产品价格的统计描述。我们首先列出了全样本的出口产品价格分布。我们按照两种层面计算了出口产品价格。一种是按照企业-产品层面计算了出口产品价格。另一种是按照企业-产品-经济体层面计算了出口产品价格。我们分别列出了无进口中间品的出口商和有进口中间品的出口商的出口产品价格分布。我们发现，无论在哪一个层面，出口产品价格从 2000 年到 2011 年都经历了明显的上升。另外，我们还发现，有进口中间品的出口商相比无进口中间品的出口商，其出口产品价格上升得更快。一个可能的解释是，有进口中间品的出口商更可能提升自身产品质量，从而使其出口产品价格提升更快。进一步地，我们还按照 Rauch（1999）的分类，将出口产品分为了同质化产品和异质化产品。同样，我们在两种产品分类中发现出口产品价格在样本期间都经历了上升，而且有进口中间品的出口商相比无进口中间品的出口商的出口产品价格上升得更快。

表 7-2　进口中间品的出口商与不进口中间品的出口商指标对比

项目	无进口中间品的出口商		有进口中间品的出口商	
总出口金额	1 977 618		8 038 492	
出口目的地个数	7		10	
出口产品种类数（HS 六位码）	27		35	
	无进口中间品的出口商		有进口中间品的出口商	
	2000 年	2011 年	2000 年	2011 年
企业-产品层面	1.55	2.68	2.13	5.4
企业-产品-经济体层面	1.58	3.45	2.33	7.55

续表

同质化产品				
企业-产品层面	1.48	4.83	2.2	7.99
企业-产品-经济体层面	1.53	6.51	2.28	9.11
异质化产品				
企业-产品层面	1.73	2.91	2.34	6
企业-产品-经济体层面	1.95	3.8	2.44	8.25

注：观测值单位按照企业-产品-出口目的地-年份进行分类。总出口金额、出口目的地个数、出口产品种类数及出口产品价格的观测值都以中位数计。产品差异化程度按照 Rauch（1999）进行分类。出口产品价格和总出口金额均以美元计

图 7-1 中我们给出了中国对主要贸易伙伴的双边实际汇率指数走势。我们分别绘制了中国对美国、日本、韩国、德国和英国的双边实际汇率指数走势。在我们的样本中，这五个国家为中国的出口和进口的主要市场[①]：美国（出口第一，进口第三）、日本（出口第二，进口第一）、韩国（出口第三，进口第二）、德国（出口第四，进口第四）、英国（出口第六，进口第二十二）。从图 7-1 中我们可以看到，自 2006 年起，人民币实际汇率对各主要贸易伙伴呈现升值态势。而中国对主要贸易伙伴的双边实际汇率指数走势差异较大。人民币对马克、英镑和韩元的实际汇率升值幅度较大，而对美元和日元的实际汇率升值幅度较小。

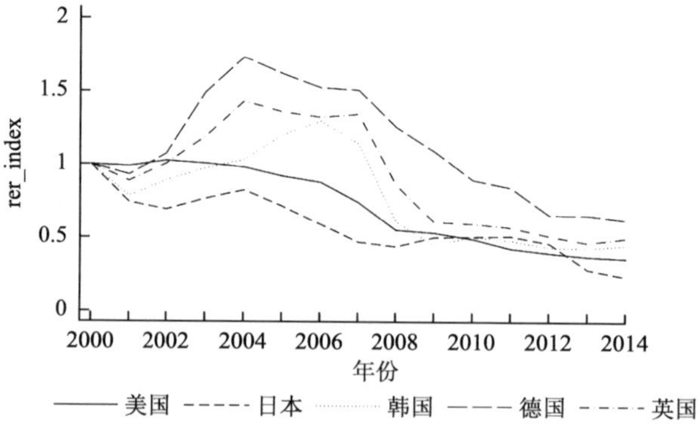

图 7-1　中国对主要贸易伙伴的双边实际汇率指数走势

rer_index 表示人民币实际汇率指数。rer_index 上升表示人民币实际汇率贬值。双边实际汇率指数为作者根据双边实际汇率计算得到。在图中，我们将人民币实际汇率指数的基期都固定在 2000 年（人民币实际汇率指数＝1）

① 我们在此排名中刨除了中国香港和中国台湾。

7.4 基准回归

本节我们将讨论本章的实证设定及给出一些基准结果分析。本节的核心是分析出口商的进口行为对汇率传递效应的影响。我们将分两条渠道来探讨此影响。首先，我们将讨论出口商的进口行为对汇率传递效应的“边际成本渠道”。其次，我们将探讨出口商的进口行为对汇率传递效应的“质量改变渠道”，以及其对“边际成本渠道”的削弱作用。

7.4.1 计量经济模型设定

考虑到本章分析的核心变量（汇率、价格）几乎都是非稳定序列，我们遵循 Goldberg 和 Knetter（1997）的做法，在基准模型中采用一阶对数差分的模型设定。具体而言，我们的基准回归方程设定如下：

$$\Delta \ln \text{Exportprice}_{fpct} = \alpha + \beta_1 \Delta \ln \text{RER}_{ct} + \beta_2 (\text{IM}_{fct} \times \Delta \ln \text{RER}_{ct}) + \beta_3 \text{IM}_{fct} + \gamma Z_{ct} + \nu_{fpc} + \lambda_t + \varepsilon_{fpct} \tag{7-2}$$

其中，f 表示出口企业；p 表示按照 HS 六位码分类的商品；c 表示出口目的地；t 表示时间。$\Delta \ln \text{Exportprice}_{fpct}$ 表示在第 t 年企业 f 出口到出口目的地 c 商品 p 的单位价值的一阶对数差分值①。$\Delta \ln \text{RER}_{ct}$ 表示第 t 年中国对出口目的地 c 的双边实际汇率（采用直接标价法，$\Delta \ln \text{RER}_{ct}$ 大于 0 表示人民币对出口目的地 c 货币贬值）。IM_{fct} 表示出口商 f 从出口目的地 c 进口中间品的状态。如若出口商 f 同时从出口目的地 c 进口中间品，则 $\text{IM}_{fct} = 1$；否则，$\text{IM}_{fct} = 0$。Z_{ct} 表示一系列出口目的地的特征变量。具体地，我们控制了出口目的地的实际 GDP 和人均实际 GDP。ν_{fpc} 表示企业-产品-出口目的地的固定效应，加入这一固定效应可以控制不随时间改变的经济体-企业-产品层面特征（如距离、文化、消费者偏好等）对企业定价行为的影响。λ_t 表示年份固定效应，即所有出口企业者都面临的共同冲击，包括经济体的物价水平和经济走势等信息。ε_{fpct} 表示误差项。

7.4.2 回归结果

基准模型的回归结果列于表 7-3 中。表 7-3 的（1）～（2）列都采用全样本

① 单位价格都是出口额除以出口数量计算得到。海关数据库中企业出口数量的单位会有少数不统一的地方，如有的出口交易使用千克为单位，有的出口交易使用克为单位。我们在回归中将这些样本剔除。

进行估计。（1）列控制了经济体-企业-产品和年份两个维度的固定效应。（2）列控制了经济体-产品和年份两个维度的固定效应。我们可以看到（1）和（2）列的结果并没有显著差异：人民币贬值 1%，在平均意义上企业出口价格仅上调 0.061%～0.070%。这就意味着，汇率对出口价格的传递效应不超过 93%（=1–0.07），显著高于文献中对其他国家的估计结果。例如，Amiti 等（2014）采用比利时的数据发现出口价格的汇率弹性约为 0.2（即汇率的出口价格传递效应为 80%），而 Berman 等（2012）采用法国的企业数据发现出口价格的汇率弹性约为 0.13（即汇率的出口价格传递效应为 87%）。

表 7-3　基准回归

项目	（1）	（2）	（3）	（4）	（5）	（6）
	全样本	全样本	无中间品进口	有中间品进口		
汇率	0.070*** （17.71）	0.061*** （26.81）	0.046*** （9.62）	0.103*** （11.62）	0.055*** （18.39）	0.052*** （17.46）
汇率×进口					0.052*** （10.33）	0.005*** （12.80）
进口					0.001 （1.61）	0.000*** （4.12）
人均 GDP	0.017 （1.47）	0.005 （0.99）	0.046*** （2.72）	0.053 （1.24）	0.044*** （3.93）	0.043*** （3.89）
GDP	–0.013 （–1.33）	–0.010** （–2.54）	–0.038** （–2.41）	–0.071* （–1.88）	–0.039*** （–3.89）	–0.039*** （–3.87）
固定效应						
经济体-企业-产品	是		是	是	是	是
经济体-产品		是				
年份	是	是	是	是	是	是
观测值个数	15 503 857	15 503 857	11 030 248	4 473 609	15 503 857	15 503 857
R^2	0.477	0.019	0.536	0.476	0.477	0.477

注：括号内为 t 值。出口价格和实际汇率都采取对数一阶差分值。出口价格的单位为元。（1）、（2）、（5）、（6）列的回归使用了全样本。（3）、（4）列的回归样本分别为无中间品进口的出口样本和有中间品进口的出口样本。（5）、（6）列对应的进口指标分别为虚拟变量与进口金额。稳健误聚类水平为企业层面

*、**、*** 分别表示在 10%、5%、1%水平上显著

为了研究出口价格的汇率弹性是否对有无中间品进口的出口存在差异，我们在（3）～（6）列进行了进一步的检验。在（3）和（4）列我们分别采用了无中间品进口的出口样本和有中间品进口的出口样本进行回归。回归结果显示，有中间品

进口的出口交易相比无中间品进口的出口交易，其汇率传递率显著要低：有中间品进口的出口交易汇率传递率约为 90%，而无中间品进口的出口交易汇率传递率约为 95%。我们在（5）和（6）列进一步分别采用了汇率与进口虚拟变量、进口金额的交叉项做了检验。根据（5）列交叉项之前的系数，我们发现有中间品进口的出口交易比无中间品进口的出口交易的汇率传递率低 5%左右。这一系数的大小与我们在（3）和（4）列中发现的结果基本一致。我们在（6）列中采用了进口金额值。交叉项前的系数仍然支持了我们之前的结论：有中间品进口的出口交易的汇率传递率相比无中间品进口的出口交易较低。具体地，我们发现对于进口额处于 5%分位数的样本来说，其出口汇率传递率为 95%（＝1–0.054）；而对于进口额处于 95%分位数的样本来说，其出口汇率传递率为 86%（＝1–0.054–0.005×16.7）①。Amiti 等（2014）也做了类似的分析，他们发现当进口强度从样本的 5%分位数上升到 95%分位数时，出口汇率传递率从 87%下降到了 64%。

与 Amiti 等（2014）的结果相比较，我们发现在我们的设定中，进口状况的变动对于汇率传递率差异的解释能力要显著弱一些。我们认为这里可能影响进口产品的边际成本效应的是质量改变效应。如果某类产品的质量提升空间较大时，我们之前所述的质量改变效应就会发挥效应。进一步地，我们分产品检验了进口行为对出口价格的汇率弹性的影响。我们按照 Rauch（1999）将产品分为同质化产品和异质化产品两大类。我们认为同质化产品相对于异质化产品的质量提升空间要小（Fan et al.，2015）。

我们在表 7-4 中汇报了区分同质化产品和异质化产品的出口价格汇率弹性的估计结果。我们发现同质化产品和异质化产品的进口中间品对出口价格汇率弹性的影响具有显著差异。我们在（1）和（2）列中使用的产品差异化程度分类标准参考 Rauch（1999）。按照 Rauch（1999）的分类标准，我们利用虚拟变量将产品分为同质化产品（产品差异化＝0）和异质化产品（产品差异化＝1）。按照（1）和（2）列的结果，我们发现对于同质化产品，进口中间品的样本比不进口中间品的样本的汇率传递率低 24%。而对于异质化产品，进口中间品的样本比不进口中间品的样本的汇率传递率仅低 5.6%。当进口金额从样本的 5%分位数上升到样本的 95%分位数水平时，同质化产品样本的汇率传递率从 96%（＝1–0.044）下降到 71%（＝1–0.015×16.7–0.044）；而异质化产品样本的汇率传递率则仅从 96%下降到 87%（＝1–0.005×16.7–0.044）。进一步地，我们在（3）～（6）列分别使用研发支出强度和 GM（Gollop-Monahan）指数作为产品差异化程度的构建指标。我

① 我们还采用了进口变量的滞后一期值进行回归，得到的结果非常相近。由于篇幅限制，不再汇报结果。

们的数据来自 Kugler 和 Verhoogen（2012）[①]。根据 Kugler 和 Verhoogen（2012）的结论，行业研发支出强度和 GM 指数越高，则意味着此行业产成品差异化程度越高。我们基于（3）～（6）列得到的结论与（1）～（2）列一致：进口中间品对出口价格汇率弹性的影响在同质化产品中显著高于异质化产品。

表 7-4　同质化产品和异质化产品出口价格汇率弹性差异

项目	（1）	（2）	（3）	（4）	（5）	（6）
	进口金额	虚拟变量	研发支出强度		GM 指数	
			进口金额	虚拟变量	进口金额	虚拟变量
汇率	0.044*** （6.10）	0.048*** （7.05）	0.053*** （11.05）	0.052*** （10.44）	0.053*** （11.04）	0.052*** （10.43）
汇率×进口	0.015*** （2.62）	0.239*** （2.95）	0.101*** （5.14）	0.009*** （5.78）	0.088*** （5.26）	0.007*** （5.72）
汇率×进口×产品差异化	−0.010* （−1.76）	−0.183** （−2.26）	−1.098* （−1.70）	−0.115** （−2.39）	−0.032 （−0.99）	−0.003 （−1.43）
进口	0.000*** （2.69）	0.001 （0.71）	0.001 （1.10）	0.000** （2.40）	0.001 （1.12）	0.000** （2.42）
固定效应						
经济体-企业-产品	是	是	是	是	是	是
年份	是	是	是	是	是	是
观测值个数	7 325 338	7 325 338	12 952 200	12 952 200	12 952 200	12 952 200
R^2	0.449	0.449	0.475	0.475	0.475	0.475

注：括号内为 t 值。出口价格和实际汇率都采取对数一阶差分值。出口价格的单位为元。我们在所有回归中都控制了当期的真实 GDP 水平和人均真实 GDP 水平。（1）、（3）、（5）列的回归使用的进口变量为当期进口金额。（2）、（4）、（6）列的回归使用的进口变量为当期进口虚拟变量。稳健误聚类水平为企业层面

*、**、*** 分别表示在 10%、5%、1%水平上显著

7.4.3　产品质量改变渠道

基于之前的讨论，我们认为导致进口中间品对同质化产品和异质化产品出口价格汇率弹性产生显著不同影响的原因是两类产品的质量改变空间不同。我们认

① 研发支出强度的定义为（研发支出＋广告支出）/销售额。GM 指数的构建方式为 $GM_k=\sum_{j,k,t} w_{jt}\left(\sum_i \frac{|s_{ijkt}-\overline{s_{ikt}}|}{2}\right)^{\frac{1}{2}}$。其中，$i$，$j$，$k$，$t$ 分别表示投入品、企业、行业和年份；s_{ijkt} 表示行业 k 中的企业 j 在 t 年花在投入品 i 上的支出份额；$\overline{s_{ikt}}$ 表示行业 k 中的所有企业花在投入品 i 上的平均支出份额；w_{jt} 表示 t 年企业 j 在行业 k 中的市场份额。此方法的构建基于 Bernard 和 Jensen（2007）。原始的数据为 ISIC 第二版的四位码分类，我们利用 UN Comtrade Database 提供的对应表将其统一到了 HS2002 分类的六位码水平。

为，异质化产品相对于同质化产品而言，其质量改变空间要更大，使得中间品进口的“质量改变效应”发挥更明显，从而抵消了部分中间品进口的“边际成本效应”。为了证实“质量改变效应”的存在，我们对基准回归方程做了一定的修改：

$$\begin{aligned}\Delta\ln \text{Exportprice}_{fpct} &= \alpha + \beta_1\Delta\ln \text{RER}_{ct} + \beta_2(\text{IM}_{fct}\times\Delta\ln \text{RER}_{ct}) \\ &+ \beta_3(\tilde{Q}_{fpc}\times\Delta\ln \text{RER}_{ct}) + \beta_4(\text{IM}_{fct}\times\tilde{Q}_{fpc}) + \beta_5(\text{IM}_{fct}\times\tilde{Q}_{fpc}\times\Delta\ln \text{RER}_{ct}) \\ &+ \beta_6\text{IM}_{fct} + \gamma Z_{ct} + \nu_{fpc} + \lambda_t + \varepsilon_{fpct}\end{aligned} \tag{7-3}$$

具体地，我们在基准回归的基础上引入了一个汇率、进口行为和质量改变的三项交叉项。我们对质量改变的度量构建如下：

$$\tilde{Q}_{fpc} = \frac{1}{(T_{fpc}-1)}\sum_{t=1}^{T_{fpc}}\Delta\ln Q_{fpct} \tag{7-4}$$

其中，Q_{fpct}表示出口企业f在t年出口到目的地c产品p的质量；T_{fpc}表示出口企业f在t年出口到目的地c产品p的总持续期数。Q_{fpct}的构建方式参考了 Khandelwal 等（2013）、Fan 等（2015），其背后的逻辑是利用单价和销量信息来测算产品质量[①]。如果两种产品价格相同，但其中一种产品销量更高，则意味着这种产品质量更高。具体估计公式如下：

$$\ln \text{Exportquantity}_{fpct} = \sigma\ln(\text{Exportprice}_{fpct}) + \varphi_p + \varphi_{ct} + \varepsilon_{fpct} \tag{7-5}$$

其中，φ_p、φ_{ct}分别表示商品与经济体-时间层面的固定效应。对式（7-5）用 OLS 估计，并取残差$\tilde{\varepsilon}_{fpct}$。可以看到，这一残差衡量了在扣除价格因素后，同一商品类别中销售量的差异。在消费者的购买决策仅基于产品质量与价格的前提下，这种差异只能来自产品质量。因此，$\tilde{\varepsilon}_{fpct}$可以作为衡量产品质量的指标。$\sigma$表示产品的替代弹性。我们在基准回归中使用了 Broda 和 Weinstein（2006）分行业值的中位数和均值进行回归。

另外，我们还在表 7-5 中列出了分样本的出口商产品质量和中间品进口增长趋势。具体地，我们采取了两种对样本进行分类的方法。我们首先按照出口商的大小进行分类：我们将出口金额位于当年 75%分位数水平以上的出口商定义为大出口商；将出口金额位于当年 75%分位数水平以下的出口商定义为小出口商。这两组出口商的出口额占出口总额的比例分别为 75%和 25%，表明我国出口金额高度集中在大出口商上。另外，我们发现大出口商相对小出口商的质量增长率和进

① 我们在回归中使用质量的样本期间差分均值替代当期差分值的目的是减少内生性问题，以及满足之后 Heckman 选择方程中的外生性要求。这一做法与 Bernini 和 Tomasi（2015）的做法类似。另外，我们在稳健性检验部分分别使用了质量改变的极差及质量改变的当期值进行分析，基准结论也未发生变化。感谢匿名审稿人的指出。

口量显著要高①。其次，我们将样本按照出口目的地的收入水平进行分类。我们将收入水平位于 50%分位数水平以上的经济体列为高收入经济体②，将其余的经济体列为低收入经济体。我们发现，中国约 90%的出口目的地是高收入经济体，而仅有 10%的出口目的地是低收入经济体。另外，我们发现出口到高收入经济体的产品质量增长率显著比出口到低收入经济体的产品质量增长率要高。与我们的结论一致，余淼杰和张睿（2017b）发现在跨国层面上，中国出口产品质量与其出口目的地收入水平存在显著的正相关性。此外，Hallak 和 Schott（2011）、Feenstra 和 Romalis（2014）等的研究也均发现进口国收入与其进口产品质量正相关。我们还发现目的地为高收入经济体的出口商，其中间品进口量高于目的地为低收入经济体的出口商。

表 7-5　分样本质量和进口增长趋势

分类	质量增长率	进口量	出口占比
大出口商	13.42%	13.96	75%
小出口商	–3.93%	8.75	25%
高收入经济体	2.30%	10.21	90%
低收入经济体	1.53%	9.44	10%

注：所有数值由作者根据海关数据计算。大出口商和小出口商的划分标准为出口商当年出口金额位于样本 75%分位数以上和以下。高收入经济体和低收入经济体的划分标准为经济体人均收入水平为样本经济体收入水平 50%分位数以上和以下。进口量数值为对数值

在识别中我们还遇到了可能的内生性挑战。出口商的中间品进口行为 IM_{fct} 可能受企业出口行为的影响。已有部分文献发现出口目的地、出口质量的不同会影响企业的中间品选择。例如，Bastos 等（2018）发现企业出口目的地越富有，出口价格越高，其越愿意为中间品支付更高的价格。而 Kugler 和 Verhoogen（2009）发现进口企业通常会愿意为进口投入品支付比国内投入品更高的价格。中国出口企业的进口中间品一般比国内中间品贵，我们认为出口产品价格更高的企业会更倾向于从国外进口中间品。基于此，IM_{fct} 可能是一个内生变量。IM_{fct} 与其系数 β_6 及其交叉项前对应的系数 β_2、β_4、β_5 相关，使其直接估计出来的系数可能不一致。根据 Heckman 和 Vytlacil（1998）及 Yu（2015）的处理办法，我们将 IM_{fct} 换成由 Heckman 选择方程所预测的进口倾向变量。具体地，我们采用了以下设定：

① 在分析中我们还尝试了另外几种分类方法，如将大出口商定义为出口商当年出口金额位于样本分位数的 90%以上，将小出口商定义为当年出口金额位于样本的 25%以下。由此得到的统计性描述与分析结果都较为稳健，我们在此选择了一种比较常用的划分方式进行汇报。

② 我们同样尝试了按照收入水平的 75%，以及一经济体人均收入是否超过 1 万美元对经济体进行分类，其得到的统计性描述与表中较为一致。

$$\text{IM}_{fct} = E(\text{IM}_{fct} | Z_{fct}) + \varepsilon_{fct} \tag{7-6}$$

其中，$E(\varepsilon_{fct} | Z_{fct}) = 0$；$Z_{fct}$ 表示 Heckman 选择方程中的外生变量。具体地，我们使用了企业层面的关税、进口国人均 GDP、进口国 GDP 来预测企业从某国的中间品进口行为。我们对中间品进口关税的构建方式为 $\text{FIT}_{fct} = \sum_{p=1}^{N} w_{fpc} \times \tau_{pt}$。$\tau_{pt}$ 表示中国某种 HS 六位码产品征收的进口关税数据，数据来源为 WTO 的贸易分析系统。w_{fpc} 表示企业 f 的产品 p 占企业 f 从经济体 c 进口中间品的份额，然而这一进口权重是一个内生的值，会受企业面临进口关税的影响，也与企业的进口金额相关。企业面临的对某种产品的进口关税越高，其进口份额会越低。如果我们使用当期进口份额来构建企业面临的进口关税，我们会相对低估企业实际面临的进口关税。因此，参考 Yu（2015），我们使用了不随时间变化的进口权重来构建进口关税。表 7-6 中我们使用样本的初期进口权重来构建进口关税。为了减轻内生性，我们使用了滞后一期的关税。我们还使用了进口年限作为排除变量（excluded variable）。进口年限为企业现今距其从进口国最初进口年份的时间，我们用其来度量企业的进口经验。之前有一些针对出口商的研究发现，出口商企业年限越长，其参与出口的概率越大（Amiti and Davis，2012）。我们在回归中还加入了一个排除变量——进口成本。进口成本对应企业进口目标经济体内的出口商所面临的平均出口成本①。这一成本为固定成本，我们认为它仅影响是否进口，并不会影响企业选择进口之后的具体进口量。

表 7-6　进口的自选择方程

项目	（1）	（2）
	进口金额	选择方程
关税	−0.127*** （−339.18）	−0.029*** （−345.43）
进口成本		−0.054*** （−12.76）
进口年限		−0.097*** （−517.41）
逆米尔斯比		1.166*** （116.17）

① 中国进口关税数据来自 http://tariffdata.wto.org/ReportersAndProducts.aspx。一经济体的出口商面临的出口成本数据来自世界银行的投资环境数据 http://data.worldbank.org/indicator/IC.EXP.CSDC.CD。其具体度量的是一经济体的出口商通关所用的成本。

续表

项目	(1)	(2)
	进口金额	选择方程
固定效应		
经济体	是	是
年份	是	是
观测值个数	9 632 516	9 632 516

注：括号内为 t 值。进口成本和进口年限都使用滞后一期值。我们在所有回归中都控制了当期的真实 GDP 水平和人均真实 GDP 水平。本表使用的关税构建的进口权重为样本的初期值

*** 表示在 1%水平上显著

表 7-6 给出了 Heckman 选择方程的估计结果。我们发现，一经济体的进口关税越高，企业从此经济体的进口概率越低。另外，我们看到一经济体的出口商通关成本越高，企业的进口概率也越低。然而我们在回归中发现进口年限与进口概率是负相关关系。我们对此的解释为进口年限较短的企业可能正处于进口网络扩张期，而进口年限较长的企业可能相对进口关系较为稳定，不容易拓展新的市场[①]。另外，当我们将排除变量——进口成本和进口年限纳入第二步进口金额的回归中，发现进口成本和进口年限变量之前的系数非常小，对进口金额变化的解释力很弱。因此，进口年限和进口成本是 Heckman 选择方程第二步排除变量的合适选择。我们将预测所得的进口倾向变量代入上述方程中，得到

$$
\begin{aligned}
\Delta\ln \mathrm{Exportprice}_{fpct} = {} & \alpha+\beta_1\Delta\ln \mathrm{RER}_{ct}+\beta_2 E(\mathrm{IM}_{fct}|Z_{fct})\times\Delta\ln \mathrm{RER}_{ct} \\
& +\beta_3(\tilde{Q}_{fpc}\times\Delta\ln \mathrm{RER}_{ct})+\beta_4 E(\mathrm{IM}_{fct}|Z_{fct})\times\tilde{Q}_{fpc}+\beta_5 E(\mathrm{IM}_{fct}|Z_{fct})\times\tilde{Q}_{fpc}\times\Delta\ln \mathrm{RER}_{ct} \\
& +\beta_6 E(\mathrm{IM}_{fct}|Z_{fct})+\gamma Z_{ct}+\nu_{fpc}+\lambda_t+\delta_{fpct}
\end{aligned}
\tag{7-7}
$$

其中，$\delta_{fpct}=(\beta_2\times\Delta\ln \mathrm{RER}_{ct}+\beta_4\times\tilde{Q}_{fpc}+\beta_5\times\Delta\ln \mathrm{RER}_{ct}\times\tilde{Q}_{fpc}+\beta_6)\times\varepsilon_{fct}+\varepsilon_{fpct}$。基于“质量改变效应”，我们应该期望在三项交叉项之前的系数 β_5 为负：对于质量改变空间越大的产品（如异质化产品），中间品进口对出口价格汇率弹性的影响越小。我们在表 7-7 中列出了基于这一设定的回归结果。表 7-7 的回归结果支持了我们的分析。我们比较产品质量改变程度高（位于样本 95%分位数）、低（位于样本 5%分位数）两类样本的进口行为对出口价格汇率弹性的影响。对于产品质量改变程度低且进口强度低（位于样本 5%分位数）的出口企业，其汇率传递率为 99%。而当此类企业的进口强度提至样本 95%分位数时，其汇率传递率为 83%，下降了

① 我们在数据中通过计量回归分析得到，当进口年限越短时，企业越有可能拓展新的市场及净增加进口市场数目。

16 个百分点（= 0.133×2.1×0.34 + 0.182×0.34）。另外，给定高进口强度，当出口企业的产品质量改变程度高时，其汇率传递率又上升 10 个百分点（= 0.133×4.2×0.51–0.044×4.2），增加到了 93%。

表 7-7　进口、产品质量和出口价格汇率弹性：使用初始期关税

项目	（1）	（2）	（3）	（4）	（5）	（6）
	进口值			进口虚拟变量		
	质量 1	质量 2	差异化	质量 1	质量 2	差异化
汇率	–0.270*** （–7.62）	–0.255*** （–7.17）	–0.315*** （–8.02）	0.024*** （3.18）	0.029*** （3.98）	0.006 （0.74）
汇率×进口×产品质量变化	–0.011*** （–5.50）	–0.018*** （–10.01）		–0.133*** （–5.63）	–0.079*** （–4.21）	
汇率×进口×产品差异化			–0.009*** （–5.95）			–0.527*** （–7.87）
汇率×产品质量变化	0.173*** （5.53）	0.279*** （10.01）		0.044*** （5.58）	0.026*** （4.17）	
汇率×进口	0.023*** （10.00）	0.022*** （9.64）	0.035*** （12.34）	0.182*** （8.79）	0.176*** （8.47）	0.750*** （10.76）
进口×产品质量变化	0.006*** （42.40）	0.006*** （53.47）		0.031*** （22.29）	0.063*** （58.57）	
进口	0.002*** （6.82）	0.002*** （6.48）	0.001*** （2.83）	–0.012*** （–6.89）	–0.009*** （–5.21）	–0.010*** （–4.94）
产品质量变化	–0.002 （–1.13）	–0.031*** （–16.78）		0.079*** （159.68）	0.046*** （124.25）	
固定效应						
经济体-产品	是	是	是	是	是	是
年份	是	是	是	是	是	是
观测值个数	5 958 996	5 958 996	5 413 483	5 958 996	5 958 996	5 413 483
R^2	0.105	0.108	0.019	0.105	0.109	0.019

注：括号内为 *t* 值。出口价格和实际汇率都采取对数一阶差分值。出口价格的单位为元。我们在所有回归中都控制了当期的真实 GDP 水平和人均真实 GDP 水平。（1）、（2）、（3）列的回归使用的进口变量为 Heckman 方程预测的进口金额。（4）、（5）、（6）列的回归使用的进口变量为 Heckman 方程预测的进口虚拟变量。质量 1、质量 2 分别为使用替代弹性中位数和均值所估计的质量的平均变化速度。产品差异化程度的分类参考 Rauch（1999）。稳健误聚类水平为企业层面

*** 表示在 1%水平上显著

7.5　稳健性检验

本节我们用了不同的模型设定和指标来检验我们结论的稳健性。总的来说，

稳健性回归的结果支持了我们之前的结论。我们在表 7-8 的（1）～（4）列尝试使用了不同的样本以检验我们基本结论的稳健性。我们的基准设定中包括了大量的多产品、多目的地的出口样本。当一经济体的货币汇率相对人民币变动（如升值）时，中国出口企业到该经济体的出口量将会减少，企业会更集中出口核心产品（Bernard et al.，2011；Mayer et al.，2014）。而由汇率变动引起的产品种类、目的地的变化可能会影响我们对出口产品价格汇率传递率的识别（Berman et al.，2012）。因此，我们在（1）列中仅保留了单产品的出口企业样本，即企业在样本期间对某一出口地仅出口一种产品。另外，在（2）列中，我们仅保留了核心产品的出口样本，核心产品的定义为出口企业对某一目的地出口量最高的产品。我们看到，在将出口样本限制在单产品或核心产品时，我们的核心结论仍然成立。另外，考虑到贸易商的定价行为可能区别于一般的出口商，我们在（3）列中也将所有贸易商剔除进行回归①。我们发现在剔除贸易商之后，产品质量变化对汇率传递率的影响相比基准回归结果更加显著了。我们发现金融危机期间（2008～2009 年）中国出口商的进口量和出口产品质量都大幅下降。在这一期间，大多数出口商仍然面临着人民币升值。这似乎与我们之前的分析不太一致。然而，部分文献指出金融危机期间的产品质量变动和进口量变动可能主要来自贸易融资的大幅萎缩②。因此，为了排除这一异常时期对我们结果估计的影响，我们在（4）列中剔除了金融危机期间（2008～2009 年）的所有观测样本。我们发现（4）列的结果与之前基本一致。③

表 7-8　稳健性检验

项目	（1） 单产品样本	（2） 核心产品样本	（3） 剔除贸易商	（4） 剔除金融危机	（5） 控制边际成本渠道	（6） 进口中间品强度	（7） 质量差异度	（8） 质量变动新指标
汇率	0.041* （1.68）	0.095*** （12.85）	0.044** （2.22）	0.001 （0.05）	0.032*** （2.80）	0.079*** （3.17）	0.030** （2.07）	−0.047*** （−4.21）
汇率×进口×产品质量变化	−0.135** （−2.26）	−0.081*** （−3.52）	−0.195*** （−8.09）	−0.244*** （−8.16）	−0.169*** （−6.70）	−0.063 （−1.41）	−0.004* （−1.70）	−0.160*** （−8.89）
汇率×产品质量变化	0.045** （2.00）	0.027*** （4.03）	0.066*** （7.16）	0.088*** （7.55）	0.060*** （6.30）	0.016 （0.77）	−0.000 （−0.19）	0.059*** （8.32）

① 贸易商的剔除方法与 Tang 和 Zhang（2012）中提到的一致。具体地，我们在海关数据中的企业名称中搜索“贸易”、“外贸”、“外经”、“进出口”、“经贸”、“工贸”和“可贸”等字眼。一旦企业名称包含此类字眼，我们便认为此出口商为贸易商。

② 例如，有学者发现在全球金融危机期间，贸易融资解释了大概 30%的贸易萎缩。

③ 我们在稳健性检验中尝试了剔除中国加入 WTO 前的样本（即 2000 年和 2001 年的样本）进行检验，发现系数大小和显著性与基准结果相比并未发生太大变化。感谢匿名审稿人的建议。

续表

项目	(1) 单产品样本	(2) 核心产品样本	(3) 剔除贸易商	(4) 剔除金融危机	(5) 控制边际成本渠道	(6) 进口中间品强度	(7) 质量差异度	(8) 质量变动新指标
汇率×进口	0.101 (1.55)	0.001 (0.08)	0.196*** (3.51)	0.219*** (5.79)	0.141*** (4.13)	−0.035 (−0.76)	0.216*** (5.24)	0.343*** (10.45)
进口×产品质量变化	0.018*** (3.88)	0.006*** (5.20)	0.001 (0.80)	0.006* (1.96)	0.006** (2.08)	0.011*** (3.86)	0.001*** (2.81)	−0.020*** (−6.02)
进口	−0.056*** (−9.19)	−0.058*** (−14.81)	−0.028*** (−6.90)	−0.035*** (−7.69)	−0.028*** (−7.14)	0.008*** (2.79)	−0.026*** (−6.57)	−0.124*** (−27.13)
产品质量变化	0.072*** (40.40)	0.069*** (111.57)	0.086*** (146.27)	0.089*** (66.96)	0.055*** (26.62)	0.076*** (58.01)	−0.000 (−1.20)	0.107*** (82.49)
边际成本					0.089*** (70.67)			
固定效应								
经济体-产品	是	是	是	是	是	是	是	是
年份	是	是	是	是	是	是	是	是
观测值	5 958 996	5 958 996	5 413 483	4 682 388	5 937 629	391 739	6 789 062	5 901 004
R^2	0.105	0.108	0.019	0.113	0.105	0.145	0.021	0.348

注：括号内为 t 值。出口价格和实际汇率都采取对数一阶差分值。出口价格的单位为元。我们在所有回归中都控制了当期的真实 GDP 水平和人均真实 GDP 水平。我们这里使用的产品质量变化为上文中定义的质量 1。稳健误聚类水平为企业层面

*、**、*** 分别表示在 10%、5%、1%水平上显著

我们在（5）～（8）列尝试了另外两种稳健性检验。首先，我们在基准回归中控制了边际成本的渠道。我们对边际成本的度量为进口品价格，构造方式参考了 Amiti 等（2014）①。我们认为汇率会通过进口中间品影响边际成本，同时也会通过进口中间品改变出口产品质量而影响最终的出口产品价格，而两个作用方向正好是相反的。所以，当我们控制住边际成本渠道时，汇率通过进口中间品改变出口产品质量的影响会更为显著。我们在表 7-8 的（5）列中展示了这一结果。我们发现在控制了边际成本这一渠道之后，汇率通过进口中间品改变出口产品质量的影响的确更为显著。其次，我们更换了进口中间品和质量差异的衡量指标。在表 7-8 的（6）列，我们使用从某一经济体进口中间品占生产所使用中间品总量的比例作为进口中间品的衡量。由于要使用出口商的总中间品投入数据，我们需要将工业企业数据库与海关库合并。具体的合并方法参考 Yu（2015）。合并过后，我们的样本量显著减

① 具体的构造方式为：$\Delta \mathrm{mc}^*_{ft} = \sum_{c\in C_{ft}} \sum_{p\in M_{ft}} w_{fpct} \Delta \log U_{fpct}$。其中，$U_{fpct}$ 表示企业 f 在 t 年从经济体 c 进口中间品 p 的单位价格（以人民币计价）；w_{fpct} 表示企业中间进口品占总成本份额 t 期和 t−1 期的平均值；C_{ft} 和 M_{ft} 分别表示企业 f 在 t 期进口来源经济体和中间进口品的集合。

少。在合并后的样本中，我们发现回归的各项系数仍然与基准结果保持一致，只是显著性有所下降。在表 7-8 的（7）和（8）列我们更换了质量差异度的衡量指标。具体地，在表 7-8 的（7）列，我们使用企业出口到某目标经济体某产品样本期间质量的最高值和最低值之差（极差）来衡量产品的质量改变差异。在（8）列，我们使用本期的质量变动作为产品质量改变差异的度量，发现结果仍与基准结果一致，说明使用新的指标来衡量质量改变差异也并不会影响我们的基本结论。

我们在表 7-9 中考虑了不同样本的回归结果。我们发现大出口商的出口价格汇率传递率（92%）比小出口商（94%）略低。而产品质量变化对进口成本效应的削弱作用在大出口商和小出口商样本中都很明显。另外，我们按照出口目的地将样本分为高收入经济体和低收入经济体的出口样本。我们发现出口到高收入经济体的汇率传递率（92%）显著比出口到低收入经济体的汇率传递率（98%）低。我们认为此现象可能与中国出口商出口到高收入经济体的产品质量提升一般比出口到低收入经济体的产品质量提升快有关系（见表 7-5 统计描述结果）。另外，我们发现对于出口到低收入经济体的样本，质量变化对进口成本效应的削弱效应不再明显。我们认为一个可能的解释是出口到低收入经济体的样本，其产品质量及产品价格提升空间可能受到出口目的地消费者收入水平的制约，因此两者对汇率的变动较为不敏感。

表 7-9　考虑不同样本

项目	（1）	（2）	（3）	（4）	（5）	（6）	（7）	（8）
	大出口商	大出口商	小出口商	小出口商	高收入经济体	高收入经济体	低收入经济体	低收入经济体
汇率	0.081*** （9.72）	0.037** （2.20）	0.062*** （12.91）	0.049*** （3.60）	0.077*** （17.40）	0.060*** （5.14）	0.015 （1.56）	−0.027 （−0.67）
汇率×进口×产品质量变化		−0.076** （−1.97）		−0.203*** （−6.88）		−0.164*** （−6.56）		−0.040 （−0.43）
汇率×产品质量变化		0.035** （2.57）		0.067*** （5.90）		0.058*** （5.96）		−0.030 （−1.08）
汇率×进口		0.145*** （2.70）		0.108*** （2.90）		0.090*** （2.70）		0.113 （0.85）
进口×产品质量变化		−0.001 （−0.37）		0.013*** （5.38）		0.014*** （5.16）		0.010 （1.34）
进口		−0.035*** （−5.47）		−0.023*** （−6.82）		−0.028*** （−8.32）		−0.021* （−1.82）
产品质量变化		0.088*** （50.90）		0.088*** （89.99）		0.085*** （69.73）		0.096*** （41.07）
固定效应								
经济体-产品	是	是	是	是	是	是	是	是

续表

项目	（1）	（2）	（3）	（4）	（5）	（6）	（7）	（8）
	大出口商	大出口商	小出口商	小出口商	高收入经济体	高收入经济体	低收入经济体	低收入经济体
年份	是	是	是	是	是	是	是	是
观测值个数	5 359 163	3 439 279	10 144 694	3 390 279	13 202 581	6 405 478	2 301 276	424 080
R^2	0.466	0.099	0.544	0.128	0.468	0.100	0.547	0.174

注：括号内为 t 值。出口价格和实际汇率都采取对数一阶差分值。出口价格的单位为元。我们在所有回归中都控制了当期的真实 GDP 水平和人均真实 GDP 水平。大出口商和小出口商的划分标准为出口商当年出口金额位于样本分位数 75%分位数以上和以下。高收入经济体和低收入经济体的划分标准为经济体人均收入水平在样本经济体收入水平的 50%分位数。回归使用的进口变量为 Heckman 方程预测的进口虚拟变量。我们这里使用的产品质量变化为上文中定义的质量 1。稳健误聚类水平为企业层面

*、**、*** 分别表示在 10%、5%、1%水平上显著

书中探讨的质量改变渠道为汇率变化时会影响出口商的中间品进口行为，从而形成与进口成本相反的价格变动，抵消中间品进口在汇率传递中的进口成本效应。我们在表 7-10 中检验了这一渠道。我们考察了汇率变动对中间品进口种类数目及进口产品单价的影响。由于进口产品个数为整数值，我们在表 7-10 的（1）～（3）列采取了负二项分布回归。我们发现人民币相对其他货币升值时，出口商的进口产品个数明显增加，而对那些质量提升表现越为明显的出口商，这一效应越为明显。另外，我们在（2）、（3）列分别按照进口中间品来源地的收入水平分成两组。我们发现汇率变动对来源地为高收入经济体的进口种类数目及产品差异的影响较来源地为低收入经济体的中间品进口更为明显。我们在表 7-10 的（4）～（6）列检验了汇率变动对中间品进口单价的影响，我们发现当人民币相对其他货币升值时，对于那些产品质量提升比较多的出口商，他们的中间品进口单价较为稳定。一个可能的解释是这些出口商在同类商品中选择了质量更高的中间品进口，即进行了进口中间品的质量升级。而当我们同样把中间品进口按照来源国收入水平进行分类时，我们发现可能存在的进口中间品质量升级现象对来自高收入经济体的进口中间品更为明显，而对来自低收入经济体的进口中间品并不显著。

表 7-10　汇率对中间品进口的影响

项目	（1）	（2）	（3）	（4）	（5）	（6）
	进口产品个数			进口产品单价		
		高收入	低收入		高收入	低收入
汇率	-0.183^{***} （-30.97）	-0.187^{***} （-30.66）	-0.133^{***} （-3.84）	0.392^{***} （14.89）	0.396^{***} （14.09）	-0.069 （-0.38）
汇率×产品质量变化	-0.014^{***} （-3.28）	-0.013^{***} （-2.97）	0.001 （0.04）	-0.024^{***} （-4.34）	-0.041^{***} （-5.24）	0.066 （0.79）

续表

项目	（1）	（2）	（3）	（4）	（5）	（6）
	进口产品个数			进口产品单价		
		高收入	低收入		高收入	低收入
产品质量变化	0.001 （0.94）	0.002 （1.58）	-0.010^{**} （−2.21）			
随机效应	是	是	是			
固定效应						
经济体-企业-产品				是	是	是
年份				是	是	是
观测值个数	1 221 844	1 148 258	73 586	1 189 744	1 161 104	28 640
R^2				0.010	0.011	0.011

注：括号内为 t 值。进口价格的单位为元。我们在所有回归中都控制了当期的真实 GDP 水平和人均真实 GDP 水平。高收入经济体和低收入经济体的划分标准为经济体人均收入水平在样本经济体收入水平的 50%分位数以上和以下。我们这里使用的产品质量变化为上文中定义的质量 1。稳健误聚类水平为企业层面

、* 分别表示在 5%、1%水平上显著

出口产品价格接近完全的汇率传递程度意味着汇率的变动将基本被其他经济体的消费者吸收。当人民币升值时，意味着其他经济体的消费者面临的中国出口品价格（以当地货币计）将显著上升，将会对其需求造成负面影响。这也是人民币升值下中国出口商的主要压力。然而，这一压力会随着产品质量提升而减弱。表 7-11 中我们估计了人民币汇率变动对中国出口的异质性影响。我们在表 7-11 的（1）、（3）列和（2）、（4）列分别汇报使用替代弹性中位数和平均值估计出的两种质量变化。基于（1）、（3）列的结果，我们发现当人民币升值 10%时，产品质量提升程度高的出口产品（2.1，位于质量分布的 95%分位数）的出口数量和出口金额（以人民币计）分别下降 7.4%（$=10\times(0.959-0.106\times2.1)$）和 6.9%（$=10\times(0.787-0.045\times2.1)$）；而产品质量提升程度低的出口产品（2.1，位于质量分布的 5%分位数）的出口数量和出口金额分别下降 11.8%（$=10\times(0.959+0.106\times2.1)$）和 8.8%（$=10\times(0.787+0.045\times2.1)$）。

表 7-11　汇率对出口的异质性影响

项目	（1）	（2）	（3）	（4）
	出口数量	出口数量	出口金额	出口金额
汇率	0.959^{***} （2.64）	0.384 （1.06）	0.787^{**} （2.13）	0.176 （0.48）
汇率×产品质量变化	-0.106^{***} （−4.64）	-0.124^{***} （−4.96）	-0.045^{***} （−3.00）	-0.057^{***} （−3.25）

续表

项目	(1)	(2)	(3)	(4)
	出口数量	出口数量	出口金额	出口金额
汇率×进口	–0.039* (–1.70)	0.004 (0.18)	–0.029 (–1.23)	0.017 (0.73)
进口×产品质量变化	0.017*** (8.30)	0.019*** (8.67)	0.121*** (7.49)	0.144*** (7.94)
进口	–0.013*** (–2.88)	–0.015*** (–3.57)	–0.013*** (–2.95)	–0.016*** (–3.46)
产品质量变化	–0.014 (–0.43)	0.026 (0.73)	0.077*** (13.27)	0.118*** (17.88)
固定效应				
经济体-产品	是	是	是	是
年份	是	是	是	是
观测值个数	3 344 021	3 344 021	3 344 021	3 344 021
R^2	0.055	0.073	0.040	0.054

注：括号内为 t 值。出口金额的单位为元。我们在所有回归中都控制了当期的真实GDP水平和人均真实GDP水平。我们这里使用的产品质量变化为上文中定义的质量1。稳健误聚类水平为企业层面

*、**、*** 分别表示在10%、5%、1%水平上显著

7.6　结　论

本章利用2000～2011年的海关交易数据，重新检验了人民币汇率变动对出口价格的影响。研究表明，中国的出口产品价格汇率传递率基本接近完全传递，传递率接近93%。换句话说，以本币计价的出口价格并不会随着人民币汇率变化而显著变动。人民币汇率变动1%，以人民币标价的企业出口价格变动比例仅在0.07%左右。中国接近完全的汇率传递现象明显异于来自其他国家的汇率价格不完全传递的结论。我们结合中国出口数据中高进口比例及出口质量提升速度较快的特征，为中国出口接近完全的汇率传递现象提供了一个可能的解释。

与已有文献一致，我们发现当出口商的进口增加时，由于成本效应的存在，出口价格对汇率变动的反应会更为明显。而通过进一步研究，我们发现这一效应会由于出口商内生的质量选择而被削弱。当人民币汇率相对升值时，出口企业的进口成本下降，然而出口企业会选择生产更高质量的产品，从而提升出口产品价格，抵消掉了部分汇率对进口成本的影响。具体地，对进口概率高的出口企业，质量提升速度从样本的5%分位数上升到95%分位数，其汇率的价格传递率将会从83%上升到93%。在我们的样本中，大出口商占据出口的份额较高，且其对应的进口中间品比例及产品质量提升速度都较高。我们认为这可能解释了在企业-

产品层面，以本币计价的中国出口商价格对汇率反应不敏感的现象。另外，我们还发现汇率升值时，对于质量提升程度较高的出口企业，其会更多地增加进口中间品种类数目及提升进口中间品质量。这一效应对于从高收入经济体进口中间品的出口企业更为明显。

我们的研究为理解近年来汇率政策的影响及出口企业对汇率变动的反应提供了新的参考。过去的部分观点认为我国出口产品质量低或者出口企业生产率低是我国出口价格接近完全的汇率传递现象的主要原因。但通过研究我国出口产品质量及进口行为的变动趋势，我们发现样本期间我国出口产品质量提升明显，而这显著地削弱了汇率对进口成本产生的影响。2004～2011 年，人民币汇率保持着持续的升值趋势。我们发现，虽然人民币升值给出口企业造成了成本竞争力的劣势，但是在此升值通道过程中，中国出口商通过进口更多及更高质量的中间投入品，提升了产品质量，使得其以本币计价的出口产品价格保持了相对稳定。而且我们还发现质量提升较为明显的产品在人民币升值时的出口数量和出口金额下降幅度明显较小。从这个意义上说，出口企业如何将人民币升值的压力成功地转化为产品质量升级的动力，是未来中国制造业在世界市场保持竞争优势需要解决的重要问题。

第8章　本国投入品市场摩擦与企业对外直接投资：理论和证据

8.1　背景介绍

外商直接投资和跨国公司的出现是当今世界经济的显著特征。[①]因而，理解跨国公司行为及外商直接投资的模式对总生产率及资源分配的分析至关重要。

21世纪以来发展中国家对外直接投资的迅猛增长是惊人的，对中国来说更是如此。联合国贸易和发展会议的世界投资报告显示，2014年，来自发展中经济体的对外直接投资流量已经占到总对外直接投资总流量的33%以上，远高于2007年的13%。此外，尽管2014年全球的外商直接投资流量骤降了16%，但是2014年发展中经济体的跨国公司在海外投资了将近4680亿美元，相比上一年增长了23%。[②]作为世界上最大的发展中国家，进入21世纪以来，中国的对外直接投资流量大幅增加。2015年，中国的对外直接投资占世界对外直接投资流量总额的9.9%，使中国成为全球第二大外商直接投资流出国。另外，中国制造业的对外直接投资在中国总的对外直接投资流量中也越来越重要，其在总的对外直接投资中的占比从2012年的9.9%增长到2016年的18.3%。[③]总之，鉴于中国对世界经济的重要性，中国制造业对外直接投资的模式值得探究。

本章将从国内投入市场摩擦的视角，探究中国制造业企业对外直接投资的模式。据我们所知，几乎没有研究涉及国内的制度摩擦如何影响企业的海外投资模式。原因是在过去的数十年间，发达经济体一直都是对外直接投资的来源国。与发展中经济体相比，这些经济体不太可能扭曲。相反，存在各种各样的扭曲是发展中经济体的基本特点。例如，在印度，与企业规模相关的政策及繁复的程序会对企业的增长及资源的配置产生巨大的影响（Hsieh and Klenow，2009，2014）。此外，已有事实证据表明中国的民营企业通过在海外开展业务来规避这些扭曲。例如，吉利汽车公司（中国的一家民营汽车生产商）成功的关键是即使在发展的早期

---

① 跨国公司是指在其本国以外的国家拥有或控制商品或服务生产的公司。外商直接投资包括兼并和收购、建设新设施、海外业务利润再投资及公司内部借贷。

② 联合国贸易和发展会议的世界投资报告还指出，发展中经济体之间的对外直接投资存量增长了2/3，从2009年的1.7万亿美元增加到2013年的2.9万亿美元。它还报告说，全球20个最大的投资经济体中有9个是转型经济体。

③ 见《中国对外直接投资统计公报》（2015年、2016年）。

阶段也要扩大国际市场。因此，国内市场的扭曲似乎确实影响了企业关于“走出去”的决策。

我们证实了中国跨国公司在制造业领域的三个典型事实，以此来阐释我们理论的动因。首先，虽然民营的非跨国公司的平均生产率高于国有非跨国公司，但事实上民营跨国公司的平均生产率却低于国有跨国公司。此外，当我们观察国有跨国公司与民营跨国公司的生产力分布时，我们发现，在每一个百分位点上，国有跨国公司相比民营跨国公司有更高（标准化的）的全要素生产率。其次，与民营企业相比，国有企业中从事对外直接投资的比例较小。最后，民营企业中跨国公司的相对规模（跨国公司的平均规模除以非出口企业的平均规模）小于国有企业。

这些发现是违反直觉的。在中国，国有企业比民营企业要大很多，而较大的企业更可能成为跨国公司。那么，为什么数据显示实际上在海外投资的国有企业如此之少呢？最后，已有研究表明，中国国有企业的生产率低于民营企业。(Brandt et al.，2012；Khandelwal et al.，2013）。当我们观察非出口和出口（但非跨国公司）的企业时，我们的数据也显示了相同的现象。但当我们关注跨国公司时，为什么这个现象却逆转了？

为了解释这些令人疑惑的发现，我们基于 Helpman 等（2004）的研究建立了模型且强调制度套利和逆向选择的作用。我们对 Helpman 等（2004）的两点关键的创新是在生产过程中增加了资本和土地的使用及引入了境内外不对称的扭曲环境。特别地，我们假设在国内生产时，民营企业相比国有企业要支付更高的资本租金和土地价格，而当它们在海外生产时，面临的投入价格是相同的。

由于这种不对称性，民营企业有额外的激励在海外生产，因为它们可以通过成为跨国公司来规避仅存在于国内的投入市场扭曲（即制度套利）。如果没有国内的扭曲，对国内和外商直接投资市场的选择就没有差别，因为国有企业和民营企业面临相同的国内和外国市场环境。然而，因为民营企业从海外生产中得到了额外的好处（即不仅仅是节约可变贸易成本），对它们来说，成为跨国公司的激励更大。这导致民营企业进入外商直接投资市场的选择不那么严格，本章称之为逆向选择。这种逆转解释了为什么国有企业中的跨国公司比民营企业少得多，以及为什么民营跨国公司的生产率低于国有跨国公司。

除了解释事实，我们的模型还进行了一些额外的实证预测。首先，考虑到其他企业层面的特征，由于国外不存在扭曲，民营企业在国外市场的销售额将会显著提高。其次，由于扭曲存在于资本市场和土地市场（而非劳动力市场），在资本密集型行业及行业层面的国有企业和民营企业面临的利率或土地单位价格差异更大的行业，国有企业的逆向选择现象更加明显。我们为这些额外的预测提供了证据支持。

本章使用的对外直接投资数据集是中国对外直接投资项目的代表性样本，因为商务部要求所有金额高于 1000 万美元的对外直接投资交易需要上报商务部。需要承认的是，我们的数据集会丢失小的对外直接投资项目数据，这些项目更有可能是由民营企业实施的。[①]自然地，这种小额民营对外直接投资交易的缺失会阻碍我们发现逆向选择。考虑到我们确实发现了逆向选择，如果我们使用一个包含了小额对外直接投资交易的更全面的数据集，逆向选择应该会表现得更加明显。

需要着重强调的是，中国企业进行对外直接投资有着不同的动机。本章，我们关注制造业外商直接投资，并基于两点原因排除了建筑部门和采矿部门的对外直接投资项目。第一，制造业企业投资行为与企业表现相关性更强且为利润驱动型[②]。第二，外商直接投资的标准模型（即 HMY 模型，由 Helpman 等提出的模型）及跨境的不对称扭曲对中国的制造业跨国公司尤其适用，特别是在中国对发达经济体的投资中，制造业外商直接投资在对外直接投资总额中所占的份额远远大于对发展中经济体的投资[③]。由于发达经济体的扭曲程度可能低于发展中经济体，因此我们的研究更适合中国的制造业跨国公司。

我们还用了数据集的一些子样本来排除解释逆向选择现象的其他可能的假说。首先，当我们对比民营出口企业和国有出口企业时发现逆向选择并不成立。鉴于出口并不能使民营企业规避国内投入扭曲，这个发现排除了与产出市场歧视相关的替代假说。其次，即使当我们排除了收购与兼并类型的外商直接投资项目或流向避税天堂的外商直接投资项目，逆向选择的现象依然存在。因为相比对外商直接投资，收购兼并型的外商直接投资获取更好的技术和品牌的动机更为明显，流向避税天堂经济体的外商直接投资的利润转移动机更为明显。这两种类型的外商直接投资的动机无法解释逆向选择这一实证发现。

虽然我们关注的是特定类型的不对称的制度待遇如何影响经济结果，但本章的见解也适用于其他情况。例如，由于法国的税率上涨，越来越多的有才华的、富有的法国人移居海外。[④]这是制度套利的一个完美的例子。在印度，繁复的行政程序迫使很多有才华的企业家离开印度在海外创业。[⑤]

---

① Shen（2015）和 Chen 等（2016）也证实商务部提供的数据严重低估了民营企业进行的对外直接投资项目。

② Shen（2015）和 Chen 等（2016）也为此提供了实证的支持。

③ 根据《中国对外直接投资统计公报》（2015 年），中国对美国和欧盟的投资中，制造业外商直接投资在总的对外直接投资的占比分别为 26.3%和 19.7%。请注意，中国对所有经济体的投资中，制造业外商直接投资占对外直接投资总额的平均比例为 13.7%。

④ 参见 http://www.france24.com/en/20150808-france-wealthy-flee-high-taxes-les-echos-figures。

⑤ 对此感兴趣的读者可以参见 http://www.thehindu.com/news/national/red-tape-forces-indian-entrepreneurs-to-shift-overseas/article7367731.ece。

本章旨在谈及有关外商直接投资和跨国公司的文献。Helpman（1984）深刻地指出了各国要素价格的差异如何影响垂直型外商直接投资的模式。Antràs（2003，2005）及 Antràs 和 Helpman 等（2004）强调了合同摩擦对改变外商直接投资和外包模式的重要性。在关于水平型外商直接投资的研究中，Markusen（1984）假定有集中-邻近的权衡关系，也得到了 Brainard（1997）的实证支持。Helpman 等（2004）发展了一个考虑异质性企业的贸易和外商直接投资模型。我们的研究通过指出企业参与外商直接投资的另一动机对文献做出贡献。

本章的研究还与证实发展中国家存在资源错配的文献有关。Hsieh 和 Klenow（2009）开创性地证明了在中国和印度存在大量的资源错配。Midrigan 和 Xu（2014）及 Gopinath 等（2017）探究了金融摩擦对企业生产率和投资的总体影响。Guner 等（2008）、Restuccia 和 Rogerson（2008）及 Garicano 等（2016）探究了依赖于（企业）规模的政策对总生产率的影响[①]。我们的工作对这一研究领域的贡献在于揭示了国内扭曲与企业在全球市场行为之间的联系。

第三支相关文献是关于中国的扭曲与中国企业的外商直接投资决策（Brandt et al.，2013；Bai et al.，2017）。Shen（2015）及 Chen 等（2016）使用了与我们相似的数据集，研究了中国对非洲对外直接投资的动机和结果。Tian 和 Yu（2015）使用了相同的数据，探究了中国企业的分类模式，但并没有考虑国有跨国公司和民营跨国公司之间的差异。与现有研究相比，我们的研究将企业对外直接投资决策与国内扭曲联系了起来。

8.2 数据、变量测度与典型事实

8.2.1 数据

正如下面介绍的，本章主要使用了四个数据集。

（1）工业企业数据。本章使用的是从 2000 年到 2013 年中国制造业企业的生产数据，数据来自国家统计局进行的工业企业数据年度调查。数据包含所有的国有企业及“规模以上”[②]的非国有企业（即民营企业）。

（2）外商直接投资决策数据。中国企业外商直接投资决策的全国数据来自商务部。自 1980 年始，商务部要求每一个中国跨国公司都需要上报其超过 1000 万美元的海外投资活动。政府要求每家中国公司的海外投资都要向商务部申请批准或备

① 关于资源错配和扭曲的综述，参见 Restuccia 和 Rogerson（2013）。

② “规模以上”企业是指在 2010 年之前销售额在 500 万元人民币（或 83 万美元）及以上，在 2010 年后销售额在 1000 万元人民币及以上的企业。

案[①]。此外，全国范围内的外商直接投资数据汇报了每年开始进行外商直接投资的项目的数目。

（3）企业土地价格数据。为了更清晰地展示在投入要素市场存在对民营企业的歧视，我们使用了一个来自原国土资源部的中国土地交易监管系统官方网站收集的全面且新颖的企业层面的土地价格数据。这个监管系统包含了土地交易的详细信息，如土地面积、成交价格及转让人和受让人。

（4）Orbis 数据。最后我们使用了来自 Bureau van Dijk 的从 2005 年到 2014 年的数据，因为它们包含了详细的中国跨国公司国外分支结构的金融信息。对于 2011 年之前的数据，我们通过匹配企业的中文名称将工业企业年度调查数据与 Orbis 数据合并。对于 2011 年之后的数据，我们通过匹配 2011 年后在两个数据集中都有的（中国）母公司的贸易注册码，将工业企业年度调查数据与 Orbis 数据合并。我们使用合并后的数据来探究中国跨国公司如何分配其境内外的销售。

我们将企业层面的外商直接投资数据与土地价格数据及制造业生产数据合并。尽管这三个数据集都包含企业识别码这一共同的变量，但他们的编码系统是完全不同的。因此，我们使用了替代的方法来合并这三个数据集。匹配过程包含以下三个步骤。首先，我们使用每一个企业的中文名称及时间来匹配这三个数据集。如果一个企业在三个数据集里在特定的年份有相同的名称，就可以被认定为同一家企业。但是，这种方法可能会遗漏一些公司，因为同一家公司的中文名称可能在三个数据集中没有确切的中文字符，尽管它们有着相同的字符串。其次，将企业名称拆解成几个与位置、行业、商业类型、名称相关的字符串。如果一个企业在这三个数据集里有着全部相同的字符串，这个企业就可以被归为同一家企业。最后，所有的近似的字符串匹配步骤都会经过两次人工手动检查。

在表 8-1 里我们展示了数据匹配的质量。简言之，我们能将统计公报中报告的 21%～42%的制造业跨国公司与 2006～2010 年的工业企业年度调查数据相匹配。此外，之后年份的匹配质量大幅提高。另外，我们的匹配样本显示出了与统计公报中相同的趋势，即国有跨国公司的比例在逐年下降。

表 8-1　中国制造业企业的外商直接投资份额（2000～2012 年）

项目	2000 年	2002 年	2004 年	2006 年	2008 年	2010 年	2012 年
制造业企业总数/个	83 579	110 398	199 873	194 201	158 220	306 366	283 018
制造业企业外商直接投资母公司（样本）/个	5	9	56	562	867	1 945	5 501
外商直接投资份额	0.01%	0.01%	0.03%	0.29%	0.55%	0.64%	1.94%

① 需要注意的是，由政府直接控制的国有企业也需要上报其外商直接投资交易。这就是我们的数据里包含中国石油天然气集团有限公司、中国石油化工集团有限公司、华润（集团）有限公司的原因。

续表

项目	2000 年	2002 年	2004 年	2006 年	2008 年	2010 年	2012 年
制造业企业外商直接投资母公司（公报）/个	—	—	—	2 670	3 650	4 654	6 744
匹配百分比	—	—	—	21.1%	23.8%	41.8%	81.6%
制造业企业外商直接投资国有企业份额（样本）	20.0%	22.2%	5.35%	3.02%	1.49%	1.23%	1.81%
外商直接投资国有企业份额（公报）	—	—	—	26.0%	16.1%	10.2%	9.1%

注：中国跨国公司的数据来自商务部。第 4 行的外商直接投资份额是通过将进行外商直接投资的制造业企业数目（第 3 行）除以制造业企业总数（第 2 行）得到的。第 5 行中 2006 年之前的进行外商直接投资的制造业企业母公司的数目的公报数据不可得。第 6 行的匹配百分比等于样本中的进行外商直接投资的制造业企业母公司的数目除以公报中的进行外商直接投资的制造业企业母公司的数目。第 7 行的进行外商直接投资的跨国公司的国有企业份额为国有制造业跨国公司样本中所有制造业跨国公司的百分比。第 8 行的外商直接投资国有企业份额表示国有企业跨国公司占公报中所有跨国公司的百分比

尽管我们的企业层面的数据覆盖 2000～2013 年，但我们使用 2000～2008 年的数据来进行主要的实证分析，因为 2008 年之后的数据缺失了母公司的增加值和材料使用的信息，这使得我们无法估计企业生产率这一实证分析中的关键变量。正如 Feenstra 等（2014）强调的，企业层面生产数据的一些观察值是噪声项且有误导性，很大程度上是因为企业误报。为了保证我们的估计样本是可信和准确的，我们根据 Feenstra 等（2014）的标准来筛选样本并剔除异常值。

8.2.2 变量测度

本章使用的两个关键的指标分别是国有企业指标及全要素生产率指标。本节我们讲述如何构建这两个衡量指标。

（1）国有企业的度量。我们使用两种方法定义国有企业。第一种是采用《中国城市统计年鉴（2006）》对国有企业的官方定义，使用公司层面的法律登记信息。如果一个企业的法律登记识别码属于国有独资企业、国有合资企业、国有及集体所有合资企业，那么其将被认定为国有企业。这种方法排除了国有有限公司。由于这是文献中广泛使用的传统的衡量方法，我们将其作为一种默认的做法来进行我们的实证分析。

Hsieh 和 Song（2015）介绍了一种更广义的定义国有企业的方法，他们认为当企业的国有资产份额大于等于 50%时，就可以被定义为国有企业。沿着这个思路，我们遵循他们的意见使用了另外一种方法来定义国有企业。结果是，如果一个企业按照传统的方法被认定为国有企业或者其国有资产份额大于等于 50%，它都将被认定为国有企业。我们在稳健性检验中使用的是广义的国有企业虚拟变量。

（2）全要素生产率的度量。我们使用 Yu（2015）采用的改进的 Olley-Pakes 方法来估计企业的全要素生产率。与传统的 Olley-Pakes 方法相比，我们的方法有五个新的改动。第一，由于跨国公司和非跨国公司有着不同的技术[①]，我们对每一个行业的这两种类型的公司的生产函数分别进行估计。第二，在生产率的估计中，我们使用详细的行业层面的投入和产出价格来平减企业的投入使用和收益。由于基于收益计算的全要素生产率可能会受到价格成本加成和企业价格之间差异的影响（de Loecher and Warzynski，2012），因此理想的方法是用企业层面的价格平减指数来构建基于产品质量的全要素生产率。然而，在中国并没有这样的数据。为了缓解这个问题的影响，我们按照 Brandt 等（2012）的方法，使用 CIC 四位码层面的投入和产出价格来平减企业的投入使用和收益。一旦行业层面的价格平减指数得到明确的定义，价格成本加成能与企业的真实效率正相关，基于收益计算的全要素生产率就可以很好地反映企业的真实效率（Bernard et al，2003）。第三，我们考虑了中国加入 WTO 对企业表现的影响，因为随着 2001 年后外国市场的扩大，中国企业可能会出口更多或进行更多的对外直接投资。因此我们在生产率估计的反演步骤里加入了 WTO 的虚拟变量。第四，相似地，我们在反演步骤里还加入了加工出口的虚拟变量，因为加工出口企业和非加工企业可能使用不同的技术（Feenstra and Hanson，2005）。第五，也是最重要的，我们在 Olley-Pakes 估计的第一步的控制函数中加入了国有企业指标和出口指标。特别地，我们加入了国有企业指标、出口指标及它们与对数资本和对数投资的交互项，以近似全要素生产率估计的反演步骤中的四阶多项式。

正如 Arkolakis（2010）强调的，不同行业的企业全要素生产率不能直接比较。因此我们通过标准化全要素生产率，计算了相对全要素生产率（relative total factor productivity，RTFP）。正如 Gandhi 等（2020）所建议的，灵活投入弹性的正确识别应当基于对总产出生产函数的估计。因此，所有的全要素生产率衡量都是通过总产出生产函数进行估计的。

尽管在上述描述的生产率估计中我们控制了国有企业指标，但目前可能仍不清楚国有企业与民营企业之间全要素生产率的差异是投入要素扭曲还是任何其他因素所致的。如果投入要素扭曲对决定企业投入使用有至关重要的作用，应当可以观察到在控制企业规模及其他随时间变化的因素后，在任意小的给定的行业内，国有企业的资本都应该更密集。因为国有企业可以以较低的成本获得营运资本。在这种直觉的启发下，我们首先用公司的规模（由公司销售额代指）、行业层面固定效应（CIC 四位码层面）、年份固定效应对公司的资本劳动比率进行回归，以获

① 作为稳健性检验，我们将跨国公司和非跨国公司合并在一起，在生产率估计的反演步骤中，通过加入衡量跨国公司地位的虚拟变量来重新估计生产函数。这种方法得到的结果并没有改变我们后续的实证发现。

得企业层面的群集残差。其次，我们构建这些残差与对数资本和对数投资的交互项，作为全要素生产率估计的反演步骤中使用的四阶多项式的附加变量。因此，将投入扭曲考虑在内，我们重新估计了改进的相对全要素生产率（$RTFP^{Distort}$）。最后，在全要素生产率估计的反演步骤里加入企业层面的群集残差和国有企业指标（以及与对数资本和对数投资的交互项）来估计另外一种形式的相对全要素生产率（$RTFP_{SOE}^{Distort}$）作为稳健性检验。

8.2.3 典型事实

本节旨在使用合并后得到的数据来得到三个典型事实。我们的兴趣是探索有关国内企业不同类型的资源错配如何影响中国企业的对外直接投资行为，我们将国有企业和民营企业进行对比来说明这些事实。

事实一：国有跨国公司的生产率优势。表 8-2 展示了我们改进的 Olley-Pakes 方法估计的国有企业与民营企业的全要素生产率差异。（1）和（3）列的简单 t 检验显示，在非跨国公司和非出口企业中，民营企业比国有企业生产率更高。为了证实这个发现，通过选择一个资本密集型行业的虚拟变量及年份作为协变量，我们进行了最近邻倾向得分匹配。[①]为了避免出现多个观察值有相同的倾向得分，在匹配之前我们进行了随机抽样。（2）和（4）列展示了民营企业的处理组的平均估计。再者，国有企业和民营企业之间的生产率差异的系数非常显著，表明非跨国公司和非出口企业的国有企业比非跨国公司和非出口企业的民营企业生产率更低。这个关于非跨国公司的结论与其他的研究结果是一致的（Hsieh and Song，2015）。

表 8-2 逆向选择：国有跨国公司比民营跨国公司生产率更高

项目	非跨国公司				跨国公司			
	所有企业		仅出口企业		所有企业		仅出口企业	
	未匹配	匹配	未匹配	匹配	未匹配	匹配	未匹配	匹配
	（1）	（2）	（3）	（4）	（5）	（6）	（7）	（8）
（1）民营企业	3.62	3.56	3.60	3.77	4.28	4.10	4.28	4.15
（2）国有企业	3.06	3.06	3.27	3.26	4.48	4.62	4.76	4.90
差距 = (1)–(2)	0.56^{***} (94.19)	0.50^{***} (47.85)	0.33^{***} (27.20)	0.51^{***} (27.75)	-0.20^{*} (−1.67)	-0.52^{*} (−1.68)	-0.48^{***} (−3.30)	-0.75^{**} (−2.08)
由国有企业份额定义的所有制类型								
（3）民营企业	3.63	3.56	3.60	3.77	4.28	4.09	4.28	4.12

① 在 Melitz 模型中（Melitz，2003；Helpman et al.，2004），企业规模是生产力的充分统计。我们的模型是 Helpman 等（2004）的拓展。因此，我们不使用企业销售额或者企业就业作为倾向得分匹配的协变量。

续表

项目	非跨国公司				跨国公司			
	所有企业		仅出口企业		所有企业		仅出口企业	
	未匹配	匹配	未匹配	匹配	未匹配	匹配	未匹配	匹配
	（1）	（2）	（3）	（4）	（5）	（6）	（7）	（8）
（4）国有企业	3.07	3.06	3.27	3.27	4.53	4.66	4.78	4.90
差距 = (3)–(4)	0.56*** （97.56）	0.50*** （50.05）	0.33*** （28.35）	0.50*** （28.60）	–0.25** （–2.11）	–0.57* （–1.84）	–0.50*** （–3.53）	–0.78** （–2.17）

注：（1）～（4）列分别显示出对非跨国公司而言，无论是所有企业还是仅出口的企业，民营企业的全要素生产率都要高于国有企业。在（2）和（4）列中，使用了表示资本密集型行业的虚拟变量和年份作为协变量来计算非跨国公司的倾向得分。（5）～（8）列表明，无论是所有企业还是仅出口的企业，民营跨国公司相比国有跨国公司的生产率都更低。（6）和（8）列使用了表示资本密集型行业的虚拟变量、表示富裕目标经济体的虚拟变量，以及对外直接投资模式、年份作为协变量来计算跨国公司的倾向得分。在（3）和（4）行中，参考 Hsieh 和 Song（2015）使用企业所有权中的国有份额来定义国有企业和民营企业。括号中的数字表示 t 值

***、**、* 分别表示在 1%、5%、10%的水平上显著

与之相反，当我们只关注跨国公司，就会发现逆向选择现象。正如表 8-2（5）列展示的那样，民营跨国公司（即民营母公司）在平均意义上的生产率低于国有跨国公司（即国有母公司）。为了证实这个发现，我们关注同时进行外商直接投资和出口的民营跨国公司和国有跨国公司的生产率差异①。（7）列展示了相同的结果。在（6）和（8）列，我们进行了最近邻倾向得分匹配，通过选择虚拟变量来分别指代资本密集型行业、富裕目标经济体，以及对外直接投资模式（即水平型、垂直型、研发导向型）和年份作为协变量。这两列展示的结果证实了我们的发现，即民营跨国公司的平均生产率低于国有跨国公司，即使在控制了总量层面的影响因素之后。

表 8-2 的下半部分展示的是使用了广义国有企业定义的逆向选择的证据。与上半部分展示的跨国公司和国有企业的数目相比，有更多的国有企业参与到对外直接投资中，且当我们使用广义的国有企业虚拟变量时，有更多的企业被归类为国有企业。

为了进一步验证我们的结论，我们进行了简单的 OLS 回归。特别地，我们用国有企业指标、国有企业指标和跨国公司指标的交互项、企业固定效应来对估计的全要素生产率进行回归。简言之，我们发现回归结果中逆向选择依然成立，因为国有企业指标的系数及交互项的系数都是显著为负的。

表 8-3 展示了不同所有权类型的跨国公司的数目及随后的样本年份中的份额。2000～2013 年，我们的样本中总计有 566 个广义的国有跨国公司，是传统衡量方

① 事实上，一些中国企业同时参与对外直接投资和出口。对于那些通过在海外设置贸易办公室来促进出口的从事分配型的外商直接投资的公司而言，更是如此。详细的讨论参见 Tian 和 Yu（2015）。

法下的国有跨国公司数目的两倍。同样地，证据显示，尽管民营非跨国公司比国有非跨国公司生产率更高，但是民营跨国公司比国有跨国公司生产率低。

表 8-3 逆向选择：民营企业占比更高

项目	2000～2008 年			2000～2013 年		
	跨国公司数目	所有企业数目	跨国公司的比例	跨国公司数目	所有企业数目	跨国公司的比例
	（1）	（2）	（3）	（4）	（5）	（6）
（1）民营企业	3 623	1 335 514	0.27%	21 426	2 287 915	0.94%
（2）国有企业	104	40 612	0.26%	270	66 192	0.41%
由国有企业份额定义的所有制类型						
（3）民营企业	3 622	1 097 322	0.33%	21 130	2 273 486	0.93%
（4）国有企业	105	43 512	0.24%	566	80 621	0.70%

注：（3）列汇报了 2000～2008 年的跨国公司份额，由（1）列除以（2）列得到。相似地，（6）列汇报了 2000～2013 年的跨国公司份额，由（4）列除以（5）列得到。显然，国有企业中的跨国公司份额比民营企业中的跨国公司份额要更低。（3）和（4）行参考 Hsieh 和 Song（2015）使用企业所有权中的国有份额来定义国有企业和民营企业。当使用这种方法来定义国有企业时，由于数据中的一些企业并没有国有份额，因此我们丢失了一些观察值

我们的第一个事实对表 8-4 中所展示的不同的全要素生产率衡量方法都是稳健的。（1）、（4）和（7）列分别展示了所有企业、非跨国公司、跨国公司的相对全要素生产率。企业的相对全要素生产率是通过将在行业生产率最高的公司的全要素生产率标准化为 1，之后缩小每个行业的公司的全要素生产率来获得的（Arkolakis，2010；Groizard et al.，2015）。在标准化之后，我们计算了每一个行业的企业的相对全要素生产率。（2）、（5）和（8）列使用的全要素生产率（$RTFP^{Distort}$）的衡量方法，是考虑了企业投入要素扭曲的估计方法。（3）、（6）和（9）列使用的另外一种全要素生产率（$RTFP^{Distort}_{SOE}$）的衡量方法，是在全要素生产率估计中加入了国有企业虚拟变量、扭曲残差、它们的交互项及其他关键的企业层面的变量。此外，我们的结果对不同的全要素生产率衡量方法都是稳健的。我们的数据清晰地显示出逆向选择，即民营跨国公司比国有跨国公司生产率低。

表 8-4 不同相对全要素生产率类型的国有跨国公司的生产率溢价（2000～2008 年）

项目	所有企业			非跨国公司			跨国公司		
	$RTFP^{OP}$	$RTFP^{Distort}$	$RTFP^{Distort}_{SOE}$	$RTFP^{OP}$	$RTFP^{Distort}$	$RTFP^{Distort}_{SOE}$	$RTFP^{OP}$	$RTFP^{Distort}$	$RTFP^{Distort}_{SOE}$
	（1）	（2）	（3）	（4）	（5）	（6）	（7）	（8）	（9）
（1）民营企业	0.506	0.494	0.497	0.505	0.494	0.497	0.616	0.500	0.503
（2）国有企业	0.412	0.478	0.481	0.411	0.479	0.481	0.650	0.528	0.532

续表

项目	所有企业			非跨国公司			跨国公司		
	$RTFP^{OP}$	$RTFP^{Distort}$	$RTFP_{SOE}^{Distort}$	$RTFP^{OP}$	$RTFP^{Distort}$	$RTFP_{SOE}^{Distort}$	$RTFP^{OP}$	$RTFP^{Distort}$	$RTFP_{SOE}^{Distort}$
	（1）	（2）	（3）	（4）	（5）	（6）	（7）	（8）	（9）
差距＝(1)–(2)	0.094*** （93.95）	0.016*** （46.42）	0.016*** （46.29）	0.094*** （97.07）	0.015*** （46.53）	0.016*** （46.40）	−0.034* （−1.69）	−0.028*** （−2.69）	−0.029*** （−2.73）
只考虑资本密集型行业									
（3）民营企业	0.509	0.500	0.503	0.509	0.500	0.503	0.624	0.505	0.509
（4）国有企业	0.422	0.477	0.480	0.422	0.477	0.480	0.676	0.525	0.529
差距＝(3)–(4)	0.087*** （78.03）	0.023*** （59.05）	0.023*** （59.54）	0.087*** （78.28）	0.023*** （59.14）	0.023*** （59.62）	−0.052** （−2.39）	−0.020* （−1.65）	−0.020* （−1.64）

注：括号中的数字表示 *t* 值。（1）～（3）列表明若不考虑企业类型，民营企业比国有企业的生产率更高。相似地，（4）～（6）列表明民营非跨国公司相比国有非跨国公司有更高的相对全要素生产率。（7）～（9）列表明，民营跨国公司相比国有跨国公司有更低的生产率。（1）、（4）和（7）列使用的是相对 Olley-Pakes 全要素生产率。（2）、（5）和（8）列使用的是考虑了投入要素扭曲的相对全要素生产率。（3）、（6）和（9）列是考虑了投入要素扭曲和国有企业虚拟变量与其他多项式的交互项的相对全要素生产率。表的上半部分使用的是全部样本。表的下半部分仅使用了资本密集型行业，大概占全部样本的 3/4

***、**、* 分别表示在 1%、5%、10%的水平上显著

我们接下来按照行业逐个观察国有跨国公司和民营跨国公司的生产率差异。为此，我们根据国家统计局的官方定义将所有行业分为两类①：资本密集型行业和劳动密集型行业。表 8-4 的下半部分显示在资本密集型行业中，国有跨国公司存在生产率优势。这个发现十分重要，它揭示了在投入市场更加扭曲的行业存在更严重的逆向选择。

为了证明投入扭曲在解释国有跨国公司相比民营跨国公司具有的生产率优势中发挥了重要的作用，我们需要确保国有企业和民营企业有着相同的生产率离差（8.3 节中我们的模型也暗示了这一点）。诚然，与民营企业相比，国有企业的生产率分布可能有不同程度的离差，而且在国有企业改革的时代，生产率的分布可能会发生变化（Lardy，2004；Hsieh and Song，2015）。然而，国有跨国公司的生产率一阶随机主导了民营跨国公司的生产率分布（即在分布的每一个百分位点，国有跨国公司比民营跨国公司生产率高）。最后，所有的全要素生产率估计都是基于 Olley-Pakes 方法，这种方法使用投资作为全要素生产率的代理变量。对 Olley-Pakes 方法在第一阶段使用投资作为代理变量的一个可能的担忧是，像中国这样的发展中国家的投资是波动很大的，且存在非常多的零值，这会引起偏差。然而，正如

① 特别地，在 28 个 CIC 二位码的产业中，下列产业被归类为劳动密集型产业：食品加工（代码：13）、食品制造（代码：14）、饮料（代码：15）、纺织（代码：17）、服装（代码：18）、皮革（代码：19）及木料（代码：20）。

Feenstra 等（2014）讨论的那样，这不是我们估计中存在的问题。特别地，我们已经遵循一般会计公认准则在样本中删除了这些异常的观察值。此外，在全要素生产率的估计和识别的最新进展中，如 Ghandi 等（2016）表明的，采用总产出生产函数可以更好地缓解这种潜在的问题。因此，本章现在所有的全要素生产率估计都采用总产出生产函数法。为了完整起见，我们使用简单的劳动生产率（定义为每位雇员的增加值）及 Levinsohn-Petrin 全要素生产率进行了相同的研究。我们再一次观察到国有非跨国公司比民营非跨国公司生产率低。但对跨国公司来说，事实恰好相反：国有跨国公司比民营跨国公司生产率更高。简言之，我们的第一个实证结果是稳健的。

事实二：国有跨国公司的比例更低。表 8-3 的（3）和（6）列展示了我们的第二个事实，即民营企业中跨国公司的比例高于国有企业中跨国公司的比例。同样，这个发现对于用于构建国有企业衡量指标的不同的定义及不同的时间范围都是稳健的。当我们使用广义的国有企业指标时，有更多的企业被归类为国有企业。但是对 2000～2008 年的样本来说，国有跨国公司的数目并没有发生很大的变化。2000～2013 年，国有企业和民营企业中跨国公司的比例相比 2000～2008 年都有增长。在所有的四种情况中（两种国有企业定义及两个时间段），民营企业中的跨国公司总是比国有企业中的跨国公司多得多。一方面，这个发现令人困惑，因为规模更大的国有企业应该更可能从事海外投资。此外，中国政府多年来一直支持国有企业海外投资，这被称为“走出去”战略。另一方面，这样的发现与我们的第一个结果是一致的，即由于国有跨国公司比民营跨国公司更高效，国有企业中参与外商直接投资的比例应该更小（即严格的选择过程）。

事实三：国有企业的相对规模较大。最后一个事实与国有跨国公司的相对规模溢价相关。传统观点认为，国有企业的规模更大，通常用就业的对数形式或销售的对数形式来衡量企业规模。

更重要的是，国有跨国公司的规模溢价在相对意义上也存在。表 8-5 显示，国有企业中的跨国母公司的平均对数就业与非出口企业的平均对数就业的比例高于民营企业。表 8-5 报告了用国有跨国公司的相对规模与民营跨国公司的相对规模进行对比得到的结果。我们使用 l_o^j / l_d^j 来衡量企业相对规模，其中 l_o^j 和 l_d^j 表示跨国公司的平均对数就业及不同类型（j，即民营或国有）的非出口企业的平均对数就业。第 2 列中的年平均比率表明民营跨国公司的相对规模显著小于国有跨国公司的相对规模。由于很少有国有企业在 2005 年之前从事对外直接投资，我们在表 8-5 中报告了特定年份的年平均比率。所有列的结果都表明，国有跨国公司有更大的相对规模。总的来说，我们的三个事实表明：与非出口企业相比，民营跨国公司的绝对及相对规模都小于国有跨国公司。

表 8-5　国有企业相对规模溢价

项目	跨国公司对非出口企业的相对规模								
	平均	≤2001 年	≤2002 年	≤2003 年	≤2004 年	≤2005 年	≤2006 年	≤2007 年	≤2008 年
（1）民营企业	4.50	4.59	4.59	4.56	4.54	4.53	4.52	4.51	4.50
（2）国有企业	5.48	5.65	5.64	5.58	5.55	5.53	5.51	5.49	5.48
差距 = (1)–(2)	–0.97*** (–488.1)	–1.06*** (–234.0)	–1.05*** (–283.5)	–1.02*** (–329.0)	–1.01*** (–374.1)	–1.00*** (–400.1)	–0.99*** (–430.4)	–0.98*** (–445.5)	–0.98*** (–466.6)

注：本表汇报了民营跨国公司和国有跨国公司的相对企业规模的差距。企业规模由就业规模的对数衡量。本表表明，民营企业相比国有企业而言，外商直接投资企业对非出口企业的相对规模更低，即民营跨国公司的相对规模小于国有跨国公司的相对规模。括号中的数字表示 t 值

*** 表示 1%的显著性

至此，我们已经发现了三个有趣的实证研究结果。接下来，我们会建立一个模型来证明这些结果。此外，这个模型还发现了几个与数据一致的额外的实证预测。

8.3　理论模型

我们调整了由 Helpman 等（2004）提出的水平型外商直接投资模型来证明目前提出的实证发现。我们探究投入市场对民营企业的歧视如何影响跨国公司的分类模式，以及它们在集约边际上的规模溢价。同时，我们探究了外国投资成本的差异如何在扩展边际上影响民营跨国公司和国有跨国公司的投资行为。①

根据 Dixit 和 Stiglitz（1977），有一个行业，由在垄断竞争条件下生产差异化产品的公司组成。每一种产品种类用 ω 表示，Ω 表示所有种类的集合。消费者从消费这些差异化产品中按下式获得效用：

$$U=\left[\int_{\omega\in\Omega} q(\omega)^{\frac{\sigma-1}{\sigma}}\mathrm{d}\omega\right]^{\frac{\sigma}{\sigma-1}} \tag{8-1}$$

其中，$q(\omega)$ 表示对 ω 产品的消费；σ 表示差异化产品之间的常替代弹性。

企业家通过支付用生产产品单位来衡量的企业固定成本（f_e）来进入行业。②在支付进入成本之后，企业家通过随机抽样得到企业的生产率 φ。假定随机抽样的累计密度函数为 $F(\varphi)$。一旦企业家知晓了企业生产率，由于存在生产的固定成本（f_D，用企业生产的产品单位衡量），他将决定是否留在市场中。

① 按照 Helpman 等（2004）方法进行的标准的水平型外商直接投资的预测与我们在表 8-2 中汇报的实证结果是一致的。例如，跨国公司的平均生产率高于非跨国公司［参见（3）和（5）列］。此外，在进行倾向得分匹配后，我们发现非跨国公司的平均生产率（国内企业以及出口但非跨国企业）高于国内企业［参见（2）和（4）列］。

② 我们遵循 Bernard 等（2007b）来选择这种形式以确保各种固定成本具有与可变成本相同的资本密集度或土地密集度。

在进入并选择继续留在国内市场后，每一个企业家要决定是否进入外国市场。进入外国市场有两种方式，第一种是出口。出口需要可变贸易成本（$\tau \geqslant 1$）及一个出口固定成本（f_X）。第二种是在国外建立一个工厂并在当地直接生产。成本是固定的，用 f_I 表示。进入外国市场的两种方式的固定成本都是用企业生产的产品单位来衡量。

与 Bernard 等（2007b）相似，生产有两种要素：资本（或土地）和劳动，生产函数采用如下的 CES 生产函数形式：

$$q(k,l)=\varphi\left(k^{\frac{\mu-1}{\mu}}+l^{\frac{\mu-1}{\mu}}\right)^{\frac{\mu}{\mu-1}} \tag{8-2}$$

其中，k 和 l 分别表示资本（或土地）和劳动；φ 表示企业的生产率；参数 μ（$\geqslant 1$）表示资本和劳动之间的替代弹性。

我们假设经济中存在两种类型的企业：民营企业和国有企业。[①]模型关键的创新是当国有企业和民营企业在国内生产时，在它们支付的投入价格之间引入差额。特别地，假设民营企业支付的资本租赁价格或者单位土地价格是国有企业在国内生产时的 c（$c>1$）倍。然而，当企业在海外生产时，它们将支付相同的工资和资本租赁价格或单位土地价格。[②]

基于式（8-2），我们得到了总可变成本和总固定成本，分别如下：

$$\mathrm{TVC}(q,\varphi)=\frac{qr}{\varphi(1+v^{\mu-1})^{\frac{1}{\mu-1}}} \tag{8-3}$$

$$\mathrm{FC}(r,w)=\frac{f_i r}{(1+v^{\mu-1})^{\frac{1}{\mu-1}}} \tag{8-4}$$

其中，r 和 w 分别表示资本租赁价格（或单位土地价格）及工资率，$i\in\{D,X,I\}$。变量 $v=\dfrac{r}{w}$ 表示资本（或土地）的相对价格。均衡状态下的资本（或土地）密集度为 $\dfrac{l(w,r)w}{k(w,r)r}=v^{\mu-1}$。只要 $\mu>1$，资本相对价格越高，资本（或土地）密集度越低。该特点被用于进行生产率估算。

我们得到的企业的利润和收益如下：基于式（8-1），对 ω 种类产品的需求函数为

$$q(\omega)=\frac{P(\omega)^{-\sigma}}{P^{1-\sigma}}E \tag{8-5}$$

其中，E 表示经济体的总收入；P 表示理想的价格指数，定义如下：

① 我们并不关注企业如何成为国有企业或民营企业，因为我们模型的预测并不依赖于此。

② 我们将会证明信贷市场确实存在投入价格差，但是劳动力市场不存在。由于购买资本通常需要大量的借款，我们假设民营企业需要支付比国有企业更高的资本租赁价格。

$$P \equiv \left[\int_{\Omega(\omega)\in\Omega} p^{1-\sigma}(\omega) M \mathrm{d}F(\omega) \right]^{\frac{1}{1-\sigma}} \tag{8-6}$$

其中，M 表示均衡状态下品种的总数。收入函数为

$$R(q) = q^{\frac{\sigma-1}{\sigma}} E^{\frac{1}{\sigma}} P^{\beta}, \quad \beta \equiv \frac{\sigma-1}{\sigma} \tag{8-7}$$

我们首先得到了国有企业国内生产及出口的营业利润。这两种生产方式都仅使用国内要素，它们的经营利润分别为

$$\pi_{SD}(\varphi) = \frac{D_H}{\sigma} \left(\frac{\beta\varphi}{r_H} \right)^{\sigma-1} (1 + v_H^{\mu-1})^{\frac{\sigma-1}{\mu-1}} \tag{8-8}$$

$$\pi_{SX}(\varphi) = \pi_{SD}(\varphi) + \frac{D_F}{\sigma} \left(\frac{\beta\varphi}{\tau r_H} \right)^{\sigma-1} (1 + v_H^{\mu-1})^{\frac{\sigma-1}{\mu-1}} \tag{8-9}$$

其中，$D_i \equiv P_i^{\sigma-1} E_i$，$i \in \{H, F\}$；$\tau$ 表示出口的运输成本。下标 S、D、X、H、F 分别表示国有企业、国内生产、出口、母国、外国。民营企业的经营利润为

$$\pi_{PD}(\varphi) = \frac{D_H}{\sigma} \left(\frac{\beta\varphi}{c r_H} \right)^{\sigma-1} (1 + (c\omega_H)^{\mu-1})^{\frac{\sigma-1}{\mu-1}} \tag{8-10}$$

$$\pi_{PX}(\varphi) = \pi_{PD}(\varphi) + \frac{D_F}{\sigma} \left(\frac{\beta\varphi}{\tau c r_H} \right)^{\sigma-1} (1 + (c\omega_H)^{\mu-1})^{\frac{\sigma-1}{\mu-1}} \tag{8-11}$$

企业收益为 $R_{ij}(\varphi) = \sigma\pi_{ij}(\varphi)$，其中，$i \in \{S, P\}$，$j \in \{D, X\}$；$c$ 表示扭曲程度。

我们可以分别得到国有企业和民营企业退出和出口的门槛：

$$\bar{\varphi}_{SD} = \frac{r_H (\sigma r_H f_D / D_H)^{\frac{1}{\sigma-1}}}{\beta (1 + \omega_H^{\mu-1})^{\frac{\sigma}{(\sigma-1)(\mu-1)}}}, \quad \bar{\varphi}_{SX} = \tau \frac{r_H (\sigma r_H f_X / D_F)^{\frac{1}{\sigma-1}}}{\beta (1 + \omega_H^{\mu-1})^{\frac{\sigma}{(\sigma-1)(\mu-1)}}}$$

$$\bar{\varphi}_{PD} = \frac{c r_H (\sigma c r_H f_D / D_H)^{\frac{1}{\sigma-1}}}{\beta (1 + (c\omega_H)^{\mu-1})^{\frac{\sigma}{(\sigma-1)(\mu-1)}}}, \quad \bar{\varphi}_{PX} = \tau \frac{c r_H (\sigma c r_H f_X / D_F)^{\frac{1}{\sigma-1}}}{\beta (1 + (c\omega_H)^{\mu-1})^{\frac{\sigma}{(\sigma-1)(\mu-1)}}} \tag{8-12}$$

注意 $\bar{\varphi}_{PD} > \bar{\varphi}_{SD}$，且 $\frac{\bar{\varphi}_{PX}}{\bar{\varphi}_{PD}} = \frac{\bar{\varphi}_{SX}}{\bar{\varphi}_{SD}}$。

现在，我们来讨论外商直接投资。按照 Helpman 等（2014）的方法，我们假设企业在国外建厂后使用外国要素进行生产[①]，并且外国要素被用于支付外商直接投资的固

① 对于数据集中来自中国浙江的跨国公司，我们检查了公司在初始投资后是否增加了对外投资，最终只有很少的案例追加了投资。研究结果表明，至少在外国生产中使用的很大一部分要素（包括土地和资本）来自外国。

定成本。[①]因此，参与到外商直接投资的企业（用下标 O 表示）的经营利润为

$$\pi_{SO}(\varphi)=\pi_{SD}(\varphi)+\frac{D_F}{\sigma}\left(\frac{\beta\varphi}{r_F}\right)^{\sigma-1}(1+\omega_F^{\mu-1})^{\frac{\sigma-1}{\mu-1}} \tag{8-13}$$

$$\pi_{PO}(\varphi)=\pi_{PD}(\varphi)+\frac{D_F}{\sigma}\left(\frac{\beta\varphi}{r_F}\right)^{\sigma-1}(1+\omega_F^{\mu-1})^{\frac{\sigma-1}{\mu-1}} \tag{8-14}$$

当国有企业和民营企业都在国外生产时，它们面临着相同的要素价格。外商直接投资的临界值受到以下无差别条件的约束（在出口和参与外商直接投资之间）：

$$\frac{f_I r_F}{(1+\omega_F^{\mu-1})^{\frac{1}{\mu-1}}}-\frac{f_X r_H}{(1+\omega_H^{\mu-1})^{\frac{1}{\mu-1}}}=\frac{D_F}{\sigma}(\beta\overline{\varphi}_{SO})^{\sigma-1}\left[\frac{(1+\omega_F^{\mu-1})^{\frac{\sigma-1}{\mu-1}}}{r_F^{\sigma-1}}-\frac{(1+\omega_H^{\mu-1})^{\frac{\sigma-1}{\mu-1}}}{(\tau r_H)^{\sigma-1}}\right] \tag{8-15}$$

$$\frac{f_I r_F}{(1+\omega_F^{\mu-1})^{\frac{1}{\mu-1}}}-\frac{f_X c r_H}{(1+(c\omega_H)^{\mu-1})^{\frac{1}{\mu-1}}}=\frac{D_F}{\sigma}(\beta\overline{\varphi}_{SO})^{\sigma-1}\left[\frac{(1+\omega_F^{\mu-1})^{\frac{\sigma-1}{\mu-1}}}{r_F^{\sigma-1}}-\frac{(1+(c\omega_H)^{\mu-1})^{\frac{\sigma-1}{\mu-1}}}{(c\tau r_H)^{\sigma-1}}\right] \tag{8-16}$$

很明显，国有企业参与外商直接投资的选择过程比民营企业更加严格（即 $\overline{\varphi}_{SO}>\overline{\varphi}_{PO}$），因为民营企业参与外商直接投资的机会成本小于国有企业。

接着，我们讨论国内资本市场和土地市场的扭曲如何在集约边际及扩展边际上影响企业的对外直接投资模式。

假说 1：民营企业和国有企业的扩展边际（extensive margin）分析

（1）民营企业的退出门槛和出口门槛都高于国有企业。民营企业成为跨国公司的门槛低于国有企业（即逆向选择）。

（2）考虑初始生产率分布及其他企业层面的特征，民营企业更可能成为跨国公司。

（3）假设民营企业（弱）一阶随机支配生产率的截断分布，或者两个条件概率密度函数满足（弱）单调似然比属性：

$$\frac{\partial}{\partial_\varphi}\left(\frac{f_P(\varphi\mid\varphi\geqslant\varphi_0)}{f_S(\varphi\mid\varphi\geqslant\varphi_0)}\right)\geqslant 0,\forall\varphi\geqslant\varphi_0 \tag{8-17}$$

其中，$f_P(\varphi\mid\varphi\geqslant\varphi_0)$ 和 $f_S(\varphi\mid\varphi\geqslant\varphi_0)$ 分别表示民营企业和国有企业生产率抽样的截断概率密度函数。民营企业中跨国公司的比例高于国有企业。此外，民营企业的简单平均生产率高于国有企业的简单平均生产率。

（4）假设两种类型的公司的生产率满足同一分布（这通常会满足弱一阶随机

① 值得强调的是，去掉这一假设，我们的理论预测依然成立。附录 4 中，我们允许使用国内要素支付外商直接投资的固定成本，而民营企业在使用国内因素支付对外直接投资固定成本时不会受到歧视。在这两种情况下，我们的理论结果仍然成立。

支配属性），那么民营跨国公司的（简单）平均生产率小于国有跨国公司的平均生产率（即国有跨国公司的生产力溢价）。

假说 1 的证明参见附录 3。

以上假设遵循如下的直觉：民营企业无论是存活还是出口都很艰难，民营企业的退出门槛和出口门槛都很高。不考虑出口选择，对国有企业和民营企业来说，其参与外商直接投资的门槛相同，因为它们在相对意义上参与外商直接投资面临着相同的收益和成本。然而，因为企业在决定是否参与外商直接投资时会将外商直接投资与出口进行比较，对民营企业来说，参与外商直接投资的机会成本小于国有企业[①]。结果是民营企业外商直接投资的门槛低于国有企业。如果我们对生产率抽样的分布做出假设，那么逆向选择会导致国有跨国公司的平均生产力溢价，且上述理论结果印证了本章前两个事实[②]。

接下来我们将使用以下假说来讨论国内扭曲程度的变化如何影响民营跨国公司和国有跨国公司的分类模式。

假说 2：跨行业的变化

（1）扭曲越严重的行业（即 c 越大），国有跨国公司的生产率溢价越高。此外，扭曲越严重的行业，国有企业在海外生产的可能性越低。

（2）假设生产函数是考虑资本和劳动力的 Cobb-Douglas 形式。国有跨国公司的生产力溢价在资本密集型产业中更为明显。此外，在资本密集型产业中，国有企业与民营企业相比，其参与外国直接投资的可能性较低。

假说 2 的证明参见附录 3。

假说 2 背后的直觉是非常明显的。由于不对称的扭曲抑制了国有企业在国外生产，对于对民营企业歧视程度较高的行业，相比民营企业，国有企业进入外商直接投资市场的选择变得更加严格。此外，由于扭曲存在于资本市场，我们预计资本密集型行业的国有企业与民营企业相比，其进入外商直接投资市场的选择将更加严格。我们将在下文中为这两个预测提供实证证据。

最后，我们讨论国内扭曲如何在集约边际上影响跨国公司的分类模式。

假说 3：民营企业和国有企业的集约边际（intensive margin）分析

（1）假设初始生产率抽样遵循帕累托分布，满足民营企业和国有企业有相同的形状参数。然后，国内市场中民营跨国公司的相对规模（即与民营非出口企业相比）小于国有跨国公司的相对规模（即与非出口国有企业相比）。

① 出口并不能消除民营企业在国内市场面临的扭曲。

② 无论生产率的初始分布如何，逆向选择都是成立的。如果国有企业和民营企业满足同一分布，国有企业就存在平均生产率溢价，但是，并不需要假设相同的生产率分布。我们需要假设的是，生产率分布的较低的门槛意味着较低的平均生产率（即边际生产率与超边际生产率之间的关系）。这就是我们为什么需要将单调似然比属性作为假说 1 的（3）。

（2）考虑生产率和其他企业层面特征，民营跨国公司国外销售与国内销售的比率高于国有跨国公司。

假说 3 的证明参见附录 3。

假说 3 的直觉很简单。由于民营企业在国外生产有额外的好处，因此它们在国外市场生产和销售更多产品。这个现象是我们模型的另一个关键结果，我们将在 8.4 节为其提供实证支持。假说 3 的（1）得到了表 8-5 统计上的有力支持。如表 8-5 所示，民营跨国公司的相对规模小于国有跨国公司的相对规模。我们将在下文中为（2）提供证据。

8.4　经 验 证 据

我们的模型产生了三个实证假说。这些假说的一些预测与在 8.2.3 节中展示的事实相符，本节将检验其他的假说预测是否成立。

8.4.1　对外直接投资决策与企业所有权

假说 1 的大多数预测已被证明与表 8-5 中的实证结果一致。只有假说 1 的（2）需要进一步的实证检验。全国范围的外商直接投资数据仅包含公司开始在特定经济体进行对外直接投资的第一年的信息（即没有关于企业是否在入境后退出特定经济体的对外直接投资的信息）。因此，表 8-6～表 8-10 中的估计样本包括当年的非跨国公司和跨国公司。

表 8-6　民营企业更有可能从事外商直接投资

项目	2000～2008 年								2004～2008 年	
	LPM	Logit	Logit	Rare Events Logit	Comp. log-log					
	狭义	狭义	狭义	狭义	狭义	广义	狭义	狭义	狭义	狭义
	（1）	（2）	（3）	（4）	（5）	（6）	（7）	（8）	（9）	（10）
国有企业指标	−0.002** （−2.41）	−0.454* （−1.85）	−0.757*** （−2.88）	−1.306*** （−12.63）	−0.693*** （−2.81）	−0.682*** （−2.88）	−1.179*** （−3.26）	−0.532* （−1.73）	−0.703*** （−2.68）	−0.662** （−2.56）
企业全要素生产率	0.009*** （4.14）	1.333* （1.80）	1.716** （2.00）	4.237*** （18.50）	1.838** （2.25）	1.843** （2.26）	1.552* （1.66）	1.603 （1.28）	2.360*** （4.25）	2.500*** （4.96）
log（企业劳动力）	0.003*** （6.55）	0.589*** （10.85）	0.623*** （9.78）	0.588*** （38.49）	0.587*** （8.86）	0.587*** （8.86）	0.565*** （7.86）	0.734*** （8.21）	0.574*** （9.37）	0.567*** （11.03）
出口指标	0.004*** （7.42）	0.900*** （4.45）	1.142*** （6.03）	1.102*** （26.01）	1.145*** （6.03）	1.145*** （6.03）	1.167*** （5.43）	0.736*** （3.81）	1.145*** （5.82）	1.174*** （6.49）

续表

项目	2000～2008 年								2004～2008 年	
	LPM	Logit	Logit	Rare Events Logit	Comp. log-log					
	狭义	狭义	狭义	狭义	狭义	广义	狭义	狭义	狭义	狭义
	(1)	(2)	(3)	(4)	(5)	(6)	(7)	(8)	(9)	(10)
年份固定效应	是	是	是	是	是	是	是	是	是	是
行业固定效应	是	是	是	是	是	是	是	是	是	是
删除外商投资企业	否	否	是	是	是	是	是	是	是	是
删除避税天堂	否	否	否	否	否	否	是	否	否	否
删除分配导向型外商直接投资	否	否	否	否	否	否	否	是	否	否
删除私有化的国有企业	否	否	否	否	否	否	否	否	是	是
删除收购兼并型外商直接投资	否	否	否	否	否	否	否	否	否	是
观察值	1 136 603	1 135 467	895 209	896 314	895 209	895 210	894 815	893 754	701 277	701 204

注：回归变量为外商直接投资指标。所有列都包括了行业固定效应和年份固定效应。括号中的数字表示 t 值。（1）～（2）列包括了外商投资企业而其他列都删除了这些企业。（1）～（8）列覆盖了 2000～2008 年的数据，（9）～（10）列覆盖了 2004～2008 年的数据。（6）列使用的是广义定义的国有企业。（7）列删除了流向避税天堂的外商直接投资。（8）列删除了分配导向型外商直接投资。（9）列删除了私有化的国有企业。（10）列同时删除了私有化的国有企业和收购兼并型外商直接投资。所有列的全要素生产率都是用控制了投入价格和国有企业性质的修正的 Olley-Pakes 方法计算得到的。

***、**、* 分别表示 1%、5%、10%的显著性

表 8-6 报告了从 LPM 开始的估计结果，其中被解释变量是衡量对外直接投资的指标。由于对外直接投资数据集仅汇报一家公司在特定经济体从事对外直接投资的第一年信息，我们假设公司之后将继续从事对外直接投资。[①]也就是说，一旦公司参与外商直接投资，外商直接投资指标等于 1，否则为 0。

为了探讨国有企业参与外商直接投资的可能性是否较低，我们在回归中加入国有企业指标，以及几个关键的企业特征，如企业规模（即对数就业）、企业层面的全要素生产率和出口状况。同样重要的是，我们加入了行业固定效应和年份固

① 值得注意的是，即使没有强加这样的假设，只使用外商直接投资的初始者进行研究，我们的研究结果仍然没有改变。

定效应，以控制不可观察的不随时间变化和不随行业变化的因素。①（1）列的结果显示，国有企业指标为负数且显著，表明国有企业从事对外直接投资的可能性较低。国有企业指标的数值太小，这可能是由于众所周知的 LPM 的缺陷：预测的概率可能大于 1 或者小于 0。

为了克服这个缺点，我们通过控制具有行业和年度虚拟变量及一系列固定效应的交互项来进行（2）列的 Logit 估计，产生了与 LPM 相同的定性结果。特别地，与民营企业相比，国有企业从事对外直接投资的可能性较低。对于这种非 LPM，回归中不应该包括特定公司的固定效应。相反，我们在所有其他的回归中控制了年份固定效应和行业固定效应。

我们的估计包括外商投资企业，这些企业是从其他国家或地区的实体获得直接投资的企业。但是，如果外商投资企业中其他国家或地区的外国股份占主要份额，则该公司由其他国家或地区的总部直接控制。我们的模型不考虑这样的公司，因为外商投资企业的总部不在本国。因此，我们在回归中删除了外商投资企业，表 8-6 的（3）～（10）列展示了回归结果。在删除了外商投资企业样本后，考虑了其他企业层面的特征，（3）列的 Logit 回归结果依然显示国有企业从事对外直接投资的可能性较低。

这里需要注意两点。首先，如表 8-1 第 4 行所示，在大多数样本年份，只有不到 1%的制造企业进行了外商直接投资。在跨国公司中，其中一小部分是国有企业。正如 King 和 Zeng（2001）强调的那样，标准二元非线性模型，如 Logit 或 Probit 模型，低估了小概率事件的概率。为解决这一问题，King 和 Zeng 建议使用小概率事件 Logit 方法，该方法可以纠正可能产生的低估偏差。②表 8-6 中的（4）列报告了经过小概率事件校正的 Logit 估计结果。（4）列国有企业指标的关键系数的绝对值比（2）和（3）列中的对应系数大得多。同样重要的是，系数仍然是负数且在统计上显著，表明国有企业从事对外直接投资的可能性较低。

我们的外商直接投资数据的小概率事件特点还会导致另外一个问题，即参与外商直接投资的国有企业的概率分布与国有企业参与外商投资的真实概率表现出快速的趋同。标准的 Logit 或 Probit 估计无法解决此类问题。因此，我们在表 8-6 的（5）～（10）列进行了补充的双对数形式回归，这允许更快地收敛到小概率事件。表 8-6 的（5）列展示了排除了外商投资企业的双对数形式回归结果。（6）列在回归中采用了广义的国有企业指标。显然，无论国有企业的定义如何，我们的关键结果都是稳健的。

① 原则上，我们可以控制特定企业的固定效应。然而，由于每个中国跨国公司在 2000～2013 年只有很少的对外直接投资交易，因此没有足够的自由度来识别添加了特定企业的固定效应的国有企业指标的系数。因此，我们在 LPM 估计中添加了行业层面的固定效应。

② 小概率事件估计偏差可以通过如下方式矫正。首先，我们估计系数的有限样本偏差 bias($\hat{\beta}$)，来获得误差修正的估计 $\beta -$ bias($\hat{\beta}$)，其中 β 指从传统的 Logit 估计中得到的系数。

由于逃税或者转移利润的动机[①]，可能有人会担心一些中国企业会投资到避税天堂经济体，如中国香港和开曼群岛。因此，我们的模型及其结果不能适用于这些公司。表 8-6 的（7）列删除了流向避税天堂的外商直接投资观察值[②]。同样，一些中国企业也可能在其出口目的地建立贸易办事处，以促进对特定市场的出口（Tian and Yu，2015）。这种以分配为导向的对外直接投资不是我们模型的重点，我们的理论也不适用于这种类型的外商直接投资。因此，（8）列删除了分配导向型的外商直接投资的样本。

接下来，如表 8-1 所示，2004 年政府采取鼓励企业出国的政策后，中国对外直接投资迅速增加。1998 年之后中国发生了大规模的国有企业私有化浪潮（Hsieh and Song，2015）。因此，我们从样本中删除了国有企业转变而成的企业，并将重点放在表 8-6（9）和（10）列展示的 2004～2008 年的观察值。（9）列中的国有企业指标系数的绝对值大于（8）列中的对应系数的绝对值，表明民营企业在 2004 年之后更有可能“走出去”。尽管如此，可能还是有人担心我们的研究更适合对外商直接投资而不是收购兼并型的外商直接投资，因为后者通常旨在获取更好的技术或目标公司的知名品牌。接着，我们在（10）列的回归中删除了收购兼并型的外商直接投资，依然得到了相同的结果：国有企业从事对外直接投资的可能性较低。[③]

8.4.2　投入品市场扭曲

我们的理论模型建立在这样一个前提下，即与国有企业相比，民营企业必须承担更高的国内市场投入成本。这一假设似乎被广泛接受，但我们在本节中仍为此提供了直接证据。

之前的工作表明，中国国有企业通过支付低于民营企业支付的利率来获得营运资本（Feenstra et al.，2014）。同样，国有企业以低于民营企业的市场价格获得土地，这在制造业中尤其如此（Tian et al.，2016a）。为了探究数据是否支持这些猜想，我们首先通过将公司每年的利息支出除以其当前负债来度量企业层面的利率，2000～2008 年的这两个数据都可以在工业企业年度调查中获得，但是 2008 年以后的数据就受限了。然后我们在表 8-7 的（1）和（2）列中，利用狭义的国有企业指标对企业层面的利率进行回归。如果我们的基本假设，即国有企业以低于民营企业的成本获得外部营运资本得到了数据的支持[④]，那么我们应该观察到国有企业指标具有负的显著的系数。

① 关于这一点参见 Garetto 等（2016）。

② 避税天堂地区包括巴哈马群岛、百慕大群岛、开曼群岛、中国香港、卢森堡、中国澳门、摩纳哥、巴拿马、维尔京群岛和瑞士。

③ 为了识别收购兼并型的外商直接投资，我们使用中国母公司的相同名称手动将对外直接投资数据集与 Thomson Reuters 编制的收购兼并型的外商直接投资数据进行合并。

④ 在遵循 Hsieh 和 Song（2015）使用一个广义的国有企业指标时，我们得到了相似的结果。

表 8-7　投入要素市场的扭曲

项目	企业层面的利率			企业层面的单位土地价格			地级市层面的单位土地价格	
	（1）	（2）	（3）	（4）	（5）	（6）	（7）	（8）
国有企业指标	−0.134* （−1.90）	−0.174*** （−3.34）	−0.089** （−2.28）	−9.39*** （−4.43）	−6.78*** （−3.02）			
滞后一年的国有企业指标						−11.43*** （−4.47）		
国有企业密度							−54.53* （−1.84）	
滞后一年的国有企业密度								−48.97* （−1.67）
其他企业要素控制	否	是	是	否	是	是	否	否
年份固定效应	是	是	是	是	是	是	是	是
行业固定效应	是	是	是	是	是	是	是	是
省份固定效应	否	是	是	否	否	否	否	否
城市固定效应	否	否	否	否	否	否	是	是
年份范围	2000～2008 年			2000～2013 年			2000～2008 年	
观察值	1 119 454	1 119 446	1 136 049	208 320	157 810	103 826	1 489	1 306
R^2	0.01	0.01	0.01	0.07	0.07	0.08	0.13	0.15

注：（1）～（3）列和（7）～（8）列覆盖了 2000～2008 年，（4）～（6）列覆盖了 2000～2013 年。（1）～（3）列的回归变量是企业层面的利率，其中（1）和（2）列使用的是公司的利息支出除以其当期的负债作为利率的衡量指标，（3）列使用的是公司的利息支出除以总负债作为利率的衡量指标。（4）～（6）列的回归变量的是从政府购买的土地的企业层面的价格，即企业收购土地的总支出与其购买的土地面积的比例。（7）～（8）列的回归变量是从政府购买的土地的地级市层面的价格，即政府土地总收益与土地面积的比例。（7）和（8）列的国有企业密度为每个地级市的国有企业数目除以制造业企业的总数。所有列都控制了年份固定效应和行业固定效应。（2）和（3）列加入了其他企业层面的控制变量，如企业要素生产率、对数企业劳动力、外资企业指标、出口虚拟变量、省份固定效应。（5）和（6）列加入了其他企业层面的控制变量，如企业的资本劳动比例、外资企业指标、出口虚拟变量。（6）列使用了国有企业指标的滞后项，（8）列使用了国有企业密度的滞后项。括号中的数字表示 *t* 值

***、**、* 分别表示在 1%、5%、10%的水平上显著

这一结果正如我们在表 8-7 中观察到的那样。（1）～（3）列包括了年份固定效应和行业固定效应，此外，（2）和（3）列控制了省份固定效应和其他关键的企业特征，如企业全要素生产率、对数企业劳动力、外资指标及出口指标。当我们使用短期负债计算利率时，关键系数——国有企业指标总是负数且显著[（1）和（2）列]。国有企业可能比民营企业拥有更高的长期负债。因此，使用短期负债作为衡量利率的分母可能会低估国有企业的利率。为解决这一问题，表 8-7（3）列使用利息支出与总负债的比率（包括短期贷款和长期贷款）来衡量企业利率。事

实证明，在更换了企业层面利率之后，国有企业指标仍然是负的，且显著。其绝对值约为 0.09，表明民营企业支付的年利率比国有企业高出 9%，因此相比国有企业，民营企业承担了更高的资本成本。①

不过，人们可能会担心民营企业可以使用国内信贷来为与外国直接投资项目相关的成本提供融资。如果是这样，即使在国外投资，它们仍会面临歧视。诚然，如果没有关于公司信贷分配的更多信息，我们不能排除这种可能性。然而，更好的方法是探究民营企业是否以比国有企业更高的单位成本获得土地。在这种情况下，当民营企业参与对外直接投资时，土地市场的扭曲是否有重要的影响就很重要了。

因此，表 8-7 中的（4）～（8）列进一步探究国有企业是否以较低成本获得土地。通过分别控制行业和年份固定效应，我们首先在（4）列中用 2000～2013 年的国有企业指标对企业层面的单位土地价格进行回归。（5）和（6）列增加了其他企业层面的控制变量，如企业全要素生产率、对数就业、外国指标和出口指标。由于可能存在这样一种担忧，即土地市场的歧视可能会逆向引起企业转变（即从民营企业转变为国有企业，或从国有企业转变为民营企业），（6）列中我们用滞后一期的国有企业指标对单位土地价格进行回归以避免可能同时出现的偏差。表 8-7 中的回归结果表明，国有企业指标的系数总是负数且显著。因此，民营企业似乎确实支付了比国有企业更高的单位土地价格。与（1）～（3）列中的利率估计相比，由于生产数据集与土地价格数据集之间不完美的匹配，（4）～（6）列的观察值的数量急剧下降。为了克服这个问题，我们使用土地交易的地市级数据进行稳健性检查。②我们首先构建一个国有企业密度变量，将其定义为国有企业的数量除以该市的制造业企业总数，并考虑了其他地市级层面特征，我们的理论预测，具有较高国有企业密度的城市土地平均价格较低。（7）和（8）列展示了用国有企业密度对城市平均地价进行回归得到的估计结果。特别地，（7）和（8）列都控制了年份固定效应和城市固定效应。尽管如此，每个城市的土地总需求可能会影响城市的土地价格。因此，（7）和（8）列控制了城市的土地销售总量。在所有情况下，国有企业密度系数均为负值且在统计意义上显著，表明国有企业支付较低的平均单位土地价格，因此比民营企业承担更低的土地成本。

---

① 如果考虑企业的非正式金融，那么国有企业和民营企业之间的相对利率差异是合理的。由于存在严重的信贷约束，民营企业通常不得不从非正式金融市场为其营运资金提供融资（Lardy，2014）。我们的值的估计接近 Song 等（2011）及 Midrigan 和 Xu（2014）的研究，他们发现民营企业的支付利率比国有企业高出约 9%～10%。

② 数据来自各年份的《中国国土资源统计年鉴》。与 Tian 等（2016a）一样，我们仅使用通过市场渠道销售或授予的土地销售数据，包括协议、拍卖、招标和上市。我们将国有企业直接通过政府租赁或分配进行的土地转让排除在外。因此，表 8-7 的最后两列估计的系数应当理解为测量出的扭曲的下限。

8.4.3 渠道与行业异质性

假说 2 的（1）暗示逆向选择在部门层面存在异质性。具体而言，在严重扭曲的行业中，国有跨国公司的生产力溢价将更加明显。同样，我们应该观察到，与扭曲不那么严重的部门的国有企业相比，这些部门的国有企业在海外生产的可能性较小。为了验证这些预测，我们用国有企业指标及国有企业指标与行业层面投入价格差异（首先是通过利率差异来衡量，其次是通过单位土地价格的差异来衡量）的交互项对企业对外直接投资指标进行回归。对于这个双重差分回归，我们的模型预测国有企业虚拟变量的系数及国有企业虚拟变量与行业层面投入价格差异的交互项的系数应该是显著为负的。经济学逻辑是显而易见的，与其他行业的国有企业相比，信贷市场或土地市场存在更严重扭曲的行业的国有企业从事对外直接投资的可能性更低，因为它们在国内投入市场上相比其他部门的竞争者有更好的待遇。实际上，国有企业与行业投入价格差异之间的交互项对于检验我们的假设至关重要，因为它显示了投入价格扭曲对国有企业对外直接投资的可能性的影响。

为了检验信贷市场是否在造成企业出现逆向选择模式中发挥重要作用，表 8-8 的（1）～（6）列报告了使用利率衡量投入价格的估计结果。行业投入价格差异是在同一行业同一年份民营企业支付的较高的利率与国有企业支付的较低的利率的差额。在单独控制了行业固定效应和年份固定效应及其他企业层面关键变量后，我们发现国有企业指标及其与行业层面利率差异的交互项是负数且显著。这些结果表明，信贷市场扭曲是国有企业“走出去”可能性较低的重要原因。对于不同的设定，这一关键发现都是稳健的，特别是在（2）列我们将外商投资企业删除，在（3）列将外商投资企业及去往避税天堂的外商直接投资删除。我们还在（4）和（5）列中删除了分配型的外商直接投资样本，并在（6）列中将时间跨度缩小到 2004～2008 年。[①]所有估计结果都表明信贷市场扭曲是解释中国企业逆向选择模式的重要因素。

如上所述，如果民营企业使用国内信贷来为外商直接投资的固定成本/可变成本提供融资，人们可能会担心民营企业仍然会受到国内信贷市场扭曲的影响。为了缓解这种担忧，我们进一步研究土地市场扭曲，这将是一个更严格的实验，因为企业无法将其国内土地投入转移到国外。为此，我们首先获取公司在 2000～2013 年获得土地的总成本数据，这是不随时间发生变化的，因为公司在不同年份购买土地的数额和频次都不尽相同。然后，我们计算出民营企业与国有企业在 CIC 三位码行业层面支付的土地价格差异。表 8-8 的（7）～（11）列包括了行业层面土地价格差异及其与国有企业指标的交互项。

---

① 在（5）列中，我们使用企业利息支出与其总负债的比率来计算企业层面的利率。

表 8-8　对渠道的 Logit 估计

项目	企业层面的利率						企业层面的土地价格				
	（1）	（2）	（3）	（4）	（5）	（6）	（7）	（8）	（9）	（10）	（11）
国有企业指标	−0.264** （−2.33）	−0.488*** （−4.22）	−0.994*** （−6.36）	−0.290*** （−2.09）	−0.250** （−1.97）	−0.254** （−2.11）	−0.638*** （−7.67）	−1.069*** （−8.42）	−1.343*** （−10.46）	−1.850*** （−6.61）	−1.855*** （−6.60）
国有企业指标×行业层面投入价格差异	−0.638* （−1.69）	−0.886** （−2.41）	−0.948* （−1.90）	−1.033** （−2.19）	−0.817** （−2.10）	−0.767* （−1.89）	−0.003** （−2.10）	−0.006** （−4.01）	−0.006** （−4.35）	−0.006** （−2.76）	−0.006** （−2.36）
行业层面投入价格差异	0.019 （0.54）	0.057 （1.56）	0.079* （1.84）	0.090 （1.30）	0.127 （0.80）	0.019 （0.53）	0.001 （1.35）	0.001*** （3.27）	0.001*** （3.40）	0.001*** （2.34）	0.001*** （2.24）
其他控制变量	是	是	是	是	是	是	是	是	是	是	是
年份固定效应	是	是	是	是	是	是	是	是	是	是	是
行业固定效应	是	是	是	是	是	是	是	是	是	是	是
是否包含外商投资企业	是	否	否	否	否	是	是	是	否	否	否
是否包含避税天堂	是	是	否	是	是	是	是	否	否	否	否
是否包含分配型外商直接投资	是	是	是	否	否	是	是	是	是	是	是
年份范围	2000～2008 年					2004～2008 年	2000～2013 年			2000～2008 年	2004～2008 年
观察值	1 121 845	879 003	873 150	829 665	832 741	883 712	2 278 062	2 200 723	1 750 939	1 005 294	738 082

注：回归变量为外商直接投资指标。括号中的数字表示 t 值。（1）～（6）列的投入价格用企业层面的利率衡量，（7）～（11）列的投入价格用企业层面的单位土地价格衡量。其中，（1）和（4）列使用的是公司的利息支出除以其当期的负债作为利率的衡量指标，（6）列使用的是公司的利息支出除以总负债作为利率的衡量指标。特别地，行业层面的利率（单位土地价格）差异（即投入价格差异）是用每一年的 CIC 三位码层面的私有企业支付的平均行业利率（单位土地价格）减去国有企业支付的平均行业利率（单位土地价格）来衡量的。（1）～（5）列和（10）列覆盖了 2000～2008 年的数据，（6）和（11）列覆盖了 2004～2008 年的数据，（7）～（9）列覆盖了 2000～2013 年的数据。（2）～（5）列和（9）～（11）列删除了外资企业。（3）列和（8）～（11）列删除了流向避税天堂目的国的外商直接投资。（4）和（5）列删除了分配型外商直接投资。所有列都包括其他企业层面的控制变量，如企业的全要素生产率[（1）～（6）列]、对数就业和出口指标。所有的回归都包含了行业固定效应和年份固定效应，（11）列控制了行业年份交互的固定效应

***、**、* 分别表示在 1%、5%、10%的水平上显著

与（1）～（6）列类似，（7）～（11）列包括重要的企业层面控制变量，如企业的对数就业和出口虚拟变量。（7）～（9）列涵盖了整个 2000～2013 年的时间跨度。（8）～（11）列删除了流往避税天堂的外商直接投资的观察值，（9）～（11）列将外商投资公司从回归中剔除。（10）列包括 2000～2008 年的样本，因此它可以直接与用利率衡量的（3）列进行比较。①我们还在所有回归中分别控制了行业固定效应和年份固定效应。特别地，我们在（11）列控制了行业年份交互的固定效应。表 8-8（7）～（11）列中的所有设定都得出了相同的结论：国有企业从事对外直接投资的可能性较低。更重要的是，相比土地市场扭曲不那么严重的行业，土地市场扭曲较为严重的行业的国有企业进行对外直接投资的可能性更低（即负的交互项）。这为我们解释逆向选择提供了关键的证据。

8.4.4　考虑资本密集度与对外直接投资类型的差异

假设 2 的（2）表示，与民营企业相比，国有企业在资本密集型行业中从事对外直接投资的可能性较小。本节为此预测提供了证据。根据定义，资本密集型行业的企业对营运资本的需求较高。因此，在这些行业中针对民营企业的国内投入扭曲对国有企业更有利。如果国内投入扭曲是解释中国企业对外直接投资行为的根本动力，那么资本密集型行业的国有企业就不太可能进行对外直接投资。相比之下，劳动密集型行业可能不存在这种现象。

为了解决这个问题，我们进行了以下双重差分回归，并关注资本密集型行业和劳动密集型行业之间的差异。具体而言，我们在 Logit 回归中将加入了企业在资本密集型行业的虚拟变量与企业在劳动密集型行业中的虚拟变量及国有企业虚拟变量的交互项。②国有企业指标与劳动密集型行业指标之间的交互项的系数表明，国家所有权如何影响从劳动密集型产业的母公司进行海外投资的可能性。同样，国有企业指标与资本密集型行业之间的相互作用系数表明国家所有权如何影响资本密集型行业的母公司进行海外投资的可能性。表 8-9 的（1）列表示，在资本密集型行业，国有企业从事对外直接投资的可能性较低。相比之下，劳动密集型行业的母公司的国有企业指标不显著。这一发现对于不同的设定是稳健的，如

① （10）列中的观察值的数量远远高于（3）列的观察值的数量，因为（10）列中使用的土地价格差异是不随时间发生变化的，因此存在于所有的 CIC 三位码行业中，而（3）列使用的利率是随时间发生变化的，因此一些行业和年份缺少观察值。

② 请注意，我们的方程与 $\mathrm{OFD}I_{it}=\beta_1\mathrm{SOE}_{it}+\beta_2\mathrm{SOE}_{it}\times\mathrm{Kdummy}+\cdots$ 相同，因为它等于 $\mathrm{OFD}I_{it}=(\beta_1+\beta_2)\times\mathrm{SOE}_{it}\times\mathrm{Kdummy}+\beta_1\mathrm{SOE}_{it}\times(1-\mathrm{Kdummy})+\cdots$。其中，Kdummy 表示资本密集度，它等于 1 减去劳动密集度指标。由于我们在回归中没有加入母公司固定效应，因此并不存在完全多重共线性。

删除外商投资企业、删除私有化的国有企业、删除流往避税天堂的外商直接投资，或者使用更短的时间跨度（2004～2008 年）。

表 8-9　分部门的 Logit 估计

项目	2000～2008 年			2004～2008 年	
	（1）	（2）	（3）	（4）	（5）
国有企业指标×劳动密集型指标	−0.276 （−0.68）	−0.290 （−0.70）	−0.690 （−1.36）	−0.180 （−0.44）	−0.170 （−0.35）
国有企业指标×资本密集型指标	−0.475* （−1.73）	−0.754*** （−2.70）	−1.257*** （−2.98）	−0.834*** （−3.09）	−0.646** （−2.35）
企业相对全要素生产率	1.305* （1.81）	1.837** （2.25）	1.551* （1.66）	2.328*** （4.20）	2.069*** （3.82）
log(企业劳动力)	0.582*** （11.18）	0.587*** （8.84）	0.565*** （7.85）	0.570*** （9.61）	0.539*** （19.46）
出口指标	0.896*** （4.44）	1.146*** （6.03）	1.167*** （5.43）	1.152*** （5.93）	1.297*** （18.71）
年份固定效应	是	是	是	是	是
行业固定效应	是	是	是	是	是
是否删除外商投资企业	否	是	是	是	是
是否删除避税天堂	否	否	是	否	否
是否删除私有化的国有企业	否	否	否	否	是
观察值	1 135 468	895 210	894 816	707 154	554 768

注：回归变量是外商直接投资指标，所有的回归都包含了行业固定效应和年份固定效应。括号中的数字表示 t 值。（1）～（3）列覆盖了 2000～2008 年的观察值，（4）～（5）列覆盖了 2004～2008 年的观察值。（1）列保留了外资企业，其他列都删除了外商投资企业。（3）列删除了流向避税天堂的外商直接投资。（5）列删除了私有化的国有企业。（1）～（5）列的相对全要素生产率是用控制了投入价格扭曲的修正的 Olley-Pakes 方法得到的。若企业的中国产业分类大于 20，那么国有企业性质与劳动密集型行业指标的交互项等于 1，否则等于 0

***、**、* 分别表示在 1%、5%、10%的水平上显著

值得讨论的是，为什么国有企业指标的系数在劳动密集型行业并不显著。由于中国在 2004 年之后劳动力成本急剧增加，因此，劳动密集型行业的一些企业在其他成本更低、劳动力更丰富的国家（如孟加拉国、埃塞俄比亚和越南）建立了外国分支机构（Shen，2015）。这些企业寻求全球采购而非全球市场（Antràs，2016），这超出了本章的研究范围。

8.4.5　集约边际上的估计

我们现在为假说 3 提供证据。表 8-5 提供了假说 3（1）的证据。假说 3（2）

指出，民营跨国公司的国外销售与国内销售的比率高于国有跨国公司。由于中国企业层面的工业企业年度数据集中没有关于外国企业销售的数据，因此，我们将工业企业年度数据与 Orbis 数据集合并，该数据集包含有关中国跨国公司在国内和国外的销售和收入的信息。遗憾的是，因为我们是通过匹配公司的中文名称将我们的工业企业年度调查数据与 Orbis 数据合并在一起，所以 2005～2010 年两个数据集的匹配率非常低。①对于 2011～2013 年的数据，我们使用（中国）母公司的贸易注册号将我们的工业企业年度调查数据与 Orbis 数据合并，因为这些信息同时包含在两个数据集中。在 Orbis 数据中，11 000 个观察值（即关联年度对）在销售、收入和就业上没有缺失值。在这些产品中，大约 30%属于制造业。由于我们只能在对外直接投资数据集中确定外商直接投资的启动者（2011～2013 年），因此我们设法在 2011～2013 年对这两个数据集匹配了大约 750 个分支机构-年份观察值。

表 8-10 用民营企业虚拟变量、外国分支结构虚拟变量及母公司的其他特征对特定年份的每个中国跨国公司的国内或外国分支结构的对数销售额（或对数收益）进行回归。重要的是，我们加入了两个虚拟变量的交互项：私有指标×外资指标（$\text{Private}_{i,t}\times\text{Foreign}_{j,t}$），其中 i、j、t 分别表示母公司（民营或国有）、分支机构、年份。正如预期的那样，回归结果表明，民营母公司平均拥有较小的子公司，而且外国子公司平均比国内子公司小。有趣的是，相比国有跨国公司，在民营跨国公司中，同一母公司下的国内分支机构和国外分支机构的规模差异更小，因为交互项 $\text{Private}_{i,t}\times\text{Foreign}_{j,t}$ 的系数为正且显著。这和假说 3 的预测恰好一致：民营跨国公司的国外销售额与国内销售额之比高于国有跨国公司。

表 8-10　民营跨国公司的国际销售与国内销售份额之比更高

项目	（1）	（2）	（3）	（4）	（5）	（6）	（7）	（8）
	log(销售)	log(收益)	log(销售)	log(收益)	log(销售)	log(收益)	log(销售)	log(收益)
私有指标×外资指标	1.223*** （9.92）	1.103*** （7.91）	1.338*** （7.51）	1.111*** （5.78）	1.213*** （9.72）	1.088*** （7.57）	1.326*** （7.65）	1.088*** （5.58）
私有指标	−1.546*** （−7.35）	−1.405*** （−5.48）	−1.567*** （−5.01）	−1.380*** （−3.38）	−1.496*** （−6.97）	−1.356*** （−5.03）	−1.541*** （−5.12）	−1.342*** （−3.30）
外资指标	−2.518*** （−3.81）	−2.323*** （−2.94）	−4.362*** （−8.95）	−4.190*** （−6.82）	−2.217*** （−3.55）	−2.013*** （−2.64）	−4.032*** （−7.82）	−3.816*** （−5.66）
log(母公司总资产)	0.855*** （11.39）	0.906*** （10.05）	0.802*** （7.48）	0.901*** （6.25）	0.688*** （7.76）	0.749*** （4.82）	0.670*** （5.84）	0.777*** （4.34）

① 导致匹配率低的主要原因是在工业企业年度数据中公司的名称是中文的，而在 Orbis 数据中是英文的。由于公司中文名称的英文翻译可能有多个，因此匹配两个独立数据集的观察值极具挑战性（例如，现在英文名称为 Lenovo 的公司，根据其中文名称翻译为 Legend）。当公司名称的英文翻译与其中文名称的字符完全匹配时，我们可以确定匹配的观察值。不匹配的公司可能是随机的，应该不影响我们的实证结果。

续表

项目	(1)	(2)	(3)	(4)	(5)	(6)	(7)	(8)
	log(销售)	log(收益)	log(销售)	log(收益)	log(销售)	log(收益)	log(销售)	log(收益)
log(母公司出口)			0.181 (1.04)	0.077 (0.44)			0.133 (0.79)	0.028 (0.16)
log(母公司当前负债)					0.168* (1.80)	0.160 (1.02)	0.131 (1.38)	0.129 (0.74)
母公司固定效应	是	是	是	是	是	是	是	是
年份固定效应	是	是	是	是	是	是	是	是
国家固定效应	是	是	是	是	是	是	是	是
行业固定效应	是	是	是	是	是	是	是	是
观察值	713	733	586	604	678	698	559	577
R^2	0.896	0.875	0.897	0.865	0.903	0.881	0.900	0.868

注：观察值是 2012～2014 年的分支机构-年份对，销售的对数和收益的对数是给定年份的中国跨国公司的每一家分支机构（国内或国际）的销售和收益的对数值。Orbis 数据中 2012～2014 年的分支机构与中国工业企业数据库数据中 2011～2013 年的母公司数据合并（即滞后了一年）。特别地，我们使用了 2011 年以后两个数据都包含的（中国）母公司在中国的贸易登记码将中国工业企业数据库数据与 Orbis 数据合并。刚成为跨国公司的企业和已经是跨国公司的企业（2011 年以后）都被包含在回归当中。使用的是母公司层面的群集标准误。括号中的数字表示 t 值

***、* 分别表示 1%、10%的显著性

8.4.6 使用 2000～2013 年对外直接投资的数据

本节中，我们将样本的时间跨度扩展到 2000～2013 年，主要原因是 2008 年之前国有跨国公司的数量很少，因为 2008 年之前制造业对外直接投资项目的总数并不算太大。由于 2008 年后制造业对外直接投资的数目增加，将 2013 年之前的对外直接投资数据考虑在内可以缓解国有跨国公司数量太少对我们估计结果的影响。此外，我们的数据匹配质量在 2010 年后变得更好。中国制造业对外直接投资在中国对外直接投资总额中的重要性随着时间的推移而增加。因此，使用 2009 年之后的对外直接投资数据为我们之前的实证研究结果提供了重要的稳健性检验。但是，使用较长时间序列数据集的缺点是我们无法准确估计公司的生产率。原因是 2008 年之后中国的企业层面生产数据报告中既没有增加值也没有中间投入购买方面的信息。在不了解这些关键变量的情况下，我们无法准确估算全要素生产率或计算劳动生产率（即每个工人的增加值）。由于对数据的这些实质性限制，我们不使用 2000～2013 年的数据作为我们的主要数据集。相反，我们仅使用较长的时间序列数据进行稳健性检验。

基于 2000～2013 年样本的实证结果与我们之前的研究结果在定性上相同，特

别是在我们控制了重要的企业层面特征和各种固定效应后，我们仍然发现国有企业进行海外投资的可能性较低。此外，这种现象在国有企业和民营企业之间利率差异较大的部门以及资本密集度更高的部门更为明显。总的来说，我们对外直接投资数据的短时间样本和长时间样本都得到了相同的实证结果。

8.5 结　论

本章中，我们利用中国跨国公司的数据来探究国内市场的扭曲（即对民营企业的歧视）如何影响企业的外商直接投资决策。我们发现了三个令人费解的事实。首先，民营跨国公司的生产率低于国有跨国公司，尽管民营非跨国公司的生产率高于国有非跨国公司。其次，尽管国有企业规模较大且能得到政府提供的各种海外投资支持，但国有企业进行对外直接投资的可能性较低。最后，与非出口企业相比，国有跨国公司的相对规模大于民营跨国公司。

随后，我们建立了一个模型来解释这些发现。我们强调扭曲能够影响企业的外商直接投资决策。国内市场的扭曲激励民营企业在国外投资并生产，这使得对它们而言进入外商直接投资市场的选择过程变得不那么严格。此外，与国有跨国公司相比，民营跨国公司在国外市场上的产出更多，而且当它们成为跨国公司时，其规模也不成比例地增加。最后，国有企业的逆向选择及生产力溢价在资本密集型行业及对民营企业歧视更为严重的行业表现得更为明显。模型的所有实证预测都得到了数据的支持。

我们认为，除了投入市场扭曲以外的其他假设不能解释我们发现的逆向选择现象。首先，民营企业与国有企业在国内产品市场上的价格差异对这两种企业在外商直接投资市场上的选择没有影响。因为在这种情况下，对于这两种类型的公司，外商直接投资的成本和收益是相同的。民营企业的利润转移动机也不能解释逆向选择现象，因为当我们将流向避税天堂的中国外商直接投资项目删除后，结果依然成立。其次，民营企业为获取技术和品牌而进行外商直接投资不能解释逆向选择现象，因为当我们将收购兼并型的外商直接投资删除后，结果仍然成立。①

① 我们讨论了外商直接投资的固定成本在我们的模型中所起的作用，并将结果的证明归入附录 4。

第二篇　构建中国全面开放新格局的政策研究

第9章　改革开放四十多年中国对外贸易政策演变与发展

9.1　背 景 介 绍

从1978年开始，中国开始了波澜壮阔的改革开放实践。在过去的四十多年里，中国经济持续保持平均每年8%左右的经济增速，这在人类经济发展史上是比较罕见的。中国也从一个封闭落后的农业国家发展成为世界第二大经济体、第一大货物贸易国、第一大货物出口国、第二大货物进口国、第二大服务贸易大国及第二大对外直接投资的开放大国。同时，中国也从不发达国家提升为中高收入发展中国家，人均收入有望在近年内达到1.2万美元，成功跻身发达国家行列。毋庸置疑，短短四十多年，中国通过改革开放，特别是通过对外开放，融入全球经济一体化中，实现了中国对外贸易的“奇迹”，从而大力地推动了中国经济的巨大发展。

为什么说中国对外贸易是一个“奇迹”？过去四十多年，不论是对外贸易、双向直接投资、货物贸易、服务贸易，还是其他国际经济合作项目，中国都是从无到有，从小到大。具体地，2017年，中国的对外服务贸易总额达4.10万亿美元，占全球外贸总额的11.5%，全球排名第一。这相对于改革开放之初的210亿美元外贸总额，增长了194倍。其中，对外货物贸易出口2.26万亿美元，占全球出口总额的12.8%，全球排名第一；对外货物贸易进口1.84万亿美元，占全球进口总额的10.2%，全球排名第二。货物贸易占GDP的比重为33.6%。同时，中国的对外服务贸易总额达6905亿美元，占全球外贸总额的6.7%，全球排名第二。相对于改革开放之初的40亿美元的对外服务贸易总额，增长了约172倍。

笔者认为，我国对外开放的四十多年实践，可以划分为三个阶段：广度开放、深度开放及全面开放阶段。从1978年到2001年，我国的开放属于广度开放阶段，主要体现在各种经济特区、经济开发区、工业园区、高新区乃至出口加工区的设立。在这个阶段，主要体现为各种园区从沿海向内地的点—线—面的推进，这个阶段更多是属于一种“粗放式”强调量上的开放。

我国对外开放实践的第二个阶段是从2001年底中国加入WTO到2017年党的十九大召开之前的这个时段。这个阶段中国的对外开放实践可以概括为深度开放。在这个阶段中，一方面，加入WTO使得我国出口产品面临着更大的出口市场、更多的出口机会；另一方面，因为我国劳动力成本上升，人口红利下降，2008年的全球金融危机又使得外需疲软，这样，原来以出口劳力密集型产品为主要特征的出口导向模式受到很大的挑战。国家通过设立11个自贸区，进行新经济体制试点试验改革，努力提升产品特别是出口品质量；同时继续通过降低关税、推进贸易自由化来发展经济。这个阶段的发展模式主要体现为"集约式"的强调质上的开放；国家在对外贸易政策上，主要是从原来强调出口导向发展模式改为贸易自由化战略。

我国对外开放实践的第三个阶段则是2017年党的十九大召开之后所强调的推进全面开放新阶段。当前国际上逆全球化思潮抬头，有些国家甚至推行贸易霸权主义，实施贸易保护政策，从而导致经贸全球化面临重大挑战。为努力推进全球贸易自由化，促进中国经济发展，推动全球经济合作互利共赢，党的十九大特别强调了"推动形成全面开放新格局"。到目前为止，全面开放主要是要做好三个工作：扩大进口、建设自由贸易港及建设粤港澳大湾区。这三项工作都是推进贸易全球化的关键工作。

9.2 广度开放阶段政策

如前所述，我国广度开放阶段是从1978年中国开始推行对外开放、对内改革开始，一直到中国在2001年底加入WTO这段时间。在广度开放阶段，中国的开放实践主要包括三项政策：建立各类经济园区、大幅度地推行贸易自由化及大力发展加工贸易。国家在对外贸易政策战略选择上，从改革开放之前的进口替代战略逐步改为出口导向发展战略。下文将逐一介绍并讨论其影响。

9.2.1 大力降低进口关税

改革开放之前，中国采取了进口替代战略，对国外产品设置了高额进口关税和其他非关税壁垒。自1992年党的十四大宣布我国要建立社会主义市场经济起，我国开始积极削减进口关税。1992年初，我国的简单平均进口关税仍为42%；到1994年乌拉圭回合谈判期间，关税降到了35%；在接下来的三年里，我国进口关税又降低了一半左右，到1997年底，简单平均进口关税已降到17%左右。

以关税减免为主要内容的贸易自由化对中国经济发展非常重要。之所以如此，主要是因为贸易自由化能够大力促进企业生产率的发展。正如诺贝尔经济学奖得主保罗·克鲁格曼教授所说的："生产率不是一切，但近乎一切。" Amiti和Konings

（2007）使用印度尼西亚公司层面的数据发现中间品贸易自由化（即成本节约效应）对企业生产率的影响大于产出品贸易自由化（即进口竞争效应）；中间品关税削减对企业生产率的影响是产出品关税削减的两倍。此外，Topalova 和 Khandelwal（2011）使用印度的数据发现，中间品关税削减对企业生产率的影响大约是产出品关税削减的 9 倍。笔者先前的研究进一步发现，中间品贸易自由化对一般出口企业的生产率提升有显著影响，但由于加工企业享有“零进口关税”的特殊待遇，所以其对加工企业的影响并不显著（Yu，2015）。总体而言，贸易自由化（中国加入 WTO）为中国企业生产率贡献了 14.5%左右的增长。

9.2.2　各类经济园区的设立

在广度开放阶段，我国的开放还体现在设立各种各类经济园区，包括早期经济特区、沿海港口开放城市、经济技术开发区、高新技术开发区乃至世纪之交设立的出口加工区。经济园区的设立是我国对外开放实践最重要的举措之一。

经济园区的设立经历了三个阶段。第一个阶段是各个经济园区“点”的设立，即 1980 年我国在深圳、珠海、汕头和厦门四个城市设立经济特区。之所以选择深圳是因其毗邻香港，选择珠海是因其毗邻澳门，选择厦门则是因其地理上靠近台湾，而汕头之所以被选中，则是因其是著名侨乡。

自 1984 年到 1991 年，经济园区设立进入第二个阶段，即经济园区在我国东南沿海城市从北到南形成一条线。正如傅自应（2008）指出的，在 1984 年，我国把大连、秦皇岛、天津、烟台、青岛、连云港、南通、上海、宁波、温州、福州、广州、湛江和北海这 14 个城市设立为沿海港口开放城市。随后不久，我国又建立了包括大连、秦皇岛、天津、烟台、青岛、连云港、南通、宁波、福州、广州和湛江的 11 个国家级经济开发区。值得一提的是，这 11 个开发区多数是位于之前的 14 个沿海港口开放城市里面的，这主要是因为每一步改革中，每个城市都只开放一小块区域，而不是整个城市都开放，所以两者之间并没有重叠。1985 年，我国又开放了三个经济三角洲地区：珠江三角洲、长江三角洲和闽东南地区。1988 年，中国开放了胶东半岛、辽东半岛和整个海南岛。接着，在 1991 年，我国又在上海外高桥，深圳福田、沙头角和天津港设立了四个保税区。这样，我国就成功地将经济园区从点扩展到线。

随后，在 1992 年初，我国又在包括沈阳、天津、武汉、南京等重点城市设立了 25 个高新技术产业开发区。这样，经济园区的建设就从线扩展到面。事实上，如 Naughton（2018）指出的，到 1992 年，我国已经建立了 6 个经济特区（第一批的 4 个经济特区，加上海南和上海浦东）、54 个国家级经济开发区、53 个高新技术产业园区和 15 个保税区。

有意思的是，这些经济特区、经济三角洲、经济开发区甚至高科技开发区，都有类似的政策设计。比如，园区内的外国公司在华营业前五年可以享受“超国民待遇”。具体地，外国企业在园区营业前三年可免征企业所得税；之后的两年，也只需支付国内企业所付企业所得税的一半，即 17%的所得税率。这项欢迎外资的优惠政策一直持续了约三十年，直到 2007 年之后，外国投资公司才开始承担与国内企业相同的 25%的公司税率。此外，这些特区都允许外商独资企业及其子公司入驻。林毅夫等（2018）的研究也发现各类工业园区的建立对企业生产率有正面的提升作用。

9.2.3 大力发展加工贸易

加工贸易是了解我国过去四十多年外贸“奇迹”的关键。正如 Dai 等（2016）所述，iPhone 是中国加工贸易的典范：iPhone 组装商富士康，先从日本、韩国和美国进口智能手机的中间组件，在深圳组装完最终产品后，再出口到欧美各国。

事实上，中国有超过 16 种类型的加工贸易。其中最重要的两类是来料加工和进料加工。加工贸易都强调“大进大出、两头在外”，但来料加工要求“从哪里来、到哪里去”：加工企业需要将所有产品出售给提供中间品的那家外国企业。这种加工贸易方式是 20 世纪 80 年代最受欢迎的加工贸易类型。相对应地，从事进料加工的企业则可将其最终产品出售给其他外国公司，这种加工贸易方式在 20 世纪 80 年代后变得更为重要。自 1995 年以来，加工贸易占我国出口总额的一半以上（Yu and Tian，2012）。2008 年全球金融危机之后，我国加工贸易的比例有所下降，这在很大程度上是因为我国劳动力成本的上升。但尽管如此，目前加工贸易仍占我国外贸总额的三分之一左右。

加工贸易对中国过去四十多年的经济发展起到了重要作用。加工贸易为制造业创造了巨大的就业机会。然而，与普通的出口企业不同，加工出口企业的生产效率较低，因为像“三来一补”这类加工活动并不需太多技术支持。平均而言，加工出口商的生产率甚至低于非出口商。正如余淼杰（2010）发现的，与普通出口企业和非出口企业相比，加工出口企业的生产率最低。加工贸易占中国出口总额的一半，导致中国出口企业的生产率低于非出口企业，这种情况被称为“中国出口企业之谜”。

同时，由于从事加工贸易的产业大多为劳动密集型产业，因此加工贸易可以创造大量工作岗位。2018 年，我国就业数约为 7.8 亿人，其中第二产业就业数 2.31 亿人，第二产业中的制造业就业数又约 1.03 亿人。在我国四大加工产业（家用电器、玩具、衣服及鞋帽、皮革制品）中，2014 年就业数达到 1620 万人。此外，加工贸易有助于中国进一步融入全球劳动分工。目前我国已成为当之无愧的“世界工厂”，这也是中国贸易顺差的来源。事实上，我国约三分之二的贸易顺差来自加工贸易。

9.3 深度开放阶段政策

21 世纪以来，我国的对外开放更着重于深度开放。从 2001 年加入 WTO 到 2017 年党的十九大，我国的对外开放主要有三大方面的实践，分别是：加入 WTO、建立自贸区和新经济试点试验城市。

9.3.1 加入 WTO

我国于 1986 年正式申请加入关贸总协定，经过 15 年的多轮谈判，于 2001 年最终加入 WTO，成为其第 143 个成员。中国加入 WTO 给中国和全世界带来了巨大的利益。一方面，大量中国进口品显著地降低了各贸易国的物价水平，促进了真实收入的提高。另一方面，2004 年后，中国的劳动力成本急剧增加，人口红利迅速缩小。与越南和孟加拉国等国相比，中国在劳动密集产品上不再具有显著的比较优势，某些国外市场也已逐步被取代。然而，由于加入 WTO，中国与许多国家的贸易规模变大。得益于市场规模的扩大，我国工业企业的平均固定成本进一步降低，实现了更大的利润，从而进一步加强了我国“世界工厂”的地位。

加入 WTO 后，中国的简单进口关税从 15%左右降至 2006 年的 10%左右。进口关税分为两种类型：一种是产出品关税，衡量行业或企业面临的进口竞争；另一种是中间品关税，衡量行业或企业面临的成本节约效应。从 2000 年到 2006 年，中国行业的产出品关税从 21.4%降至 10.27%；制造业企业的产出品关税则从 15.57%降至 7.46%，中国的中间品关税从 2000 年的 15.73%降至 2006 年的 7.71%（Yu，2015）。

当中国降低进口关税时，其主要贸易伙伴国也削减了对中国产品的进口关税。由于企业可以向不同国家出口多种产品，因此，为中国制造业企业构建企业级别的外国对外关税非常重要（Lileeva and Trefler，2010；Yu，2015）。然而从 2000 年到 2005 年，外国的对外关税仅从 7.71%降至 6.90%，原因是中国主要的出口目标经济体是高收入经济体，这些经济体的进口关税通常已经较低。

9.3.2 自贸区的设立

自贸区的建立经历了“1 + 3 + 7”的三个阶段。首先是 2013 年 9 月设立的首个自贸区——上海自贸区，其次是 2015 年 4 月将自贸区扩展到了广东、天津、福建三个沿海地区，再次是 2016 年 9 月，政府在辽宁、陕西、河南、湖北、重庆、四川和浙江建立了 7 个沿海和内陆试点自贸区。

自贸区的试点有四个任务。首先，推动进一步的贸易自由化和投资便利化，这与之前的出口加工区的发展方向是一致的。同时，强调“一线放开，二线管住”，意思是自贸区内使用的进口中间品将被豁免关税（即一线放开），但使用此类中间品生产的最终品不允许在区域外销售到中国国内市场（即二线管住）。

其次，自贸区探索建立“负面清单”投资模式。相对“正面清单”而言，“负面清单”对国外投资的限制较少。“负面清单”规定，清单内的产品或部门不允许外国投资者进入。换言之，未被列入“负面清单”的行业或产品，均允许国外投资者进入。这为国外投资者提供了进入新兴产业的巨大机会。这几年的实践证明，这一政策是最为有效成功的。事实上，我国政府在 2018 年决定将这一政策推广到全国。

再次，自贸区推进金融改革。通过逐步放宽资本项目管制、提供金融服务以推动中国金融创新。但到目前为止，这项改革的效果有限。第一，自贸区仅占我国面积的一小部分；第二，与贸易政策不同，金融政策很难在自贸区内外划清界限。因此，金融改革很难在小范围内进行试验，再复制推广到其他地区。

最后，自贸区要求地方政府深化行政体制改革，简化区域内业务审批程序。值得注意的是，自贸区推行事后监督机制，而不是事前批准。

9.3.3 新经济试点试验城市

和自贸区相比，构建开放型经济新体制综合试点试验则鲜为人知。2016 年，政府选择位于五大城市群和沿海地区的 12 个城市进行为期两年的新经济试点试验。

新经济试点试验城市包括位于或靠近京津冀城市群的唐山和大连、成渝城市群的重庆、长江中游城市群的武汉和南昌、长三角的上海和苏州及珠三角的东莞。此外，还包括山东济南、福建漳州、陕西西安及广西防城港。

试点改革的目标是建立市场资源配置新机制，探索开放运行管理新模式，形成全方位对外开放新格局，并在国际合作和竞争中创造新的优势。新经济试点试验有六大任务：第一，探索开放型经济运行管理新模式；第二，探索形成各类开发区（园区）协同开放新机制；第三，探索推进国际合作新方式；第四，探索质量效益导向的外贸促进新体系；第五，探索金融服务开放型经济新举措；第六，探索形成全方位对外开放新格局。

9.4 全面开放阶段政策

2017 年，党的十九大指出“推动形成全面开放新格局”。事实上，全面开放新格局的构建依赖于此前各种开放举措带来的成就，包括："一带一路"倡议、中国-东盟自由贸易协定及 RCEP。本节回顾了这些重要事件，并描述了中国的自由贸易港和大湾区建设。

9.4.1　中国-东盟自由贸易协定

2010 年，中国与十个东盟国家历经十年谈判，签订了中国-东盟自由贸易协定。中国-东盟自由贸易区是世界上人口最多的自由贸易区，也是全球生产总值第三大自由贸易区。2002 年，双方签署了《中国-东盟全面经济合作框架协议》（以下简称《框架协议》）。两年后，中国和东盟六国（即新加坡、文莱、印度尼西亚、马来西亚、泰国和越南）达成了"早期收获计划"，同意在 2004 年对 500 多种产品实行零关税。截至 2015 年底，中国和大部分东盟国家已对大部分可贸易商品实行零关税。

相关研究表明，在中国-东盟自由贸易协定的框架下，东盟国家和中国在贸易投资便利化和基础设施合作方面取得了进展，从而创造了更多就业机会，增加了地区福利。因此，中国-东盟自由贸易协定有利于降低东盟国家的贫困率，特别是东盟的低收入国家（柬埔寨、老挝、缅甸和越南）。

9.4.2　RCEP

中国-东盟自由贸易协定并不是中国与东盟国家的最终目标。双方都希望将区域自由贸易协定扩大到覆盖亚太地区的所有 16 个国家，包括 10 个东盟国家和 6 个其他国家（中国、日本、韩国、印度、澳大利亚和新西兰），即 RCEP。该协议是 21 世纪以来备受瞩目的亚洲自由贸易区协定。

RCEP 旨在建立一个现代的、全面的、高质量的、互利的经济伙伴关系协议，并在区域内建立一个开放的贸易和投资环境。未来的 RCEP 成员国人口为 34 亿，GDP 总额 21 万亿美元，约占全球 GDP 的 30%，其中中国和日本的 GDP 占了一半以上。RCEP 谈判主要涉及以下领域：货物贸易、服务贸易、投资、经济和技术合作、知识产权、竞争、争端解决、电子商务、中小企业及其他问题。

9.4.3　"一带一路"倡议

"一带一路"倡议由我国政府于 2013 年发起，致力于改善亚欧大陆范围内的区域合作和互联互通。该倡议旨在加强中国与其他"一带一路"沿线国家在基础设施、贸易和投资方面的联系。截至 2020 年，共有 65 个国家积极参与，包括东亚的蒙古国、10 个东盟国家、18 个西亚国家、8 个南亚国家、5 个中亚国家、7 个独联体国家、16 个中欧和东欧国家。

“一带一路”倡议涉及经济规模很大，即使不包括占世界六分之一人口和10%GDP 的中国，“一带一路”沿线国家依然占世界人口的五分之二以上，占世界 GDP 的近五分之一。根据世界银行的统计，“一带一路”沿线国家的已知能源储备占全世界的 75%左右。此外，在中国 2 万亿美元的出口总额中，中国与“一带一路”沿线国家之间的双边贸易占据四分之一以上。

“一带一路”倡议主要包括两个经济带，分别是陆上丝绸之路及海上丝绸之路，其中陆上丝绸之路连接了中国与中亚和南亚，并通往欧洲，海上丝绸之路将中国与东南亚国家、海湾国家、北非及欧洲连接起来。关于双边贸易和投资，中国与海上丝绸之路（如东盟 10 国）的贸易规模远远大于陆上丝绸之路。

除贸易和对外直接投资外，“一带一路”倡议还专注于基础设施项目。作为历史上最大的基础设施投资项目之一，“一带一路”致力于解决沿线国家基础设施差距，因此有可能推动相关国家的经济增长。该倡议要求通过建设基础设施，加强文化交流并推动贸易和投资发展，使各国融合为一个有凝聚力的经济体。

“一带一路”倡议得到了亚洲基础设施投资银行（以下简称亚投行）和丝路基金的资金支持。亚投行于 2013 年 10 月由中国提出筹建，是一家致力于为基础设施项目提供贷款的开发银行。截至 2015 年，共有超过 1 万亿元人民币的基础设施项目正在规划或建设中。丝路基金则于 2014 年 11 月由中国首次提出，其主要作用是投资企业，而不是提供贷款。显然，亚投行和丝路基金有助于促进“一带一路”框架内的经济连通性。已有研究发现了“一带一路”倡议推动人民币国际化的证据（Zhang et al.，2017）。

9.4.4　自由贸易港试验

自由贸易港的概念首次提出是在中共十九大的报告中。报告明确指出，“赋予自由贸易试验区更大改革自主权，探索建设自由贸易港”。

自由贸易港具有自贸区和港口的特征。首先，它具备贸易相关的许多功能，如产品加工、物流和仓储，但它又是一个比自贸区更开放的平台。自由贸易港的建设将有助于自贸区营造更加透明的制度环境。同时，自由贸易港有必要在贸易便利化、船舶燃料价格、资金支持、海关监管和检验检疫等领域取得更多突破。因此，探索建立自由贸易港将有助于更好地迎接全球环境的深刻变化。

国际上最成功的自由贸易港有以下几个主要特征：第一，贸易便利化和高效的法律制度推动了自由贸易港内劳动和资本的流动，吸引了大量的过境运输和多式联运；第二，大多数国际自由贸易港经历了工业和贸易升级，拥有良好的金融、物流和法律体系，因而能够发展各种类型的贸易；第三，自由贸易港口不仅是物流和运输中心，更是经济中枢；第四，自由贸易港口的发展基于周边地区的产业结构特征；第五，自由贸易港的管理权是由中央政府赋予的。

与国际自由贸易港相比，中国自由贸易港的建设还有许多改进的空间。为了吸引更多的人才，推动贸易和金融发展，需要从以下几个方面进行改进。首先，推动港口内贸易便利化。例如，建立一个安全有效的电子清关系统，加速通关效率，简化海关手续。其次，提供宜居的环境和更好的服务，以吸引企业家和各方面国际人才入驻，加速人员流动。最后，港口应继续坚持相关开放政策，提高跨境外汇结算效率。这些措施有助于在资金上支持转口贸易发展，降低企业贸易风险，并吸引更多的国际公司在自由贸易港设立总部。

9.4.5　粤港澳大湾区建设

如果将“一带一路”倡议和 RCEP 视为全面开放新格局的关键内容，那么，粤港澳大湾区建设就是“一带一路”框架的重要载体。因此，建设粤港澳大湾区是目前中国进一步对外开放的当务之急。

粤港澳大湾区包括九个地级市，以及香港和澳门两个特别行政区。这九个地级市包括位于珠江两岸的深圳、东莞、惠州、广州、佛山、江门、肇庆、中山和珠海。

目前，粤港澳大湾区的发展宜侧重于以下几个方面。第一，粤港澳大湾区应主要集中在高端制造业。作为世界上最大的“世界工厂”，中国拥有强大的制造业基础，这是中国得以有效避免经济低迷或波动的保障。粤港澳大湾区中内地城市所在的广东省，其出口量占据中国总出口量的 1/3。要建立粤港澳大湾区，必须将实体经济和金融经济结合起来，但重点在实体经济，服务业可以发挥辅助作用。

第二，粤港澳大湾区建设应注重创新。中国正在从制造大国转变为创新大国，粤港澳大湾区更应该在建设创新型国家中发挥关键作用。例如，粤港澳大湾区四大核心城市之一的深圳，已经成为中国创新中心。深圳的企业平均研发强度为 4.1%，高于粤港澳大湾区 2.6%的平均水平，也高于经济合作与发展组织（Organization for Economic Co-operation and Development，OECD）2.4%的水平。

第三，粤港澳大湾区建设应该努力实现制度创新。粤港澳大湾区的区域系统特征可以用“1＋2＋3＋4”来形容，即“一国两制”（中国内地的社会主义制度，香港和澳门的资本主义制度）、三种海关（中国内地、香港和澳门），以及四大核心城市（广州、深圳、香港和澳门）。中国的制造业发展与其产业集群紧密联系在一起，粤港澳大湾区的城市也必须根据其要素禀赋和经济结构来发展符合其比较优势的产业。例如，香港应发挥其作为国际金融中心、贸易中心和服务业中心的优势。广州作为广东的省会，应努力成为其文化中心、交通枢纽和贸易中心。深圳应成为研发和创新中心。澳门及其附近的珠海，以及西部的内陆城市肇庆，可以发展为旅游城市和服务业中心。其他五个城市——东莞、惠州、佛山、中山和江门，应尽力打造成为高端制造业中心。

第四，应更加关注生态环境建设。粤港澳大湾区的建设与雄安新区一样，被认为是国家级战略和千年计划，而良好的生态环境是发展可持续经济的保证之一。从中国地质调查局的数据来看，与其他内陆地区相比，目前粤港澳大湾区的生态环境状况良好。因此，大湾区内的地方政府必须注意保持良好的生态环境。

9.5 结　论

本章简要回顾总结了改革开放四十多年来我国的对外贸易实践和开放路径设计。总体而言，中国的对外开放政策设计经历了三个阶段：广度开放、深度开放和全面开放阶段。

了解改革开放四十多年来我国外贸发展的驱动力至关重要。近年来，我国的劳工成本快速上升，尤其是金融危机以来，中国已经跨越了刘易斯拐点，人口红利逐步下降。在加入 WTO 之前，我国外贸的发展主要是基于丰富劳力要素为基础的比较优势，出口劳动密集型产品。相比之下，全球金融危机之后，由于国外需求疲软及出口信贷约束（Feenstra et al.，2014），中国的贸易额大幅萎缩，直到 2013 年才恢复到先前的水平。尽管如此，2009 年，中国已成为世界上最大的出口国。这一时期，中国国际贸易增长主要来源于国际市场规模扩大带来的规模经济效应。党的十九大之后，我国积极推动形成全面开放新格局，在逆全球化思潮抬头的背景下，主动扩大进口，大力推进贸易全球化，促进各国贸易合作共赢。

第 10 章　“一带一路”建设与人民币国际化

10.1　背 景 介 绍

“一带一路”为人民币国际化提供了历史机遇，人民币国际化则为“一带一路”提供了流动性支持。本章回顾了“一带一路”对人民币国际化的影响渠道和一国货币成为国际货币的条件，估算了“一带一路”对人民币国际化的中期影响，并提出了有关政策建议。本章还使用引力模型估算了货币互换协议对双边贸易的影响，发现货币互换协议对双边贸易存在显著的正面影响。

“一带一路”是中国倡导的新型区域合作模式，是中国向西拓展贸易和投资的倡议，是促进各国共同发展、实现共同繁荣的合作共赢之路的重要举措。“一带一路”建设为人民币国际化创造了历史机遇，将促进中国的经济发展，造福沿线国家，并为世界经济发展增加动力。

“一带一路”与人民币国际化相互促进。“一带一路”为提高人民币在国际上的使用水平提供了历史机遇；人民币国际化为“一带一路”的顺利实施提供了便利。

1. “一带一路”概述

“一带一路”是“丝绸之路经济带”和“21 世纪海上丝绸之路”的简称。“一带”，指的是“丝绸之路经济带”，采取陆路的形式，有三个走向，从中国出发，一是经中亚、俄罗斯到达欧洲；二是经中亚、西亚至波斯湾、地中海；三是中国到东南亚、南亚、印度洋。“一路”，指的是“21 世纪海上丝绸之路”，重点方向是两条，一是从中国沿海港口过南海到印度洋，延伸至欧洲；二是从中国沿海港口过南海到南太平洋。

2013 年 9 月 7 日，中国国家主席习近平在哈萨克斯坦纳扎尔巴耶夫大学作演讲，提出“共同建设‘丝绸之路经济带’”。[①]已经有 60 多个国家和国际组织积极响应“一带一路”的倡议（表 10-1）。

---

① 《习近平在哈萨克斯坦纳扎尔巴耶夫大学发表重要演讲》，http://www.gov.cn/ldhd/2013-09/07/content_2483425.htm，2013 年 9 月 7 日。

表 10-1 “一带一路”沿线国家名单

东亚的蒙古国及东盟 10 国：新加坡、马来西亚、印度尼西亚、缅甸、泰国、老挝、柬埔寨、越南、文莱和菲律宾
西亚 18 国：伊朗、伊拉克、土耳其、叙利亚、约旦、黎巴嫩、以色列、巴勒斯坦、沙特阿拉伯、也门、阿曼、阿联酋、卡塔尔、科威特、巴林、希腊、塞浦路斯和埃及（西奈半岛）
南亚 8 国：印度、巴基斯坦、孟加拉国、阿富汗、斯里兰卡、马尔代夫、尼泊尔和不丹
中亚 5 国：哈萨克斯坦、乌兹别克斯坦、土库曼斯坦、塔吉克斯坦和吉尔吉斯斯坦
独联体 7 国：俄罗斯、乌克兰、白俄罗斯、格鲁吉亚、阿塞拜疆、亚美尼亚和摩尔多瓦
中东欧 16 国：波兰、立陶宛、爱沙尼亚、拉脱维亚、捷克、斯洛伐克、匈牙利、斯洛文尼亚、克罗地亚、波黑、黑山、塞尔维亚、阿尔巴尼亚、罗马尼亚、保加利亚和马其顿

资料来源：http://ydyl.people.com.cn/n1/2017/0420/c411837-29225243.html

注：本书使用资料较旧，马其顿现已更名为北马其顿

根据我们的粗略计算，2014 年“一带一路”沿线国家（不包括中国）人口占世界人口的五分之二以上，生产总值接近世界生产总值的五分之一（表 10-2）。

表 10-2 2014 年“一带一路”沿线国家基本情况

“一带一路”沿线国家		各国 GDP/十亿美元	人口/百万人
东盟 10 国	新加坡	307.90	5.47
	马来西亚	338.10	29.90
	印度尼西亚	888.50	254.50
	缅甸	64.33	53.44
	泰国	404.80	67.73
	老挝	12.00	6.69
	柬埔寨	16.78	15.33
	越南	186.20	90.73
	文莱	17.10	0.42
	菲律宾	284.80	99.14
西亚 18 国	伊朗	425.30	78.14
	伊拉克	223.50	34.81
	土耳其	798.40	75.93
	叙利亚	40.41	20.16
	约旦	35.83	6.61
	黎巴嫩	45.73	4.55
	以色列	305.70	8.22
	巴勒斯坦		
	沙特阿拉伯	746.20	30.89

续表

“一带一路”沿线国家		各国 GDP/十亿美元	人口/百万人
西亚 18 国	也门	35.95	26.18
	阿曼	81.80	4.24
	阿联酋	399.50	9.09
	卡塔尔	210.10	2.17
	科威特	163.60	3.75
	巴林	33.85	1.36
	希腊	235.60	10.96
	塞浦路斯	23.23	1.15
	埃及（西奈半岛）	286.50	89.58
南亚 8 国	印度	2 049.00	1 295.00
	巴基斯坦	243.60	185.00
	孟加拉国	172.90	159.10
	阿富汗	20.04	31.63
	斯里兰卡	78.82	20.64
	马尔代夫	3.06	0.40
	尼泊尔	19.77	28.17
	不丹	1.96	0.77
中亚 5 国	哈萨克斯坦	217.90	17.29
	乌兹别克斯坦	62.64	30.76
	土库曼斯坦	47.93	5.31
	塔吉克斯坦	9.24	8.30
	吉尔吉斯斯坦	7.40	5.83
独联体 7 国	俄罗斯	1 861.00	143.80
	乌克兰	131.80	45.36
	白俄罗斯	76.14	9.47
	格鲁吉亚	16.53	4.50
	阿塞拜疆	75.20	9.54
	亚美尼亚	11.64	3.01
	摩尔多瓦	7.96	3.56
中东欧 16 国	波兰	545.00	38.00
	立陶宛	48.35	2.93
	爱沙尼亚	26.49	1.31

续表

“一带一路”沿线国家		各国 GDP/十亿美元	人口/百万人
中东欧 16 国	拉脱维亚	31.29	1.99
	捷克	205.30	10.51
	斯洛伐克	100.20	5.42
	匈牙利	138.30	9.86
	斯洛文尼亚	49.49	2.06
	克罗地亚	57.11	4.24
	波黑	18.29	3.82
	黑山	4.59	0.62
	塞尔维亚	43.87	7.13
	罗马尼亚	199.00	19.91
	保加利亚	56.72	7.22
	阿尔巴尼亚	13.21	2.89
	马其顿	11.32	2.08
东亚	蒙古国	12.02	2.91
“一带一路”加总		13 286.80	3 161.46
世界		77 845.11	7 260.65
“一带一路”占世界的比例		17.1%	43.5%

资料来源：WDI 数据库

全球特别是发展中国家公共物品的匮乏制约了世界经济的发展。在各种公共物品中，基础设施建设对发展中国家至关重要。通过“一带一路”建设，中国可以帮助世界各国弥补全球公共物品供给的不足，促进世界经济的发展。

“一带一路”对中国经济的进一步发展也具有重大影响。“一带一路”将带动中国中西部多个省份的经济发展，中国中西部将成为国际物流通道的重要节点，吸引更多产业与资金，最终实现中国东部和西部的平衡发展。“一带一路”将推动中国国内交通基础设施的建设，加快产业结构升级。“一带一路”将消化目前中国一些行业的产能过剩，为中国的出口寻找新的市场，推动中国政府和企业的对外投资。“一带一路”将为中国的能源供应提供新的来源和输送渠道，为中国的能源安全提供保障。

“一带一路”建设将产生人民币使用的需要。人民币的广泛使用，有利于降低各国对华贸易成本，便利贸易结算，降低贸易和投资风险，促进地区和全球经济的发展。

2. 人民币国际化概述

人民币国际化是人民币在国际范围内行使货币职能，逐步成为世界主要的贸易结算货币、金融交易货币和国际储备货币的过程。

从 2009 年跨境贸易人民币结算业务试点开始，到 2015 年，人民币国际化已经经过了 6 年时间，在这段时间中，人民币国际化取得了显著的进展。2014 年人民币成为全球第五大支付货币，2015 年在全球支付交易中的市场份额平均超过 2%（数据来源于 Wind 数据库）。

2015 年，中国的银行累计办理跨境贸易人民币结算业务 7.23 万亿元。其中，货物贸易结算金额 6.39 万亿元，服务贸易及其他经常项目结算金额 0.84 万亿元（数据来源于中国人民银行）。这主要是由于中国与世界各国区域贸易合作进程加快，中国政府积极推进人民币跨境结算业务的便利化。美国降息和人民币汇率升值预期的变化，有可能影响跨境贸易人民币结算额，服务贸易规模则稳定增长。

与此同时，人民币的国际金融计价支付功能也得到了加强。人民币在国际信贷、直接投资和国际债券交易中的作用继续扩大。人民币国际信贷全球占比从 2012 年第一季度的 0.25%上升到 2014 年第四季度的 0.49%。2015 年人民币跨境直接投资结算业务 2.32 万亿元，其中对外直接投资 0.74 万亿元，外商直接投资 1.59 万亿元（数据来源于中国人民银行及商务部数据中心）。2014 年中国境内投资者对全球 156 个国家和地区的 6128 家企业直接投资，累计实现非金融类直接投资 6321 亿元（数据来源于商务部数据中心）。截至 2015 年末，人民币国际债券和票据发行总额 797 亿美元（数据来源于 Wind 数据库）。

近年来，人民币的国际储备货币地位也不断上升，一些国家将人民币纳入其外汇储备。截至 2015 年 12 月，中国人民银行已与 33 个国家和地区的货币当局及欧洲央行签署了货币互换协议，互换货币达 3.3 万亿元（数据来源于中国人民银行）。IMF 在北京时间 2015 年 12 月 1 日公布，将人民币正式纳入特别提款权（special drawing right，SDR）货币篮子，这代表 IMF 对人民币充当国际储备货币的官方认可，是人民币进入主要国际货币行列的重要标志。

人民币离岸市场不断拓展，全球人民币清算系统布局基本形成。继港澳台地区之后，中国政府在新加坡、悉尼、伦敦、法兰克福、首尔、巴黎、卢森堡、多伦多等地各确定一家中资银行作为当地人民币业务清算银行。通过境外人民币清算行的安排，中国开始构建全球人民币清算网络，为人民币国际化提供了技术保障。2015 年，人民币跨境支付系统（Cross-border Interbank Payment System，CIPS）在上海建立，该系统连接境内外参与者，处理人民币贸易类、投资类等跨境支付业务，为人民币国际化提供了硬件支持。

不少亚洲国家基础设施建设落后，制约了这些国家的可持续发展。现有的国际和区域金融组织难以满足这方面的资金需要，为打破基础设施融资的瓶颈约束，中国在 2013 年倡议筹建亚投行。这一倡议得到世界各国的热烈响应。2015 年 12 月亚投行正式成立。[①]

10.2 “一带一路”对人民币国际化的影响

“一带一路”对人民币国际化有着积极的影响，这种影响是通过贸易、投资和储备货币等渠道实现的。本节将讨论“一带一路”对人民币国际化影响的传导机制并估算影响的规模。

10.2.1 区域货币选择的影响因素

“一带一路”是促进区域经济合作的一项举措。货币的选择对区域经济合作有着重要的意义。区域货币的选择既涉及贸易计价结算，又涉及金融计价结算。区域内频繁使用的货币的产生取决于以下因素。

第一，货币发行国的经济总量和经济发展水平。区域内频繁使用的货币往往是区域内经济总量较大的国家发行的货币。

第二，货币发行国的总体风险。货币发行国的总体国家风险越低，该国货币在区域经济中使用的概率越高。

第三，金融服务发展水平。金融交易结算的便利程度、资本账户的开放程度都对一国货币在区域内使用的频率有着重要的影响。

第四，贸易规模和开放程度。贸易量比较大、贸易开放程度比较高，会提高一国货币在区域经济中的使用频率。

“一带一路”通过国家间的合作，增加了区域内贸易和投资活动的规模，增加了区域内国家的开放程度，为人民币在区域经济中的更广泛使用提供了机会，也对中国的金融改革提出了更高的要求。

1）贸易渠道

“一带一路”促进了双边贸易和区域经济的发展，贸易的发展增加了使用人民币的需求。近年来，中国与“一带一路”沿线国家的贸易额不断增加。人民币的使用为区域内各国提供了流动性支持，同时规避了使用第三方货币的风险，为重大项目提供了资金支持。

① 截至 2015 年 12 月 25 日，包括缅甸、新加坡、文莱、澳大利亚、中国、蒙古国、奥地利、英国、新西兰、卢森堡、韩国、格鲁吉亚、荷兰、德国、挪威、巴基斯坦、约旦等在内的 17 个意向创始成员国（股份总和占比 50.1%）已批准《亚洲基础设施投资银行协定》并提交批准书，从而达到《亚洲基础设施投资银行协定》规定的生效条件，即至少有 10 个签署方批准且签署方初始认缴股本总额不少于总认缴股本的 50%，亚投行正式成立。

沿线国家 GDP 的世界占比从 2005 年的 12.6%上升到 2014 年的 16.9%。如图 10-1 和图 10-2 所示，沿线国家与中国每年双边贸易额约 1 万亿美元，占中国外贸总额的 1/4。2005～2014 年，中国与相关国家的贸易额年均增长约 17.0%。

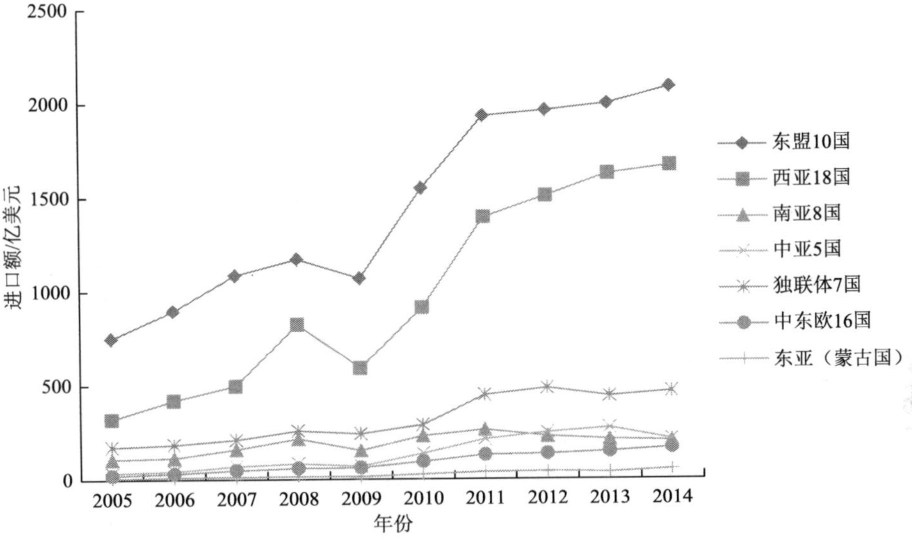

图 10-1　2005～2014 年中国从“一带一路”沿线国家的进口

资料来源：国家统计局

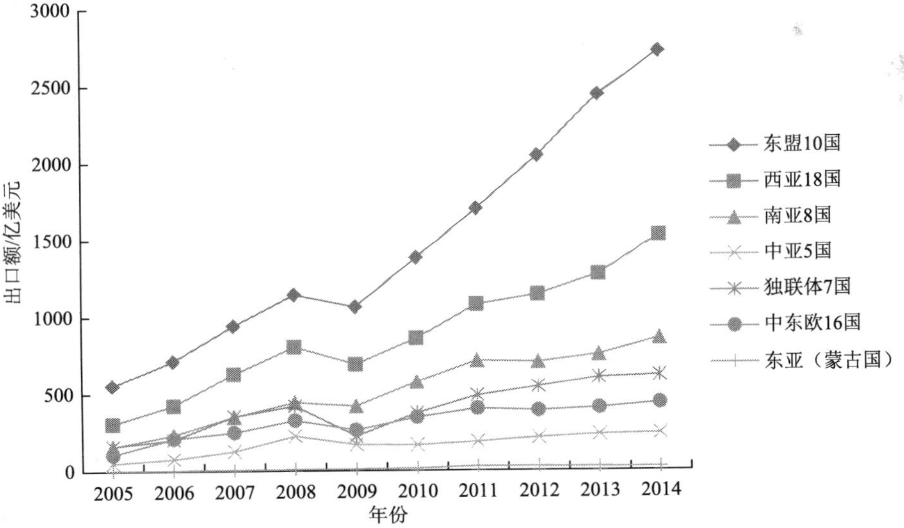

图 10-2　2005～2014 年中国对“一带一路”沿线国家的出口

资料来源：国家统计局

如表 10-3 所示，大宗商品出口占沿线国家对华出口的比重较大。大宗商品出口带动了沿线国家的对华出口，中国期货市场的发展为以人民币计价结算的大宗商品贸易服务创造了条件。

表 10-3　“一带一路”沿线国家大宗商品对华出口分布

能源类		农业原材料类		金属类	
国家	占比	国家	占比	国家	占比
澳大利亚	24%	泰国	23%	澳大利亚	25%
沙特阿拉伯	16%	澳大利亚	15%	印度	13%
俄罗斯	11%	印度	13%	哈萨克斯坦	13%
伊朗	8%	俄罗斯	11%	俄罗斯	12%
印度尼西亚	6%	马来西亚	11%	马来西亚	11%

资料来源：中国人民大学国际货币研究所（2015）

区域内贸易的发展为人民币的使用提供了广阔的前景和机会，通过贸易渠道促进了各国经济的发展，同时也有助于人民币国际化的进展。

2）投资渠道

“一带一路”沿线国家基础设施严重缺乏，区域内互联互通程度较低，成为经济发展的瓶颈（表 10-4）。例如，在亚洲和大洋洲，6.38 亿人缺乏改善的饮水，9.3 亿人生活在没有电力供应的环境中（IMF，2006）。只有 30%的人口享受电话服务，53.4%的道路都是土路（Asian Development Bank，2007）。中国改革开放以来的发展历程说明在经济起飞阶段，基础设施建设对经济发展，特别是生产率的提高有着明显的拉动作用。基础设施建设需要大量资金支持。在国家内部投资中，49%为能源基础设施，35%为交通基础设施，13%为通信基础设施，3%为供水和卫生基础设施（Asian Development Bank Institute，2010）。

表 10-4　2010～2020 年亚洲国家和大洋洲内部基础设施投资需求

地区	占亚洲投资需求的百分比	预计投资需求/亿美元	每年投资需求/亿美元	人均需求/美元
中亚	4.544%	3 736.57	339.69	1 403
东亚和东南亚	66.553%	54 723.27	4 974.84	2 886
南亚	28.829%	23 704.97	2 155.00	1 756
大洋洲	0.073%	60.23	5.48	625
总计	100%	82 225.03	7 475.00	2 335

资料来源：Asian Development Bank Institute（2010）

基础设施融资有着多种模式，正确地选择融资模式是基础设施建设成功的关键之一。基础设施的融资模式包括：第一，直接融资，发行基础设施债券或其他证券融资，包括政府发行市政债券、企业发行债券、发行基础设施资产支持的债券、发行固定收益权益证券等。第二，间接融资，指的是银行贷款和政府财政支持，包括政策性银行贷款、商业银行贷款、政府财政支持（如政府提供贷款贴息、政府提供补贴或转移支付）或者政策性金融机构向其他金融机构筹集资金，然后向基础设施项目发放政策性长期贷款。在实践中，直接融资和间接融资可以结合在一起。

根据亚洲开发银行估计，2020 年前亚太地区每年基建投资 7760 亿美元，若中国在沿线国家投资占比从 2017 年的 13%上升到 30%，未来 10 年总投资约 2 万亿美元。

如图 10-3 所示，“一带一路”沿线国家已经成为近年中国企业对外投资的新热点，促进了中国企业“走出去”。同时，人民币债券和票据发行规模不断扩大。2014 年，人民币国际债券和票据发行量占国际发行量的 1.88%。人民币国际债券和票据余额 940 亿美元，占全球的 0.4%。人民币国际债券和票据发行的主要场所是离岸市场。2014 年，世界多个金融中心开展了离岸人民币业务。中国香港、新加坡、伦敦、首尔、法兰克福等地的人民币离岸市场规模扩大。随着中国金融市场的逐步开放，境外投资者可投资股票市场和银行间债券市场。境外投资者可以通过以下渠道投资人民币股票：合格境外机构投资者（qualified foreign institutional investor，QFII）、人民币合格境外机构投资者（RMB qualified foreign institutional investor，RQFII）和沪港通。银行间债券市场允许合格境外

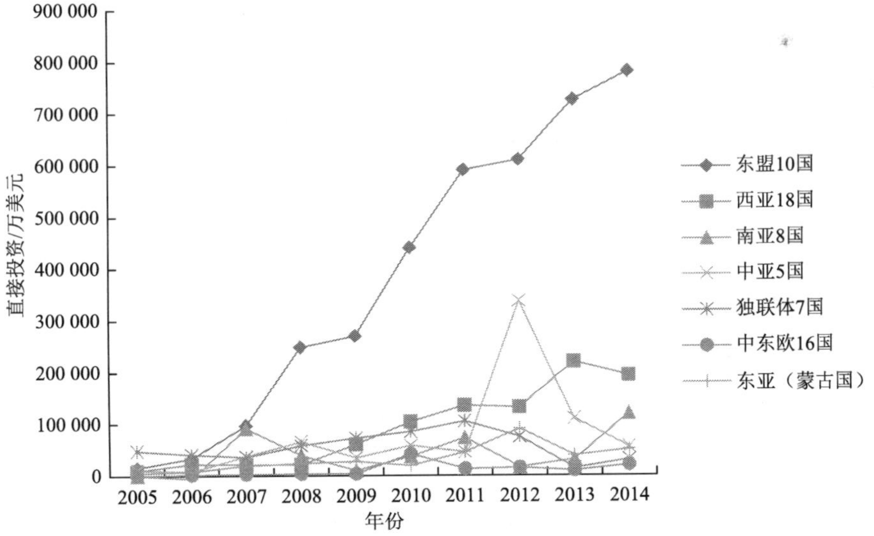

图 10-3 2005～2014 年中国对“一带一路”沿线国家的直接投资

资料来源：中国人民银行《金融统计数据报告》（2013 年 1 月～2014 年 12 月）；商务部数据中心

机构投资者、人民币合格境外机构投资者、境外银行和境外保险公司参与交易。2014 年底，中国银行间债券市场包括 14 家合格境外机构投资者、66 家人民币合格境外机构投资者及 97 家境外银行和 11 家境外保险公司。2014 年境外机构参与银行间债券市场现券交易成交 10.1 万亿元。此外，2014 年末境内金融机构人民币境外贷款余额达到 1990 亿元。中国金融市场的发展和开放为“一带一路”项目融资提供了便利（中国人民大学国际货币研究所，2015）。

3）储存货币渠道

人民币作为国际储备货币的功能用人民币官方储备余额占全球外汇储备余额的比重来衡量。近年来，人民币作为国际储备货币的地位持续上升。一些国家，如南非、安哥拉、尼日利亚、坦桑尼亚、加纳和肯尼亚，将人民币纳入其央行外汇储备。人民币在 2016 年加入 SDR 货币篮子，这标志着人民币国际化的重大突破，有利于扩大人民币的使用范围。

“一带一路”建设将提高人民币的使用，从而有利于人民币作为国际储备货币地位的提升。

10.2.2 “一带一路”沿线人民币金融服务的支持机制

人民币国际化需要一整套复杂多样的金融服务体系的支持。“一带一路”促进了 CIPS 的建设。目前在“一带一路”经济带中，人民币国际化的支持系统已经具有一定的规模。在中国的资本账户仍然对资金流动实行管制的情况下，境外机构的设立便利了境外企业获得人民币资金。表 10-5 展示了国有银行在“一带一路”沿线国家设立的境外机构。

表 10-5 国有银行在沿线国家设立的境外机构

银行	境外机构
中国工商银行	河内分行（越南）、卡拉奇分行（巴基斯坦）、孟买分行（印度）、金边分行（柬埔寨）、万象分行（老挝）、华沙分行（波兰）、悉尼分行（澳大利亚）、工银阿拉木图（哈萨克斯坦）、工银印度尼西亚、工银马来西亚、工银泰国、工银莫斯科（俄罗斯）
中国农业银行	悉尼分行（澳大利亚）、河内代表处（越南）
中国银行	亚联分行（哈萨克斯坦）、悉尼分行（澳大利亚）、中国城分行（澳大利亚）、珀斯分行（澳大利亚）、博士山分行（澳大利亚）、布里斯班分行（澳大利亚）、罗勇分行（泰国）、胡志明市分行（越南）、金边分行（柬埔寨）、五洲支行（柬埔寨）、麻坡分行（马来西亚）、槟城分行（马来西亚）、巴生分行（马来西亚）、新山分行（马来西亚）、蒲种分行（马来西亚）、古晋分行（马来西亚）、雅加达分行（印度尼西亚）、泗水分行（印度尼西亚）、棉兰分行（印度尼西亚）、哈巴罗夫斯克分行（俄罗斯）、滨海分行（俄罗斯）、俄罗斯中国银行、哈萨克中国银行、马来西亚中国银行、中银澳大利亚、中银泰国、乌兰巴托代表处（蒙古国）、内罗毕代表处（肯尼亚）
中国建设银行	胡志明市分行（越南）、悉尼分行（澳大利亚）、建行俄罗斯有限责任公司（俄罗斯）
交通银行	悉尼分行（澳大利亚）、胡志明市分行（越南）

资料来源：中国人民大学国际货币研究所（2015）

在设立机构的同时，中资银行还推出了多种跨境人民币产品。在结算领域，包括贸易项下开立信用证、汇款、托收和 NRA 账户结算（non-resident account，中文全称为“境外机构境内外汇账户”，指境外机构按规定在境内银行开立的境内外汇账户。人民币 NRA 账户则指以人民币为币种的境内银行为境外机构开立的境内外汇账户）；在跨境融资领域，包括国际保理、保函、备用信用证、福费廷（FORFEITING，或称无追索权的融资，又称买断、包买票据等）。

汇率的稳定对区域结算货币的选择和使用有着重要的影响。自 2005 年人民币汇率形成机制改革以来，人民币对美元的汇率一直保持波动升值的态势。2014 年以来，受美国经济复苏、退出量化宽松政策和中国经济下行的影响，人民币对美元的汇率结束单面升值状况，出现贬值。市场对人民币单面升值的预期已被打破，对人民币国际化的进程有一定影响。人民币有效汇率、美元对离岸人民币汇率呈现明显双向波动态势。长期来看，基于对中国经济运行的分析，我们认为不存在人民币持续贬值的基础。

10.2.3　“一带一路”对人民币国际化影响的总体估计

根据以上分析，本节就“一带一路”对未来人民币国际化的总体影响进行了粗略估算。如上所述，区域主要货币使用的决定因素包括：一国经济总量（通常用 GDP 衡量）占区域经济总量的比重、一国金融发展程度、贸易开放和发展程度，以及使用本国货币的总体风险。

考察现实经济活动，在欧盟中，欧元使用比例约 47%[①]，英镑约 16%；在“东盟 10＋3”国家中，日元使用比例约 48%。在上海合作组织中，人民币的实际使用比例为 31.95%；在“东盟 10＋3”国家中，人民币的实际使用比例为 6.72%；在亚太经济合作组织（Asia-Pacific Economic Cooperation，APEC）国家中，人民币的实际使用比例为 4.28%（中国人民大学国际货币研究所，2015）。

本节对 2016～2020 年贸易和投资中人民币使用额进行了估算。计算公式为

人民币使用增量＝贸易（或投资）增量×预期人民币结算比例

估算对 2016～2020 年双边贸易额的增长速度采用了比较保守的假设，“一带一路”各区域与中国的贸易增速假定约为 2010～2014 年的一半。对于“一带一路”各地区对华贸易中人民币结算比例，假设 2015 年的比例与 2014 年的实际比例相同。本节对人民币结算比例增速做了两个假设，情境Ⅰ假设人民币结算比例年增 1%。情境Ⅱ假设人民币结算比例年增 3%。假定未来 5 年人民币/美元

① 有文章说超过 50%，见肇越和闫奕锦（2014）。

汇率为 6.5 人民币/美元。预测 2016～2020 年累计带动贸易人民币结算增加约 58 000 亿～60 000 亿元（表 10-6）。

表 10-6 “一带一路”对人民币贸易结算的影响（单位：亿元）

假设	2016～2020 年累计增加
I	58 000
II	60 000

根据分国别的中国对外投资历史数据，2014 年中国对外投资使用人民币结算 1866 亿元人民币。根据 2014 年中国对“一带一路”沿线国家投资额和中国对外投资人民币结算比例，假定 2016～2020 年中国对“一带一路”沿线国家投资年增长 10%～40%，其中人民币结算 60%，对外投资人民币结算额由于“一带一路”项目的带动，2016～2020 年将累计增加 5500 亿～11 500 亿元（表 10-7）。

表 10-7 “一带一路”对投资的影响（单位：亿元）

项目	2016～2020 年累计增加
中国对外投资	5 500～11 500
外商对华投资	3 400～9 000

2014 年，使用人民币结算的外商直接投资总计 8620 亿元。“一带一路”沿线国家对华投资较少，2011～2014 年“一带一路”沿线国家对华投资占总投资的 5%～7%。根据“一带一路”沿线国家对华投资的比例和 2015～2020 年年增速度的不同假设，“一带一路”项目 2016～2020 年累计带动人民币结算 3400 亿～9000 亿元（表 10-7）。

此外，“一带一路”所带动的人民币债券和票据年发行额也将每年增加 100 亿～300 亿美元，合 600 亿～1800 亿元。

将上述贸易、投资等各方面的影响加总，预计 2016～2020 年“一带一路”将累计带动人民币结算增长 6.75 万亿～8.23 万亿元。根据中国人民银行历年发布的《人民币国际化报告》计算，2017～2020 年中国与“一带一路”沿线国家人民币跨境收付金额累计达 10.69 万亿元，其中，仅 2020 年一年就超过 4.53 万亿元，说明上述估计仍较为保守，“一带一路”对人民币国际化有着十分突出的贡献。

10.3 人民币国际化对双边贸易投资和全球经济的积极作用

“一带一路”促进了人民币国际化，人民币国际化促进了双边贸易和投资，进而对全球经济产生了积极的影响。

10.3.1　“一带一路”带动的人民币国际化对双边和全球经济贸易的积极影响

“一带一路”带动的人民币国际化将对区域经济产生积极的影响。第一，人民币国际化可以为双边贸易提供流动性支持和便利。中国已与一些沿线国家签订双边货币互换协议，这使得这些国家的企业和政府机构可以方便地获得人民币，用于支付从中国的进口。近年来，中国与丝绸之路沿线国家的贸易额增长较快，中国已经成为一些沿线国家最大的贸易伙伴（如俄罗斯、哈萨克斯坦、土库曼斯坦等）。第二，人民币国际化可以为重大投资基础设施建设项目提供资金支持。这些重大基础设施项目将成为这些国家国民经济的支柱，但其具有公共物品属性，资金需求大、建设周期长。人民币国际化有助于为这些重大项目提供资金支持。第三，人民币国际化有利于规避使用第三方货币结算产生的风险。国际贸易计价结算货币受复杂因素影响，美元汇率也在不断变动。以人民币作为双边贸易的计价结算货币，可以避免美元汇率变动的风险。近年来，国内外企业更多地使用人民币进行贸易结算。

10.3.2　计量经济分析：货币互换协议对中外间贸易的影响

本节使用引力模型分析人民币国际化对双边贸易和投资的影响。模型使用了中国与各经济体贸易及直接投资的面板数据和中国与各经济体货币互换协议数据，控制了 GDP、地理距离等变量。

1. *数据来源与描述*

本节参照余淼杰（2010），依照国际贸易中经典的引力方程，运用 OLS 和固定面板中的 Between 估计量分别估计互换协议及其规模对中国与各经济体之间贸易的影响。估计方程如下：

$$\ln X_{ijt}=\beta_0+\beta_1\text{Swap}_{ijt}+\beta_2\ln Y_{it}+\beta_3\ln Y_{jt}+\beta_4 q_{it}+\beta_5 q_{jt}+\beta_6 q_{ij}+\varepsilon_{ijt} \quad (10\text{-}1)$$

其中，因变量 X_{ijt} 为第 i 经济体从第 j 经济体在第 t 年的进口值。由于本节关注的是中国与其他经济体的贸易情况，因此第 i 经济体或者第 j 经济体中至少有一方为中国。各经济体间贸易的名义值数据来自 CEIC 数据库，单位为百万美元。在具体估计中，本节利用美国的城市消费者物价指数（consumer price index，CPI）对名义值进行了调整。

衡量互换协议的自变量 Swap_{ijt} 有两种度量方式。第一种是虚拟变量：两经济体当年是否存在货币互换协议；第二种是互换协议相对规模，即该经济体与中国当年的互换协议签订的外币价值相比于该经济体当年现金流通量（M1）的比例。本节采用两种度量方式分别进行估计。各年互换协议及规模的数据来自中国人民银行发布的中国人民银行和其他中央银行或货币当局双边本币互换一览表（截至 2015 年 12 月）。在该数据中，共计 33 个经济体的央行与中国人民银行签订了货币互换协议，协议期限均为三年，包括到期后存在续签的和未续签从而失效的。每个协议都列出了分别以人民币和外币计价的互换规模。其中协议签订最早的是在 2009 年，同时考虑到 2015 年样本经济体内的宏观数据仍然有很大比例尚未发布，因此我们估计的时间段从 2009 年开始到 2014 年。在该时间段内，共计 28 个经济体的央行与中国人民银行之间发生过货币互换协议。

估计方程中的控制变量包括各年进口经济体和出口经济体的 GDP（$\ln Y_{it}$ 和 $\ln Y_{jt}$）、进口经济体的人均 GDP 和 CPI（q_{it}）、出口经济体的人均 GDP（q_{jt}），以及贸易伙伴之间的地理距离和是否交界的虚拟变量（q_{ij}）。其中，GDP、人均 GDP 及 CPI 的数据皆来自世界银行的 WDI 数据库，并进行了取自然对数处理。地理距离（distance）和是否交界的数据来自 Rose（2004）。

估计的样本经济体依据选取标准不同分为两种。第一种样本是“一带一路”沿线的 65 个国家；第二种样本是 2009～2014 年与中国发生过互换协议的经济体。

2. 估计结果

表 10-8 列出了两组样本相应变量的基本统计量。从该表中可以看到，在较大的“一带一路”沿线国家的样本中，在样本时间段内签订互换协议的比例为 15.9%；在较小的存在过互换协议的样本中，在样本时间段内存在协议的比例为 56.2%。在互换协议的规模上，“一带一路”沿线国家样本中互换协议的规模占相应国家当年 M1 的平均比例为 3.49%，而互换协议经济体则为 10.3%。从贸易量、GDP 和人均 GDP 的指标来看，互换协议经济体的相应均值都要略微大于“一带一路”沿线国家样本。从地理分布上看，互换协议经济体与中国交界的比例（7.67%）高于“一带一路”沿线国家（1.8%），互换协议经济体与中国的平均距离则高于“一带一路”沿线国家与中国的平均距离。两组样本的 CPI 并没有显著差别。

表 10-8 描述性统计

变量	“一带一路”				互换协议			
	均值	标准差	最小值	最大值	均值	标准差	最小值	最大值
进口值对数	7.168	2.530	−4.688	10.99	8.885	1.905	3.503	12.78
是否存在互换协议	0.159	0.366	0	1	0.562	0.497	0	1
互换协议相对规模	0.0349	0.122	0	1.382	0.103	0.173	0	1.382

续表

变量	“一带一路”				互换协议			
	均值	标准差	最小值	最大值	均值	标准差	最小值	最大值
进口经济体 GDP 对数	26.88	2.534	20.87	29.29	27.54	1.905	21.90	29.29
进口经济体人均 GDP 对数	8.216	0.902	5.893	11.04	8.631	1.072	6.636	11.04
出口经济体 GDP 对数	26.80	2.549	20.86	29.29	27.50	1.934	21.90	29.29
出口经济体人均 GDP 对数	8.210	0.907	5.893	11.04	8.620	1.087	6.574	11.04
是否交界	0.0180	0.133	0	1	0.0767	0.267	0	1
进口经济体 CPI 对数	4.643	0.0441	4.555	5.341	4.643	0.0514	4.555	5.341
两经济体距离对数	7.946	0.450	6.632	8.419	8.053	0.643	6.632	9.375

表 10-9 呈现的是是否签订货币互换协议的虚拟变量对贸易量影响的估计结果。其中第二列为对“一带一路”沿线国家作为样本的 OLS 回归估计，结果显示，在控制了 GDP、人均 GDP、距离、是否交界等因素之后，是否签订货币互换协议对于贸易量的提升具有显著的正面作用。是否签订货币互换协议的虚拟变量的系数接近 0.66，这意味着控制其他变量之后，“一带一路”沿线国家与中国签订货币互换协议，其与中国的贸易量将提升 66%。表 10-9 的第三列在第二列的基础上进一步控制了年份效应，年份效应的控制基本没有影响是否存在互换协议项系数的大小和显著性。因此，在 OLS 估计方法下得到的互换协议对于贸易的增进效应高达 60%以上。为了验证该结果的稳健性，该表的第六列进一步呈现了利用面板数据的 Between 效应估计的结果。结果显示，虽然是否存在互换协议项的作用的显著性略有下降，但是仍然在 5%的水平上显著为正，并且这一作用效果超过了 1，几乎为 OLS 估计结果的两倍。因此，我们可以认为，对于“一带一路”沿线国家，与中国签订货币互换协议将显著提升该国与中国的贸易量。

表 10-9 是否签订货币互换协议对贸易量的影响估计

项目	OLS				Between 效应	
	“一带一路”		互换协议		“一带一路”	互换协议
是否存在互换协议	0.659*** (0.158)	0.637*** (0.163)	0.364*** (0.111)	0.395*** (0.134)	1.100** (0.500)	0.893* (0.506)
进口经济体 GDP 对数	1.037*** (0.039)	1.035*** (0.039)	1.003*** (0.043)	0.998*** (0.044)	1.029*** (0.094)	0.970*** (0.113)
出口经济体 GDP 对数	1.351*** (0.039)	1.355*** (0.039)	1.145*** (0.042)	1.147*** (0.042)	1.375*** (0.096)	1.167*** (0.106)

续表

项目	OLS				Between 效应	
	“一带一路”		互换协议		“一带一路”	互换协议
进口经济体人均 GDP 对数	−0.273*** （0.074）	−0.299*** （0.075）	−0.238*** （0.063）	−0.248*** （0.064）	−0.364* （0.187）	−0.294* （0.169）
出口经济体人均 GDP 对数	−0.073 （0.071）	−0.081 （0.071）	−0.105* （0.058）	−0.108* （0.059）	−0.071 （0.171）	−0.100 （0.148）
进口经济体 CPI 对数	−2.012 （1.348）	−3.056** （1.445）	−1.407 （1.148）	−2.086* （1.211）	−6.985 （4.864）	−6.315 （4.820）
是否交界	1.251*** （0.441）	1.293*** （0.443）	1.077*** （0.234）	1.073*** （0.237）	0.982 （1.069）	0.891 （0.613）
两经济体距离对数	−0.828*** （0.152）	−0.816*** （0.153）	−1.002*** （0.097）	−0.996*** （0.097）	−0.788** （0.365）	−0.949*** （0.246）
常数项	−38.29*** （6.563）	−33.56*** （6.981）	−32.96*** （5.887）	−29.82*** （6.173）	−15.29 （23.220）	−10.11 （23.790）
年份效应	否	是	否	是		
观测值	671	671	316	316	671	316
R^2	0.695	0.697	0.760	0.763	0.723	0.777

***、**、*分别代表在 1%、5%和 10%的水平上显著

对于签订过互换协议的经济体样本，是否签订货币互换协议的作用也依然显著为正。表 10-9 的第四列显示了 OLS 回归下的基本结果：在控制了其他变量之后，对于这些经济体，在互换协议生效期间的贸易量要比互换协议失效期间的贸易量显著提升约 36%。第五列呈现的是在第四列的基础上控制年份效应的结果，控制了年份效应之后签订互换协议项的系数略有上升，接近 0.4。相应的面板方法下的 Between 效应估计结果呈现在第七列，是否存在互换协议项的作用的显著性略有下降，但是作用的效果大小则高达 89%，超过了 OLS 估计结果的两倍。由此，可以认为，对于发生过互换协议的经济体，协议有效期内的贸易量相比于协议失效期内的贸易量有显著的提升。

从控制变量的效应上看，表 10-9 中所有列的结果都显示，进、出口经济体的 GDP 的作用均显著为正，两经济体距离的作用均显著为负。这一结果也符合标准的引力方程模型的预测。

因此，表 10-9 的结果显示，与中国签订货币互换协议的经济体在协议生效期间，其与中国的贸易量显著高于无协议经济体和协议失效期间的贸易量。这一作用在控制了年份效应、在不同估计方法下均稳健。

为了进一步分析互换协议的签订对贸易量的影响，表 10-10 采取了互换协议规模的度量，将互换协议的外币计价额度相比于该经济体当年外币现金流通量（M1）的比值作为自变量，加入引力方程进行估计。

表 10-10　货币互换协议规模对贸易量的影响估计

项目	OLS				Between 效应	
	“一带一路”		互换协议		“一带一路”	互换协议
互换协议相对规模	2.423*** (0.481)	2.408*** (0.485)	1.633*** (0.344)	1.640*** (0.361)	4.880*** (1.584)	4.117*** (1.347)
进口经济体 GDP 对数	1.070*** (0.038)	1.066*** (0.038)	1.053*** (0.044)	1.045*** (0.045)	1.086*** (0.088)	1.089*** (0.113)
出口经济体 GDP 对数	1.386*** (0.038)	1.388*** (0.038)	1.193*** (0.043)	1.193*** (0.043)	1.437*** (0.092)	1.285*** (0.109)
进口经济体人均 GDP 对数	−0.311*** (0.075)	−0.341*** (0.075)	−0.235*** (0.062)	−0.249*** (0.063)	−0.461** (0.187)	−0.299* (0.159)
出口经济体人均 GDP 对数	−0.105 (0.072)	−0.117 (0.072)	−0.107* (0.059)	−0.113* (0.059)	−0.158 (0.169)	−0.113 (0.139)
进口经济体 CPI 对数	−2.184 (1.342)	−3.299** (1.439)	−1.521 (1.132)	−2.263* (1.194)	−8.291* (4.784)	−7.322 (4.490)
是否交界	1.216*** (0.437)	1.255*** (0.437)	0.941*** (0.234)	0.953*** (0.236)	0.802 (1.042)	0.546 (0.591)
两经济体距离对数	−0.698*** (0.157)	−0.680*** (0.157)	−0.956*** (0.096)	−0.946*** (0.097)	−0.489 (0.380)	−0.824*** (0.236)
常数项	−39.72*** (6.488)	−34.61*** (6.894)	−35.43*** (5.794)	−31.88*** (6.082)	−13.24 (22.52)	−12.71 (21.84)
年份效应	否	是	否	是		
观测值	668	668	313	313	668	313
R^2	0.699	0.702	0.766	0.770	0.735	0.803

***、**、*分别代表在 1%、5%和 10%的水平上显著

表 10-10 的第二列呈现的是 OLS 估计方法下，对于“一带一路”沿线国家，在控制了引力方程中的基本变量之后，互换协议的规模对中国贸易量的影响的作用。互换协议相对规模项的系数约为 2.4，并且在 1%的水平上显著为正，这意味着互换协议的额度相对于该国 M1 每提高 1%，相应的与中国的贸易量将平均提升 2.4%。这一作用在经济意义上也十分显著。表 10-10 的第三列进一步控制了年份效应，发现这一作用几乎不受影响。表 10-10 的第四列和第五列呈现的是存在过互换协议的经济体样本的相应结果。同样，互换协议的规模增大将显著提升贸易量。这一作用相比于“一带一路”沿线国家样本内的估计结果要略微小一些，但是仍然很高：互换协议的额度相比于 M1 提高 1%，带来的贸易量将相应提升约 1.6%。这一作用在 1%的水平上显著。

为了验证这一结果在不同估计方法下的稳健性，表 10-10 的第六列和第七列进一步列出了利用面板方法的 Between 效应估计得到的结果。与表 10-9 中 Between

估计量的结果显著性下降不同，互换协议规模对贸易量的影响在 Between 估计结果下依然保持了在 1%水平上的显著性。并且，与表 10-9 的结果类似，作用的系数大小相比于 OLS 估计得到的系数显著上升：根据 Between 效应估计结果，互换协议额度相对于 M1 每提高 1%，相应经济体与中国的贸易量将平均提升 4%以上。对于“一带一路”沿线国家，这一作用接近 5%。GDP 和距离等控制变量的作用依然符合经典的引力方程的预测。

根据表 10-10 的估计结果，可以认为，在控制了其他因素的影响后，签订互换协议的规模越大，对于贸易促进的作用越大。这一作用对于互换协议经济体略小（规模相对于 M1 提升 1%带来约 1.6%的贸易量提升），对于“一带一路”沿线国家更大（规模相对于 M1 提升 1%带来约 2.4%的贸易量提升）。

综合表 10-9 和表 10-10 的估计结果可知，无论是是否签订互换协议的虚拟变量，还是互换的规模，都对贸易量存在显著的正面影响，并且这一影响在面板估计方法和年份效应控制下均稳健。因此，我们可以得出结论：中国与相应经济体的货币互换协议的签订显著提高了中国与该经济体之间的贸易值，并且，互换规模越大，相应提升贸易值的作用也越大。

本节给出三个有关案例，以期给读者更多现实感。

案例一：大湄公河次区域交通基础设施融资渠道

大湄公河次区域（Greater Mekong Sub-region，GMS）指湄公河流域的 6 个国家和地区，包括越南、老挝、柬埔寨、泰国、缅甸和中国云南省。

根据 GMS 区域投资框架，2013～2022 年大湄公河次区域优先推进 210 个投资项目，共计 515 亿美元。在这些投资项目中，交通基础设施计划投资项目 96 个，其中 84 个项目预计投资额约 441 亿美元（表 10-11）。

表 10-11　2013～2022 年大湄公河次区域交通基础设施计划投资项目

项目	中国	老挝	越南	泰国	柬埔寨	缅甸	技术支持	合计
项目个数/个	6	33	11	13	8	13	12	96
项目金额/亿美元	166.90	131.70	49.59	48.73	23.52	20.36	0.15	440.95

资料来源：中国人民大学国际货币研究所（2015）

据估计，除中国外，其他 5 国交通基础设施项目投资 274 亿美元，每年 27.4 亿美元，占 GDP 的 0.4%、财政收入的 2.1%。为拓宽融资渠道，96 个项目中已经有 30 个拟定融资计划，外部资金来源包括以下几方面。

（1）国外优惠贷款。涉及商务金额约 78.5 亿美元。例如，中国进出口银行拟为 Vietnam—Boten 铁路项目提供优惠贷款 72 亿美元，拟为老挝 NR1A 公路改进项目提供优惠贷款 9100 万美元。

（2）亚洲开发银行贷款。共约 23 亿美元。其中包括中国龙陵—瑞丽高速路 2.5 亿美元，Ha Noi—Lang Son 高速路 8 亿美元。

（3）政府间援助。共 1 亿美元。包括中国政府拟为老挝 NR13 公路改进项目提供援助 8200 万美元。

（4）私人投资。涉及投资金额 4 亿美元。包括老挝 Luang Namtha—Xiengkok—Lao—Myanmar 友谊大桥项目中私人投资 1.5 亿美元。

案例二：人民币支付清算系统

很多“一带一路”沿线国家金融发展滞后，支付系统标准不一。在跨境支付的情况下，各国采取联系行制度，间接实现资金的拨付。各国央行的外汇支付清算通常采用本国的支付系统对接环球银行金融电信协会（Society for Worldwide Interbank Financial Telecommunications，SWIFT）系统的方式，将双边贸易使用的本币转换为第三国货币，通过 SWIFT 系统进行清算支付。

中国于 2013 年完成了人民币支付系统的升级，并在此基础上推出跨境人民币支付清算系统。中国人民银行 2012 年宣布开发独立的 CIPS，2015 年 10 月该系统正式启动。CIPS（一期）的主要功能包括：便利跨境人民币业务处理，支持跨境货物贸易和服务贸易结算、跨境直接投资、跨境融资和跨境个人汇款等业务。CIPS（一期）由跨境银行间支付清算（上海）有限责任公司负责运营。CIPS（一期）采用实时全额结算方式处理客户汇款和金融机构汇款两类业务；各直接参与者一点接入，集中清算业务。系统采用国际通用 ISO20022 报文标准，支持中英文传输，在名称、地址、收费等栏位设置上更有利于人民币业务的自动处理。CIPS 报文设计充分考虑了与现行 SWIFTMT 报文的转换要求，便于跨境业务直通处理并支持未来业务发展需求。系统运行时间覆盖亚洲、欧洲、非洲、大洋洲等人民币业务主要时区，为境内直接参与者提供专线接入方式。

案例三：人民币离岸市场

人民币离岸市场是在中国境外开展人民币相关业务的市场。2003 年开始，中国人民银行在中国香港提供人民币清算业务。此后，人民币离岸市场逐步发展。2013 年之前，人民币离岸市场主要在中国香港、新加坡、中国台湾等地。2014 年，中国人民银行与英格兰银行、欧洲央行签订了货币互换协议，分别给予英国、德国和法国 800 亿元 RQFII 额度，这使人民币回流数额增大。目前，欧洲已经形成伦敦、法兰克福、巴黎、卢森堡和瑞士组成的人民币离岸中心格局。

人民币离岸市场可以使境外流动的人民币纳入银行体系，便于监管当局掌握人民币境外流动的规模。离岸市场可以形成市场化的人民币利率体系，反映商业风险，有利于金融决策和人民币市场化。

2014 年末，中国香港人民币存款总额达 1 万亿元，比上年增长 16.6%。2014 年中国央行宣布，香港占有53%的全球人民币离岸市场份额，主要由个人持有。新加坡、中国台湾、韩国和中国澳门人民币存款分别达到2770亿元、3023亿元、1940亿元和1034亿元。英国、卢森堡和法国的人民币存款分别达到190亿元、670亿元和200亿元。

离岸市场人民币债券的发行量有很大提高。中国香港"点心债"的发行达到5600亿元，中国台湾"宝岛债"、新加坡"狮子债"的规模超过千亿元。2014年10月14日，英国政府发行人民币主权债券30亿美元，期限3年（中国人民大学国际货币研究所，2015）。

10.4 结　　论

"一带一路"建设在复杂的多国环境中面临空前的挑战，也为人民币国际化提供了前所未有的机遇。我们需要认清形势，抓住机遇，迎接挑战。

1）面临的挑战

由于"一带一路"涉及沿线几十个国家，这些国家在历史、经济发展程度、政治制度、文化等方面存在较大差异，因此面临的挑战是空前的。"一带一路"沿线国家分别属于不同的区域联盟，受到这些区域联盟的政治、经济诉求的制约。"一带一路"沿线国家的参与还受各国国内政治和党派轮替的影响。一些"一带一路"沿线的地区存在军事冲突和极端主义活动。沿线国家存在各种不同的民族，这些民族之间的文化差异巨大。这些障碍的克服需要增强相互信任，弘扬包容精神，并及时公平处理遇到的各种问题。

"一带一路"一些沿线国家的相关法律不够健全，如一些国家对外商出资最大份额的限制使外商独资模式无法实现。一些国家对私人经营的限制使政府和社会资本合作（public-private partnerships，PPP）模式无法实现。一些"一带一路"沿线国家的基础设施建设长期依靠政府财政拨款，政府垄断经营，效率低下。一些国家公众难以接受基础设施市场经营的观念。一些"一带一路"沿线国家的政府在基础设施建设上缺乏配套措施，缺乏比较详尽的操作流程和政策。这些都使"一带一路"沿线基础设施建设的效率降低，风险增大。

2）政策建议

根据以上分析，本章对"一带一路"和人民币国际化提出以下政策建议。

（1）"一带一路"中更多使用人民币结算；将"一带一路"建设与人民币国际化统筹结合起来，协同规划。在规划和管理中，更加精细、具体，防止大而化之。

（2）扩大人民币在多边金融机构业务中的使用。与国际开发性金融机构加强合作，扩大人民币在多边金融项目中的联合融资，为"一带一路"基础设施建设提供多种形式的资金支持。

（3）更多地通过发行人民币计值的债券，直接为“一带一路”基础设施融资。债券的发行主体可以包括境内外投资者、企业、外国政府，或由各方组成的联合投资主体；发行地点可以在中国境内，也可以在离岸人民币市场；进一步完善与人民币债券发行有关的信用评级、监管等配套事宜。

（4）重视保险。为降低企业面临的风险，在“一带一路”建设中，发挥保险的作用，加强风险管控；防止各种形式的腐败。完善有关出口和海外投资保险的有关立法。在保持政策性保险机制的同时，引入竞争机制，放开商业保险公司对相关业务的准入。

（5）中国国内金融市场的发展和开放是人民币国际化的先决条件。要把人民币国际化与国内改革、金融市场开放衔接起来。通过“一带一路”和人民币国际化进一步深化国内金融和贸易方面的体制改革。

（6）在使用人民币结算时秉承自愿和互惠原则，促进人民币国际化的自然有序发展，鼓励沿线国家和非沿线国家的参与，争取使人民币国际化得到世界各国的理解和支持，推进公正、包容的世界新秩序。

第 11 章　全面开放新格局中的粤港澳大湾区建设研究

11.1　背景介绍

党的十九大报告提出了建设现代化经济体系的六大任务，其中一大任务便是“推动形成全面开放新格局”[①]。事实上，粤港澳大湾区正是推动形成全面开放新格局的一项重要推手。粤港澳大湾区位于河海交汇的珠江三角洲，是由香港、澳门两个特别行政区和广东的广州、深圳、珠海、佛山、中山、东莞、肇庆、江门、惠州等九市组成的大型城市群。该城市群包含了多个全球型城市和世界级港口，地理分布上呈现出以沿海为带、以珠江为轴的“T”形空间结构。自 20 世纪 80 年代以来，大湾区一直是改革开放的前沿阵地，目前已发展为我国经济活力最强、开放程度最高、工业基础雄厚、产业链条完整的地区。近年来，其以互联网和高端制造业为代表的新经济发展迅速。20 世纪 80 年代，吴家玮提出的“香港湾区”被认为是国内最早的湾区建设设想，后来黄枝连又提出“伶仃洋-粤港澳发展湾区”，探索建立纳入珠海的港澳发展圈，而粤港澳大湾区的概念最早可追溯至 2008 年的《珠江三角洲地区改革发展规划纲要（2008—2020 年）》，但此后直到 2014 年，“湾区”仅停留在地方发展规划层面。2015 年，国家发改委、外交部、商务部联合发布《推动共建丝绸之路经济带和 21 世纪海上丝绸之路的愿景与行动》，粤港澳大湾区建设被提升至国家战略布局。随后，粤港澳大湾区的概念被不断深化，国家“十三五”规划和政府工作报告更是多次涉及，其重要性已不言而喻。

全面认识粤港澳大湾区建设的重要性需从国际国内的横向对比和我国对外开放伟大实践中的纵向对比来看。其中横向对比凸显了粤港澳大湾区的海外合作前景及国际竞争优势：全面开放新格局的一个重要内容是“一带一路”倡议。凭借特殊的地理位置和雄厚的经济实力，粤港澳大湾区成为落地“一带一路”倡议的关键所在，并且在与国际三大湾区的比较中，粤港澳大湾区显现出了巨大的发展潜力。纵向对比彰显了粤港澳大湾区在我国对外开放伟大实践中的重要地位：从历史的维度看，40 多年的对外开放可以分为三个阶段，即广度开放、深度开放和全面开放阶段。40 多年前，中央决定在深圳、珠海设立经济特区，大湾区正式成为改革开放的窗口。40 多年后，大湾区的建设是推动新时期全面开放新格局的重

---

① 《习近平：决胜全面建成小康社会 夺取新时代中国特色社会主义伟大胜利——在中国共产党第十九次全国代表大会上的报告》，http://www.xinhuanet.com/2017-10/27/c_1121867529.htm，2021 年 3 月 10 日。

要内容。本章其余部分结构如下：11.2 节笔者提出了看待粤港澳大湾区战略地位的两大视角，即横向对比视角和纵向对比视角；11.3 节笔者指出了粤港澳大湾区未来发展的重点举措；11.4 节笔者针对性地提出了粤港澳大湾区发展的四点政策建议。

11.2　正确认识粤港澳大湾区的重要性

11.2.1　横向对比凸显大湾区的海外合作前景及国际竞争优势

横向对比的落脚点在“一带一路”倡议，粤港澳大湾区对于“一带一路”倡议的实施意义重大。官方数字显示，除我国外，2017 年“一带一路”沿线包括 65 个国家，人口总数占全球的 2/5，GDP 接近世界总量的 1/5。我国与“一带一路”沿线国家的外贸量占我国外贸总量的 1/4，大约是 5000 亿美元，体量上相当于一些欧洲小国的 GDP。细看“一带一路”沿线国家，如表 10-1 所示，可以分成以下几个地区：东亚的蒙古国及东盟 10 国、南亚 8 国、西亚 18 国、中亚 5 国、独联体 7 国和中东欧 16 国。

“一带一路”分为北线的陆上丝绸之路和南线的海上丝绸之路。其中陆上丝绸之路连接中国、中亚、南亚并通往欧洲；海上丝绸之路则是中国、东南亚、海湾国家、北非和欧洲之间的通道。推进“一带一路”，应兼顾陆上丝绸之路和海上丝绸之路，但兼顾的同时也应有所侧重。从目前现实的情况看，我们应优先发展海上丝绸之路。这主要是因为在“一带一路”的这些地区中，我国与南线上的东盟之间的经济联系最为紧密。如图 10-1、图 10-2 和图 10-3 所示，据统计，2014 年我国对东盟 10 国的直接投资额超过其他地区之和，我国和东盟 10 国的贸易量也远高于其他地区。换言之，我国与东盟地区已经有了较强的经济合作基础，且中国-东盟自由贸易区目前已是全球人口最多、经济体量第三大的自贸区。因此，发展我国与东盟国家间更为紧密的合作关系是推进“一带一路”的重中之重。粤港澳大湾区在与东盟的对接上具有其他省区市所没有的五大优势：得天独厚的区位优势（地理上的便利性和天然良港）、实力雄厚的经济优势（广东省已连续 29 年 GDP 排名全国第一）、联系紧密的商贸优势（2017 年东盟超越美国成为广东省除中国香港以外最大的贸易伙伴）、华侨众多的血脉优势（2019 年海外华侨总数为 4543 万人，其中籍贯广东的约为 2000 万人，而东南亚正是主要的聚集地）和文化相通的人文优势。因此大湾区为我国和东盟关系的发展提供了最便利的对接平台，粤港澳大湾区的海外合作前景明朗。

另外，就现阶段而言，在全球范围内，除粤港澳大湾区外另有三大湾区，分别是纽约湾区、旧金山湾区和东京湾区，这三大湾区已经成为全球经济发展重要的增长极，与它们的对比可以显示出粤港澳大湾区未来发展的巨大潜力。土地面积和人口规模上，2019 年，粤港澳大湾区覆盖面积 5.65 万平方公里，囊括人口 6800 万人，面积和人口均约为其他三大湾区之和。经济总量上，2016 年，粤港澳大湾区年产出约为 1.36 万亿美元，等同于纽约和东京湾区，且经济增速达到 7%，远超三大湾区。科技创新上，截至 2016 年底，深圳累计 PCT①专利 69 347 件，在全球创新活动活跃城市中位居第二，仅落后于东京的 261 308 件，领先于硅谷和纽约。且粤港澳大湾区已启动 180 公里长的广深科技创新走廊规划建设，以加强基础研究和源头创新、加快产业技术研发和成果转化，着力打造“中国硅谷”。航运能力上，粤港澳大湾区坐拥全球吞吐量第三大的深圳港、第五大的香港港和第七大的广州港，总吞吐量是其他三大湾区总和的 4.5 倍，位列世界第一。产业结构上，纽约湾区被誉为“金融湾区”，金融保险业占地区生产总值的 16%；东京湾区被称为“产业湾区”，第二产业占地区生产总值的比重达 16%；旧金山湾区则是“科技湾区”，拥有举世闻名的硅谷和 20 多所著名大学。相比之下，粤港澳大湾区的产业结构更加均衡，香港是国际著名的金融中心，珠江东岸的信息产业和西岸的装备制造业蓬勃兴起，而深圳的创新能力已经在全国处于领先地位，在金融、产业和科技上，粤港澳大湾区均能对标三大湾区。以上种种分析表明，粤港澳大湾区建设的前期基础扎实，国际竞争优势明显。

11.2.2　纵向对比彰显大湾区建设在我国对外开放伟大实践中的重要地位

梳理我国 40 多年的对外开放政策，可以将对外开放分为三个阶段。第一个阶段是广度开放阶段，时间跨度为 1978～2001 年，这一阶段我国实现了由点到线，再由线到面的开放格局。在此期间，1980 年改革试点，我国设立了深圳、珠海、厦门、汕头四个经济特区作为我国对外开放的“窗口”和“试验田”。经济特区享受国家赋予的财政包干和外汇留成、减免进出口税收、企业所得税优惠等一系列优惠政策。在这四个经济特区中，深圳毗邻香港，珠海靠近澳门，汕头是因为东南亚国家潮汕人多，厦门是因为闽南人在国外经商很多故而被设立为经济特区；在经济特区成功经验的指导下，1984 年我国决定进一步开放北至大连、南至北海的 14 个沿海开放城市，这些城市地区分布广、土地面积大、人口也比原有经济特区多，由北至南形成了连成一片的开放前沿地带。为了更好地搞活经济，1985～1988 年我国开放了长江三角洲、珠江三角洲和闽南三角地区，以及辽东半岛、胶

① PCT 指，Patent Cooperation Treaty（《专利合作条约》）。

东半岛的环渤海等沿海经济开放区，1988 年海南经济特区成立；为扩大与蒙古国、苏联和朝鲜的贸易额，1991 年我国又开放了四个北部口岸；1992 年国家进一步设立了一系列国家级高新技术开发区；广度开放阶段的最后一项政策是在 2000 年设立了六十余个国家级出口加工区。至此，对外开放已呈现出由点及面、由沿海及内地的宽领域、多层次、有重点的局面。

第二个阶段是深度开放阶段，时间跨度为 2001～2017 年，这一阶段主要有三大标志性事件。第一，我国在 2001 年底加入 WTO，成为其第 143 个成员，加入 WTO 标志着我国对外开放进入新的时间节点。对外开放由过去的政策性开放转变为制度性开放，并具有了一些新的特点：①由过去有限范围和有限领域的市场开放，转变为全方位的市场开放，主要指由过去的以货物贸易为重点转向以服务贸易为重点。②由过去单方面为主的自我开放转变为中国与 WTO 成员之间的双向相互开放。③由过去以试点为特点的政策性开放转变为在法律框架下可预见的开放。第二，设立了 11 个自贸区，其宗旨是以开放促改革，其内容主要是“一线放开，二线管住”，实现一个可复制、可推广的目标。自 2013 年上海自贸区设立以来，各自贸区深入探索、大胆尝试，形成了 123 项可复制推广的改革试点经验，分 4 批次向全国推广移植。第三，2015 年又开始设立了 12 个开放型经济新体制综合试验城市，与自贸区侧重具体性举措不同，试点新城市侧重于构建新体制，主要包括行政管理体制、经济管理体制和企业管理体制等。

第三个阶段是全面开放阶段，这一阶段从 2017 年开始。到目前为止，国家主要有三个重点工作。一是扩大进口，全面推进开放。2017 年发布的《对外贸易发展“十三五”规划》指出实行积极的进口政策是外贸发展的八大任务之一。根据中国开发性金融促进会 2017 年公布的消息，预计未来 15 年，中国将进口 24 万亿美元的商品。2018 年的中国国际进口博览会正是落实扩大进口的重要举措，面对中国巨大的消费市场，进口博览会为各国企业探索进入中国市场、展现优势产业和优势产品提供了平台。与进口博览会相配套的措施还有降低关税，2018 年我国进行了 4 次自主降税，如药品、汽车及零部件、日用消费品和工业品等领域，其关税总水平从 2017 年的 9.8%降低到 7.5%。二是建设自由贸易港。自由贸易港并非对自贸区的简单升级，而是要对照国际典型自由港的通行做法，通过深化开放创新，实现对我国原有海关特殊监管区域“境内关外”监管模式的全新超越，形成具有强大贸易功能的新载体，为推动我国对外贸易转型和提升国际竞争力提供支撑。三是推进粤港澳大湾区建设。在改革开放初期，粤港澳大湾区的发展以香港为主导，1980～1999 年，大湾区城市群的主要产业是“前店后厂”和“三来一补”的加工制造业。随着经济的进一步发展，2003 年内地与香港、澳门特区政府分别签署了《内地与香港关于建立更紧密经贸关系的安排》和《内地与澳门关于建立更紧密经贸关系的安排》，区域经济一体化进一步推进，港澳地区和内地在生产服务领域的合作不断加强。在此期间，广东经济迅速发展，多年来蝉联全国第一，而粤港澳大湾区已经成为我国五大城市群中经济基础夯实、产业集群明显、发展潜力最大的区域。考虑到我国推进“一带一路”的历史进程和东盟自贸区所带来的巨大发展前景，粤港澳大湾区更可谓“前程似锦”。

此外，在中美贸易摩擦加剧的大背景下，大湾区建设的重要性更加突出。从目前的形势看，中美贸易摩擦可能会在相当长的时间内不同程度地存在，中美之间长期竞争的局面不可避免。因此，作为新一轮对外开放的主要内容，大湾区的建设对我国打破政治、经济上的壁垒，推进区域经济发展都十分重要。

11.3 发展粤港澳大湾区的重点举措

在发展粤港澳大湾区的过程中，宜突出发展以下四个方面。

第一，要大力发展实体经济。三大产业协调发展是我国经济可持续发展的保障。我国作为全球最大的“世界工厂”，强大的制造业基础可以支撑不同产业的发展，有效避免了产业空心化的弊病。而制造业是广东经济的重要基础，广东的实体经济具有以下几个特点：其一，市场主体多、活跃度高。据统计，2018 年上半年，广东省实有各类市场主体 1096.31 万户，占全国总量的 1/10，日均新增市场主体 6152 户。其二，创新能力强。企业科技创新在全国处于领先地位，2017 年广东发明专利申请量全国最大，专利授权量、PCT 国际专利申请量均居全国首位，在全国专利授权排名中，华为、中兴和格力位居前列。其三，经济结构调整和产业升级方向明确且坚定。作为制造业大省，广东基本形成了包括供应商、生产企业、产业工人和物流服务商在内的庞大生态体系，保障实体经济高效制造及改善生产流程，2017 年数据显示，先进制造业增加值占规模以上工业比重达 53.2%。其四，货物进出口总量居全国之首。自 1986 年以来，广东的贸易进出口总额稳居全国之首。对粤港澳大湾区而言，实体和虚体经济要结合，但显然实体经济更为重要。因此，建设粤港澳大湾区应该“虚实结合、以实带虚”，做到虚体经济切实服务实体经济，实现高端制造业与金融服务业的双轮驱动。

第二，要加大技术创新投入、优化跨区域创新发展模式。我国要实现从一个制造大国向制造强国乃至创新大国的转变，而粤港澳大湾区正是实现创新型国家建设的重要载体。从 R&D 投入占 GDP 的百分比来看，深圳的创新强度高达 4.1%，高于粤港澳大湾区 2.6%的平均水平和 OECD 国家 2.4%的水平，深圳在引领创新方面具有天然的优势。因此，深圳应该抓住机遇，加强与国内顶级高校的深度合作，加快基础研究向实用工业的转化，更好推进产学研结合。此外，广东与港澳科技创新协作方面具有天然的地理优势，粤港澳大湾区已经拥有“港深创新及科技园”和“中山粤澳全面合作示范区”等合作平台，但是只有平台和载体是不够的，还需进一步破除阻碍人才、设备自由流动的机制障碍，推动三地高校、企业等创新主体的合作交流。最后，科技创新具有高风险、高回报、无形资产占比较高的特点，这样的特点决定了粤港澳大湾区的科技企业必须获得足够的金融支持，才能持续输出创新能力。然而，大部分湾区政府的科技创新的财政支持体系、银行信贷体系和金融服务体系都不完善，因此需要加大科技创新的金融支撑力度。

第三，要努力实现制度创新，充分挖掘“1＋2＋3＋4”区域制度的潜力（即“一国两制”、三套海关和四个核心城市）。一方面，制度差异对区内经济社会的融合构成障碍，限制生产要素的自由流动，也妨碍了区内企业、机构的平等竞争和深度整合。但另一方面，不同制度也可以相互补充，在岸人民币与离岸人民币市场的发展就是一个很好的例子。有学者指出，未来粤港澳大湾区实行“一国两制”的基本格局应该是“体制上两制，经济社会一体”，即在政治上，九市和二区实行不同的政治制度；但是在经济体制和政策上，通过深化经济体制改革和国家赋予更多特殊政策，使港澳经济方面的体制、政策通过辐射、移植和借鉴的方式引入大湾区，最终实现大湾区经济体制的全面融合与经济体制和经济政策一体化。另外，借鉴国际三大湾区的经验，东京湾是产业港，旧金山湾是科技港，而纽约湾是金融港，多元化的九市二区可以形成一个集产业、科技、金融一体的新湾区，而四大核心城市刚好在这一综合性大湾区中发挥各自的职能。

第四，要注重生态环境保护。目前在国家战略中用到“千年大计”的只有两个地方，一个是雄安新区，另一个是粤港澳大湾区。要实现长期可持续发展，良好的生态环境是保障。粤港澳大湾区河网密布、河海交汇，拥有独特的自然生态优势。目前粤港澳大湾区生态环境基础较好，正是得益于粤港澳大湾区的生态优势和开展多年的环保合作。随着《珠江三角洲地区改革发展规划纲要（2008—2020 年）》、《粤港合作框架协议》、《粤澳合作框架协议》、《深化粤港澳合作 推进大湾区建设框架协议》和相关专题性环境规划、环境协议的相继推出，粤港澳大湾区政府间的环保合作正不断拓展和深化。Freeman 等（2019）发现，在 1995 年，粤港澳大湾区的空气质量水平优于其他几大城市群。2017 年 11 月～2018 年 8 月，粤港澳城市群的空气 $PM_{2.5}$ 含量明显低于其他城市群。例如，广州的月平均 $PM_{2.5}$ 浓度为 37 微克/米^3，深圳为 28.3 微克/米^3，珠海为 30.4 微克/米^3。相比之下，京津冀城市群中，北京月平均 $PM_{2.5}$ 浓度为 49.7 微克/米^3，天津为 53.1 微克/米^3，石家庄高达 73.9 微克/米^3；长三角城市群中，上海月平均 $PM_{2.5}$ 浓度为 39.6 微克/米^3，南京为 47.3 微克/米^3，杭州为 44.8 微克/米^3。但与此同时，我们也应该注意到，粤港澳大湾区的大气污染、跨界河流污染、珠江口污染、近海污染等问题依旧严峻。例如，有学者指出，珠江三角洲独特的城市群发展模式使得区域大气污染变化规律十分复杂，在此区域内，污染源大量集中，污染物通过大气在城市之间输送，造成各城市大气污染相互关联，以及多种高浓度污染物在时空上重叠。因此在未来的发展中，不能掉以轻心，要做好科学的环境规划。

11.4 结　论

对于粤港澳大湾区未来的发展，我们提出以下四点政策建议。

第一，发展粤港澳大湾区，宜统筹领导、做好顶层设计。首先，推进粤港澳大湾区建设的一个重要原因是要实现粤港澳大湾区乃至整个华南地区资源的优化配置。目前，大湾区呈现出地区发展的“碎片化”，各核心城市同位竞争不断加剧，未能形成一个以城市群整体为基础的城市职能分工体系，有研究指出，当前粤港澳传统产业合作的互补性有所下降，经济竞合中挑战在不断加大，城市间合作面临转型压力。其次，“一个国家、两种制度、三个关税区”的制度是大湾区最重要的特点，同时也带来了高昂的协调成本，如三个独立关税区导致了内部生产要素无法自由流动。最后，粤港澳大湾区的未来面临着交通规划、环境治理等区域性课题。除了发展中的协调问题，更重要的是粤港澳三地的观念差异，如香港担心广东在金融、服务上的发展会动摇香港国际金融中心、航运中心和商贸中心的地位，而广东则担心其会长期作为港澳的配角而存在。以上种种难题的解决都需要跨地区、具有约束力的力量统一规划实施，目前国家已经出台了粤港澳大湾区发展大纲，建议由国家发改委和广东省委统筹领导，借助国家智库，整合各方资源，做好宏观规划。

第二，九市二区要因地制宜，发挥核心竞争力。在全球化、信息化的大背景下，大城市群必然表现为“多圈、多核、叠合、共生”的“大都市区”和“大都市连绵带”。大都市连绵区是以都市区为基本组成单元，以若干大城市为核心，并与周围地区保持强烈交互作用和密切的经济联系，沿着综合交通走廊分布的巨型城市一体化地区。这是一种集聚与分散相结合的、最大限度地集约利用资源的人类社会居住形式的高级阶段。大湾区的四大核心城市包括穗、深、港、澳，就大都市连绵带的发展理念和经验来看，应围绕核心城市，做好“中心-外围”的协同，使中心城市发挥引领作用，增强对周边城市的外溢。例如，广州可以外溢到佛山、肇庆，深圳辐射到东莞、惠州，珠海惠及中山、江门。在此基础上，九市二区应明确各城市发展定位，根据各自的要素禀赋发挥核心优势。香港作为金融、贸易和航运中心，广州作为政治、文化和商贸中心，深圳作为科技和创新中心，澳门、珠海和肇庆应着力发展旅游和服务贸易，东莞、惠州和佛山应大力发展高端制造和电子信息产业，中山、江门则应侧重发展高端装备制造业。

第三，要培育高端制造业的产业集群。中国制造业的发展与其产业集群密不可分，各个产业在全国范围内呈现地理上的集聚，几乎每个工业城市都有自己的主导产业。粤港澳大湾区已存在一定的产业集群，如中山形成了机械电子、包装、灯具和休闲服饰的产业集群；东莞则存在电子产品行业的产业集群；广州集聚了牛仔服饰和汽车产业集群。《珠江三角洲地区改革发展规划纲要（2008—2020年）》提出“加快发展装备制造业，在核电设备、风电设备、输变电重大装备、数控机床及系统、海洋工程设备5个关键领域实现突破，形成世界级重大成套和技术装备制造产业基地”。《广东省装备制造业调整和振兴规划实施意见》也指出广东省装备制造业的整体发展规划思路：以省装备制造业50家骨干企业和100家重点培育企业为培育和发展重点，大力发展资金技术密集、关联度高、带动性强的现代装备产业。目前，广东装备制造业已经拥有以通信、计算机及系统、医疗仪器设备、仪器仪表、输变电及电工器材、汽车、特种船舶、海洋工程装备为代表的具有国内领先地位的高端制造业。但是从全球价值链的角度来看，大部分制造业还是集中在低附加值产品生产、加工、返修等领域，在全球价值链分工中处于低端地位，只能获得微薄的生产价值和利润。因此，粤港澳大湾区未来的发展应紧密结合各城市的比较优势，形成更加高端的制造业产业集群，同时加快传统制造业向粤东、粤北、粤西部转移，带动粤港澳周边地区发展。

第四，要打破有形、无形的贸易壁垒，提升市场化水平，实现产品市场和要素市场的自由流动，真正做到“对内开放”。对内开放是指贸易便利化、投资双向化、金融一体化和人才流动自由化。①贸易便利化是开放的应有之义，且自贸区的设立和港珠澳大桥的落成势必大大降低交易成本，未来可借鉴、移植香港的关税政策和关税水平，全面实施自由港政策，使香港、澳门与湾区其他地区的货物商品自由移动。为了最大限度地减少对国家经济发展可能造成的波动和影响，可以分步、分阶段实施，如可以考虑先放开生活资料市场，再选择适当时机放开生产资料市场。②投资双向化前景明朗、容易实施。早在21世纪的头十年，粤港经贸合作交流已经不是广东单纯地面向香港招商引资，而是双向互动的投资。据统计，2017年广东实际吸收港澳投资和对港澳投资分别占全省的82.8%和57.5%。③金融一体化是未来目标，粤港澳近年来在贸易和投资流动方面较为顺畅，但金融一体化依旧较为薄弱。自改革开放以来，粤港澳金融合作经历了三个阶段：一是早期的“前店后厂”模式下的融资合作。二是“金融产业内部合作”。三是近期的“共建金融中心圈合作”。目前粤港澳三地的金融业主要集中在香港、广州和深圳，香港由于自身经济体量小和内地金融业逐步开放等，地区经济影响力下滑，但仍然拥有比肩东京、新加坡的国际金融中心地位，而广州和深圳的金融业起步较晚，加上内地较为严格的资本项目管制，其国际影响力相对有限，但是广州、深圳金融业腹地广阔。2012年出台的《广东省建设珠江三角洲金融改革创新综合试验区总体方案》提出要“建立粤港澳更紧密的金融合作机制；推动发展珠江三角洲金融一体化格局”。相关研究表明，粤港澳大湾区金融一体化已经开始，但目前尚处于初步阶段，应进一步以市场机制为主导，以行政机制为辅助，推动粤港澳大湾区金融一体化融合。④人才流动自由化是长久的方向。人才的自由流动是地区创新活力充分发挥的前提，在解决人才自由流动方面可借鉴欧盟的发展经验，建立协调管理机构，解决好流动人员的社会保障问题，打破行政界线，大力推动大湾区经济社会协调发展。

总之，粤港澳大湾区建设是推进全面开放新格局的大手笔，也是我国经济发展的“千年大计”，更是“以开放促改革，以改革带发展”理念的又一重要实践。在逆全球化思潮抬头的背景下，中国大力推进以粤港澳大湾区建设为主要抓手的全面开放新格局，对发展中国经济、促进全球经济一体化、早日实现“百花齐放春满园”具有重要的战略和现实意义。

第 12 章　中国-东盟自由贸易区的经济影响和减贫效应

12.1　背 景 介 绍

目前，中国-东盟自由贸易区是世界上涉及人口最多的自贸区[①]，也是继欧盟、北美自由贸易区（North American Free Trade Agreement，NAFTA）之后，世界名义生产总值第三大的经济合作区[②]。2016 年是中国-东盟自由贸易区正式建立的第七年，相比 2010 年自贸区建立之初，中国-东盟双边贸易与投资经历了长期迅速的增长：双边贸易平均增长率达到 12.4%，双边投资平均增长率更是高达 22.4%[③]。2002 年 11 月，中国与东盟十国[④]在柬埔寨签署了《框架协议》，2010 年 1 月协议生效，中国-东盟自由贸易区正式建立。除新加坡、文莱外，中国-东盟自由贸易区的其余九个成员国均为发展中国家。消除贫困是人类发展的共同目标，更是亚太地区的共同挑战。中国-东盟自由贸易区的建立不仅带来了巨大的经济影响，还具有至关重要的减贫效应。

中国-东盟自由贸易区的建立和完善主要经历了以下几个重要协议。2002 年 11 月，中国和东盟签订《框架协议》，其中包含的“早期收获计划”降低了众多农产品的关税[⑤]。2004 年 11 月，中国与东盟签署《中华人民共和国政府与东南亚国家联盟成员国政府全面经济合作框架协议货物贸易协议》（以下简称《货物贸易协议》），约定从 2005 年 7 月起，双方对七千多种产品实施降税，并约定逐步取消非关税壁垒。2007 年 1 月，中国与东盟签署《中华人民共和国政府与东南亚国家联盟成员国政府全面经济合作框架协议服务贸易协议》（以下简称《服务贸易协议》），各国在旅游、电信、环境、金融等部门做出不同程度的市场准入与国民待遇承诺，协议于 2007 年 7 月起生效。2009 年 8 月，中国与东盟签署《中华人民共和国政府与东南亚国家联盟成员国政府全面经济合作框架协议投资协议》（以下简称《投资协议》），约定给予投资者最惠国待遇、国民待遇、投资公平和公正待

---

① 2018 年约 19 亿人口。

② 2016 年，中国、东盟双方的经济总量近 34 万亿美元，占东南亚经济的 74%。经济规模的度量指标为世界银行数据中的 GDP、PPP（purchasing power parity，购买力平价）（以 2011 年美元不变价）；东南亚经济为世界银行国家分类中东亚太平洋（East Asia & Pacific）与南亚（South Asia）两类的集合。

③ 根据 CEIC 数据计算。

④ 东盟十国包括柬埔寨、老挝、缅甸、越南、泰国、印度尼西亚、马来西亚、菲律宾、文莱、新加坡。

⑤ “早期收获计划”规定不迟于 2004 年 1 月实施，其降税模式为按现行税率高低分为三类产品，并对三类产品实施不同阶段的降税计划，详见 http://fta.mofcom.gov.cn/dongmeng/annex/zaoqijihua.pdf，2018 年 4 月 1 日。

遇。至此，自贸区主要谈判结束。2010 年 1 月，中国–东盟自由贸易区正式建立。2015 年 11 月，双方签订了中国在现有自贸区基础上的第一个升级协议[①]，涉及货物贸易、服务贸易、投资、经济技术合作等领域，助推中国与东盟的经济增长。

中国和东盟双边贸易与投资协定的签订带来了贸易、投资额的迅速增长。在双边贸易方面，根据 CEIC 数据库，中国–东盟双边贸易从 2002 年签订《框架协议》时的 547.67 亿美元，上升到 2016 年的 4603.77 亿美元，贸易额在 15 年内翻了超过三番。在双边投资方面，中国对东盟的直接投资于 2015 年达到 146.04 亿美元，是 2005 年 1.58 亿美元的 92.4 倍；而中国对东盟实际利用外商投资金额于 2015 年达到 76.58 亿美元，是 2005 年 31.05 亿美元的 2.47 倍。

贸易与投资的迅猛增长，促进了中国与东盟各国就业的增加与贫困率的持续降低。在就业方面，根据 IMF 的统计数据，从 2005 年《货物贸易协议》实施以来，中国就业人数从 7.46 亿人上升到 2014 年的 7.72 亿人，提升了 3%；同时，东盟七国[②]就业人数从 2.17 亿人上升到 2014 年的 2.63 亿人，提升了 21%。在贫困率方面，根据世界银行数据，在 2002 年中国与东盟各国签订《框架协议》时，中国有 32%的人口生活在 1.9 美元的贫困线以下，在印度尼西亚、老挝、越南，这一指标分别为 23%、26%与 39%；而到了 2012 年，中国该贫困线以下人口占比降低到 6%，印度尼西亚、老挝、越南的贫困人口占比分别降低到 12%、17%与 3%[③]。当然，中国与东盟各国就业人口增长和贫困率下降不能完全归功于中国–东盟自由贸易区的建立，然而，自 2009 年以来，中国已成为东盟最大的贸易伙伴，自 2011 年以来，东盟也已成为中国第三大贸易伙伴；中国与东盟经济的双边依赖性、重要性，以及随之而来的巨大的就业创造与减贫效应是不可忽视的。

亚太地区的贫困人口在 2008 年时占世界贫困总人数的六成，其中高达 47.4%的亚太地区人口、16.3 亿人生活在贫困线以下（Wan and Sebastian，2011）。与此同时，全球范围内自贸区数量迅速增多，区域经济合作不断深化，贸易与投资自由化带来了经济发展、消除贫困的希望。那么，中国–东盟自由贸易区建立以来带来了怎样的经济影响与减贫效应？在国际形势错综复杂的今天，“一带一路”倡议与贸易保护主义相互对峙，自贸区的发展又将如何推进？本章将在回顾中国–东盟自由贸易区在促进贸易与投资方面的具体措施后，分析其带来的经济影响与减贫效应，展示中国和东盟各成员国的双边贸易发展与各国贫困率降低的关系，并给出中国–东盟自由贸易区未来发展的政策建议。

本章以下部分安排如下：12.2 节简述东盟与中国–东盟自由贸易区的建立历

① 即《中华人民共和国与东南亚国家联盟关于修订〈中国–东盟全面经济合作框架协议〉及项下部分协议的议定书》。

② 因数据可得性限制，此处东盟七国为越南、菲律宾、印度尼西亚、马来西亚、泰国、文莱和新加坡。

③ 作为东盟新成员国，缅甸的贫困率数据在世界银行数据库不可得；柬埔寨的贫困率从 2004 年的 19%降低到 2012 年的 2%。

程，12.3 节回顾中国-东盟自由贸易区的贸易与投资促进措施，12.4 节分析中国-东盟自由贸易区建设的经济影响与减贫渠道，12.5 节展示中国与东盟各成员国的减贫效果，12.6 节阐述中国-东盟自由贸易区存在的主要问题，并提出具体的政策建议，12.7 节为本章的结论。

12.2　东盟与中国-东盟自由贸易区的建立历程

本节简要回顾东盟与中国-东盟自由贸易区的建立历程。

1967 年 8 月，印度尼西亚、泰国、新加坡、菲律宾、马来西亚五国发表《曼谷宣言》[①]，东南亚国家联盟正式建立。1984 年，文莱加入东盟，形成“东盟六国”。为了提升东盟的国际竞争力并吸引更多外资，1992 年，东盟六国[②]签署东盟自由贸易协定。其后，越南、老挝、缅甸和柬埔寨四国[③]先后加入东盟自贸区协定，并成为东盟新成员国，由此形成东盟十国。

中国与东盟十国的地理相近，但人均收入水平有所差异。世界银行按 2016 年人均国民收入高低将各经济体划分为不同水平。其中，人均国民收入 1005 美元及以下的，为低收入经济体；在 1006 美元和 3955 美元之间的，为中等偏下收入经济体；在 3956 美元和 12 235 美元之间的，为中等偏上收入经济体；在 12 236 美元及以上的，为高收入经济体。在中国与东盟十国中，文莱、新加坡为高收入国家；中国、马来西亚、泰国的收入水平属中等偏上；印度尼西亚、老挝、缅甸、菲律宾、越南、柬埔寨的收入水平属中等偏下。

20 世纪 90 年代以来，中国-东盟自由贸易区的建立历程总结在表 12-1 中。1991 年 7 月，第 24 届东盟外长会议开启了中国与东盟的对话。2002 年 11 月，中国和东盟十国签署了《框架协议》，约定到 2010 年初步建成中国-东盟自由贸易区。[④]《框架协议》不仅约定中国与东盟各国在货物贸易、服务贸易与投资方面开展合作，各国还同意在农业、人力资源、通信技术、湄公河盆地开发等领域加强合作。

表 12-1　中国-东盟自由贸易区的建立历程

时间	事件
1991 年 7 月	中国时任外长钱其琛出席第 24 届东盟外长会议开幕式，开启了中国-东盟对话
1996 年 7 月	中国由东盟的磋商伙伴国升级为东盟的全面对话伙伴国

① 即《东南亚国家联盟成立宣言》。

② 印度尼西亚、泰国、新加坡、菲律宾、马来西亚和文莱。

③ 越南于 1995 年、老挝于 1997 年、缅甸于 1997 年、柬埔寨于 1999 年加入东盟。

④ 其中，对于中国与文莱、新加坡、印度尼西亚、马来西亚、菲律宾和泰国这六个东盟老成员国，建成自贸区的时间是 2010 年；对于越南、老挝、柬埔寨、缅甸这四个东盟新成员国，建成自贸区的时间是 2015 年。

续表

时间	事件
2000 年 11 月	朱镕基总理在第四次中国-东盟领导人会议上，提出建立中国-东盟自由贸易区的构想
2002 年 11 月	中国和东盟十国签署《框架协议》，决定到 2010 年建成中国-东盟自由贸易区
2004 年 1 月	中国-东盟自由贸易区“早期收获计划”实施，下调农产品的关税
2004 年 11 月	中国与东盟签署《货物贸易协议》和《争端解决机制协议》
2005 年 7 月	《货物贸易协议》开始实施，除已降税的早期收获产品和少量敏感产品外，双方将对其他约七千种产品逐步降税
2007 年 1 月	中国与东盟签署了自贸区《服务贸易协议》
2009 年 8 月	中国与东盟签署了自贸区《投资协议》，标志着主要谈判结束
2010 年 1 月	中国-东盟自由贸易区正式建立
2015 年 11 月	中国政府与东盟十国正式签署自贸区升级协定

总体而言，中国-东盟自由贸易区的建设主要分为三个阶段①。第一阶段为 2002 年到 2010 年，关税大幅下降、非关税壁垒逐步削减。其中，2004 年实施的“早期收获计划”约定，到 2006 年，中国与东盟六国对六百余种主要为农产品的早期收获产品的关税应降为零；2004 年的《货物贸易协议》是覆盖七千余种产品的降税计划，约定中国与东盟六国的正常类产品的关税于 2010 年降为零；2007 年的《服务贸易协议》开放了部分服务贸易市场；2009 年的《投资协议》推进了投资便利化进程。第二阶段为 2011 年到 2015 年，中国-东盟自由贸易区已全面建成。2011 年，中国与东盟约定了第二批服务贸易减让承诺。2015 年 1 月，中国与东盟新成员国间贸易的绝大多数产品实现了零关税。2015 年 11 月，东盟与中国签署了自贸区升级协定，在原产地原则、跨境电商、服务贸易等方面均有突破。第三阶段为 2016 年及以后，自贸区升级后进一步巩固完善。

中国-东盟自由贸易区是中国对外商谈的首个自贸区，也是东盟作为整体对外商谈的首个自贸区。在中国-东盟自由贸易区的谈判过程中，中国与东盟中的新加坡于 2006 年 8 月启动对双边自贸区的谈判，并在 2008 年 10 月签署了自贸协定②。与同期中国与东盟之间达成的协定相比，中新双方的自贸协定不仅涵盖了货物贸易、服务贸易与投资，还包括技术性贸易壁垒、卫生与植物卫生措施、自然人移动等诸多领域的具体要求，内容较为全面。③

① 参考中国-东盟自由贸易区官网信息：《中国-东盟自由贸易区的建设进程》，http://www.cafta.org.cn/show.php?contentid=63877，2018 年 4 月 1 日。

② 包括《中华人民共和国政府和新加坡共和国政府自由贸易协定》和《中华人民共和国政府和新加坡共和国政府关于双边劳务合作的谅解备忘录》。

③《〈中国-新加坡自由贸易协定〉在京签署》，http://fta.mofcom.gov.cn/article/ftanews/200810/266_1.html，2018 年 4 月 1 日。

截至 2018 年 3 月，中国已签署 16 个自贸协定，覆盖 24 个国家和地区。[①]中国也正推进多个自贸区谈判，包括 RCEP、中日韩等自贸区谈判。东盟已签署 5 个自贸协定，分别是东盟与中国、印度、日本、韩国的自贸协定，以及东盟-澳大利亚-新西兰自贸协定。

12.3　中国-东盟自由贸易区中的贸易与投资促进措施

本节回顾中国-东盟自由贸易区协议中直接促进贸易与投资的措施及贸易与投资促进状况，并梳理中国与东盟各国在基础设施建设方面的合作。

12.3.1　贸易促进措施

中国-东盟自由贸易区中的贸易促进措施的主体分为两部分，一是货物贸易，二是服务贸易。在货物贸易为主体的贸易促进措施中，主要有两种：一是削减和取消货物贸易的关税，二是减少非关税壁垒。在服务贸易为主体的贸易促进措施中，主要表现为逐步开放服务贸易市场。

1. 货物贸易

第一，削减和取消关税主要体现在“早期收获计划”和《货物贸易协议》中。首先，“早期收获计划”是在中国-东盟自由贸易区框架下最早实施的降税计划，启动时间为 2004 年 1 月 1 日。“早期收获产品”主要包含海关税则第一章到第八章的农产品与部分八章之外的特定产品，各国按照不同时间表逐步削减关税。自贸区内 11 个成员国平均每个国家的降税商品数目达到 532 种[②]，除老挝、缅甸和柬埔寨的降税期从 2006 年开始，到 2010 年逐步降为零，其余东盟七国与中国从 2004 年开始削减关税，2006 年降为零。其次，中国与东盟 2004 年 11 月签订的《货物贸易协议》将除“早期收获计划”外的产品分为正常类与敏感类，对东盟六国与中国，正常类税目降税从 2005 年开始，2010 年降为零[③]；

---

① 《商务部：中国已签 16 个自贸协定 涉及 24 个国家地区》，http://fta.mofcom.gov.cn/article/fzdongtai/201803/37337_1.html，2018 年 3 月 11 日。

② “早期收获计划”降税具体时间表与覆盖产品详见：http://fta.mofcom.gov.cn/dongmeng/annex/zaoqijihua.pdf，2018 年 4 月 1 日。

③ 到 2010 年中国-东盟自由贸易区正式建成时，中国与东盟六个老成员国之间 90%以上的产品已达成零关税，中国对东盟的平均关税从 9.8%降到 0.1%，而东盟六国对中国的平均关税从 12.8%降到了 0.6%。参见《商务部副部长易小准出席中国-东盟自由贸易区论坛》，http://www.mofcom.gov.cn/aarticle/ae/ai/201001/20100106728230.html，2018 年 4 月 1 日。

对越南、柬埔寨、老挝和缅甸四国，正常类税目降税从 2005 年开始，2015 年降为零[①]。

第二，削减非关税壁垒主要体现在《货物贸易协议》中。非关税壁垒指采取除关税以外的办法限制进口或出口的手段，如进口限额、技术标准或卫生检疫规定等。2004 年，中国与东盟于《货物贸易协议》中约定，各方不应保留任何数量限制措施，其中的非 WTO 成员应逐渐取消其数量限制。2007 年 11 月，中国和东盟签署动植物卫生检疫领域的备忘录[②]，合作走向规范化，促进了中国与东盟的食品安全和农产品等相关产品贸易的健康发展。2009 年，双方签署技术性贸易壁垒领域的备忘录[③]，就技术法规、标准与合格评定等领域的合作达成一致，约定共同提高产品质量安全水平。2012 年，中国与东盟签订协议[④]，约定进一步削减非关税壁垒。2015 年达成的自贸区升级协议中，双方约定通过简化原产地规则和贸易便利化措施，从而削减非关税壁垒。[⑤]

根据 2017 年世界银行营商环境数据库，跨境贸易便利程度一项反映了各国企业进出口货物的时间与金钱成本。在该项目下，新加坡、泰国、马来西亚的总体排名较为靠前，分别为世界 41 名、56 名和 60 名，越南、菲律宾、中国居 100 名之内，分别为 93 名、95 名、96 名，而柬埔寨、印度尼西亚、老挝、文莱、缅甸在 100 名后，分别为 102 名、108 名、120 名、142 名、159 名。同时，如表 12-2 所示，在跨境贸易成本的出口耗时和进口耗时两个项目下，又分为边界合规与单证合规两个子项。其中，新加坡、泰国两国出口耗时与进口耗时各项指标均在 55 小时以内，越南、菲律宾、中国则均在 100 小时以内，柬埔寨、印度尼西亚、老挝、文莱、缅甸的部分边界合规或单证合规手续则耗时超过 100 小时。值得注意的是，柬埔寨、印度尼西亚、老挝、文莱的进出口单证合规耗时显著比边界合规耗时长，简化通关手续等贸易便利化措施仍然有提升的空间。

表 12-2　中国与东盟十国跨境贸易成本概况

国家	跨境贸易便利程度世界排名	出口耗时/小时		进口耗时/小时	
		边界合规	单证合规	边界合规	单证合规
新加坡	41	12	2	35	3

① 《货物贸易协议》降税具体时间表与覆盖产品详见商务部网站：http://fta.mofcom.gov.cn/dongmeng_phase2/dongmeng_phase2_special.shtml，2018 年 4 月 1 日。

② 《中国-东盟关于加强卫生与植物卫生合作的谅解备忘录》。

③ 《中国-东盟关于加强标准、技术法规与合格评定领域合作的谅解备忘录》。

④ 《关于在〈中国-东盟全面经济合作框架协议〉下〈货物贸易协议〉中纳入技术性贸易壁垒和卫生与植物卫生措施章节的议定书》。

⑤ 《解读中国-东盟自贸区升级〈议定书〉》，http://www.ccpit.org/Contents/Channel_3429/2015/1123/505163/content_505163.htm，2018 年 4 月 1 日。

续表

国家	跨境贸易便利程度世界排名	出口耗时/小时		进口耗时/小时	
		边界合规	单证合规	边界合规	单证合规
泰国	56	51	11	50	4
马来西亚	60	48	10	72	10
越南	93	58	50	62	76
菲律宾	95	42	72	72	96
中国	96	26	21	92	66
柬埔寨	102	48	132	8	132
印度尼西亚	108	53	61	99	133
老挝	120	12	216	14	216
文莱	142	117	163	48	140
缅甸	159	144	144	232	48

资料来源：世界银行《2017 年营商环境报告》

2. 服务贸易

逐步开放服务贸易市场的贸易促进措施主要体现在《服务贸易协议》中。2007 年，中国与东盟签署了《服务贸易协议》，达成了第一批服务市场具体开放共识。中国在 WTO 承诺的基础上，在建筑、运输、商务服务等五个服务部门，向东盟国家进一步开放，东盟十国也分别在电信、旅游、建筑、医疗等行业向中国进一步开放。其中，具体措施包括：放宽股比限制、允许设立独资或合资企业等。西卡里·伊西多（Hikari Ishido）使用霍克曼（Hoekman）指数对中国-东盟自由贸易区框架下各国对服务贸易各部门的开放程度进行了分析，发现各国在不同行业中做出了不同程度的开放承诺，同时旅游业是各国开放承诺最高的行业。

2011 年，中国与东盟达成了第二批服务市场具体开放承诺，显著提升了服务贸易的开放度。相比第一批具体承诺，中国的第二批承诺更新了商业服务、电信、建筑等部门的开放承诺，同时进一步开放公路客运、娱乐文化和体育服务等部门。东盟各国的第二批承诺涉及的部门也显著增加。

2015 年，在自贸区升级协议中，中国与东盟达成第三批服务市场具体开放承诺。与前两批承诺相比，各国均做出了更高水平的承诺，进一步提升了服务贸易自由化水平。中国在建筑工程、旅游、证券等部门进一步开放。东盟各国在商业、通信、教育、金融、运输等八个部门向中国进一步开放①，具体措施包括：扩大服务开放领域、扩大经营范围、减少地域限制等。

① 详见东盟官方网站信息：http://asean.org/?static_post=asean-china-free-trade-area-2，2018 年 4 月 1 日。

12.3.2　投资促进措施

2009 年 8 月，中国与东盟签署《投资协议》，致力于促进投资流动，建立自由、便利、透明和竞争的投资体制。具体条款包括：约定各方给予投资者国民待遇、最惠国待遇、投资公平和公正待遇，并在损失补偿、转移和利润汇回、争端解决等方面达成协议，同时提高投资相关法律的透明度、加强信息交流，在投资促进和投资便利化两方面展开合作。2014 年 9 月，众多中国-东盟跨境经济合作区与产业园区亮相第十一届中国-东盟博览会，推进了中国与东盟各国共同开设的跨境产业园区的经济合作。①

2015 年，中国与东盟签署的自贸区升级协议从投资促进和投资便利化合作两方面约定了促进投资自由化的措施。在投资促进方面，具体措施包括：组织商业对接，促进行业互补与生产网络发展，举办投资信息交流活动等。在投资便利化方面，具体措施包括：简化投资审批手续，促进投资相关法规信息的发布，必要时通过一站式投资中心，为投资者提供营业执照和许可发放相关的咨询服务。

根据 2017 年世界银行营商环境数据库，在投资方面，本节选取开办企业与执行合同便利程度两个方面来反映一国的投资便利程度，如表 12-3 所示。开办企业一项综合了成立企业所需手续、时间与成本，反映了一国开办企业的难易程度，较低的开办企业成本为投资者提供创业激励；执行合同一项综合了争端解决时间、成本与司法质量，反映了一国的商业争端解决机制的有效程度，而高效、透明的争端解决机制使得投资者有所依靠，能够有效促进新商业关系的建立。其中，在开办企业方面，新加坡、泰国、文莱在自贸区成员中排名较高，分别为世界第 6 名、78 名和 84 名；马来西亚、越南、中国、缅甸处于中游，在 150 名内；印度尼西亚、老挝、菲律宾、柬埔寨排名较为靠后。排名较为靠后的国家表现为开办企业手续数多、耗时长、所需成本较高。在执行合同方面，新加坡、中国、马来西亚处于自贸区成员前列，分别为世界第 2 名、5 名和 42 名；泰国、越南、老挝、文莱次之，在世界 100 名以内；菲律宾、印度尼西亚、柬埔寨、缅甸四国执行合同排名较为靠后。执行合同排名较为靠后的国家表现为执行合同耗时长、司法程序质量较低等。

① 截至 2018 年 1 月，中国企业在东盟合作建立的境外经贸合作区中，通过中国商务部考核确认的有 7 个，分别在柬埔寨、泰国、老挝、印度尼西亚和越南，其中印度尼西亚有三个。

表 12-3　自贸区成员国开办企业与执行合同概况

开办企业				执行合同			
国家	排名	手续数	成本（人均收入百分比）	国家	排名	耗时/天	司法程序质量指数
新加坡	6	3	0.6%	新加坡	2	164	15
泰国	78	5	6.6%	中国	5	452.8	14.3
文莱	84	7.5	1.6%	马来西亚	42	425	12
马来西亚	112	8.5	6.2%	泰国	51	440	7.5
越南	121	9	4.6%	越南	69	400	6.5
中国	127	9	0.7%	老挝	88	443	6.5
缅甸	146	11	40.4%	文莱	93	540	8.5
印度尼西亚	151	11.2	19.4%	菲律宾	136	842	7.5
老挝	160	8	4.6%	印度尼西亚	166	471	7.8
菲律宾	171	16	15.8%	柬埔寨	178	483	5
柬埔寨	180	9	57.2%	缅甸	188	1 160	3

资料来源：世界银行《2017 年营商环境报告》

12.3.3　基础设施建设

基础设施建设是促进经济发展、消除贫困的重要途径。基于 1861～1930 年殖民时期印度铁路建设的数据，Donaldson（2018）发现交通成本的降低显著促进了印度对外贸易的增长，铁路建设使当地真实农业收入上升了 18%；同时，他利用李嘉图贸易结构模型的估计结果发现，铁路建设带来的福利提升主要来源于其对贸易的促进作用，各个区域得以联通从而发挥比较优势进行贸易。

基础设施建设是中国与东盟合作的重要内容，也是促进双方贸易和投资发展的重要途径。中国-东盟交通部长会议机制建立于 2002 年。在 2004 年的第 3 次中国-东盟交通部长会议上，中国与东盟签署备忘录①，约定在交通基础设施建设、海上安全与保安、人力资源开发等方面展开合作。2016 年的第 15 次中国-东盟交通部长会议通过了修订版的《中国-东盟交通合作战略规划》，中国与东盟各国将协力发展“四纵三横”区域交通通道，此规划也是“一带一路”倡议在交通运输领域与东盟国家交通战略规划对接的标志性成果文件。目前，中国与东盟各国的基础设施建设项目稳步推进，涵盖铁路、公路、桥梁、港口等，陆运、海运、空运等运输方式更加便利。

① 《中国-东盟交通合作谅解备忘录》。

在公路方面，2005 年 12 月，中国第一条连接东盟国家的高速公路——南友高速公路建成通车，连通了广西南宁与中越边境凭祥友谊关。2008 年，中国援建的柬埔寨 7 号国家公路正式通车，全长 196 公里。同年，中国的第一条国际高速公路昆曼公路正式通车，途经中国、老挝和泰国，由中国、老挝、泰国和亚洲开发银行合资建设；中国境内段于 2009 年改建为高等级公路或高速路。2009 年，印尼泗马大桥建成通车，全长 5.4 公里，其由中国进出口银行提供优惠出口买方信贷、中国路桥工程有限责任公司承建主桥。2013 年 12 月，老挝会晒—泰国清孔大桥正式通车，全长 1800 余公里的昆曼大通道正式全线贯通。

在铁路方面，中国积极推进泛亚铁路建设。2014 年底，三条泛亚铁路的中国段获得国家发改委批复[①]，终点均位于边境。中国段铁路的修建不仅有助于连通中国与越南、老挝、缅甸，进而对接东南亚段的泛亚铁路，而且能大幅改善云南本地的基础设施。中国不仅大力开展国内铁路建设，同时也积极推进泛亚铁路境外段建设。2016 年 12 月，中老铁路全线开工，这是首个以中方为主投资建设运营，并与中国铁路网直接连通的境外铁路项目。2017 年 12 月，中泰铁路正式开工，这是泰国第一条标准轨高速铁路。

在空路方面，2010 年 11 月，中国与东盟签署了《中国-东盟航空运输协定》。2017 年，中国已与东盟十国签署了双边航空运输协定，中国与东盟主要城市的航线网络初步建立，促进了人员往来和经济交流。

在海路方面，2001 年 6 月，中国、老挝、缅甸、泰国四国正式通航。2004 年 12 月，中国、老挝、缅甸、泰国四国上湄公河航道改善工程竣工，河道安全性得到提升，通航期延长。国际航运不断发展，运输品种范围从单一杂货发展到冷藏鲜货、集装箱、国际旅游等综合运输服务，船舶通行数量不断扩大。

12.4 中国-东盟自由贸易区建设的经济影响与减贫渠道

本节将从贸易、投资两方面分析中国-东盟自由贸易区建设的经济影响与减贫效应。

12.4.1 贸易方面

如表 12-4 所示，2016 年，东盟是中国第三大贸易伙伴，双边贸易额占中国对外贸易的 12.3%，紧随欧盟（14.8%）、美国（14.1%）之后。自 2009 年以来，中国已经成为东盟最大的贸易伙伴。

① 分别是大（理）瑞（丽）铁路、玉（溪）磨（憨）铁路、祥（云）临（沧）铁路。同时，泛亚铁路东、中、西方案的中国境内段建设已纳入中国《中长期铁路网规划》。

表 12-4　2016 年中国与主要贸易伙伴双边贸易占比

中国主要贸易伙伴	2016 年双边贸易占比
欧盟	14.8%
美国	14.1%
东盟	12.3%
中国香港	8.3%
日本	7.5%
韩国	6.9%
中国台湾	4.9%
澳大利亚	2.9%
俄罗斯	1.9%
巴西	1.8%

资料来源：商务部《中国对外贸易形势报告（2017 年春季）》

中国与东盟自贸区的建立带来了双边贸易的迅速增长，2012 年起中国对东盟贸易由逆差转为顺差。根据 CEIC 数据库，2016 年中国-东盟双边贸易额达到 4603.77 亿美元，与 2002 年签订《框架协议》时的 547.67 亿美元相比，贸易额在 15 年内翻了超过三番。其中，如图 12-1 所示，中国向东盟出口总值于 2016 年达到 2643.42 亿元，是 2004 年 429.03 亿元的 6.2 倍，中国从东盟进口总值于 2016 年达到 1960.35 亿元，是 2004 年的 629.55 亿元的 3.1 倍。

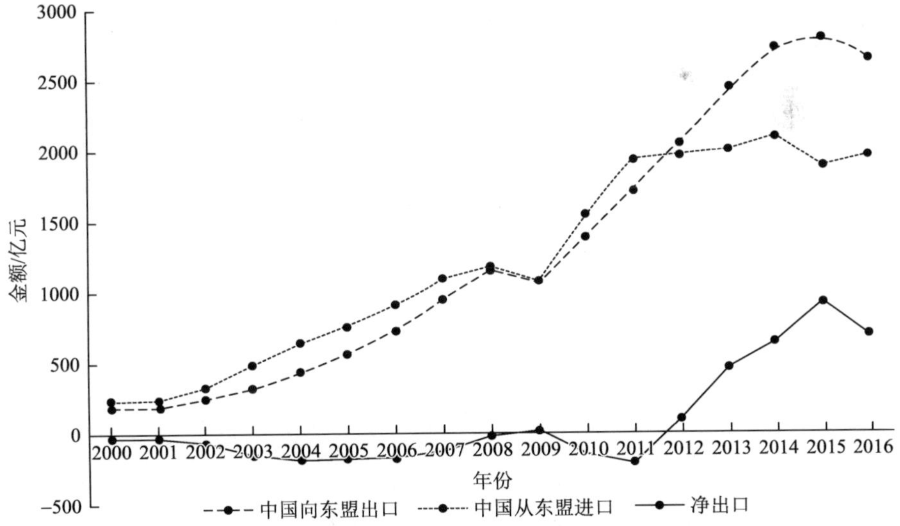

图 12-1　2000～2016 年中国与东盟双边贸易情况

资料来源：CEIC 数据库

根据 CEIC 数据库计算，2016 年，在中国与东盟双边贸易总额中，中国与越南的贸易占比最大，达到 21.6%。中国与马来西亚、泰国、新加坡、印度尼西亚、菲律宾的双边贸易占中国与东盟贸易的份额也分别超过 10%，分别占 19.2%、16.7%、15.9%、11.7%、10.4%；中国与缅甸、柬埔寨、老挝、文莱的贸易占余下的 4.5%。自 2002 年中国与东盟签订《框架协议》到 2016 年，中国与东盟新成员国（柬埔寨、老挝、缅甸、越南），其双边贸易平均增长 23.8 倍，与菲律宾、马来西亚、泰国、印度尼西亚等老成员国中的发展中国家，其双边贸易平均增长 6.8 倍，与文莱、新加坡两个东盟中的发达国家，其双边贸易平均增长 3.2 倍。

值得一提的是，由图 12-1 可知，中国对东盟长期存在贸易逆差，2012 年由逆差转为顺差；2012 年之前，中国与东盟间贸易逆差平均占双边贸易的 10.3%[①]，2012 年中国对东盟贸易顺差达到 86.6 亿美元，此后顺差总体呈现上升趋势，2015 年贸易顺差高达 908.6 亿美元，2016 年降至 683.1 亿美元。2012 年中国对东盟贸易由逆差转为顺差背后，有两个现象值得关注：第一，根据东盟年度统计年鉴，从 2007 年起，中国替代日本成为东盟最大的进口来源地，2011 年起，中国替代欧盟成为东盟最大的出口来源地，而东盟从中国进口增长的速度远超过出口。第二，根据 CEIC 数据库对主要贸易产品的分类，钢制品、铝制品、石油产品、汽车和底盘为近年来中国对东盟贸易顺差的重要来源[②]。

进一步观察中国向东盟进口与出口的主要产品可发现，中国与东盟的贸易具有明显的互补性。根据 CEIC 数据库，2008～2016 年，中国从东盟进口的产品主要集中在煤、原油、石油、液化石油气、液化天然气、铁矿石和精矿、铜制品等资源密集型产品中，中国向东盟出口的产品主要集中在石油产品、钢产品、铜产品、铝产品、汽车和底盘等产品中，包含大量工业品。虽然中国与东盟大部分国家同处于发展中阶段，但中国广阔的市场、全面的工业生产链，以及处于不同发展阶段、要素禀赋不同的沿海与内陆的分割，使得中国与东盟仍有广大的经济合作机会。中国与东盟贸易的互补性主要来源于两个方面：一是产业间互补，如东盟长期为中国资源密集型产品的重要来源地，而中国则为东盟工业品的重要进口来源地，随着全球生产分割加剧，中国与东盟还形成了中间品与最终品的产业间互补，如中国从东盟进口汽车零部件，整车在中国加工后再出口；二是产业内互补，随着工业化程度的不断发展，中国与东盟在同一产业内部形成了不同的比较优势，例如，东盟在出口电子产品上具有比较优势，中国在出口家用电器上具有比较优势（范立春，2010）。

总体而言，贸易自由化对各成员国的经济影响与减贫效应主要体现在以下四个

① 2009 年为贸易顺差，仅占当年双边贸易额的 0.03%；除 2009 年外，2000～2011 年的所有年份中国均对东盟持有贸易逆差。

② CEIC 数据库将主要贸易产品分为煤、原油、石油产品、液化石油气和其他气、液化天然气、铁矿石和精矿、钢制品、铜制品、铝制品、汽车和底盘、轿车（包括全散装和半散装）等 11 类，但并未覆盖所有贸易产品，2008～2016 年该 11 类主要贸易产品的进出口总和占中国-东盟双边贸易的 12%。

方面。第一，削减进口关税与非关税壁垒、开放服务贸易市场降低了企业的贸易成本，使得更多种类的外国商品进入中国与东盟市场，提升了消费者福利。第二，贸易成本的降低有助于高品质中间品的进口，进而促进了企业生产商品的品质提升或扩展了企业生产的范围（Goldberg et al.，2010）。第三，贸易自由化有助于本国企业提升生产率，进而增强企业的竞争力。余淼杰（2010）验证了降低 10%中间品关税能促使企业生产率提升 5.1%，而降低 10%最终品关税能促使生产率提升 9.2%。第四，贸易自由化加强了市场竞争程度，从而使低生产率的企业退出市场，降低了资源错配的程度，提升了原料、劳动力等要素的使用效率。其中，第一种影响直接提升了消费者福利，第二～四种影响有利于提升企业竞争力，进而提高企业利润；有利于增加企业雇员、提高雇员收入，帮助更多人口摆脱贫困、提高生活水平。

12.4.2　投资方面

就投资流量而言，根据 2016 年的东盟投资报告，中国是东盟第四大外部投资来源地，仅次于欧盟、日本和美国；根据《中国对外直接投资统计公报》，东盟是中国第三大投资目的地，仅次于中国香港和美国。

中国与东盟双边投资流量总体呈上升趋势，如图 12-2 所示，中国对东盟投资在 2015 年达到 146.04 亿美元，为 2005 年 1.58 亿美元的 92.4 倍；中国实际使用东盟外资在 2015 年达到 76.58 亿美元，是 2005 年 31.05 亿美元的 2.47 倍。

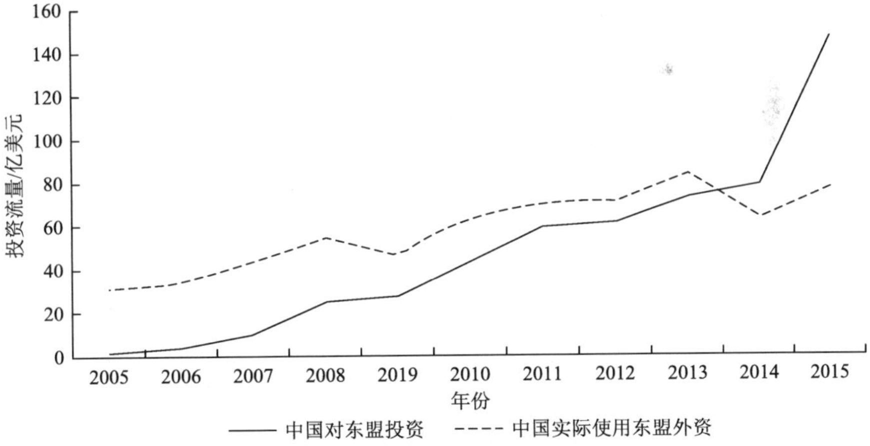

图 12-2　中国与东盟双边投资流量

资料来源：CEIC 数据库、国家统计局

根据国家统计局数据，2011～2015 年中国实际利用外资主要来源于东盟六个老成员国（新加坡、马来西亚、印度尼西亚、文莱、泰国和菲律宾）；同期，中国对外直接投资主要去往新加坡、印度尼西亚、老挝、柬埔寨、缅甸和越南。新加坡在中国-东盟双边投资中占据重要地位。具体而言，2011～2015 年中国实际使用东盟外资中，88.9%来源于新加坡，4.4%来源于马来西亚，2.1%来源于泰国，1.9%来源于文莱，来源于菲律宾和印度尼西亚的均占 1.2%，余下 0.4%来源于柬埔寨、老挝、缅甸、越南四个东盟新成员国。根据 CEIC 数据库，2011～2015 年中国对东盟投资中，平均 48.2%进入新加坡，15.0%进入印度尼西亚，8.6%进入老挝，6.5%进入泰国，6.0%进入柬埔寨，5.1%进入缅甸，进入马来西亚和越南的均占 4.6%，剩余 1.5%进入菲律宾和文莱。[①]

进一步深入行业分析，根据 Wind 数据库，2011～2015 年中国对东盟投资中，投资占比前五大行业为租赁和商业服务业（22.9%）、制造业（16.6%）、批发和零售业（13.3%）、采矿业（9.9%）、天然气及水生产和供应业（9.3%）。其后为建筑业（7.5%），金融业（6.8%），农林牧渔业（5.6%），运输、仓储和邮政业（3.6%），其他行业（2.5%），房地产业（1.3%），技术服务和地质勘查业（0.9%）。

外商直接投资主要通过以下几个渠道帮助减贫：第一，外商投资进入东道国常常伴随着生产活动的转移，这可以直接增加国内的劳动力需求，提供大量就业机会，尤其对于劳动力密集的发展中国家而言，垂直型外商投资常常将劳动力密集型活动转向劳动力成本较低的发展中国家；第二，外商直接投资通过技术溢出、人员培训等方式，提升劳动者的人力资本，进而提升其工资水平；第三，外商投资可通过对其上下游相关产业的影响，带动上下游产业对劳动力的需求，进而提升就业水平，帮助东道国人口减轻贫困（葛顺奇等，2016）。此外，基础建设投资不仅能直接为当地居民创造就业，长期而言，还能降低交通成本、促进人员流动、推进贸易与经济发展、创造就业机会，产生持续的减贫效果。由此，中国-东盟的双边投资合作对自贸区中成员国的就业创造与减贫效应是不可忽视的，而且，“一带一路”背景下的基础设施建设合作也是中国-东盟减贫的重要方面。

12.5　中国-东盟各成员国的减贫效果

本节分析了 2000 年以来中国-东盟各成员国的减贫效果。

中国-东盟各成员国的减贫效果可从三个方面来看：一是就业创造，二是贫困人口下降，三是人均收入提升。

在贫困率方面，在中国与东盟不断推进区域经济一体化的进程中，各国贫困率不断下降。根据世界银行 1.9 美元贫困线下人口占比数据[②]（图 12-3），中国的贫困率从 32%下降到了 2%，柬埔寨从 19%到 2%，印度尼西亚从 40%到 8%，老

① 2015 年，中国对外投资中对新加坡的投资比 2014 年增长了 2.71 倍。本节采用 2011～2015 年的平均水平来计算中国对东盟各国投资的分布，以减轻极端值的影响。

② 中国与东盟各国贫困率数据在部分年份有所缺失，因此此处贫困率下降前后不一定为相同年份，但整体变化仍可反映贫困率下降的趋势。

挝从 26%到 17%，马来西亚从 0.4%左右上升到 0.5%左右再下降到 0.3%左右，菲律宾从 18%左右到 13%，泰国从 2.5%到 0.04%，越南从 39%到 2%。根据 3.1 美元贫困线下人口占比数据，我们同样能观察到类似的贫困率下降的趋势，具体而言，中国的贫困率从 56%下降到了 11%，柬埔寨从 53%到 22%，印度尼西亚从 79%到 36%，老挝从 62%到 47%，马来西亚从 2.3%上升到 3.1%再下降到 2.7%，菲律宾从 43%到 38%，泰国从 17%到 1%，越南从 69%到 12%。

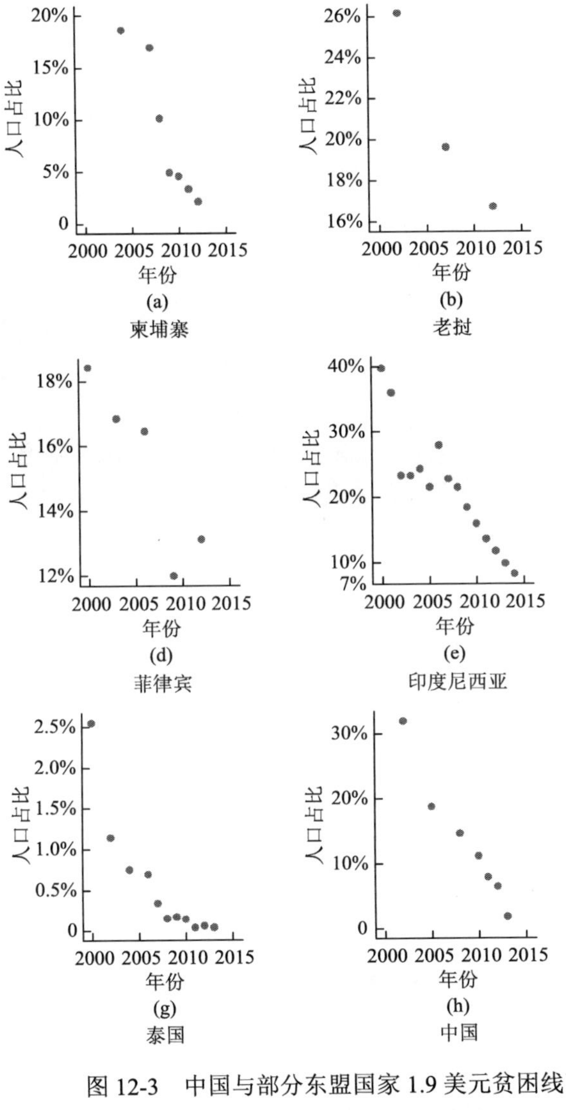

图 12-3　中国与部分东盟国家 1.9 美元贫困线下人口占比变化情况

资料来源：世界银行

在就业方面，各国就业人口持续上升。根据IMF的统计数据，从2002年中国与东盟签订《框架协议》到2016年，中国就业人口从7.33亿人上升到的7.76亿人，增长了5.9%；泰国的就业人口从0.33亿人增长到0.38亿人，上升了15.2%；菲律宾的就业人口从0.30亿人上升到0.41亿人，增长了36.7%；马来西亚的就业人口从0.10亿人上升到0.14亿人，增长了40.0%；印度尼西亚的就业人口从0.92亿人上升到1.20亿人，增长了30.4%；新加坡的就业人口从215万人上升到367万人，增长了70.7%。因数据可得性限制，文莱的就业人口从2002年的15万人上升到2014年的19万人，增长了26.7%；越南的就业人口从2005年的4277万人上升到2005年的5291万人，增长了23.7%。

在人均收入方面，各国人均国民收入持续上升。在发展中国家中，中国人均GDP从2002年《框架协议》签订时的1110美元上升到2016年的8260美元，东盟新成员国（柬埔寨、老挝、缅甸、越南）平均人均国民收入从317.5美元上升到2015年的1562.5美元，菲律宾、马来西亚、印度尼西亚、泰国这四个东盟发展中国家成员国的平均人均GDP从1937.5美元上升到5772.5美元①。

进一步，我们可以通过作图观察中国-东盟双边贸易对中国与东盟各成员国的减贫影响。图12-4的横坐标为中国与东盟各成员国双边贸易额的对数值，纵坐标为1.9美元下的中国与东盟各国的贫困人口占比。从图中可以看出，中国-东盟双边贸易额与自贸区各成员国的贫困率具有明显的负相关关系。②换言之，当中国与东盟各国双边贸易额不断增长时，中国与东盟各成员国的贫困率呈现下降趋势。

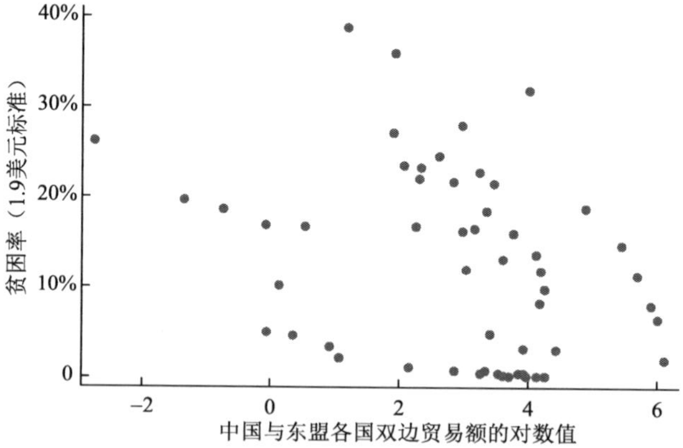

图12-4　中国-东盟双边贸易与各国贫困率间的负向关系（1.9美元贫困线）

资料来源：CEIC数据库、世界银行

① 此处人均国民收入采用的是世界银行“人均国民收入，阿特拉斯法（当前美元价格）”指标。缅甸、文莱2016年的该指标缺失，因此使用2015年的数据进行分析。

② 采用3.1美元的贫困线划分，也可得到类似结果。

12.6　存在的问题与政策建议

中国-东盟自由贸易区经济合作的成果显著，但双边的经济交往仍然存在一些障碍因素，如何妥善应对这些问题，对未来中国与东盟合作的提质升级显得尤为重要。以下就中国-东盟自由贸易区存在的主要问题进行分析。

第一，中国与东盟各国，尤其是东盟中的发展中国家，虽然在双边贸易上存在互补性，但同时在对外贸易与投资上也存在竞争性。在对外贸易方面，中国与东盟一些发展中国家的出口产品存在一定相似性，如在电子机械行业。同时，双方的主要出口市场同为美国、欧盟、日本等国家和地区。因此在一些行业，中国与东盟各国存在很强的竞争性（Aslam，2012）。在吸引外商投资方面，中国与东盟的大部分国家同属发展中国家，要素禀赋相似，劳动力价格相对发达国家较低，在吸引外资方面也具有很强的竞争性。例如，从外商实际使用外资存量而言，根据中国外资统计报告，截至 2016 年，美国是中国第五大外资来源地。而根据 2016 年东盟投资报告，近年来，美国对东盟的直接投资增速明显，2014 年美国对东盟直接投资占其对亚洲总投资额的 30%，高于美国对中国、日本、韩国的投资总额。这种在经济利益上的竞争性可能阻碍双方的健康合作。

第二，东盟内部经济发展不平衡，增加了统筹协商的困难，可能阻碍自贸区进一步发展。在人均收入方面，2015 年，中国人均 GDP 为 7940 美元，柬埔寨、老挝、缅甸、越南等东盟新成员国平均人均 GDP 为 1563 美元，菲律宾、马来西亚、印度尼西亚、泰国这四个东盟发展中国家的平均人均 GDP 为 5773 美元，新加坡和文莱的人均 GDP 平均为 45 630 美元。自贸区内国家经济发展水平的差异既带来了互补合作的契机，也带来了统筹协商的困难。此外，东盟内部的矛盾将增加自贸区深化的困难，如柬埔寨和缅甸、马来西亚与新加坡之间的领土争端对其内部经济规则的协调整合可能带来不利影响。部分国家内部政局的不稳定也将阻碍经贸活动的正常进行。

第三，良好的基础设施建设是经贸合作的基本条件，但东盟许多国家的基础设施建设水平低，阻碍了经贸合作的进一步发展。基础设施建设包括两方面：一是交通；二是贸易、投资环境。在交通方面，广西毗邻东南亚，西与越南接壤，南与菲律宾、文莱、马来西亚、新加坡、印度尼西亚等国隔海相望。云南紧邻东盟成员国中的缅甸、越南和老挝，与泰国和柬埔寨则相隔老挝与越南。因此，一国的基础设施建设对中国与该国、中国与该国周边国、该国与邻国的贸易往来，都发挥了十分重要的作用。例如，2017 年时中老铁路还在建设中，中国企业如果运输货物到老挝，需选择通过泰国或者越南中转，增加了贸易成本。显然，目前东盟许多国家与中国西南地区的交通建设亟待提升。在贸易、投资环境方面，自贸区成员国在跨境贸易、开办企业与执行合同方面的发展程度十分不均衡。在贸易方面表现为进出口单证合规、边界合规耗时长等问题；在投资方面表现为开办企业手续多、所需成本较高，执行合同耗时长，司法程序质量较低等问题。

金融危机后，世界经济进入深度调整的新时期，中国与东盟各国都面临着经济结构转型和发展方式转变的挑战，自贸区可以进一步提升双方在贸易、投资、经济技术合作等方面的巨大潜力，实现优势互补、互惠共赢。针对以上提出的主要问题，本章对中国-东盟自由贸易区发展的政策建议有以下四个方面。

第一，推动中国-东盟自由贸易区升级成果落地，加强多领域、多层次技术合作，深化自贸区各国的经济利益。这主要体现在货物贸易、服务贸易、投资、经济技术合作四个方面。在货物贸易方面，中国-东盟自由贸易区零关税已覆盖了双方90%以上税目的产品，货物贸易自由化水平很高。在2015年自贸区升级谈判中，双方主要通过升级原产地规则和贸易便利化措施，进一步推进双边货物贸易发展。在服务贸易方面，各国也做出了更高水平的承诺。在投资方面，主要集中在投资促进和投资便利化合作。经济技术合作也是升级协议的重要内容，双方同意在农业、渔业、信息技术产业、旅游、知识产权、中小企业和环境等十余个领域开展合作，还同意将跨境电子商务合作纳入协议。目前东盟自由贸易区已有一定的制度基础，应当加强国际合作，促进中国-东盟自由贸易区升级成果落地，推动各方就贸易自由化、投资自由化和经济技术合作等议题进一步开展磋商，使自贸区成员更快享受到升级协议的成果，推进国际减贫进程。此外，应积极发展澜沧江-湄公河合作[①]等次区域合作机制，在互联互通、产能、跨境经济、农业和减贫等领域深化合作，缩小区域发展差距，助推东盟共同体建设和地区一体化进程。

第二，进一步促进中国对东盟直接投资，加强中国与东盟各国的产能合作，助推双方的工业化进程。双方的投资合作方向主要集中在两个方面：一是劳动力密集型产业直接投资，二是基础设施等深度产能合作。一方面，中国目前面临劳动力成本上升的压力，众多劳动力密集型产业需要转移。相比之下，东盟中的一些发展中国家，如柬埔寨，其目前的劳动力价格相比中国十分有竞争力；同时，其投资配套设施水平不断提升，为双方投资合作创造了良好的条件。另一方面，东盟的发展中国家大多基础设施建设水平不足，而中国在基础建设方面已积累了

① 澜沧江-湄公河合作是中国与柬埔寨、老挝、缅甸、泰国、越南共同发起和建设的新型次区域合作机制。2015年11月12日，澜沧江-湄公河合作首次外长会在云南景洪举行。

丰富经验，双方在基建领域的需求和供给相互匹配，交流合作的潜力巨大。其中，积极推进泛亚铁路建设具有重要的意义，这不仅能够打通对越南、老挝、缅甸的出境通道，还能大大改善云南本地的基础设施。此外，东盟中的发展中国家在未来将迎接城市化与工业化的快速发展，在房地产等方面也存在巨大的潜在需求，是双方投资合作的重要方面。这也要求双方继续改善投资环境，保护投资者的利益，加强投资相关法律法规的信息交流，促进投资便利化发展。具体而言，应加强以跨国、跨境园区为主要载体的产业合作，为助力自贸区升级发挥更大作用。值得注意的是，东盟地区目前有超过 1600 个不同水平的经济合作区，但并不是所有合作区都是成功的[①]。应注意吸取园区建设经验，充分考虑当地的比较优势，深化园区在交通、金融、投资保护及其他制度方面的配套设施建设，提升园区在吸引外资方面的竞争力。

第三，积极推进 RCEP 谈判，进一步推动区域一体化进程。尽管近年来全球经济增长放缓，贸易保护主义抬头，但相较全球其他地区，中国-东盟自由贸易区经济仍然保持了高速增长，这也侧面印证了贸易开放和区域经济一体化的重要贡献。中国-东盟“10 + 1”的发展为区域经济合作提供了成功示范。中国与东盟十国在全球价值链中的分工有所差异，但优势互补。东盟各国主要向中国出口原材料、中间品等，中国结合从东盟的进口产品与从日本、韩国进口的核心零部件，加工装配后制成最终产品，出口发达国家市场。在这种全球分工模式下，中国-东盟自由贸易区实现了互惠双赢。在未来，推动区域合作向“10 + 6”（东盟十国加中国、日本、韩国、印度、澳大利亚、新西兰）全面拓展，加快推进 RCEP 谈判，是深化国际分工、推动区域一体化进程的重要方向。而在 RCEP 中，日本、韩国一直是中国重要的中间品进口国和出口目的国。目前，中韩自贸协定已于 2015 年正式生效，推进中日韩自贸区的建设将对进一步促进中国的外贸发展起到举足轻重的作用。同时，灵活结合多边与双边贸易协定，根据成员国的发展水平与具体需求，制订互惠共赢的方案，是未来经贸合作的重要方式。

第四，加强“一带一路”倡议同东盟区域战略和其国家发展规划的对接，拓展中国与东盟的合作领域。“一带一路”倡议谋求战略对接、优势互补、共同繁荣，重点面向亚欧非大陆，同时向所有合作伙伴开放。东盟国家位于“一带一路”的陆海交汇区域，是中国推进“一带一路”建设的重要伙伴。“一带一路”倡议与东盟的发展可实现以下几方面对接：首先，与东盟互联互通规划的对接。在可持续基础设施建设、数字创新、物流、进出口管理和人员流动等领域进一步深化

① 参考 2017 年东盟投资报告。

中国与东盟的合作。其次，推进“一带一路”中国-中南半岛经济走廊建设[①]，并与东盟各国的国家战略进行对接，如泰国的经济发展 4.0 战略、老挝的变“陆锁国”为“陆联国”战略、柬埔寨的“四角战略”等。最后，推进亚投行、亚洲开发银行、世界银行等多边金融机构积极加入东盟国家的基础设施建设。东盟大部分国家经济实力不强，但基础设施投资资金需求量大、建设和资金回收期限较长，需要发挥多边与区域金融组织的开发性金融作用，深化中国与东盟的互联互通。“一带一路”建设和中国-东盟自由贸易区将形成深度互补，使自贸区的成果实现最大化，为深化区域经济合作、推动经济发展带来新的机遇。

12.7 结　论

中国-东盟自由贸易区是世界上涉及人口最多的自贸区，也是全球 GDP 总量第三大的经济合作区。自贸区 11 个成员国中有 9 个为发展中国家，面临着发展经济、消除贫困的共同挑战。从 2002 年中国与东盟各国签订《框架协议》以来，中国与东盟各国在贸易、投资、基础建设等方面签署了多项经济合作协议，推进了贸易与投资自由化，促进了中国与东盟各国的经济增长，并推动了全球减贫事业的发展。

中国-东盟自由贸易区中的贸易促进措施的主体分为货物贸易和服务贸易两部分。货物贸易促进措施主要表现为两种：一是削减和取消货物贸易的关税，二是减少数量限制、技术标准等非关税壁垒。服务贸易促进措施主要表现为逐步开放服务贸易市场，具体措施包括扩大服务开放领域、扩大经营范围、减少地域限制等。

中国-东盟自由贸易区中的投资促进措施致力于建立自由、便利、透明和竞争的投资体制，具体包括：给予投资者国民待遇、最惠国待遇、投资公平和公正待遇，并在损失补偿、转移和利润汇回、争端解决等方面达成协议，同时提高相关法律的透明度，加强信息交流，并进一步简化投资批准手续，增强投资相关服务，促进投资便利化发展。

基础设施建设是中国与东盟合作的重要内容，也是促进双方贸易、投资发展的基础。在 2004 年召开的第 3 次中国-东盟交通部长会议上，中国与东盟签署了备忘录。各成员国在交通基础设施建设、交通运输便利化、海上安全与保安、航空运输、人力资源开发、信息交流等方面展开了一系列合作。2016 年的第 15 次

① 经济走廊建设是“一带一路”构建的重要内容，作为“一带一路”的主要支点，六大经济走廊包括：中蒙俄经济走廊、新亚欧大陆桥、中国-中亚-西亚经济走廊、中国-中南半岛经济走廊、中巴经济走廊和孟中印缅经济走廊。

中国-东盟交通部长会议通过了修订版的《中国-东盟交通合作战略规划》，中国与东盟各国将在战略规划指导下，共同发展“四纵三横”区域交通通道。

贸易与投资自由化具有丰富的减贫渠道，并带来了巨大的减贫效果。在贸易方面，削减货物贸易关税与非关税壁垒、逐步开放服务贸易等措施，增加了各成员国进口商品的种类，创造了商机与就业机会，并提升了消费者福利；同时，贸易自由化措施还通过引进高质量中间品、提升企业生产率、降低资源错配程度等方式帮助企业提高利润，扩大雇员人数，进而帮助减贫。在投资方面，外商直接投资意味着生产活动的转移，并带动东道国上下游关联产业的发展，在东道国增加了就业岗位，还通过技术外溢、培训等方式提升员工人力资本，进而提高员工收入，减少贫困人口。在中国与东盟不断推进区域经济一体化的进程中，各国贫困率不断下降，就业人口总体呈现上升趋势，人均收入不断提高。

中国-东盟自由贸易区经济合作的成果显著，但在双边经济交往中主要存在三方面问题：第一，中国与东盟各国在对外贸易与吸引外资方面的竞争性可能阻碍双方的健康合作。第二，东盟内部经济发展不平衡，增加了统筹协商的困难。第三，东盟许多国家与中国西南地区的基础设施建设水平较低，阻碍了经贸合作的进一步深化。

针对以上主要存在的问题，本章提出了四方面政策建议。第一，推动中国-东盟自由贸易区升级成果落地，加强多领域、多层次技术合作。这主要体现在进一步推进贸易与投资自由化、深化经济技术合作、积极发展次区域合作机制等方面。第二，进一步促进中国对东盟直接投资，加强中国与东盟各国的产能合作，助推双方的工业化进程。其中，投资合作方向应主要聚焦在劳动力密集型产业与基础设施投资等方面。这也要求双方继续改善投资环境，促进投资便利化发展。具体而言，应加强以跨国、跨境园区为主要载体的产业合作，为助力自贸区升级发挥更大作用。第三，积极推进RCEP谈判，进一步推动区域一体化进程。同时，灵活结合多边与双边贸易协定，根据成员国的发展水平与具体需求，制订互惠共赢的方案。第四，加强“一带一路”倡议同东盟区域战略和东盟各国的国家发展规划对接，拓展中国与东盟各国的合作空间。同时，应推进亚投行、亚洲开发银行、世界银行等多边金融机构积极加入东盟国家的基础设施建设。

中国-东盟自由贸易区的建立带来了显著的经济影响与减贫效应，为世界上其他发展中国家的减贫事业提供了有益而宝贵的经验。目前，“一带一路”建设与中国-东盟自由贸易区将发挥优势互补，促进自贸区的提质升级，为深化区域经济合作、推动经济发展带来新的机遇。在未来，推动世界互联互通、促进贸易与投资自由化将继续成为世界的减贫良方。

第 13 章　扩大开放利好中国经济

13.1　背 景 介 绍

2018 年是中国改革开放的第 40 个年头，过去 40 年的改革开放使中国在全球化程度、企业竞争力、人民生活水平等方面发生了根本性的变化。2018 年 4 月 10 日，国家主席习近平出席博鳌亚洲论坛并发表主旨演讲，回顾了中国改革开放 40 年伟大历程，宣示了新时代深化改革、扩大开放的坚定决心，并提出了四项扩大开放的重要举措，分别为大幅度放宽市场准入、创造更有吸引力的投资环境、加强知识产权保护、主动扩大进口。扩大开放对中国经济的影响何在？本章展示了中国在市场准入、投资环境、知识产权保护、进口这四方面的状况，进而分析了四项扩大开放的重要举措对中国经济的可能影响。总体而言，扩大开放对中国经济有重大的利好作用。

13.2　大幅度放宽市场准入

大幅度放宽市场准入是中国继续积极推进多边贸易合作，促进开放的重要举措。当前，多哈回合谈判仍难圆满收官，其原因主要是发展中国家的服务业处于较高保护水平，同时，发达国家对本国的农业也给予较高程度的保护。习近平主席表示，“中国将大幅度放宽市场准入。今年，我们将推出几项有标志意义的举措。在服务业特别是金融业方面，去年年底宣布的放宽银行、证券、保险行业外资股比限制的重大措施要确保落地，同时要加快保险行业开放进程，放宽外资金融机构设立限制，扩大外资金融机构在华业务范围，拓宽中外金融市场合作领域。在制造业方面，目前已基本开放，保留限制的主要是汽车、船舶、飞机等少数行业，现在这些行业已经具备开放基础，下一步要尽快放宽外资股比限制特别是汽车行业外资限制”。[①]这体现了中国积极推动多边贸易合作的决心、与世界分享市场开放成果的愿望，其对多哈回合谈判也将起到积极作用。

目前，中国总体外商直接投资限制水平仍然较高，同时金融业限制远高于

---

① 《习近平：大幅度放宽市场准入》，http://www.xinhuanet.com/politics/2018-04/10/c_1122659082.htm，2018 年 4 月 10 日。

制造业限制。根据 2017 年 OECD 公布的外商直接投资限制指数，总体而言，中国的限制指数为 0.316，高于 OECD 平均限制水平，也高于非 OECD 国家印度的限制水平①（表 13-1）。从行业分项来看，无论是第一产业、第二产业还是第三产业，中国的限制指数均高于美国、日本、OECD 平均和印度的限制水平。其中，表 13-1 中还列举了部分产业下包含的子行业的限制指数，金融服务业是中国限制较高的子行业，限制指数高达 0.490，制造业的限制水平则远低于金融服务业，为 0.100。

表 13-1　中国与世界各国外商直接投资限制指数对比

项目	美国	日本	OECD 平均	非 OECD	
				印度	中国
限制总指数	0.089	0.052	0.066	0.212	0.316
行业分项					
第一产业	0.181	0.069	0.096	0.213	0.375
农业与林业	0.000	0.025	0.051	0.221	0.138
采矿业	0.100	0.075	0.035	0.060	0.224
第二产业	0.028	0.005	0.033	0.041	0.161
制造业	0.000	0.002	0.018	0.035	0.100
建筑业	0.000	0.000	0.018	0.050	0.190
第三产业	0.094	0.077	0.082	0.321	0.394
金融服务业	0.042	0.000	0.033	0.279	0.490
商业服务业	0.000	0.000	0.064	0.563	0.225

注：为简洁起见，本表仅选取各产业下的部分重要行业进行展示

放宽市场准入意味着国外，特别是发达国家的服务业或制造业企业会进驻中国国内的市场，这会对国内同行业的企业造成一定程度的竞争。效率较低的企业会在开放中被淘汰，但是，效率较高的企业可以在放宽市场准入中做大、做强。这些企业可以通过同国外的企业进行合资或者更加深入地合作，从而提升其竞争力。值得注意的是，根据国家统计局数据，2016 年，第三产业对 GDP 的贡献率达到 57.5%，而第二产业对 GDP 的贡献率也高达 38.2%，因此，放宽服务业与制造业的市场准入对我国经济增长具有十分重大的意义。

以服务业中的银行业为例，放宽市场准入意味着允许外资银行进入中国市场，一方面，外资银行进入中国无疑将加剧银行业的竞争程度，但同时，中国银行业

① 指数越大表示限制程度越高。

可通过与外资银行的深度合作，学习先进的管理及运营经验，特别是在降低成本、提高效率、拓宽国际业务等方面向外资企业看齐，进而增强本土银行业的国际竞争能力。另一方面，我国金融机构尽管在国际业务经验、内部管理水平上可能与外资金融机构相比还有提升的空间，但在国内市场有独有的文化认同优势、丰富的本土经营经验，对国内金融服务机构而言，在外有压力之下，更可能激发出内在的动力。此外，放宽服务业市场准入，尤其是金融业，也将有利于国内居民，因为金融市场中将出现更多可得的金融产品，以满足居民日益增长的金融方面的消费需求，从而提升人民的生活水平。

在制造业方面，目前中国仅保留对汽车、船舶、飞机等少数行业的限制。以汽车行业为例，此前中国对汽车行业有股本的限制，外资车企持股最高不能超过50%，下一步，中国将尽快放宽外资股比限制，特别是汽车行业外资限制。首先，这将有利于外资企业与中国企业开展更深入的合作，从而促进本土企业向外资企业学习供应链管理、质量控制等方面的管理经验与先进技术。其次，放宽外资股比限制将加剧行业的竞争，无论是如汽车零部件供应等上游行业，还是如汽车装配加工等下游行业，竞争加剧一方面将促进一部分企业创新，提升产品生产效率或质量；另一方面，将通过淘汰效率低的企业，促使市场份额向较高效率的企业转移，进而提升市场资源配置效率，提升行业总体产出与竞争力。最后，放宽汽车行业等制造业的外资限制还将有利于满足国民日益增长的消费需求。目前，我国的消费需求由满足日常需求向追求品质转变。以汽车为例，高品质、多功能、智能型的产品日益受到追捧，根据商务部的统计，2016 年家庭轿车更新换代明显加快，汽车销售量超过 2800 万辆，同比增长 13.7%。其中增长最快的是属于家庭型的 SUV（sport utility vehicle，运动型多用途汽车），这种汽车各类品牌的累计销售量增长了 44.6%。新能源汽车销售量增长了 53%，纯电动汽车销售量增长了 65%。

13.3　创造更有吸引力的投资环境

过去，中国吸引外资依靠优惠政策与劳动力成本优势，现在，随着劳动力成本的上升，中国吸引外资需要更多地依靠改善投资环境。习近平在讲话中强调，“我们将加强同国际经贸规则对接，增强透明度，强化产权保护，坚持依法办事，鼓励竞争、反对垄断”。[①]2018 年 3 月，中国组建了国家市场监督管理总局等新机构，对现有政府机构做出大幅度调整，坚决破除制约使市场在资源配置中起决定

① 《习近平在博鳌亚洲论坛 2018 年年会开幕式上的主旨演讲》，http://www.xinhuanet.com//world/2018-04/10/c_1122659873.htm，2018 年 4 月 10 日。

性作用、更好发挥政府作用的体制机制弊端。2018 年上半年，中国将完成修订外商投资负面清单工作，全面落实准入前国民待遇加负面清单管理制度。

世界银行的营商环境报告能够较为全面地反映出中国现在的投资环境情况。2017 年，中国在 190 个经济体中的营商环境排名为第 78 名，同时美国排名为第 6 名，俄罗斯排名为第 35 名。具体而言，如图 13-1 所示，中国在执行合同、登记财产、办理破产、获得信贷这四方面均处于世界 70 名以内，在开办企业、跨境贸易、获得电力、保护少数投资者、纳税、办理施工许可证等六个方面则处于世界 70 名之外。

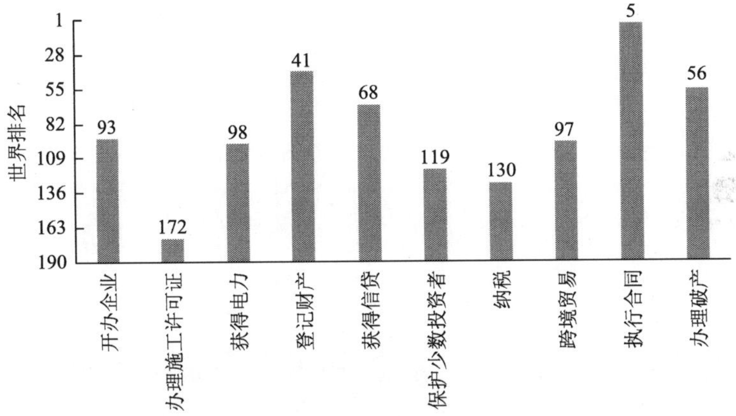

图 13-1　中国 2017 年营商环境分项世界排名

资料来源：世界银行《2018 年营商环境报告》
2018 年营商环境报告数据搜集止于 2017 年 6 月 1 日

全面落实准入前国民待遇加负面清单管理制度，是中国提高对外开放水平、改善投资环境的重要举措。准入前国民待遇是指将国民待遇延伸至投资准入阶段，在企业设立、取得、扩大等阶段给予外资不低于内资的待遇，但这一待遇允许有例外。负面清单即指将针对外资的与国民待遇、最惠国待遇不符的管理措施、业绩或高管要求等以清单方式列明，保留一定程度的进入限制。未列入负面清单之中的行业和领域，则不能对外资维持限制，由此形成准入前国民待遇加负面清单管理制度。其中，负面清单的核心是“法无禁止即可为”。使用负面清单的原则会使不管是内资企业，还是外资企业，都具有更广泛、更大自由的经营运作空间，这对改善中国的投资环境具有十分积极的影响。

作为提高对外开放水平的重要举措，中国的第一份负面清单来自上海自贸试验区，设立之初为 190 项。2014 年，负面清单减少至 139 项；2015 年，减至 122 项，同时扩展到上海、广东、天津、福建四个自贸试验区。2017 年，负面清单覆盖了现有的11个自贸试验区，汽车等制造业和银行等金融业进一步扩大开放。自贸试验区吸引外资的效果非常显著。截至2017年4月，上海自贸试验区累计设立外资企业8734家，吸收合同外资6880亿元人民币。上海经验推广后，广东、天津、福建等3个自贸试验区累计设立外资企业12 712家，吸收合同外资达到11 357亿元人民币。4个自贸试验区以十万分之五的国土面积吸引了近全国十分之一的外资。[①]负面清单的实施是中国对外开放的一项重要举措，党的十九大报告和2018年的政府工作报告中均表明要全面推进实施负面清单制度。

准入前国民待遇加负面清单管理制度的实施能够有效改善中国的投资环境，其积极影响体现在以下三个方面。第一，实施市场准入负面清单体现了管理理念与方式的重大转变。中国市场准入管理从正面清单为主转向为负面清单为主，从重视事前审批转向加强事中、事后监管。这破除了以往可能存在的不合理限制与壁垒，降低了企业的制度性成本，赋予了市场主体更广阔的自主权和准入机会，大大提升了中国的对外开放程度。第二，负面清单"法无禁止即可为"的管理模式简化了行政手续，从而带来了行政效率的提升。第三，负面清单的出台拓宽了企业投资的范围，从而扩大了资源配置的空间，是进一步发挥市场在配置资源中的决定性作用的重要体现。

13.4　加强知识产权保护，保护和推进创新，提高经济竞争力

加强知识产权保护是完善产权保护制度的重要内容，也是提高中国经济竞争力的最大激励。对此，外资企业有要求，中国企业更有要求。2018年，中国重新组建国家知识产权局，完善执法体系，加大执法力度，把违法成本显著提上去，把法律威慑作用充分发挥出来。我们鼓励中外企业开展正常技术交流合作，保护在华外资企业合法知识产权。同时，中国希望外国政府加强对中国知识产权的保护。

知识产权保护与一国的创新实力密切相关，进而影响国家的全球竞争力。世界经济论坛《全球竞争力报告》通过基本要求指标、效率增强指标、创新和完备性指标三个方面衡量全球各国的竞争力，其中，基本要求指标包含知识产权保护等制度因素，创新和完备性指标包含衡量创新能力与产出的因素。因此，本章通过对《全球竞争力报告》的分析展示中国与世界其他竞争力较强的国家之间的差距，进而体现提升知识产权保护对中国竞争力提升的作用。如表13-2所示，2016年，中国的全球竞争力世界排名为28名，世界排名前5位的分别为瑞士、新加坡、美国、荷兰和德国。

---

① 《11个自贸区将启用新版负面清单》，http://finance.people.com.cn/n1/2017/0619/c1004-29346996.html，2020年10月27日。

表 13-2　2016 年各国全球竞争力指数得分与排名

世界排名	国家	全球竞争力指数得分
1	瑞士	5.81
2	新加坡	5.72
3	美国	5.70
4	荷兰	5.57
5	德国	5.57
6	瑞典	5.53
7	英国	5.49
8	日本	5.48
27	冰岛	4.96
28	中国	4.95
29	沙特阿拉伯	4.84

资料来源：世界经济论坛《2016—2017 年全球竞争力报告》

为了衡量中国在知识产权保护与创新能力方面的排名，我们选取制度项目下较为相关的知识产权保护强度、法律独立性两个指标，以及创新项目下的全部七个指标进行分析。如表 13-3 所示，中国在与创新能力紧密相关的制度和创新两个子项的排名分别为 45 名和 30 名。在制度方面，中国在知识产权保护强度与法律独立性方面均较为落后，世界排名分别为 62 名和 56 名。在创新方面，中国在创新能力和科研机构质量两方面相对落后，世界排名分别为 45 名和 40 名。同时，我国的知识产权保护强度和创新能力的全球排名呈现下降趋势（图 13-2）；而印度在这两方面的最新排名已经超过了中国，其总体排名由 2016 年的 55 名上升至 2017 年的 39 名。这体现了加强知识产权保护、提升我国创新能力，进而提升我国全球竞争力的必要性。

表 13-3　中国知识产权保护与创新能力排名

项目	2016 年中国的世界排名
制度	45
知识产权保护强度	62
法律独立性	56
创新	30
创新能力	45
科研机构质量	40

续表

项目	2016 年中国的世界排名
企业研发投入	25
产学研合作	30
政府高科技产品采购	10
科技人才可得性	30
人均 PCT 专利申请数量	33

资料来源：世界经济论坛《2016—2017 年全球竞争力报告》

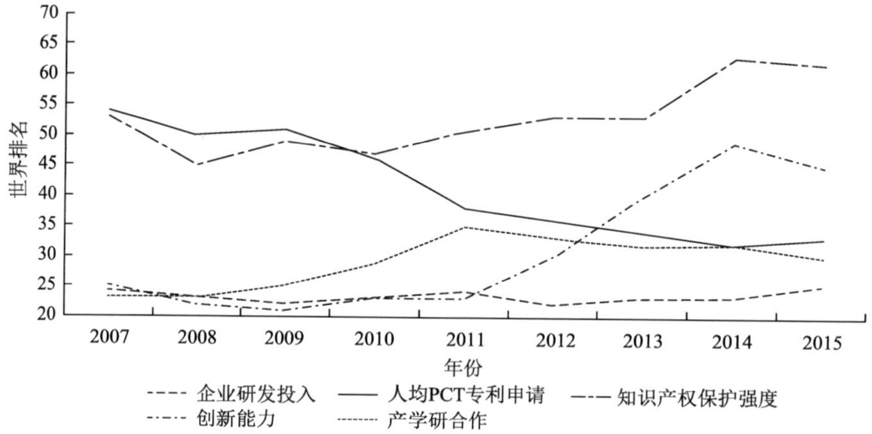

图 13-2　2007～2015 年中国知识产权与创新能力世界排名变化

资料来源：世界经济论坛《全球竞争力报告》

关于知识产权保护，有两点需要注意：第一，中国在知识产权保护力度和深度方面虽然不能达到发达国家的水平，但是，从动态视角来看，中国在知识产权保护方面已经取得了成绩。改革开放以来，中国的知识产权概念从无到有，从非常微弱到现在明显改观。企业对知识产权的保护也从原来的忽略到现在的非常重视，知识产权保护取得了长足的进步。第二，要正确区分关于知识产权在发展中国家和发达国家的不同的要求和不同的界定。发达国家人均收入比较高，进行知识产权保护的成本相对较低，而发展中国家人均收入较低，且企业运营的固定成本较高，在某种程度上进行知识产权保护要付出的成本相对较大。在这种情况下应该区分发达国家和发展中国家知识产权保护的力度。比如，一本相同内容、同样版本的教材，在西方发达国家的售价比在亚太国家的售价要高，因为亚太国家人均收入通常较低，而欧美国家人均收入高，因此，从人均收入的角度来看对知识产权在发展中国家的定价应该相对较低。

加强知识产权保护对我国经济的积极意义主要有三个方面。第一，知识产权保护有利于调动企业与国民从事科技研究的积极性。第二，知识产权的专有性能够为企业带来巨大的经济效益，激励企业自主创新。第三，知识产权保护能够保证企业经营与研发投入的安全，有利于吸引外商投资。目前，不论是外资企业还是国内企业都对知识产权保护有着重要需求。在创新驱动发展的时代，保护企业知识产权就意味着保护企业的命脉。对国家而言，其更是提高中国经济竞争力的重要激励。

13.5　主动扩大进口，满足消费需求，加快经济转型升级

扩大开放的最后一个重要方面在于增加进口。习近平在讲话中强调，“内需是中国经济发展的基本动力，也是满足人民日益增长的美好生活需要的必然要求”。[①]2018 年，中国相当幅度降低了汽车进口关税，同时降低了部分其他产品进口关税，努力增加人民群众需求比较集中的特色优势产品进口，加快加入 WTO《政府采购协定》进程。同时，中国希望发达国家对正常合理的高技术产品贸易停止人为设限，放宽对华高技术产品出口管制。2018 年 11 月，首届中国国际进口博览会在上海举办。扩大进口利好中国经济主要可以从四个方面理解，以下结合中国现状与扩大进口的积极影响进行分析。

第一，扩大进口能增加可供消费者选择的品种，符合我国中等收入群体崛起后消费结构的趋势。受 2008 年全球金融危机的影响，过去十余年，我国所面对的外需相对疲软。出口作为原来拉动经济增长的“三驾马车”之一，对经济的贡献不断下降。2017 年我国消费的 GDP 占比已达 54%，对 GDP 增长的贡献率达 59%。可见，目前拉动中国经济增长主要是靠消费为主的内需来促进的。

具体而言，在中国的 GDP 构成中（图 13-3），最终消费所占份额从 2000 年以来经历了先下降再上升的过程，2010 年为转折点，当年最终消费占中国 GDP 份额达到 48%，此后呈现上升趋势，到 2016 年达到 54%；资本形成总额则在 2010 年占比达到最高，为 48%，2011 年后呈现下降趋势，在 2016 年达到 44%；货物和服务净流出在 2007 年占比最高，为 9%，在 2017 年降至 2%。这体现了最终消费在中国 GDP 中的重要性总体来看在持续上升。进一步，从对中国 GDP 的增长贡献率来看（图 13-4），最终消费对中国 GDP 的增长贡献率自 2000 年以来总体呈现先下降后上升的趋势，2013 年降至 47%，2016 年攀升至 67%后在

① 《习近平在博鳌亚洲论坛 2018 年年会开幕式上的主旨演讲》，http://www.xinhuanet.com//world/2018-04/10/c_1122659873.htm，2018 年 4 月 10 日。

2017 年略微下降至 59%。资本形成总额的增长贡献率则呈现先上升再下降的趋势，2009 年高达 87%，这可能与应对金融危机的一揽子计划有关，此后则呈现下降的趋势，在 2017 年降至 32%。货物和服务净流出对 GDP 的增长贡献率在 2000～2008 年平均为 2%左右，2009 年受全球金融危机影响骤降至–43%，2010～2017 年平均增长贡献率为–2%左右，2017 年达到 9%。总体而言，近年来，最终消费对 GDP 的增长贡献率呈现上升趋势，资本形成总额呈现下降趋势，货物和服务净流出则在较低水平波动。由此，最终消费对中国 GDP 增长的重要性不言而喻。

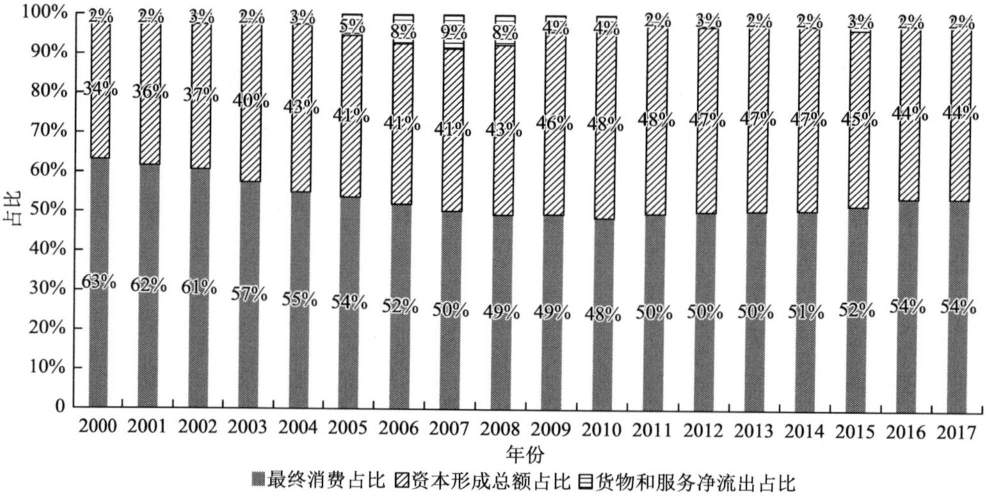

图 13-3　最终消费、资本形成总额、货物和服务净流出在 GDP 中的占比

资料来源：CEIC 数据库

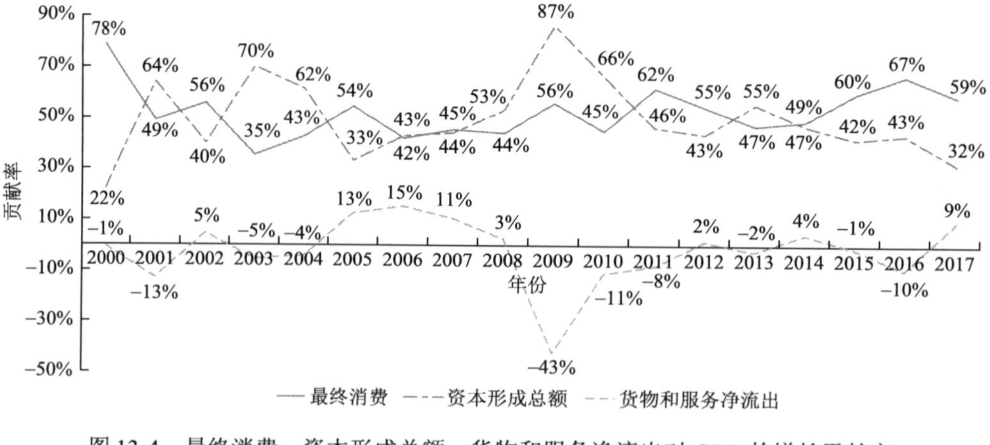

图 13-4　最终消费、资本形成总额、货物和服务净流出对 GDP 的增长贡献率

资料来源：CEIC 数据库

2017 年中国人均 GDP 达到 59 660 元[①]。2010 年中国已成为世界银行标准下的中等偏上收入国家。同时，根据 2016 年国家统计局数据，北京、上海、天津等三大直辖市的人均 GDP 均已超过 1 万美元，可与高等收入国家的人均 GDP 水平相比较（表 13-4）。此外，我国中等收入群体不断扩大，2018 年已有超过二成的居民成为中等收入群体[②]，城市居民的比重则更高。先富起来的这部分老百姓对消费品种、消费品质量都提出了更高的要求，而从欧盟、日本、美国等发达经济体的进口消费品种类更多、质量较高、产品差异性大，更能满足我国新兴崛起且不断扩大的中等收入群体的需求。

表 13-4　中国 2016 年人均 GDP 前十名省（自治区、直辖市）

排名	地区	2016 年人均 GDP/元
1	北京市	118 198
2	上海市	116 562
3	天津市	115 053
4	江苏省	96 887
5	浙江省	84 916
6	福建省	74 707
7	广东省	74 016
8	内蒙古自治区	72 064
9	山东省	68 733
10	重庆市	58 502

资料来源：国家统计局

第二，从国内居民的消费结构来看，扩大进口也能提高居民福利。这是因为更多进口消费品进入国内市场后，在需求端，消费者有了更多商品选择种类，扩大了消费者福利；在供给端，当国内消费品企业面临更激烈的竞争时，将通过适当降低相关消费品价格在竞争中获取生存机会，这也会增加人民的真实收入，提升居民福利。2018 年 11 月，首届中国国际进口博览会在上海举办。为配合博览会工作，商务部开展了消费品供需情况调查。2018 年 5 月，商务部发布的《主要消费品供需状况统计调查分析报告》表明，消费者未来对增加食品、服装鞋帽、母婴用品、化妆用品、电气电子、钟表眼镜、乘用车等产品的进口意愿均较强。

① 《中华人民共和国 2017 年国民经济和社会发展统计公报》，http://www.stats.gov.cn/tjsj/zxfb/201802/t20180228_1585631.html，2018 年 2 月 28 日。

② 《中国中等收入群体超 3 亿人，原来是这样算出来的！你达标了吗？》，http://news.hexun.com/2018-01-09/192190479.html，2018 年 1 月 9 日。

这反映了国民对多种进口产品的需求，体现了扩大进口能够通过拓宽消费品种类，进而提升居民福利。

第三，增加进口有利于提升企业的绩效，提高企业的全要素生产率。余淼杰（2010）验证了降低10%中间品关税能促使企业生产率提升5.1%，而降低10%最终品关税能促使企业生产率提升 9.2%。事实上，进口品除了最终消费品之外，还包括中间品和资本品。一方面，企业可以从进口的资本品中吸取先进的生产技术，边干边学。另一方面，通常从西方发达国家进口的中间品技术含量都比较高，如果企业在生产中能与国内中间品相结合，则可以产生“一加一大于二”的熊彼特效应。在文献中，Goldberg 等（2010）验证了进口关税自由化对产品范围扩张的影响，Feng 等（2016）则使用中国数据验证了中间品进口有利于提升企业的出口表现。

第四，需要特别强调的是，扩大进口不只是扩大农产品或工业品的进口，也包括扩大服务贸易进口。比如，鼓励更多如出国留学和境外医疗等旅行进口及计算机与信息服务等进口。首先，留学服务进口是服务贸易中的重要组成部分。根据商务部报告，2017 年中国服务贸易占对外贸易总额（货物和服务进出口之和）的比重为 14.5%。旅行服务依然是主要进口来源，进口规模占服务进口总额的54.5%，其中留学服务进口 4481.8 亿元，占服务进口总额的 14.2%。截至 2014 年，改革开放以来留学回国总人数达到了 180.96 万人，占出国留学总人数的 74.48%[①]，海归人才成为建设社会主义中国的重要骨干力量。扩大留学等旅行进口有利于中国国民的人力资本提升。其次，医疗旅游进口是中国服务贸易日益增长的重要方面。鼓励国内居民赴境外购买医疗服务与国民健康息息相关，扩大这类进口可以使人民享受到更好的医疗服务。根据 Global Growth Market 咨询公司的报告[②]，2015 年中国出境医疗旅游人数达 48.3 万人，出境医疗旅游总花费为 97 亿美元，人均医疗旅游总花费为 2.01 万美元[③]。值得注意的是，相比普通旅游的花费[④]，医疗旅游人均花费至少是普通旅游的两倍。随着老龄化进程的加快，国民对高端医疗的需求将持续增大，扩大医疗进口能够满足国民日益增长的医疗需求。此外，中国在计算机和信息服务、视听及相关产品许可费服务方面的进口快速增长，增速分别达 58.2%和 54.5%。海运服务、电信服务与研发成果使用费进口增速均在

① 参考中国教育在线与教育优选联合发布的《2015 年出国留学发展状况调查报告》。

② 参考 http://ggmkts.com/g-Outbound-Chinese-medical-tourism，2020 年 10 月 27 日。另外，根据携程旅游发布的《2016 年在线医疗旅游报告》，2016 年中国出境医疗旅游人数超过 50 万人次，与 Global Growth Market 提供的 2015 年 48.3 万人次的数据相当。在费用方面，携程旅游公布的报告显示，中国游客医疗旅游项目的每人平均订单价格超过 5 万元，与本章根据 Global Growth Market 提供的数据计算出的人均花费 1.30～2.01 万美元相当。

③ 医疗旅游总花费 97 亿美元中，包括医疗费用 63 亿美元和住宿费用 34 亿美元。如果仅计算医疗费用，则人均医疗旅游总花费为 1.30 万美元。

④ 环球蓝联的数据显示，中国游客前往欧洲旅行时平均花费约 26 000 元，在亚洲旅行时平均花费约 18 000 元，详见 https://www.thepaper.cn/newsDetail_forward_1459210_1，2016 年 4 月 21 日。

20%以上。扩大计算机和信息服务、研发成果使用费等附加值较高的服务贸易进口也将有助于我国经济进一步转型升级。

13.6　结　论

2018年4月10日，国家主席习近平出席博鳌亚洲论坛并发表主旨演讲，回顾了中国改革开放40年的伟大历程，宣示了新时代深化改革、扩大开放的坚定决心，并提出了四项扩大开放的重要举措，分别为大幅度放宽市场准入、创造更有吸引力的投资环境、加强知识产权保护、主动扩大进口。扩大开放对中国经济的影响何在？本章阐述了中国在市场准入、投资环境、知识产权保护、进口等四方面的现状，进而分析了四项扩大开放的重要举措对中国经济的可能影响。

在市场准入方面，根据2017年OECD的外商直接投资限制指数，中国总体外商直接投资限制水平仍然较高，同时金融业限制远高于制造业限制。放宽市场准入，意味着国外特别是发达国家的服务业或制造业企业会进驻中国国内的市场，这会对国内同行业的企业造成一定程度的竞争，一些效率较低的企业会在开放中被淘汰。但是，效率较高的企业可以在放宽市场准入中做大、做强。这些企业可以通过同国外的企业进行合资或者更加深入地合作，从而提升其竞争力。

在投资环境方面，2017年，中国在世界190个经济体中的营商环境排名为78名，处于中游。创造更有吸引力的投资环境是中国扩大开放、吸引外资的重要方向。其中，全面落实准入前国民待遇加负面清单管理制度，是中国进一步提高对外开放水平、改善投资环境的重要举措。其积极影响体现在以下三个方面。第一，实施市场准入负面清单体现了中国市场准入管理从重视事前审批转向加强事中、事后监管，破除了以往可能存在的不合理限制与壁垒，降低了企业的制度性成本，赋予了市场主体更广阔的自主权和准入机会。第二，负面清单“法无禁止即可为”的管理模式简化了行政手续，提升了行政效率。第三，负面清单的出台拓宽了企业投资的范围，从而扩大了资源配置的空间，是进一步发挥市场在配置资源中的决定性作用的重要体现。

在知识产权保护方面，根据世界经济论坛的《全球竞争力报告》，2016年，中国在与知识产权保护与创新能力紧密相关的制度和创新两个子项的排名分别为全球45名和30名。加强知识产权保护是提升我国创新能力，进而提升我国全球竞争力的重要举措。加强知识产权保护对我国经济的积极意义主要有以下三个方面。第一，有利于调动企业与国民从事科技研究的积极性。第二，知识产权的专有性能够为企业带来巨大的经济效益，激励企业自主创新。第三，知识产权保护能够保证企业经营与研发投入的安全，有利于吸引外商投资。目前，不论是外资企业还是国内企业都对知识产权保护有着重要需求。在创新驱动发展的时代，保护企业知识产权就意味着保护企业的命脉。对国家而言，其更是提高中国经济竞争力的重要激励。

在进口方面，扩大进口利好中国经济主要可以从四个方面理解。第一，扩大进口能增加可供消费者选择的品种，符合我国中等收入群体崛起后消费结构的趋势。第二，从国内居民的消费结构来看，扩大进口也能提高居民福利。第三，增加进口有利于提升企业的绩效，提高企业的全要素生产率。第四，需要特别强调的是，扩大进口不只是扩大农产品或工业品的进口，也包括扩大服务贸易进口。比如，鼓励更多如出国留学和境外医疗等旅行进口，以及计算机与信息服务等附加值较高的服务贸易进口。

总体而言，扩大开放对中国经济有重大的利好作用。中国开放的大门不会关闭，只会越开越大。大幅度放宽市场准入、创造更有吸引力的投资环境、加强知识产权保护、主动扩大进口，将对中国经济产生更大的拉动作用，也促使中国继续为世界经济增长做出重要贡献。

参 考 文 献

陈斌开，万晓莉，傅雄广. 2010. 人民币汇率、出口品价格与中国出口竞争力——基于产业层面数据的研究. 金融研究，（12）：30-42.

陈学彬，李世刚，芦东. 2007. 中国出口汇率传递率和盯市能力的实证研究. 经济研究，（12）：106-117.

戴觅，徐建炜，施炳展. 2013. 人民币汇率冲击与制造业就业——来自企业数据的经验证据. 管理世界，（11）：14-27，38，187.

戴觅，余淼杰，Maitra M. 2014. 中国出口企业生产率之谜：加工贸易的作用. 经济学（季刊），（2）：675-698.

樊海潮，郭光远. 2015. 出口价格、出口质量与生产率间的关系：中国的证据. 世界经济，38（2）：58-85.

范立春. 2010. 中国与东盟经济合作的互补性分析. 特区经济，（8）；95-96.

傅自应. 2008. 中国对外贸易三十年. 北京：中国财政经济出版社.

葛顺奇，刘晨，罗伟. 2016. 外商直接投资的减贫效应：基于流动人口的微观分析. 国际贸易问题，（1）：82-92.

国家统计局. 2018. 中华人民共和国 2017 年国民经济和社会发展统计公报. http://www.stats.gov.cn/tjsj/zxfb/201802/t20180228_1585631.html[2018-05-28].

韩剑，郑秋玲，邵军. 2017. 多产品企业、汇率变动与出口价格传递. 管理世界，（8）：14-26，187.

胡冬梅，郑尊信，潘世明. 2010. 汇率传递与出口商品价格决定：基于深圳港 2000～2008 年高度分解面板数据的经验分析. 世界经济，（6）：45-59.

胡序威，周一星，顾朝林，等. 2000. 中国沿海城镇密集地区空间集聚与扩散研究. 北京：科学出版社.

李坤望，蒋为，宋立刚. 2014. 中国出口产品品质变动之谜：基于市场进入的微观解释. 中国社会科学，（3）：80-103，206.

李善民. 2018. 中国自由贸易试验区发展蓝皮书（2017—2018）. 广州：中山大学出版社.

李志远，余淼杰. 2013. 生产率、信贷约束与企业出口：基于中国企业层面的分析. 经济研究，（6）：85-99.

林毅夫，向为，余淼杰. 2018. 区域型产业政策与企业生产率. 经济学（季刊），（2）：781-800.

刘尧成，周继忠，徐晓萍. 2010. 人民币汇率变动对我国贸易差额的动态影响. 经济研究，（5）：32-40.

卢向前，戴国强. 2005. 人民币实际汇率波动对我国进出口的影响：1994—2003. 经济研究，（5）：31-39.

聂辉华，江艇，杨汝岱. 2012. 中国工业企业数据库的使用现状和潜在问题. 世界经济，（5）：142-158.

潘丽珍. 2018. 粤苏鲁浙四省实体经济发展对比分析. 中国发展观察，（Z2）：99-107.
陕西省统计局. 2017. 一带一路国家统计年鉴. 北京：中国统计出版社.
商务部. 2018. 中国对外贸易形势报告(2018 年春季). http://zhs.mofcom.gov.cn/article/cbw/201805/20180502740111.shtml[2018-05-29].
申冲. 2015. 珠三角地区大气环境污染研究综述. 广东化工，42（8）：144，157.
盛丹，刘竹青. 2017. 汇率变动、加工贸易与中国企业的成本加成率. 世界经济，（1）：3-24.
施炳展. 2014. 中国企业出口产品质量异质性：测度与事实. 经济学（季刊），（1）：263-284.
施炳展，邵文波. 2014. 中国企业出口产品质量测算及其决定因素——培育出口竞争新优势的微观视角. 管理世界，（9）：90-106.
施炳展，王有鑫，李坤望. 2013. 中国出口产品品质测度及其决定因素. 世界经济，（9）：69-93.
唐任伍，马骥. 2008. 中国经济改革 30 年（对外开放卷）. 重庆：重庆大学出版社.
田巍，余淼杰 2014. 中间品贸易自由化和企业研发：基于中国数据的经验分析. 世界经济，（6）：90-112.
王小彬. 2018. “一带一路”建设中推进粤港澳区域经济一体化问题研究. 吉林大学博士学位论文.
王孝松，施炳展，谢申祥，等. 2014. 贸易壁垒如何影响了中国的出口边际？——以反倾销为例的经验研究. 经济研究，（11）：58-71.
王雅琦，戴觅，徐建炜. 2015. 汇率、产品质量与出口价格. 世界经济，（5）：17-35.
文争为. 2010. 中国制造业出口中 PTM 行为的经验研究. 世界经济，（7）：82-95.
许家云，毛其淋，胡鞍钢. 2017. 中间品进口与企业出口产品质量升级：基于中国证据的研究. 世界经济，（3）：52-75.
许家云，佟家栋，毛其淋. 2015. 人民币汇率、产品质量与企业出口行为——中国制造业企业层面的实证研究. 金融研究，（3）：1-17.
余淼杰. 2010. 中国的贸易自由化与制造业企业生产率. 经济研究，45（12）：97-110.
余淼杰. 2011. 加工贸易、企业生产率和关税减免——来自中国产品面的证据. 经济学（季刊），（4）：1251-1280.
余淼杰. 2016. 贸易开放与中国经济发展. 北京：北京大学出版社.
余淼杰. 2018. “剧透”进口博览会，经济全球化下的大国担当. 企业观察家，（12）：81-83.
余淼杰，李乐融. 2016. 贸易自由化与进口中间品质量升级——来自中国海关产品层面的证据. 经济学（季刊），15（3）：1011-1028.
余淼杰，王雅琦. 2015. 人民币汇率变动与企业出口产品决策. 金融研究，（4）：19-33.
余淼杰，张睿. 2017a. 中国制造业出口质量的准确衡量. 挑战与解决方法. 经济学（季刊），16（2）：463-484.
余淼杰，张睿. 2017b. 人民币升值对出口质量的提升效应：来自中国的微观证据. 管理世界，（5）：28-40.
张思平. 2017. “一国两制”与大湾区——粤港澳大湾区建设中的制度创新. 深圳：深圳创新发展研究院.
中国人民大学国际货币研究所. 2015. 人民币国际化报告 2015. 北京：中国人民大学出版社.
肇越，闫奕锦. 2014. 人民币国际化：一场刚刚开幕的大戏. 清华金融评论，（1）：63-68.
Ackerberg D A，Caves K，Frazer G. 2015. Identification properties of recent production function estimators. Econometrica，83：2411-2451.

Ahn J，Khandelwal A K，Wei S J. 2011. The role of intermediaries in facilitating trade. Journal of International Economics，84（1）：73-85.

Alvarez F，Lucas R E. 2007. General equilibrium analysis of the Eaton-Kortum model of international trade. Journal of Monetary Economics，54：1726-1768.

Amiti M，Davis D R. 2012. Trade，firms，and wages：theory and evidence. The Review of Economic Studies，79（1）：1-36.

Amiti M，Khandelwal A K. 2013. Import competition and quality upgrading. Review of Economics and Statistics，95（2）：476-490.

Amiti M，Konings J. 2007. Trade liberalization，intermediate inputs，and productivity：evidence from Indonesia. American Economic Review，97（5）：1611-1638.

Amiti M，Itskhoki O，Konings J. 2014. Importers，exporters，and exchange rate disconnect. American Economic Review，104（7）：1942-1978.

Amiti M，Weinstein D E. 2011. Exports and financial shocks. The Quarterly Journal of Economics，126（4）：1841-1877.

Antràs P. 2003. Firms，contracts，and trade structure. The Quarterly Journal of Economics，118（4）：1375-1418.

Antràs P. 2005. Incomplete contracts and the product cycle. American Economic Review，95（4）：1054-1073.

Antràs P. 2016. Global Production：Firms，Contracts，and Trade Structure. Princeton：Princeton University Press.

Antràs P，Helpman E. 2004. Global sourcing. Journal of Political Economy，112（3）：552-580.

Arellano M，Bond S. 1991. Some tests of specification for panel data：Monte Carlo evidence and an application to employment equations. The Review of Economic Studies，58：277-297.

Arkolakis C. 2010. Market penetration costs and the new consumers margin in international trade. Journal of Political Economy，118（6）：1151-1199.

Arkolakis C，Ganapati S，Muendler M-A. 2010. The extensive margin of exporting products：a firm-level analysis. National Bureau of Economic Research Working Paper.

Asian Development Bank. 2007. ADB's infrastructure operations-responding to client needs. Manila.

Asian Development Bank Institute. 2010. Estimating demand for infrastructure in energy，transport，telecommunications，water and sanitation in Asia and the Pacific：2010—2020. Asian Development Bank Institute Working Paper.

Aslam M M. 2012. The impact of ASEAN-China Free Trade Area Agreement on ASEAN's manufacturing industry. International Journal of China Studies，3（1）：43-78.

Auer R，Chaney T. 2009. Exchange rate pass-through in a competitive model of pricing-to-market. Journal of Money，Credit and Banking，41：151-175.

Auer R，Chaney T，Sauré P. 2018. Quality pricing-to-market. Journal of International Economics，110：87-102.

Bai X，Krishna K，Ma H. 2017. How you export matters：export mode，learning and productivity in China. Journal of International Economics，104：122-137.

Balassa B. 1965. Trade liberalisation and "revealed" comparative advantage. The Manchester School，

33：99-123.

Bas M，Strauss-Kahn V. 2015. Input-trade liberalization，export prices and quality upgrading. Journal of International Economics，95（2）：250-262.

Bastos P，Silva J，Verhoogen E. 2018. Export destinations and input prices. American Economic Review，108（2）：353-392.

Baum C F，Schaffer M E，Stillman S. 2007. Enhanced routines for instrumental variables/GMM estimation and testing. The Stata Journal，7（4）：465-506.

Beck T. 2002. Financial development and international trade：is there a link?. Journal of International Economics，57（1）：107-131.

Behrens K，Corcos G，Mion G. 2013. Trade crisis? What trade crisis?. Review of Economics and Statistics，95（2）：702-709.

Bergin P R，Feenstra R C，Hanson G H. 2009. Offshoring and volatility：evidence from Mexico's maquiladora industry. American Economic Review，99：1664-1671.

Berman N，Martin P，Mayer T. 2012. How do different exporters react to exchange rate changes?. The Quarterly Journal of Economics，127（1）：437-492.

Bernard A B，Jensen J B. 2007. Firm structure，multinationals，and manufacturing plant deaths. Review of Economics and Statistics，89（2）：193-204.

Bernard A B，Eaton J，Jensen J B，et al. 2003. Plants and productivity in international trade. American Economic Review，93（4）：1268-1290.

Bernard A B，Jensen J B，Redding S J，et al. 2007a. Firms in international trade. Journal of Economic Perspectives，21（3）：105-130.

Bernard A B，Redding S J，Schott P K. 2007b. Comparative advantage and heterogeneous firms. Review of Economic Studies，74（1）：31-66.

Bernard A B，Redding S J，Schott P K. 2011. Multiproduct firms and trade liberalization. The Quarterly Journal of Economics，126（3）：1271-1318.

Bernini M，Tomasi C. 2015. Exchange rate pass-through and product heterogeneity：does quality matter on the import side?. European Economic Review，77：117-138.

Blomström M，Kokko A. 1996. The impact of foreign investment on host countries：a review of the empirical evidence. Policy Research Working Paper.

Blundell R，Bond S. 1998. Initial conditions and moment restrictions in dynamic panel data models. Journal of Econometrics，87：115-143.

Bolton P，Scharfstein D. 1990. A theory of predation based on agency problems in financial contracting. American Economic Review，80（1）：93-106.

Bown C P，Crowley M A. 2010. China's export growth and the China safeguard：threats to the world trading system?. Canadian Journal of Economics，43（4）：1353-1388.

Bown C P，Crowley M A. 2013. Self-enforcing trade agreements：evidence from time-varying trade policy. American Economic Review，103（2）：1071-1090.

Brainard S L. 1997. An empirical assessment of the proximity-concentration trade-off between multinational sales and trade. American Economic Review，87（4）：520-544.

Brandt L，Tombe T，Zhu X D. 2013. Factor market distortions across time，space and sectors in China.

Review of Economic Dynamics，16（1）：39-58.

Brandt L，van Biesebroeck J，Zhang Y F. 2012. Creative accounting or creative destruction? Firm-level productivity growth in Chinese manufacturing. Journal of Development Economics，97（2）：339-351.

Broda C，Weinstein D E. 2006. Globalization and the gains from variety. The Quarterly Journal of Economics，121（2）：541-585.

Burstein A，Gopinath G. 2014. International prices and exchange rates. Handbook of International Economics，4：391-451.

Bustos P. 2011. Trade liberalization，exports and technology upgrading：evidence on the impact of MERCOSUR on Argentinian firms. American Economic Review，101（1）：304-340.

Cai H B，Liu Q. 2009. Competition and corporate tax avoidance：evidence from Chinese industrial firms. The Economic Journal，119（537）：764-795.

Cameron A C，Trivedi P K. 2005. Microeconometrics：Methods and Applications. Cambridge：Cambridge University Press.

Campa J M，Goldberg L S. 2005. Exchange rate pass-through into import prices. Review of Economics and Statistics，87：679-690.

Chaney T. 2016. Liquidity constrained exporters. Journal of Economic Dynamics and Control，72：141-154.

Chatterjee A，Dix-Carneiro R，Vichyanond J. 2013. Multi-product firms and exchange rate fluctuations. American Economic Journal：Economic Policy，5（2）：77-110.

Chen N，Juvenal L. 2016. Quality，trade，and exchange rate pass-through. Journal of International Economics，100：61-80.

Chen W J，Dollar D，Tang H W. 2016. Why is China investing in Africa? Evidence from the firm level. The World Bank Economic Review，32（13）：610-632.

Chen W J，Tang H W. 2014. The dragon is flying west：micro-level evidence of Chinese outward direct investment. Asian Development Review，31（2）：109-140.

Chen Y，Tian W，Yang Y，et al. 2017a. Firm productivity and land price：evidence from Chinese firms. Mimeo，Peking University.

Chen Z Y，Zhang J，Zheng W P. 2017b. Import and innovation：evidence from Chinese firms. European Economic Review，94：205-220.

Chor D，Manova K. 2012. Off the cliff and back？Credit conditions and international trade during the global financial crisis. Journal of International Economics，87（1）：117-133.

Claessens S，Tzioumis K. 2006. Measuring firms'access to finance. Brookings Conference Paper.

Clementi G L，Hopenhayn H A. 2006. A theory of financing constraints and firm dynamics. The Quarterly Journal of Economics，121（1）：229-265.

Dai M，Maitra M，Yu M J. 2016. Unexceptional exporter performance in China? The role of processing trade. Journal of Development Economics，121：177-189.

de Loecker J. 2011. Product differentiation，multiproduct firms，and estimating the impact of trade liberalization on productivity. Econometrica，79（5）：1407-1451.

de Loecker J. 2013. Detecting learning by exporting. American Economic Journal：Microeconomics，

5（3）：1-21.

de Loecker J，Warzynski F. 2012. Markups and firm-level export status. American Economic Review，102（6）：2437-2471.

de Loecker J，Goldberg P K，Khandelwal A K，et al. 2012. Prices，markups and trade reform. National Bureau of Economic Research Working Paper.

Dixit A K，Stiglitz J E. 1977. Monopolistic competition and optimum product diversity. The American Economic Review，67（3）：297-308.

Dollar D，Wei S J. 2007. Das（wasted）kapital：firm ownership and investment efficiency in China. IMF Working Paper.

Domar E D. 1961. On the measurement of technological change. The Economic Journal，71（284）：709-729.

Donaldson D. 2018. Railroads of the Raj：estimating the impact of transportation infrastructure. American Economic Review，108（4/5）：899-934.

Fan H C，Li Y A，Yeaple S R. 2015. Trade liberalization，quality，and export prices. Review of Economics and Statistics，97（5）：1033-1051.

Feenstra R C. 2010. Offshoring in the Global Economy：Microeconomic Structure and Macroeconomic Implications. Cambridge：MIT Press.

Feenstra R C，Hanson G H. 2005. Ownership and control in outsourcing to China：estimating the property-rights theory of the firm. The Quarterly Journal of Economics，120（2）：729-761.

Feenstra R C，Li Z Y，Yu M J. 2014. Exports and credit constraints under incomplete information：theory and evidence from China. Review of Economics and Statistics，96（4）：729-744.

Feenstra R C，Mandel B R，Reinsdorf M B，et al. 2013. Effects of terms of trade gains and tariff changes on the measurement of US productivity growth. American Economic Journal：Economic Policy，5（1）：59-93.

Feenstra R C，Romalis J. 2014. International prices and endogenous quality. The Quarterly Journal of Economics，129（2）：477-527.

Feenstra R C，Wei S J. 2009. Introduction to China's growing role in world trade. National Bureau of Economic Research Working paper.

Feng L，Li Z Y，Swenson D L. 2016. The connection between imported intermediate inputs and exports：evidence from Chinese firms. Journal of International Economics，101：86-101.

Fernandes A. 2003. Trade policy，trade volumes and plant-level productivity in Colombian manufacturing industries. Policy Research Working Paper.

Foster L，Haltiwanger J，Syverson C. 2008. Reallocation，firm turnover，and efficiency：selection on productivity or profitability?. American Economic Review，98（1）：394-425.

Freeman R，Liang W Q，Song R，et al. 2019. Willingness to pay for clean air in China. Journal of Environmental Economics and Management，94：188-216.

Gandhi A，Navarro S，Rivers D. 2020. On the identification of gross output production functions. Journal of Political Economy，128（8）：2973-3016.

Garetto S. 2016. Firms' heterogeneity，incomplete information，and pass-through. Journal of International Economics，101：168-179.

Garetto S，Oldenski L，Ramondo N. 2016. Life-cycle dynamics and the expansion strategies of US multinational firms. Unpublished manuscript，Boston University.

Garicano L，Lelarge C，van Reenen J. 2016. Firm size distortions and the productivity distribution：evidence from France. American Economic Review，106（11）：3439-3479.

Ge Y，Lai H，Zhu S. 2011. Intermediates imports and gains from trade liberalization. University of International Business and Economic Technical report.

Gereffi G，Memedovic O. 2003. The global apparel value chain：what prospects for upgrading by developing countries. Vienna：United Nations Industrial Development Organization.

Goldberg P K，Knetter M M. 1997. Goods prices and exchange rates：what have we learned? . Journal of Economic Literature，35（3）：1243-1272.

Goldberg P K，Khandelwal A K，Pavcnik N，et al. 2010. Imported intermediate inputs and domestic product growth：evidence from India. Quarterly Journal of Economics，125（4）：1727-1767.

Gopinath G，Neiman B. 2014. Trade adjustment and productivity in large crises. American Economic Review，104（3）：793-831.

Gopinath G，Rigobon R. 2008. Sticky borders. Quarterly Journal of Economics，123（2）：531-575.

Gopinath G，Kalemli-Özcan Ş，Karabarbounis L，et al. 2017. Capital allocation and productivity in south Europe. The Quarterly Journal of Economics，132（4）：1915-1967.

Groizard J L，Ranjan P，Rodriguez-Lopez A. 2015. Trade costs and job flows：evidence from establishment-level data. Economic Inquiry，53（1）：173-204.

Gross T，Verani S. 2012. Financing constraints，firm dynamics，and international trade. Finance and Economics Discussion Series Working Paper.

Grossman G M，Helpman E. 1994. Protection for sale. American Economic Review，84（4）：833-850.

Guner N，Ventura G，Xu Y. 2008. Macroeconomic implications of size-dependent policies. Review of Economic Dynamics，11（4）：721-744.

Hallak J C. 2006. Product quality and the direction of trade. Journal of International Economics，68（1）：238-265.

Hallak J C，Schott P K. 2011. Estimating cross-country differences in product quality. The Quarterly Journal of Economics，126（1）：417-474.

Halpern L，Koren M，Szeidl A. 2015. Imported inputs and productivity. American Economic Review，105（12）：3660-3703.

Harrison A E. 1994. Productivity，imperfect competition and trade reform：theory and evidence. Journal of International Economics，36（1/2）：53-73.

Harrison A E，McMillan M S. 2003. Does direct foreign investment affect domestic credit constraints?. Journal of International Economics，61（1）：73-100.

Heckman J，Vytlacil E. 1998. Instrumental variables methods for the correlated random coefficient model：estimating the average rate of return to schooling when the return is correlated with schooling. The Journal of Human Resources，33（4）：974-987.

Helpman E. 1984. A simple theory of international trade with multinational corporations. Journal of Political Economy，92（3）：451-471.

Helpman E，Melitz M J，Yeaple S R. 2004. Export versus FDI with heterogeneous firms. American

Economic Review，94（1）：300-316.

Horn H，Lang H，Lundgren S. 1995. Managerial effort incentives，X-inefficiency and international trade. European Economic Review，39（1）：117-138.

Hsieh C T，Klenow P J. 2009. Misallocation and manufacturing TFP in China and India. Quarterly Journal of Economics，124（4）：1403-1448.

Hsieh C T，Klenow P J. 2014. The life cycle of plants in India and Mexico. The Quarterly Journal of Economics，129（3）：1035-1084.

Hsieh C T，Song Z. 2015. Grasp the large，let go of the small：the transformation of the state sector in China. National Bureau of Economic Research Working Paper.

Huang Y S. 2003. Selling China：Foreign Direct Investment During the Reform Era. Cambridge：Cambridge University Press.

Huang Y S. 2008. Capitalism with Chinese Characteristics：Entrepreneurship and the State. Cambridge：Cambridge University Press.

Hulten C R. 1978. Growth accounting with intermediate inputs. The Review of Economic Studies，45（3）：511-518.

Hummels D，Ishii J，Yi K M. 2001. The nature and growth of vertical specialization in world trade. Journal of International Economics，54（1）：75-96.

Imbens G W. 2004. Nonparametric estimation of average treatment effects under exogeneity：a review. The Review of Economics and Statistics，86（1）：4-29.

IMF. 2006. World Economic Outlook. Washington D. C.：The Fund.

Irarrazabal A，Moxnes A，Opromolla L D. 2015. The tip of the iceberg：a quantitative framework for estimating trade costs. The Review of Economics and Statistics，97（4）：777-792.

Johnson R C，Noguera G. 2012. Accounting for intermediates：production sharing and trade in value added. Journal of International Economics，86（2）：224-236.

Kee H L，Tang H W. 2016. Domestic value added in exports：theory and firm evidence from China. American Economic Review，106（6）：1402-1436.

Keller W，Yeaple S R. 2009. Multinational enterprises，international trade，and productivity growth：firm-level evidence from the United States. The Review of Economics and Statistics，91（4）：821-831.

Khandelwal A. 2010. The long and short（of）quality ladders. The Review of Economic Studies，77（4）：1450-1476.

Khandelwal A K，Schott P K，Wei S J. 2013. Trade liberalization and embedded institutional reform：evidence from Chinese exporters. American Economic Review，103（6）：2169-2195.

King G，Zeng L C. 1999. Estimating absolute，relative and attributable risks in case-control Studies，Department of Government，Harvard University.

King G，Zeng L C. 2001. Logistic regression in rare events data. Political Analysis，9（2）：137-163.

Kleibergen F，Paap R. 2006. Generalized reduced rank tests using the singular value decomposition. Journal of Econometrics，133（1）：97-126.

Kletzer K，Bardhan P. 1987. Credit markets and patterns of international trade. Journal of Development Economics，27（1/2）：57-70.

Koopman R，Wang Z，Wei S J. 2008. How much of Chinese exports is really made in China? Assessing domestic value-added when processing trade is pervasive. National Bureau of Economic Research Working Paper.

Koopman R，Wang Z，Wei S J. 2014. Tracing value-added and double counting in gross exports. American Economic Review，104：459-494.

Krishna P，Mitra D. 1998. Trade liberalization，market discipline and productivity growth：new evidence from India. Journal of Development Economics，56（2）：447-462.

Krugman P R. 1986. Strategic Trade Policy and the New International Economics. Cambridge：MIT Press.

Kugler M，Verhoogen E. 2009. Plants and imported inputs：new facts and an interpretation. American Economic Review，99（2）：501-507.

Kugler M，Verhoogen E. 2012. Prices，plant size，and product quality. The Review of Economic Studies，79（1）：307-339.

Lardy N R. 2014. Markets over Mao：The Rise of Private Business in China. Washington D. C.：Peterson Institute for International Economics.

Levchenko A A，Lewis L T，Tesar L L. 2010. The collapse of international trade during the 2008—2009 crisis：in search of the smoking gun. NBER Working Paper.

Levinsohn J. 1993. Testing the imports-as-market-discipline hypothesis. Journal of International Economics，35（1/2）：1-22.

Levinsohn J，Petrin A. 2003. Estimating production functions using inputs to control for unobservables. The Review of Economic Studies，70（2）：317-341.

Li H B，Ma H，Xu Y. 2015. How do exchange rate movements affect Chinese exports?—A firm-level investigation. Journal of International Economics，97（1）：148-161.

Lileeva A，Trefler D. 2010. Improved access to foreign markets raises plant-level productivity… for some plants. Quarterly Journal of Economics，125（3）：1051-1099.

Lu D. 2010. Exceptional exporter performance? Evidence from Chinese manufacturing firms. mimeo，University of Chicago.

Lu J Y，Lu Y，Tao Z G. 2010. Exporting behavior of foreign affiliates：theory and evidence. Journal of International Economics，81（2）：197-205.

Ma Y，Tang H W，Zhang Y F. 2014. Factor intensity，product switching，and productivity：evidence from Chinese exporters. Journal of International Economics，92（2）：349-362.

Manova K. 2008. Credit constraints，heterogeneous firms，and international trade. National Bureau of Economic Research Working Paper.

Manova K. 2013. Credit constraints，heterogeneous firms，and international trade. Review of Economic Studies，80（2）：711-744.

Manova K，Wei S J，Zhang Z W. 2015. Firm exports and multinational activity under credit constraints. Review of Economics and Statistics，97（3）：574-588.

Manova K，Yu Z H. 2012. Firms along the value-added Chain：processing trade in China. mimeo，Stanford University.

Markusen J R. 1984. Multinationals，multi-plant economies，and the gains from trade. Journal of

International Economics，16（3/4）：205-226.
Mayer T，Melitz M J，Ottaviano G I P. 2014. Market size，competition，and the product mix of exporters. American Economic Review，104（2）：495-536.
Melitz M J. 2003. The impact of trade on intra-industry reallocations and aggregate industry productivity. Econometrica，71（6）：1695-1725.
Meredith C，Yu M J. 2014. Market-specific cost shocks and firm export behavior. mimeo，University of Cambridge.
Midrigan V，Xu Y. 2014. Finance and misallocation：evidence from plant-level data. American Economic Review，104（2）：422-458.
Moll B. 2014. Productivity losses from financial frictions：can self-financing undo capital misallocation?. American Economic Review，104（10）：3186-3221.
Morck R，Yeung B. 1991. Why investors value multinationality. The Journal of Business，64（2）：165-187.
Myers S C，Majluf N S. 1984. Corporate financing and investment decisions when firms have information that investors do not have. Journal of Financial Economics，13（2）：187-221.
Naughton B J. 2018. The Chinese Economy：Adaptation and Growth. 2nd ed. Cambridge：MIT Press.
OECD. 2001. Measuring productivity：measurement of aggregate industry level productivity growth. https://www.oecd-ilibrary.org/industry-and-services/measuring-productivity-oecd-manual_9789264194519-en[2018-05-28].
OECD. 2010. Measuring globalisation：OECD Economic Globalisation Indicators 2010. https://www.oecd.org/sti/ind/measuringglobalisationoecdeconomicglobalisationindicators2010.htm#book[2018-05-28].
OECD. 2017. FDI regulatory restrictiveness index. http://www.oecd.org/investment/fdiindex.htm[2018-05-28].
Olley G S，Pakes A. 1996. The dynamics of productivity in the telecommunications equipment industry. Econometrica，64（6）：1263-1297.
Pavcnik N. 2002. Trade liberalization，exit，and productivity improvements：evidence from Chilean plants. The Review of Economic Studies，69（1）：245-276.
Pierce J R，Schott P K. 2016. The surprisingly swift decline of US manufacturing employment. American Economic Review，106（7）：1632-1662.
Rauch J E. 1999. Networks versus markets in international trade. Journal of International Economics，48（1）：7-35.
Restuccia D，Rogerson R. 2008. Policy distortions and aggregate productivity with heterogeneous establishments. Review of Economic Dynamics，11（4）：707-720.
Restuccia D，Rogerson R. 2013. Misallocation and productivity. Review of Economic Dynamics，16：1-10.
Rodríguez-López J A. 2011. Prices and exchange rates：a theory of disconnect. The Review of Economic Studies，78（3）：1135-1177.
Rose A K. 2004. Do we really know that the WTO increases trade?. American Economic Review，94（1）：98-114.

Schor A. 2004. Heterogeneous productivity response to tariff reduction. Evidence from Brazilian manufacturing firms. Journal of Development Economics，75（2）：373-396.

Shen X F. 2015. Private Chinese investment in Africa：myths and realities. Development Policy Review，33（1）：83-106.

Song Z，Storesletten K，Zilibotti F. 2011. Growing like China. American Economic Review，101（1）：196-233.

Staiger D，Stock J H. 1997. Instrumental variables regression with weak instruments. Econometrica，65（3）：557-586.

Tang H W，Zhang Y F. 2012. Quality differentiation and trade intermediation. Department of Economics Discussion Papers.

The World Bank. 2018. Doing Business 2018. https://www.doingbusiness.org/en/reports/global-reports/doing-business-2018[2018-05-28].

Tian W，Sheng L G，Zhao H Y. 2016a. State capitalism：a new perspective on land sale in China. Pacific Economic Review，21（1）：84-101.

Tian W，Yu M J. 2015. Distribution outward FDI and productivity heterogeneity：evidence from Chinese firms. Unpublished manuscript：Peking University.

Tian W，Yu M J，Zhang F. 2016b. The exceptional performance of Chinese outward direct investment firms. China Economic Journal，9（2）：209-219.

Topalova P，Khandelwal A. 2011. Trade liberalization and firm productivity：the case of India. Review of Economics and Statistics，93（3）：995-1009.

Trefler D. 2004. The long and short of the Canada-U.S. free trade agreement. American Economic Review，94（4）：870-895.

Verani S. 2012. Aggregate consequences of firm-level financing constraints. Santa Barbara JOB Market Paper.

Verhoogen E A. 2008. Trade，quality upgrading，and wage inequality in the Mexican manufacturing sector. Quarterly Journal of Economics，123（2）：489-530.

Voss H，Buckley P J，Cross A R. 2008. Thirty years of Chinese outward foreign direct investment//19th CEA（UK）Conference：China's Three Decades of Economic Reform（1978—2008）. University of Cambridge：1-2.

Wan G H，Sebastian I. 2011. Poverty in Asia and the Pacific：an update. Asian Development Bank Economics Working Paper.

Wang Z，Wei S J. 2008. What accounts for the rising sophistication of China's exports?. National Bureau of Economic Research Working Paper.

Wang Z，Yu Z H. 2012. Trading partners，traded products and firm performances of China's exporter-importers：does processing trade make a difference?. The World Economy，35（12）：1795-1824.

Wooldridge J M. 2008. Instrumental variables estimation of the average treatment effect in the correlated random coefficient model//Fomby T，Hill C R，Millimet D L，et al. Modelling and Evaluating Treatment Effects in Econometrics. Bingley：Emerald Group Publishing Limited：93-116.

World Economic Forum. The global competitiveness report 2016—2017. http://reports.weforum.org/global-competitiveness-index-2016-2017/[2018-05-28].

Xing Y Q. 2012. Processing trade，exchange rates and China's bilateral trade balances. Journal of Asian Economics，23：540-547.

Yu M J. 2010. Trade，democracy，and the gravity equation. Journal of Development Economics，91（2）：289-300.

Yu M J. 2015. Processing trade，tariff reductions and firm productivity：evidence from Chinese firms. The Economic Journal，125（585）：943-988.

Yu M J. 2018. China's international trade development and opening-up policy design over the past four decades. China Economic Journal，11（3）：301-318.

Yu M J，Tian W. 2012. China's processing trade：a firm-level analysis//Mckay H，Song L G. Rebalancing and Sustaining Growth in China. Australian National University E-press：111-148.

Zhang F，Yu M J，Yu J T，et al. 2017. The effect of RMB internationalization on Belt and Road Initiative evidence from Bilateral Swap Agreements. Emerging Markets Finance and Trade，53（12）：2845-2857.

Zhang R，Zhang X. 2016. Capital structure premium in multinational SOEs：evidence from China. Review of Development Economics，20（1）：283-293.

附　　录

附录 1　测算微观层面出口质量所需变量的计算方法及数据来源

本附录详细阐述依照式(5-7)计算出口质量时，所需的各个变量 p_{ijgt}^{*} 、φ_{it} 和 w_t，以及 α_{jg} 、 θ_g 和 σ_g 的计算方法和来源，具体做法与余淼杰和张睿（2017a）一致。

1. 出口离岸单价（ p_{ijgt}^{*} ）的计算

出口离岸单价的数据来自 2000～2006 年中国企业层面的海关进出口贸易数据库，这一数据由海关总署所统计和维护。该数据库中记录了每个企业每笔进出口交易的交易价值、交易数量、HS 八位码的产品类别、出口目的地等详细信息。如 Yu（2015）所发现的，中国的加工贸易出口在出口总量中占相当的份额。需要说明的是，由于加工贸易出口生产使用的全部中间品和部分资本品均来自进口，其投入品成本水平 w_t 与国内投入品的成本水平差别很大，难以获得。因此，为了避免投入品成本水平不准确造成的产品质量的估计误差，引起分析上的困难，我们仅保留一般贸易出口的数据进行测算分析。

由于海关数据所记录的出口离岸价值是以美元计价的，因此我们利用当月平均美元对人民币的汇率将每笔交易的出口离岸价值转换为以人民币计价。我们构造企业-目的地-产品-年份层面的离岸单位价值 uv_{ijgt}，将企业 i 在 t 年中出口到 j 经济体的属产品类别 g 的离岸价值（数量）加总得到总价值（总数量），将总价值除以总数量即得到出口离岸单价，如式（A1-1）：

$$\text{uv}_{ijgt}=\frac{\text{value}_{ijgt}}{\text{quantity}_{ijgt}} \tag{A1-1}$$

其中，value_{ijgt} 为企业 i 在 t 年向 j 经济体出口的属产品类别 g 的出口离岸价值，quantity_{ijgt} 为相应的出口数量，uv_{ijgt} 为出口离岸单价。产品类别 g 以 HS 六位产品码为准。

2. 企业生产率（ φ_{it} ）的计算

我们测算企业 TFP 作为 φ_{it} 的度量。传统上，企业 TFP 的度量采用索洛剩余方法，即假设企业的生产技术满足以下 Cobb-Douglas 形式：

$$Y_{it} = \varphi_{it} K_{it}^{\alpha} L_{it}^{\beta} M_{it}^{\gamma} \tag{A1-2}$$

其中，Y_{it} 为企业的总产出，K_{it}、M_{it}、L_{it} 分别为企业的资本存量、中间投入和劳动力投入。将式（A1-2）两边取自然对数，即可通过 OLS 估计式（A1-2），其残差值即为 $\ln\varphi_{it}$ 的估计值。然而，传统的 OLS 存在瞬时偏差和选择偏误，会导致对 TFP 的不准确估计。因此我们参照 Amiti 和 Konings（2007）及 Yu（2015）的做法，使用 Olley 和 Pakes（1996）所提出的半参数方法对 TFP 进行估计，以克服瞬时偏差和选择偏误，准确测算企业生产率。

我们利用制造业企业数据库构造企业层面的 TFP。该数据库为年度面板数据，包含了所有的国有工业企业，以及年销售额在 500 万元以上的非国有工业企业。数据库包括了财务报表的主要信息和生产方面的信息。我们参考 Cai 和 Liu（2009）、Feenstra 等（2014）的方法进行了数据清理。参照 Ahn 等（2011），我们也将仅从事贸易活动的企业从样本中剔除。

依照中国的实际情况，我们又考虑了几个方面的问题：第一，由于每个行业中的企业生产技术不同，因此我们分行业对企业的生产函数进行估计，行业的划分基于 CIC 二位码。第二，由于每个企业的产出均以货币单位计价，因此为了克服价格指数变化所带来的测量误差（de Loecker，2011），我们利用行业层面上的产出价格平减指数对企业的产出进行平减，同时也对中间品投入进行价格平减。价格平减指数的构造方法参照了 Brandt 等（2012）的研究。需要指出的是，Brandt 等（2012）利用产出价格平减指数和投入产出表构造中间投入的价格平减指数，而由于投入产出表仅考虑了来自国内的投入品使用，因此所构造出的中间投入价格平减指数相对更适用于一般贸易出口，而不适用于加工贸易出口，这也是我们仅考虑一般贸易出口样本的重要原因。第三，如 Yu（2015）所考虑的，中国在 2001 年底正式加入了 WTO，这一需求层面的正向冲击会增大 TFP 估计中的瞬时偏差，因此我们将“是否已加入 WTO”这一虚拟变量包括到估计方程中，以更准确地估计 TFP。第四，不同的所有制对企业 TFP 也有所影响，尤其在中国，国有企业的决策并非完全基于利润最大化，而往往受到国家的影响（Hsieh and Klenow，2009），因此我们将国有企业这一虚拟变量也包括到估计方程中。第五，在估算企业真实资本存量时，我们采用与 Brandt 等（2012）一致的方法——永续盘存法，但不同的是，我们使用企业的真实折旧额进行计算，而非对折旧率进行假设。

3. *海关数据与工业企业数据库的合并*

计算出企业的出口离岸单价和 TFP 之后，我们需要对这两部分的数据进行合并。由于工业企业数据库的法人代码与海关数据中的法人代码并不一致，因此无法通过法人代码进行合并。我们参照 Yu（2015）的方法，采用海关数据和工业企业数据库中的企业名称和年份进行这两个数据库之间的匹配合并；另外，为了提高匹配度，我们也利用两个数据库企业的邮政编码和电话号码的后七位数字进行匹配合并。

4. 投入品成本水平（ w_t ）的计算

我们接下来构造式（5-7）中的投入品成本水平 w_t 。我们允许每个 CIC 二位码行业每年的投入品成本水平不同，因此实际上我们计算的是每个 CIC 二位码行业 k 每年的投入品成本水平 w_{kt} 。Feenstra 和 Romalis（2014）假设企业在生产过程中只需要劳动力一种投入品，但实际上企业的投入品还包括中间投入和资本品，因此单纯使用表示劳动力成本的工资水平代替 w_{kt} 并不恰当。我们将 w_{kt} 定义为包含三种投入要素价格的投入品成本水平：

$$\ln w_{kt} = \alpha_k' \ln w_{kt}^L + \beta_k' \ln w_{kt}^K + \gamma_k' \ln w_{kt}^M \tag{A1-3}$$

如式（A1-3）所示，企业的投入品成本水平实际上包含了劳动、资本和中间投入三部分的成本 w_{kt}^L 、 w_{kt}^K 和 w_{kt}^M 及其相应的份额 α_k' 、 β_k' 和 γ_k' 。由于我们仅研究一般贸易出口，因此生产用的所有（或绝大部分）中间投入均来自国内市场。如前所述，我们对产出和中间投入均进行价格平减，且所有行业的产出同时作为本行业和其他行业的中间投入，因此在均衡中 $w_{kt}^M = 1$ ，则有

$$\ln w_{kt} = \alpha_k' \ln w_{kt}^L + \beta_k' \ln w_{kt}^K \tag{A1-4}$$

其中， α_k' 与 β_k' 分别为行业 k 中，劳动成本和资本成本在投入品成本水平中所占的比例。我们将每个 CIC 二位码行业 k 中每年出口企业的应付工资总额和应付福利总额加总并予以价格平减，除以该行业每年出口企业的总雇员人数，即得到 CIC 二位码行业 k 每年的劳动成本：

$$w_{kt}^L = \frac{\text{Wage}_{kt} + \text{Compensation}_{kt}}{\text{Employee}_{kt}} \tag{A1-5}$$

我们将每个 CIC 二位码行业 k 中每年出口企业的折旧总额加总并予以价格平减，除以该行业每年出口企业的总真实资本存量，即得到 CIC 二位码行业 k 每年的资本成本：

$$w_{kt}^K = \frac{\text{Depreciation}_{kt}}{\text{Capital}_{kt}} \tag{A1-6}$$

在生产函数满足 Cobb-Douglas 形式 $Y_{it} = \varphi_{it} K_{it}^{\alpha} L_{it}^{\beta} M_{it}^{\gamma}$ 的前提下， α_k' 与 β_k' 的具体数值可根据生产函数的投入品弹性计算得到，具体如下：

$$\alpha_k' = \frac{\alpha_k}{\alpha_k + \beta_k + \gamma_k}$$
$$\beta_k' = \frac{\beta_k}{\alpha_k + \beta_k + \gamma_k} \tag{A1-7}$$

各个 CIC 二位码行业的 α_k 、 β_k 和 γ_k 估计值可以从估计企业 TFP 的过程中得

到。据此可以计算α_k'和β_k'，进而依据式（A1-4）计算每个 CIC 二位码行业 k 每年的投入品成本水平。

5. 结构性参数（α_{jg}、θ_g和σ_g）的计算

为了最大程度地保证产品质量估计值的完整性，并允许我们能够描述质量跨时和跨国的差异，我们利用 Feenstra 和 Romalis（2014）所估计出的每个国家每个 SITC①第二版四位码产品层面上的结构性参数α_{jg}、θ_g和σ_g的数值，直接依据式（5-7）计算产品质量②。具体来说，我们利用 WITS 所提供的不同产品分类系统转换表，将 HS 六位产品码与 SITC 第二版四位码进行匹配，从而得到每个 HS 六位码产品层面上相应的α_{jg}、θ_g和σ_g的参数值。对于部分 HS 六位产品码，其对应的 SITC 第二版四位码的结构性参数值缺失，于是我们将这些 HS 六位产品码所对应的 SITC 第二版四位码内的平均α_{jg}、θ_g和σ_g的参数值作为其对应的参数值，从而最大程度地保证样本的完整性。

附录 2　成本加成的度量

1. 生产函数中的参数估计

根据 de Loecker 和 Warzynski（2012）、Ackerberg 等（2015），本章采用如下方法估计加工贸易企业的出口成本加成。首先，考虑 Cobb-Douglas 生产函数

$$\ln Q_{it}=\alpha_l \ln l_{it}+\alpha_k \ln k_{it}+\alpha_m \ln m_{it}+\ln\varphi_{it}+\vartheta_{it} \quad \text{（A2-1）}$$

其中，$\ln Q_{it}$为企业 i 在 t 期观测到的产出的对数，$\ln l_{it}$、$\ln k_{it}$、$\ln m_{it}$则分别为其在 t 期的劳动、资本和中间品投入的对数，$\ln\varphi_{it}$为其全要素生产率的对数，ϑ_{it}为真实产出和观测到的产出数据间的测量误差。

第一步，估计期望产出和测量误差。考虑企业的全要素生产率是其投资 i_{it}、资本存量 k_{it}和其他企业层面特征变量 z_{it}的函数，即

$$\ln\varphi_{it}=h（\ln i_{it}，\ln k_{it}，z_{it}） \quad \text{（A2-2）}$$

将式（A2-2）代入式（A2-1），令

$$\varphi_{it}=\alpha_l\ln l_{it}+\alpha_k\ln k_{it}+\alpha_m\ln m_{it}+h（\ln i_{it}，\ln k_{it}，z_{it}） \quad \text{（A2-3）}$$

将式（A2-3）代入式（A2-1），$\ln Q_{it}=\varphi_{it}（\ln l_{it}，\ln k_{it}，\ln m_{it}，z_{it}）+\vartheta_{it}$。采用四阶多项式对 $h(\cdot)$函数进行拟合，再用普通最小二乘方法对式（A2-1）进行估计，得到期望产出值$\widehat{\Phi_{it}}$和回归残差$\widehat{\vartheta_{it}}$。并将$\widehat{\vartheta_{it}}$作为企业产出的测量误差估计值。值得

① SITC 即 standard international trade classification，国际贸易标准分类。

② Feenstra 和 Romalis（2014）利用 UN Comtrade 数据库，采用校准（calibration）估计的方法估计每个国家每个 SITC 第二版四位码产品层面上的α_{jg}、θ_g和σ_g数值，这些数值均来自 Feenstra 的个人网站（http://www.robertcfeenstra.com/data.html）。具体的校准过程请参照 Feenstra 和 Romalis（2014）。

一提的是，我们参考 Brandt 等（2012），采用永续盘存法来计算企业的资本存量。

第二步，根据企业全要素生产率的变化规律，估计产出方程的所有参数。给定 α_l、α_k、α_m，则企业 i 在 t 期的全要素生产率为 $\ln\varphi_{it}(\alpha)=\widehat{\Phi_{it}}-\alpha_l\ln l_{it}-\alpha_k\ln k_{it}-\alpha_m\ln m_{it}$。假设企业 t 期的全要素生产率和其 t–1 期的生产率满足如下的函数关系：

$$\ln\varphi_{it}=g_t(\ln\varphi_{it-1})+\xi_{it} \tag{A2-4}$$

ξ_{it} 为 t 期企业 i 的生产率面临的异质性冲击，且它与滞后一期的劳动和中间品投入及当期的资本投入无关，即

$$E\left(\xi_{it}(\alpha)\begin{pmatrix}\ln l_{it-1}\\ \ln k_{it}\\ \ln m_{it-1}\end{pmatrix}\right)=0 \tag{A2-5}$$

根据式（A2-5）提供的矩条件，我们采用标准 GMM 方法来估计生产方程的参数。同时，由 bootstrapping 方法获得各个参数的标准误。

2. 成本加成

考虑到观测到的产出数据和真实产出存在测量误差，假设观测到的产出数据和真实产出满足 $\ln Q_{it}=\ln y_{it}+v_{it}$。企业 i 在 t 期最小化生产成本，考虑如下拉格朗日方程：

$$L(l_{it},m_{it},k_{it},\lambda_{it})=w_tl_{it}+p_t^Mm_{it}+r_tk_{it}+\lambda_{it}(y_{it}-y_{it}(\cdot)) \tag{A2-6}$$

其中，w_t、p_t^M 和 r_t 分别为工资、中间投入品价格和资本的租金，λ_{it} 为拉格朗日乘子，$y_{it}(\cdot)$为产出函数。由一阶条件可得

$$\frac{\partial L}{\partial l_{it}}=w_t-\lambda_{it}\frac{\partial y_{it}(\cdot)}{\partial l_{it}}=0 \tag{A2-7}$$

对式（A2-7）变形可得

$$\frac{\partial y_{it}(\cdot)}{\partial l_{it}}\frac{l_{it}}{y_{it}(\cdot)}=\frac{1}{\lambda_{it}}\frac{w_tl_{it}}{y_{it}(\cdot)} \tag{A2-8}$$

由于 $\lambda_{it}=\partial L/\partial y_{it}$，即成本最小化命题中拉格朗日乘子的经济含义为给定产出水平下的边际成本。将该条件代入式（A2-8）可得

$$\frac{\partial y_{it}(\cdot)}{\partial l_{it}}\frac{l_{it}}{y_{it}(\cdot)}=\frac{p_t^M}{\lambda_{it}}\frac{w_tl_{it}}{p_t^My_{it}(\cdot)}=(1+\mu_{it})\frac{w_tl_{it}}{p_t^My_{it}(\cdot)}$$

$$1+\mu_{it}=\frac{\partial y_{it}(\cdot)}{\partial l_{it}}\frac{l_{it}}{y_{it}(\cdot)}\Bigg/\frac{w_tl_{it}}{p_t^My_{it}(\cdot)}=\alpha_l\Bigg/\frac{w_tl_{it}}{p_t^MQ_{it}(\cdot)/\mathrm{e}^{\vartheta_{it}}} \tag{A2-9}$$

即企业 i 在 t 期的成本加成为其产出的劳动弹性和劳动产出份额的比值。

结合生产函数估计参数，可得 $\widehat{1+\mu_{it}}=\widehat{\alpha}_l\Bigg/\dfrac{w_tl_{it}}{p_t^MQ_{it}(\cdot)/\mathrm{e}^{\widehat{\vartheta}_{it}}}$。值得一提的是，考虑到行业异质性，不同行业生产函数的参数可能不同，因而需要分行业估计。

附录 3　第 8 章假说的证明

1. 假说 1 证明

证明　（1）和（2）已经被证明，这里我们证明（3）和（4）。因为单调似然比属性意味着一阶随机支配，我们只需要在一阶随机支配的假设下证明（3）。

第一，每种类型的企业中跨国公司的比例为

$$\text{frac}_{i,mnc} = \frac{1-F_i(\overline{\varphi}_{iO})}{1-F_i(\overline{\varphi}_{iD})} \tag{A3-1}$$

其中，$i \in \{P,S\}$ 且 $F_i(\varphi)$ 表示生产率分布的累计概率密度函数。

请注意，因为 $\overline{\varphi}_{PD} > \overline{\varphi}_{SD}$，所以 $\text{frac}_{S,mnc} < \text{frac}_{P,mnc}$ 的充分条件是

$$\frac{1-F_S(\overline{\varphi}_{SO})}{1-F_S(\overline{\varphi}_{SD})} < \frac{1-F_P(\overline{\varphi}_{PO})}{1-F_P(\overline{\varphi}_{PD})} \tag{A3-2}$$

因为截断的生产力分布满足一阶随机支配属性且 $\overline{\varphi}_{PO} > \overline{\varphi}_{SO}$，所以以下条件成立：

$$\frac{1-F_S(\overline{\varphi}_{SO})}{1-F_S(\overline{\varphi}_{PD})} < \frac{1-F_S(\overline{\varphi}_{PO})}{1-F_S(\overline{\varphi}_{PD})} < \frac{1-F_P(\overline{\varphi}_{PO})}{1-F_P(\overline{\varphi}_{PD})} \tag{A3-3}$$

这使得民营企业中的跨国公司份额大于国有企业中的跨国公司份额。

第二，活跃的民营企业的平均生产率是

$$\begin{aligned}\int_{\overline{\varphi}_{PD}}^{\infty} \frac{\varphi f_P(\varphi)}{1-F_P(\overline{\varphi}_{PD})}\mathrm{d}\varphi &= \overline{\varphi}_{PD} + \int_{\overline{\varphi}_{PD}}^{\infty} \frac{1-F_P(\varphi)}{1-F_P(\overline{\varphi}_{PD})}\mathrm{d}\varphi \\ &> \overline{\varphi}_{SD} + \int_{\overline{\varphi}_{SD}}^{\infty} \frac{1-F_P(\varphi)}{1-F_P(\overline{\varphi}_{SD})}\mathrm{d}\varphi \\ &> \overline{\varphi}_{SD} + \int_{\overline{\varphi}_{SD}}^{\infty} \frac{1-F_S(\varphi)}{1-F_S(\overline{\varphi}_{SD})}\mathrm{d}\varphi\end{aligned} \tag{A3-4}$$

式（A3-4）中第一行来自分部积分，因为 $\overline{\varphi}_{PD} > \overline{\varphi}_{SD}$，所以第二行成立。又因为生产率抽样的截断分布也满足一阶随机支配属性，所以最后一步也是成立的。

此外，当

$$\int_{\overline{\varphi}_{SD}}^{\infty} \frac{\varphi f_S(\varphi)}{1-F_S(\overline{\varphi}_{SD})}\mathrm{d}\varphi = \overline{\varphi}_{SD} + \int_{\overline{\varphi}_{SD}}^{\infty} \frac{1-F_S(\varphi)}{1-F_S(\overline{\varphi}_{SD})}\mathrm{d}\varphi \tag{A3-5}$$

我们有民营企业的平均生产率大于国有企业的平均生产率。

对于（4）的证明，我们必须加一个更强的假设，即两种类型的公司的生产率来自同一分布（$f(\varphi) = f_P(\varphi) = f_S(\varphi)$），尽管这不是结果的必要条件。在此假设下，有

$$\int_{\bar{\varphi}_{PO}}^{\infty}\frac{\varphi f(\varphi)}{1-F(\bar{\varphi}_{PO})}\mathrm{d}\varphi=\bar{\varphi}_{PO}+\int_{\bar{\varphi}_{PO}}^{\infty}\frac{1-F(\varphi)}{1-F(\bar{\varphi}_{PO})}\mathrm{d}\varphi$$
$$<\bar{\varphi}_{SO}+\int_{\bar{\varphi}_{SO}}^{\infty}\frac{1-F(\varphi)}{1-F(\bar{\varphi}_{SO})}\mathrm{d}\varphi=\int_{\bar{\varphi}_{SO}}^{\infty}\frac{\varphi f(\varphi)}{1-F(\bar{\varphi}_{SO})}\mathrm{d}\varphi \tag{A3-6}$$

这表明，民营跨国公司的简单平均生产率小于国有跨国公司的简单平均生产率。

2. 假说 2 的证明

证明　将正文中式（8-13）和式（8-14）进行对比，可以得知，随着国内行业扭曲程度的加深（即民营企业相比国有企业进入外商投资市场的选择过程不那么严格），国有跨国公司的生产率溢价越多，或随着 c 的增加，$\dfrac{\bar{\varphi}_{PD}}{\bar{\varphi}_{SD}}>1$ 增加。因此，（1）得证。

对于（2），由于我们有 $\mu=1$，生产函数变为

$$q(k,l)=\varphi\left(\frac{k}{0.5}\right)^{0.5}\left(\frac{l}{0.5}\right)^{0.5} \tag{A3-7}$$

对国有企业来说，总可变成本和固定成本变为

$$\mathrm{TVC}(q,\varphi)=\frac{qr}{\varphi w^{0.5}} \tag{A3-8}$$

$$\mathrm{FC}(q,\varphi)=\frac{f_i r}{w^{0.5}} \tag{A3-9}$$

其中，$i\in\{e,D,X,I\}$。重复刚才的步骤，我们得到

$$\frac{\bar{\varphi}_{PX}}{\bar{\varphi}_{PD}}=\frac{\bar{\varphi}_{SX}}{\bar{\varphi}_{SD}}>1;\ \ \bar{\varphi}_{SO}>\bar{\varphi}_{PO};\ \ \bar{\varphi}_{SD}<\bar{\varphi}_{PD} \tag{A3-10}$$

此外，很容易证明 $\dfrac{\bar{\varphi}_{SO}}{\bar{\varphi}_{PO}}(>1)$ 和 $\dfrac{\bar{\varphi}_{PD}}{\bar{\varphi}_{SD}}(>1)$ 都是随着 c 单调递增的。因此，在资本密集型行业，国有跨国公司的生产率溢价更明显。并且，相比民营企业，在资本密集型行业的国有企业参与外商直接投资的可能性较低。

3. 假说 3 的证明

证明　对于（1），民营跨国公司的相对规模（即相对于民营非出口企业）是

$$\frac{\pi_{PD}(\bar{\varphi}_{PO})\left[1-\left(\dfrac{\bar{\varphi}_{PD}}{\bar{\varphi}_{PX}}\right)^{k}\right]}{\pi_{PD}(\bar{\varphi}_{PD})\left[1-\left(\dfrac{\bar{\varphi}_{PD}}{\bar{\varphi}_{PX}}\right)^{k-(\sigma-1)}\right]}=\frac{\bar{\varphi}_{PO}^{\sigma-1}\left[1-\left(\dfrac{\bar{\varphi}_{PD}}{\bar{\varphi}_{PX}}\right)^{k}\right]}{\bar{\varphi}_{PD}^{\sigma-1}\left[1-\left(\dfrac{\bar{\varphi}_{PD}}{\bar{\varphi}_{PX}}\right)^{k-(\sigma-1)}\right]} \tag{A3-11}$$

在帕累托假设下，相似地，国有企业的相对规模为

$$\frac{\pi_{SD}(\overline{\varphi}_{SO})\left[1-\left(\frac{\overline{\varphi}_{SD}}{\overline{\varphi}_{SX}}\right)^{k}\right]}{\pi_{SD}(\overline{\varphi}_{SD})\left[1-\left(\frac{\overline{\varphi}_{SD}}{\overline{\varphi}_{SX}}\right)^{k-(\sigma-1)}\right]}=\frac{\overline{\varphi}_{SO}^{\sigma-1}\left[1-\left(\frac{\overline{\varphi}_{SD}}{\overline{\varphi}_{SX}}\right)^{k}\right]}{\overline{\varphi}_{SD}^{\sigma-1}\left[1-\left(\frac{\overline{\varphi}_{SD}}{\overline{\varphi}_{SX}}\right)^{k-(\sigma-1)}\right]} \tag{A3-12}$$

因为，

$$\frac{\overline{\varphi}_{PX}}{\overline{\varphi}_{PD}}=\frac{\overline{\varphi}_{SX}}{\overline{\varphi}_{SD}}>1;\quad \overline{\varphi}_{SO}>\overline{\varphi}_{PO};\quad \overline{\varphi}_{SD}<\overline{\varphi}_{PD}$$

民营跨国公司的相对规模（即与民营非出口企业相比）比国有跨国公司的相对规模小。

现在我们来证明（2）。比较正文中的式（8-11）和式（8-9），并注意到总销售额与营业利润成正比。我们得出结论，民营跨国公司相比国有跨国公司，国外销售额比国内销售额的比率更高。

对于假说 3，有三种情况需要考虑。第一种情况是，在 f_I 减少之前，这两类企业都是非出口商，有

$$\frac{\pi_{PO}(\varphi)}{\pi_{PD}(\varphi)}>\frac{\pi_{SO}(\varphi)}{\pi_{SD}(\varphi)} \tag{A3-13}$$

这正是我们需要证明的（请记住总销售额与营业利润成正比）。

第二种情况是，在 f_I 减少之前，这两类企业都是出口商。在这种情况下，有

$$\frac{\pi_{PO}(\varphi)}{\pi_{PX}(\varphi)}>\frac{\pi_{SO}(\varphi)}{\pi_{SX}(\varphi)} \tag{A3-14}$$

因此，在两种有相同生产率的企业从事外商直接投资时，新的民营跨国公司的整体公司规模的增长要大于新的国有外商直接投资公司。

最后一种情况是，在外商直接投资的固定成本降低之前，国有企业是出口商，民营企业是非出口商。在这种情况下，有

$$\frac{\pi_{PO}(\varphi)}{\pi_{PD}(\varphi)}>\frac{\pi_{PO}(\varphi)}{\pi_{PX}(\varphi)}>\frac{\pi_{SO}(\varphi)}{\pi_{SX}(\varphi)} \tag{A3-15}$$

由于 $\pi_{PX}(\varphi)>\pi_{PD}(\varphi)$，因此，两家具有相同的生产率的公司进行外商直接投资后，新的民营跨国公司（而不是新的国有跨国公司）的整体公司规模增长更大。总的来说，假说 3 适用于所有可能的情况。

附录 4　第 8 章模型的变化

1. 外商直接投资固定成本

我们假设用国内要素支付外商直接投资固定成本。根据目前的规范，我们推导出外商直接投资的临界值为

$$\frac{(f_I - f_X)r_H}{(1+\omega_H^{\mu-1})^{\frac{1}{\mu-1}}} = \frac{D_F}{\sigma}(\beta\overline{\varphi}_{SO})^{\sigma-1}\left[\frac{(1+\omega_F^{\mu-1})^{\frac{\sigma-1}{\mu-1}}}{r_F^{\sigma-1}} - \frac{(1+\omega_H^{\mu-1})^{\frac{\sigma-1}{\mu-1}}}{(\tau r_H)^{\sigma-1}}\right] \tag{A4-1}$$

$$\frac{(f_I - f_X)cr_H}{(1+(c\omega_H)^{\mu-1})^{\frac{1}{\mu-1}}} = \frac{D_F}{\sigma}(\beta\overline{\varphi}_{SO})^{\sigma-1}\left[\frac{(1+\omega_F^{\mu-1})^{\frac{\sigma-1}{\mu-1}}}{r_F^{\sigma-1}} - \frac{(1+(c\omega_H)^{\mu-1})^{\frac{\sigma-1}{\mu-1}}}{(c\tau r_H)^{\sigma-1}}\right] \tag{A4-2}$$

在将生产率标准化为 1 后，国内的边际成本的倒数为

$$x_H(r_H, w_H) = \frac{(1+\omega_H^{\mu-1})^{\frac{1}{\mu-1}}}{r_H} \tag{A4-3}$$

外国边际成本的倒数为

$$x_F(r_F, w_F) = \frac{(1+\omega_F^{\mu-1})^{\frac{1}{\mu-1}}}{r_F} \tag{A4-4}$$

请注意，投入价格的差额会增加国内边际成本，即

$$x_H(r_H, w_H) > x_H(cr_H, w_H) \tag{A4-5}$$

对任意的 $c>1$，$\overline{\varphi}_{SO} > \overline{\varphi}_{PO}$ 的充要条件为

$$\tau^{\sigma-1}x_F(r_F, w_F)^{\sigma-1}(x_H(r_H, w_H) - x_H(cr_H, w_H)) < x_H(r_H, w_H)^{\sigma} - x_H(cr_H, w_H)^{\sigma} \tag{A4-6}$$

这是中国边际生产成本低上限（即 H）①。上述情况可能更适用于中国（特别是 2008 年之前），因为与发达经济体相比，中国的生产成本相对较低。

上述模型的另一变体是，两种类型的企业都使用国内资源来支付外商直接投资的固定成本且民营企业在支付这笔固定成本时不会受到歧视。这一假设也得到了一些实证支持，因为中国政府正在积极推行中国企业“走出去”战略，这当中也包含民营企业。对于模型的这一变体，外商直接投资的临界值为

$$\frac{(f_I - f_X)r_H}{(1+\omega_H^{\mu-1})^{\frac{1}{\mu-1}}} = \frac{D_F}{\sigma}\quad(\beta\overline{\varphi}_{SO})^{\sigma-1}\left[\frac{(1+\omega_F^{\mu-1})^{\frac{\sigma-1}{\mu-1}}}{r_F^{\sigma-1}} - \frac{(1+\omega_H^{\mu-1})^{\frac{\sigma-1}{\mu-1}}}{(\tau r_H)^{\sigma-1}}\right] \tag{A4-7}$$

$$\frac{f_I r_H}{(1+\omega_H^{\mu-1})^{\frac{1}{\mu-1}}} - \frac{f_X c r_H}{(1+(c\omega_H)^{\mu-1})^{\frac{1}{\mu-1}}} = \frac{D_F}{\sigma}\quad(\beta\overline{\varphi}_{PO})^{\sigma-1}\left[\frac{(1+\omega_F^{\mu-1})^{\frac{\sigma-1}{\mu-1}}}{r_F^{\sigma-1}} - \frac{(1+(c\omega_H)^{\mu-1})^{\frac{\sigma-1}{\mu-1}}}{(c\tau r_H)^{\sigma-1}}\right] \tag{A4-8}$$

① 注意，因为 $\sigma>1$，$\frac{x_H(r_H, w_H)^{\sigma} - x_H(cr_H, w_H)^{\sigma}}{x_H(r_H, w_H) - x_H(cr_H, w_H)}$ 随 $x_H(r_H, w_H)$ 的增加而增加。

显然，无论参数的取值如何（即 $\overline{\varphi}_{SO} > \overline{\varphi}_{PO}$），逆向选择都成立，因为在国有企业和民营企业之间参与外商直接投资的固定成本没有差异。

2. 可变外商直接投资成本

本部分，我们调整了我们的基准模型，使得国有企业在海外生产时可以使用国内要素。当满足下列条件时，国有企业有激励这样做：

$$x_H(r_H, w_H) > x_F(r_F, w_F) > x_H(cr_H, w_H) \tag{A4-9}$$

且企业能够将国内要素带到国外进行生产。在这样的假设下，外商直接投资的临界值为

$$\frac{f_I r_F}{(1+\omega_F^{\mu-1})^{\frac{1}{\mu-1}}} - \frac{f_X r_H}{(1+(\omega_H)^{\mu-1})^{\frac{1}{\mu-1}}} = \frac{D_F}{\sigma} \quad (\beta\overline{\varphi}_{SO})^{\sigma-1}\left[\frac{(1+\omega_H^{\mu-1})^{\frac{\sigma-1}{\mu-1}}}{r_H^{\sigma-1}} - \frac{(1+\omega_H^{\mu-1})^{\frac{\sigma-1}{\mu-1}}}{(\tau r_H)}\right] \tag{A4-10}$$

$$\frac{f_I r_F}{(1+\omega_F^{\mu-1})^{\frac{1}{\mu-1}}} - \frac{f_X c r_H}{(1+(c\omega_H)^{\mu-1})^{\frac{1}{\mu-1}}} = \frac{D_F}{\sigma} \quad (\beta\overline{\varphi}_{PO})^{\sigma-1}\left[\frac{(1+\omega_F^{\mu-1})^{\frac{\sigma-1}{\mu-1}}}{r_F^{\sigma-1}} - \frac{(1+(c\omega_H)^{\mu-1})^{\frac{\sigma-1}{\mu-1}}}{(c\tau r_H)^{\sigma-1}}\right] \tag{A4-11}$$

逆向选择（即 $\overline{\varphi}_{SO} > \overline{\varphi}_{PO}$）成立的一个充分条件是

$$\tau^{\sigma-1}[x_H(r_H, w_H)^{\sigma-1} - x_F(r_F, w_F)^{\sigma-1}] < x_H(r_H, w_H)^{\sigma-1} - x_H(cr_H, w_H)^{\sigma-1} \tag{A4-12}$$

其中，式（A4-3）和式（A4-4）分别定义了 $x_H(r_H, w_H)$ 和 $x_F(r_F, w_F)$。注意这是逆向选择成立的充分但非必要条件。如果没有一般均衡反馈，当扭曲更严重［即 $x_H(cr_H, w_H)$ 足够小］或国家间未扭曲的要素价格之间差异很小［$x_H(r_H, w_H)$ 足够接近 $x_F(r_F, w_F)$］时，上述不等式成立。